本书的出版得到国家重点文物保护专项补助经费资助

本书为河套地区聚落与社会研究项目阶段性成果

宁夏回族自治区文物考古研究所丛刊之三十六

宁夏海原南华山地区史前遗存考古调查报告

宁夏回族自治区文物考古研究所
海原县文物管理所 编著

杨剑 主编
霍耀 李昱龙 副主编

文物出版社

图书在版编目（CIP）数据

宁夏海原南华山地区史前遗存考古调查报告 ／ 宁夏
回族自治区文物考古研究所，海原县文物管理所编著．——
北京 ：文物出版社，2022.11
　　ISBN 978-7-5010-7813-4

　　Ⅰ．①宁… Ⅱ．①宁… ②海… Ⅲ．①史前文化－文
化遗址－调查研究－海原县 Ⅳ．①K878.04

中国版本图书馆CIP数据核字（2022）第184497号

宁夏海原南华山地区史前遗存考古调查报告

编　　著：宁夏回族自治区文物考古研究所
　　　　　海原县文物管理所
主　　编：杨　剑
副 主 编：霍　耀　李昱龙

封面设计：秦　彧
责任编辑：秦　彧
责任印制：张道奇

出版发行：文物出版社
地　　址：北京市东城区东直门内北小街2号楼
邮　　编：100007
网　　址：http://www.wenwu.com
经　　销：新华书店
印　　刷：北京荣宝艺品印刷有限公司
开　　本：889mm×1194mm　1/16
印　　张：26
版　　次：2022年11月第1版
印　　次：2022年11月第1次印刷
书　　号：ISBN 978-7-5010-7813-4
定　　价：360.00元

Archaeological Surveys on Prehistoric Remains in Nanhua Mountain Area, Haiyuan, Ningxia

Ningxia Institute of Cultural Relics and Archaeology
Haiyuan County Cultural Relics Administration

Chief Editor: Yang Jian
Vice-chief Editor: Huo Yao, Li Yulong

Cultural Relics Press

内容简介

南华山系六盘山西北余脉，位于宁夏海原县城南4000米。1985～1988年，宁夏回族自治区文物考古研究所等单位对南华山北麓的菜园村新石器遗址群进行了考古发掘，对南华山地区新石器时代遗存有了初步了解。2020年4～7月，为了全面了解南华山地区史前遗存分布状况及文化面貌，宁夏回族自治区文物考古研究所对南华山地区开展了系统的考古调查工作，取得了丰硕的成果。本次调查发现旧石器地点27处，新石器遗址89处，调查成果全部公布于本报告中。

本报告主要包含概况、旧石器时代、新石器时代及结语四个部分。概况主要介绍了调查区域的地理环境、历史沿革、以往工作、本次调查概况等。旧石器部分主要介绍了本次旧石器地点调查情况及采集标本等。新石器部分主要介绍了调查发现的新石器遗址的情况，主要包括遗址和采集标本。结语主要是对发现的旧石器和新石器时代遗存的初步研究和认识。

本次调查的旧石器地点是首次在南华山地区发现，填补了该地区旧石器时代的空白，从考古调查发现的地层、年代数据与石制品特征上看，南华山地区与甘肃东部地区地貌环境类似，石制品特征上同为一个石器工业系统。丰富的新石器遗址点的发现使我们对南华山地区新石器时代遗存的分布状况和文化面貌有了进一步的认识，这些遗址主要围绕南华山山麓分布，文化面貌较为单一，基本上全是菜园文化遗存。关于菜园文化的性质学界存在着不同的认识，我们认为菜园文化是一支独立的考古学文化遗存，主要分布于六盘山东麓和北麓地区，其核心分布区为海原南华山一带，通过本次调查可以使我们对菜园文化的面貌、分布范围等有了进一步的认识。

Abstract

Nanhua mountain is located to the northwest of Liupan mountain range, four kilometers south of Haiyuan County, Ningxia. From 1985 to 1988, Ningxia Institute of Cultural Relics and Archaeology and other organizations conducted an archaeological excavation at a series of sites of the Neolithic Age at Caiyuan Village, northern piedmont of Nanhua mountain. From April to July 2020, in order to gain a comprehensive acquaintance with the distribution of prehistoric relics and cultural feature in the area, Ningxia Institute of Cultural Relics and Archaeology carried out a systematic archaeological survey and yielded fruitful results. In these surveys, twenty-seven Paleolithic sites and eighty-nine Neolithic sites were discovered, as we read in this report.

This report falls into four parts. The first part is dedicated to give an overall introduction of the archaeological work, in which the author illustrates the geographical environment, administrative history and previous surveys in this region. The second and the third part respectively focuses on the findings of the Paleolithic and Neolithic ages, mainly including the stratum of the site and the collected samples. In the conclusion, the reporter conducts a preliminary study and describe the knowledge of the archaeological remains of each period.

The Paleolithic sites investigated in this survey are first found in the Nanhua mountain area, what has filled the gap of the Paleolithic archaeology in this region. Judged from the stratum, dating data and characteristics of the stone implements, the author deems that the stone products found at these site belong to the same industry system as those found in eastern Gansu, to which the geomorphological environment of the Nanhua mountain area is similar. The discovery of abundant Neolithic sites will help us to gain a further understanding of the distribution of Neolithic cultural remains in this region. These sites are largely confined to the foothills of Nanhua mountain, showing a relatively single cultural appearance, basically belonged to Caiyuan Culture. Caiyuan Culture is an independent archaeological culture and largely spreads along the eastern and northern foothills of Liupan mountain, with the Nanhua mountain area in Haiyuan as its nuclear area. The archaeological investigation will give new insights into the appearance and distribution scope of Caiyuan Culture.

目　录

第三章　新石器时代遗存 ……………………………………………… 23

插图目录

插表目录

彩版目录

第一章　概况

第一节　海原县概况

（一）地理环境

海原县隶属宁夏回族自治区中卫市，地处宁夏回族自治区南部山区之六盘山西北麓，位于北纬36°19′～36°83′，东经105°24′～106°37′之间，海拔高度1336～2955米。东连同心、原州，西邻甘肃平川，南接西吉、甘肃会宁，北靠沙坡头、中宁。行政区划总面积为6427.2平方千米，人口密度为每平方千米87.7人。海原县辖5个镇、12个乡，165个行政村，辖区包括：海城镇、李旺镇、西安镇、三河镇、七营镇、史店乡、树台乡、关桥乡、高崖乡、郑旗乡、贾塘乡、曹洼乡、九彩乡、李俊乡、红羊乡、关庄乡、甘城乡。还有种羊场、涵养林总场、老城管理办公室、海兴开发区（图一）。

海原县地处黄土高原西北部，属黄河中游黄土丘陵沟壑区。境内丘陵起伏，沟壑纵横，南华山、西华山、月亮山等由南向北深入境内，形成西南高、东北低的特殊地形，南部以南华山主峰马万山为最高，海拔2955米，是宁夏南部最高峰。这一地区地势高寒，雨量较多，有少量天然次生林零星分布。东部以清水河河谷最低，海拔1366米，地形平坦、土层深厚、土质较好。中部为梁峁残塬地带，其间丘陵起伏，沟壑纵横交错，植被稀疏，水土流失严重。总土地面积中，黄土丘陵占66%，土石山区占1.6%，塬地占4.4%，河谷川地占20.9%，山地占7.1%；天然林地4.36万亩，天然草地260万亩。

海原县深居内陆，大陆性季风气候明显，特点是春暖迟、夏热短、秋凉早、冬寒长。年均气温7℃，一月均温-6.7℃，七月均温19.7℃，无霜期149～171天。年干燥度2.17。年平均太阳总辐射量5642兆焦耳/平方米，年日照时数2710小时。年平均降水量360毫米，大多集中在秋季，年均蒸发量2200毫米，素有"十年九旱"之称，是宁夏最干旱的县之一。

海原县境内的主要河流有清水河、西河、中河、苋麻河等，清水河为较大河流，其余均为较小的河流。

清水河源于固原市南开城乡黑刺沟垴的六盘山东北麓。其干流由固原市原州区流入海原，自三河镇杨家河入境，经三河、七营、李旺、高崖4乡镇，从高崖红古城流出进入同心县境，流域面积5162平方千米，占全县总面积的93.6%。

西河发源于月亮山东北坡红羊乡的魏家垴，源头高程2433米，河口高程1330米，河床总比降0.9%，流向南—北—东北，汇集甘肃屈吴山南坡和县内南华山、西华山及河谷两侧的冲沟，上游统称园河（旧有锁黄川、天河川之名），穿过西安洼地，在潘湾进入中游河谷的麻春河，

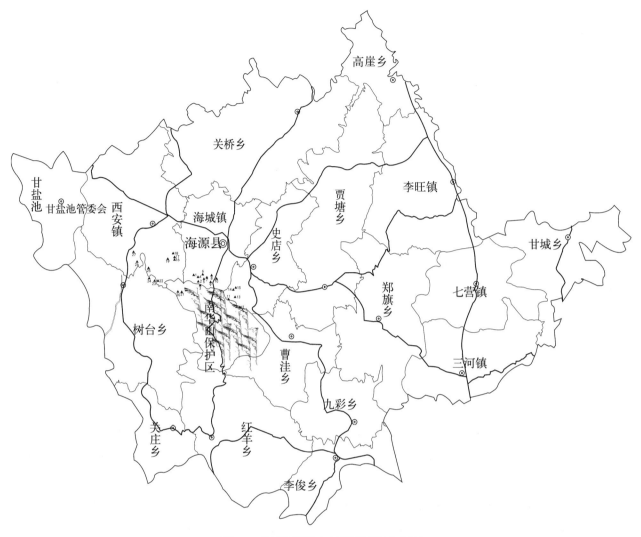

图一　海原南华山地理位置示意图

至关桥，沙沟河和贺堡河分别自西北西南两边汇入，至八斗，又有马营河汇入，出石峡口，至红古城入清水河；干流长123千米，流域面积3048平方千米。

中河发源于西吉县偏城乡，上游称臭水河，自南向北至李俊瓦房流入县境，与西来的杨明河会合后，向东北流出寺口子，经原州区三营镇，自三河戴店再次进入县境，至邓家河汇入清水河。全长85千米，流域面积1190平方千米。

苋麻河发源于南华山东端南坡的红羊乡红沟梁。流经红羊、九彩、郑旗三乡，上游称撒台沟，至撒台纳入郑旗河后，向东汇入苋麻河水库，至三河镇转向东北流，至下小河汇入清水河。全长80千米，流域面积763平方千米[1]。

（二）历史沿革

早在新石器时代，海原地区就有人类生息。春秋时期为戎人游牧地，战国时期属义渠戎国

[1]　海原县地方志编纂委员会：《海原县志（1991~2008）》，宁夏人民教育出版社，2012年。

的势力范围。秦昭襄王三十五年（公元前272年），秦灭义渠国，海原属北地郡。秦汉交替时期，受匈奴控制。汉初、复隶北地郡。汉元鼎三年（公元前114年）隶属安定郡之安定属国（有专家考证为月氏道）。新莽、东汉嬗变时，曾被羌胡、卢芳、隗嚣占据，后归安定属国。魏晋时先后受屠各、鲜卑等少数民族控制。十六国时由前赵、后赵、前秦、后秦等国割据。北魏太延二年（436年）属高平镇，正光五年（524年）属原州。

早在东晋时就有他楼城（土楼成、太楼城）。隋大业元年（605年）在海原东部之萧关（今七营北嘴古城，一说为今同心县预旺镇古城）置他楼县，属平凉郡。唐武德元年（618年），他楼县隶原州。贞观六年（632年）于此置缘州，领突厥降户。神龙年间（705～707年）废他楼县，以其地置萧关县，治白草军城（今李旺北），属原州。广德元年（763年）被吐蕃占领。大中三年（849年）唐收复其地。大中五年，于此置武州，领萧关县，属关内采访使。中和四年（884年），武州侨治于潘原（在今平凉），萧关县废。五代时（907～960年），长期受吐蕃、党项部族控制。

宋咸平三年（1000年），西夏聚兵萧关，随后赶走吐蕃占据天都山，并在天都地区置南牟会（亦名体摩会）。庆历二年（1042年）8月，元昊于天都山营造官室。元符元年（1098年）宋夺取天都，次年以南年牟会新城建西安州，属经原路。大观二年（1108年），置泾原路怀德军于平夏城，县境东部地区属之。靖康元年（1126年），西夏复夺西安州。

金天会八年（1130年），金平定经原熙河两路，占领西安州，隶渭州路。天眷元年（1138年）割隶南宋；三年（1140年），又被金占领，仍隶渭州路，皇统二年（1142年），改隶临洮府路。金皇统六年（1146年），金以西安州等地赐西夏；以怀德军属镇戎州，升萧关为萧关镇。南宋宝庆三年（1227年），蒙古占领西安州。元初，世祖命豫王建国西安州。西安州等西夏故地仍属中兴府（今银川）。元中统二年（1261年），设立西夏中兴等路行省，西安州属之；至元七年（1271年），属新设立的亦集乃路（今额济纳）。至元十七年（1281年），西夏中兴省撤销，设立甘肃行省，西安州属之。蒙元初，海原县境东部沿袭金制，属镇戎州；至元七年，属陕西行省巩昌府路镇原州（今甘肃镇原）。至元十年，归开成府路开成县管辖。

明初，海原属陕西布政司平凉府管辖，旋被分赐楚、沐韩、肃四藩王为牧场。洪武二十三年（1390年）置海喇都营。成化五年（1469年）置西安州守御千户所，十二年（1476）置镇戎守御千户所（在今李旺镇李旺村），二十二年（1486年）置红古营，弘治十七年（1504年）置郑旗营。所营均属固原卫管辖。

清初沿袭明制。康熙七年（1668年）海原属甘肃平凉府管辖。雍正四年（1726年）撤销卫所，隶平凉府盐茶厅同知辖。乾隆初归平庆泾固道，十二年（1747年）移平凉府丞于固原，十四年（1749年）盐茶同知由固原移驻海喇都，仍属平凉府。同治初，归平庆泾固化道，同治十三年（1874年）裁厅设县，名海城。另置海城县丞于打拉池，均属固原直隶州。

1912年，撤销打拉池县丞，归靖远县，海城县属平庆泾固化道。1913年，隶属陇东道。1914年，陇东道改称泾原道，海城县因与奉天省海城县同名，被更名为海原县。1927年海原县隶属甘肃省泾原（平凉）行政区。1936年属甘肃省第二督察专员公署；10月，中国工农红军在同心海原一带成立中国历史上第一个县级民族自治政权——豫海县回民自治政府，海原东北部为其辖区，李旺、高崖为巩固区，关桥为游击区。

1949年8月11日，海原解放，中国人民解放军进驻海原县城，组建海原县临时政府；29日，正式成立海原县人民政府，属甘肃省定西地区辖。1950年6月，划归平凉专区。1953年12月，改属甘肃省西海固回族自治州。1958年10月，宁夏回族自治区成立，海原县划归固原地区行政公署管辖。2003年，撤销固原行署，设立地级固原市，海原县属之。2004年6月，设立地级中卫市，海原县划归中卫市管辖[1]。

第二节　南华山概况

（一）地理环境

南华山是海原县境内最大、最高的一座山峰，系六盘山西北余脉，位于海原县城南约5千米处，呈东南—西北走向，长约35、宽25千米，总面积42万亩；平均高度2600米，主峰马万山海拔2955米，现为国家级自然保护区。南靠西吉县的月亮山，西北与西华山相邻，东南接寺口子。南华山因山形似莲花，亦名莲花山，又因山高气寒，春秋落雨或雪而称雪山。宋夏时期，该山与西华山合称天都山，名震边塞。地表土质肥沃，年均降水量达600毫米，气候凉爽，牧草丰茂，曾是国家军马场，放牧有黑山羊和牦牛。近10平方千米的原始森林、天然次生林分布于山之西北，有育林地27万亩，森林覆盖17万亩，森林覆盖率62.9%，层峦叠嶂，风光宜人。山上有灵光寺木场。山之中部，五峰耸峙如桥形，故称五桥山。五桥沟内五泉环列，众水汇集出山门。远眺南华山青翠碧绿，郁郁葱葱，近处其中层峦叠嶂，绿荫环抱，野花遍地，翠色千层。每到春夏之季，山秀鸟语、碧水溪鸣、花香浓郁、色泽宜人，是一座巨大的绿色迷宫；秋季万紫千红；冬季银装素裹，四季景色引人入胜；优越的自然资源为飞禽走兽生存提供了丰足的食粮，又为各种动物栖息、繁衍创造了良好的环境。南华山现有老鹰、乌鸦、喜鹊、麻雀、野兔、长尾山鸡、狐狸、狼、野猪等野生动物；山中传说有西夏王李元昊的避暑行宫，另外有灵光寺、二王子避难洞、御池等遗址。

（二）地质地貌

南华山所属区域大地构造属于较活动的秦祁昆地槽褶皱系"北祁连褶皱系的北祁连走廊过渡带"，按板块构造观点，本区域所属大地构造位置位于秦岭—祁连活动带祁连—北秦岭褶皱系的北祁连加里东褶皱带南华山断褶带。

南华山出露地层由老到新包括中元古界长城系南华山群、蓟县系园河群、下古生界志留系上统旱峡组、上古生界泥盆系中统石峡沟组和石炭系中统羊虎沟组、中生界白垩系下统六盘山群、新生界古近系始新统寺口子组和渐新统清水营组、新生界新近系中新统红柳沟组和第四系冲、洪积物及黄土沉积。南华山地区出露了早古生代中酸性岩浆岩，分布在山体西北、东北和西侧。南华山地区出露的花岗闪长岩体，受南西华山深大断裂控制，呈北西—南东向展布，构

---

[1]　海原县地方志编纂委员会：《海原县志（1991～2008）》，宁夏人民教育出版社，2012年。

成岩浆岩带。分别沿南华山南、北断裂带侵入于元古界地层中，呈岩株、岩瘤状产出，属浅成侵入体。

南华山地区位于宁夏南部向北东突出的弧形构造体系之中，属于该体系年代最新，活动最烈的南西列构造带，晚新生代以来持续上升，构成西华山—南华山弧形构造山地。

南华山地区出露最老的地层为中元古界长城系南华山群，为一套绿片岩—云母片岩—大理岩岩石组合，原岩为海底火山岩和优地槽型海相沉积，表明在中元古代早期发生强烈的拉张和裂陷，中元古代末期，在五台运动作用下，转变为挤压体系，经过北祁连洋壳向南侧西宁—兰州微板块下俯冲，海槽封闭，褶皱隆起。早古生代再度强烈拗陷，早古生代后期强烈的加里东运动使北祁连海槽前寒武纪地层褶皱抬升，并伴有中酸性岩浆岩体侵入。经剥蚀后，在山前低地堆积了泥盆系陆相红色碎屑岩，经过长期的夷平和沉降又接受了石炭系的深灰色泥岩夹砂岩和薄煤层沉积。二叠纪早期本区基本上脱离了海洋环境发育陆相沉积。印支、燕山运动使该地区多次发生褶皱与冲断，进而控制了中、新生代山间断陷盆地的发生与发展。山体进一步抬升，在山前前缘盆地内发育了白垩纪和第三纪沉积。

喜马拉雅运动在该地区表现非常显著，以差异性升降运动为特征。在断陷盆地边缘第四纪断裂异常发育，同时也为近代地震分布地带，尤其以1920年海原8.5级特大地震最为著名，沿南、西华山深大断裂形成了长约200千米的地表形变带。

南华山是宁夏南部六盘山弧形山地的一部分，为侵蚀构造中山山地地貌。山体呈西北—东南走向，山体内部冲沟切割强烈，断层岩壁较为发育；沟系呈放射状，羽状展布；山脊呈尖棱状、鱼脊状、齿状，有的经风化剥蚀成浑圆状。最高峰马万山2954.6米，平均海拔2600米左右，沟口海拔一般北麓2000米，南麓2200米，相对高差700～900米。

南华山地区地貌形成与演化明显受地质构造和岩层控制。南华山—西华山深大断裂从元古代开始一直影响本区的构造和沉积。南华山山体自二叠纪早期脱离了海洋环境后，长时期处于隆升剥蚀状态，只是在山前前缘盆地内发育了白垩纪和第三纪沉积。中新世时，曾先后发生过两次构造变形，造成了山体隆升和红柳沟组与清水营组之间的角度不整合。上新世末期—更新世以来新构造运动活跃，构造变形在本区较中新世两次构造变形更加强烈，南、西华山北麓断裂强烈活动，山体进一步隆升，盆地进一步断陷，第四纪地层被错断，形成山边断陷，引起水系、山脊和阶地的变化。

（三）水文气候

海原南华山地区属北温带大陆性季风气候，气温由山麓向山顶逐渐降低。南华山最冷月在1月，月平均气温为-9.8℃，最热月在7月，月平均气温为10.9℃，全年平均气温为0.8℃，年较差20.7℃。平均年降雨量为495.5毫米，降雨主要分布在植物生长季的5～9月，占全年降雨量的77.15%。

南华山水文特点是山间河谷及山洪沟较多，但地表径流不大，多为间歇河，季节性变化大，遇到暴雨即发洪水，雨后基本干涸，部分降水渗入地下，以泉水的形式溢出；地下水受地质构造的影响，而大气降水是地下水的重要补给来源。南华山山体内部冲沟切割强烈，沟谷水系呈放射状、羽状展布，分别属于清水河水系二级流域的西河流域和苋麻河流域。南华山有大小冲沟约35条，分别汇入西河、苋麻河。

（四）土壤

宁夏南华山国家级自然保护区由于不同的海拔高度，阴坡和阳坡，所接受的阳光不同、降水和相对湿度的不同、植被类型的不同，形成以垂直地带性土壤灰褐土和山麓为基带土壤黑垆土为主的土类。

灰褐土一般分布在海拔2000～2955米，其下部与水平地带性土壤黑垆土衔接，成土母质为红色、紫红色和杂色砂岩、灰绿色云母片岩的风化物，土壤有机质含量高，黑色腐殖质层较厚，有轻度淋溶现象发生，剖面中下部质地较表层土黏，有石灰淀积。分为暗灰褐土：主要分布在海拔2600米以上的山脊和阴坡中上部比较平缓处；石灰性灰褐土：大部分位于海拔2600米以下的阴坡及山谷两旁。

黑垆土类是南华山的基带土壤，一般分布在海拔2000米以下的山麓或低山丘陵区，成土母质多为第四纪黄土。最显著的特征是剖面中有比较深厚、暗灰色的有机质层和明显的石灰质假菌丝体，整个剖面质地比较均一，土壤比较肥沃。

第三节　以往工作概况

20世纪80年代，宁夏回族自治区文物考古研究所等单位在海原南华山北麓地区开展了一些考古发掘工作，对南华山地区的新石器时代文化面貌有了初步的了解和认识。

1985～1988年，宁夏回族自治区文物考古研究所、中国历史博物馆考古部等单位先后陆续发掘了海原菜园村马樱子梁遗址、林子梁遗址、石沟遗址、切刀把墓地、瓦罐嘴墓地、寨子梁墓地、二岭子湾墓地，取得了重要的收获，发掘成果集中发布于《宁夏菜园——新石器时代遗址墓葬发掘报告》[1]中。马樱子梁遗址发掘面积较小，出土的遗存也不甚丰富，发掘者认为出土的陶器及彩陶纹饰与马家窑文化"石岭下"类型接近，属于马家窑文化"石岭下"的地方类型。林子梁遗址、石沟遗址、切刀把墓地、瓦罐嘴墓地、寨子梁墓地、二岭子湾墓地出土遗存文化面貌接近，被发掘者认为属于一种新的考古学文化——菜园文化，并认为菜园文化是一种地域特征明显的原始土著文化。

1986年，北京大学、固原博物馆等对海原曹洼遗址进行了小规模的发掘，发掘出土的遗存特征与马家窑文化接近，发掘者认为出土遗存属于马家窑文化的马家窑类型[2]。

除了以上考古工作之外，海原县境内再没有开展过任何主动性的考古调查、发掘工作。

---

[1] 宁夏文物考古研究所、中国历史博物馆考古部：《宁夏菜园——新石器时代遗址、墓葬发掘报告》，科学出版社，2003年。

[2] 北京大学考古实习队：《宁夏海原曹洼遗址发掘简报》，《考古》1990年第3期。

第四节　调查概况

（一）调查缘起

2013年3~6月，在宁夏六盘山西麓隆德县的渝河流域开展了系统的考古调查工作，对该流域的新石器时代文化序列和文化内涵有了进一步的认识。7~12月，对渝河北侧的沙塘北塬遗址进行了小规模的发掘工作，出土了一批重要的龙山晚期遗存。2014年编制了"以沙塘北塬遗址为中心的渝河流域5年考古工作计划（2015~2019）"，2015~2016年对沙塘北塬遗址进行了系统的发掘，2017~2019年对周家嘴头遗址进行了发掘，随后周家嘴头遗址纳入了"河套地区聚落与社会研究"项目内。依托"河套地区聚落与社会研究"项目，为了全面了解六盘山西麓地区新石器时代文化遗存的面貌和分布状况，2019年编制了"宁夏六盘山西麓地区史前遗存考古调查"五年计划，调查区域主要包括隆德县的渝河流域、西吉县的葫芦河流域、海原县南华山地区、原州区的清水河上游地区等。2019年对隆德渝河南侧支流朱庄河流域史前遗存进行了考古调查，当年整个渝河流域基本上调查完毕。2020年主要对海原县南华山地区进行考古调查，海原县地处六盘山西北麓，其境内的南华山属于六盘山向西北方向延伸的余脉。南华山地区自20世纪80年代以来开展过一系列的发掘工作，对该地区的新石器时代文化面貌有了初步的了解，随后近30多年内在海原县境内未开展过任何的考古工作。从现有公布的考古资料来看，不足以对整个南华山地区的史前时代文化面貌有全面的认识。为了全面了解南华山地区史前文化遗存的分布状况、文化面貌和性质、以及与周邻地区史前考古学文化遗存的关系，2020年4至7月，宁夏回族自治区文物考古研究所组织专业的调查队对南华山地区开展了区域性考古调查，以对该地区史前文化遗存进行全面系统的了解和认识。

由于六盘山地区以往发现的旧石器时代遗存较少，为了了解六盘山地区旧石器时代文化面貌，本次调查将旧石器时代也纳入其中。

（二）调查方法

此次考古调查严格按照国家文物局颁布的《田野考古工作规程》进行，采用全覆盖式徒步调查方法。本次调查的内容主要包含旧石器和新石器两个时代。

新石器时代遗存调查主要围绕南华山山麓周围地区进行，该地区海拔相对较高，地形条件复杂，多为沟壑纵横的山地或坡地，山大、沟深、坡陡为调查区域内的主要地形条件，因此除了沿用传统的考古调查方法以外，我们根据本次调查的实际情况又制定了以下调查方法：

第一，采用手机在线地图打点的记录方法，对每个遗址点进行在线地图标识，对遗址内地表采集的每件标本和暴露的各类遗迹进行了打点记录，这样有利于及时在地图上了解遗址的范围和破坏程度。

第二，本次调查采用多小组的方法进行调查。因为南华山周围多为水冲沟分隔的小山梁，为了提高调查效率采取2~3人为一小组进行，以水冲沟为界每个小组负责一座小山梁，最后各小组将调查的资料统一汇总和整合。

第三，河谷地带或地势相对平缓的地区采用多人迂回的拉网式调查，采集标本和发现的遗迹同样在手机在线地图上进行在线标识，最后通过地图上采集标本的点和发现的遗迹点确定遗址范围。

第四，调查过程中运用数码相机、无人机等设备对调查遗址进行全面的摄影记录，并现场对遗址的地形地貌及保存状况等进行文字记录。

第五，询问当地老百姓，主要是对当地年长的老人、放羊人及种地的老百姓进行询问，以获取更多的关于古遗址方面的信息。

第六，为了防止资料的积压，采取边调查边整理的工作模式，即当天调查的所有资料必须当天全部整理完毕，主要包括遗址描述的文字资料、采集标本的统计、对挑选的标本进行绘图及文字描述等。

旧石器主要沿河流阶地进行踏查（彩版一，1），寻找出露的阶地剖面，并在剖面中进一步寻找原地埋藏的遗迹、遗物，同时做好经纬度坐标、海拔数据、地层堆积相、埋藏深度、遗迹遗物性质等的记录；同时，对原生地层中出露的遗迹、遗物进行拍照和标本采集等工作。调查过程中，对原生地层的判断是最为重要的部分，针对南华山地区的地质地貌环境特征，此次调查主要对河流沿岸二级阶地进行重点观察。从实际情况来看，南华山周边河流一级阶地相对河床高度较低，剖面多为较厚的河床相砾石层，原地埋藏旧石器遗址可能性较低；二级阶地则为黄土堆积叠压河漫滩相堆积，且堆积较厚，出露地层剖面多在4米以上，最高可达9米左右；三级阶地晚更新世黄土大量覆盖，出露剖面很少，很难见到出露的原生地层。因此，此次调查发现的旧石器地点集中在南华山周边河流二级阶地，从实际调查情况来看，旧石器地层多埋藏于二级阶地中部和下部的黄土与河漫滩相堆积中。

（三）调查过程

2020年4月初正式组建海原县南华山地区史前遗存考古调查队（彩版一，2），由宁夏回族自治区文物考古研究所杨剑担任领队，参加调查的工作人员有宁夏回族自治区文物考古研究所李昱龙、霍耀等；海原县文物管理所所长马建东负责协调，李成录全程参与了考古调查；考古技工朱有世、马海生、杨勇、袁瑞临、李小龙等全程参与了考古调查；首都师范大学考古系博士陈雪飞全程参与了调查，并对调查采集标本进行绘图。

2020年受疫情影响调查工作启动的相对较晚，4月份才开始启动调查工作。在时间紧、任务重的情况下，克服种种困难，于2020年4～5月对南华山山麓地区进行了考古调查，6月对南华山南侧的月亮山东北部区域进行了调查（彩版二，1、2），7月整理调查报告。

第二章　旧石器时代遗存

第一节　宁夏旧石器发现与研究概况

宁夏位于中国中部偏北，处在黄河中上游地区及沙漠与黄土高原的交接地带，与内蒙古、甘肃、陕西等省区为邻。气候环境上，宁夏跨东部季风区域和西北干旱区域，西南靠近青藏高寒区域，大致处在我国三大自然区域的交汇、过渡地带。宁夏地区的第四纪堆积主要包括黄河及其支流沿岸的河漫滩相、河床相堆积，南部黄土高原地区的黄土堆积、贺兰山沿线少量的洞穴堆积以及个别区域发育的湖沼相堆积等。众所周知，宁夏地区旧石器遗址和地点数量多、类型丰富，已经过系统发掘的有水洞沟遗址[1]、鸽子山遗址[2]等，除此之外，在中卫市沙坡头区[3]、固原市彭阳县茹河流域[4]等地区皆有旧石器地点发现的报告。

一直以来，水洞沟遗址都是宁夏地区旧石器的代表，从20世纪初开始，水洞沟遗址就深受国内外学术界的关注。经历的近一个世纪的发掘与研究，特别是2003～2007年间的第5次发掘，使得我们对水洞沟遗址各地点的年代、性质、分布范围、人类生计行为的方面有了更为深入的认识，形成了水洞沟遗址群较为完整的年代与文化发展序列。距今39000～36000年左右的以勒瓦娄哇技术体系的石叶工业为代表的第1地点、第9地点[5]；距今41000～23000年间以小石片石器工业为核心的第2地点[6]；距今11000年左右，以细石叶工业为核心的第12地点[7]等。诸多不同年代、不同石器工业特征的地点共同构成了水洞沟遗址距今4万年至1万年间旧石器文化的发展面貌。除此之外，针对水洞沟遗址第12地点人类用火行为[8]，第2地点鸵鸟蛋皮装饰品等的深入研究[9]，进一步丰富了对水洞沟遗址人类生计行为等方面的认识。

鸽子山遗址位于宁夏回族自治区青铜峡市蒋顶乡蒋西村西，贺兰山前鸽子山盆地东缘。遗址发现于20世纪80年代末，迄今在15平方千米范围内共发现15个地点。2014～2016年，中国科学院古脊椎动物与古人类研究所与宁夏回族自治区文物考古研究所合作对鸽子山第10地点进

[1] 宁夏文物考古研究所：《水洞沟——1980年发掘报告》，科学出版社，2003年。
[2] 彭菲、郭家龙等：《宁夏鸽子山遗址再获重大发现》，《中国文物报》2017年2月10日。
[3] 国家文物局：《中国文物地图集——宁夏回族自治区分册》，文物出版社，2010年。
[4] 高星、裴树文等：《宁夏旧石器考古调查报告》，《人类学学报》2004年第23卷第4期，第307～325页。
[5] 宁夏文物考古研究所、中国科学院古脊椎动物与古人类研究所：《水洞沟——2003～2007年度考古发掘与研究报告》，科学出版社，2013年。
[6] 陈福友、李锋等：《宁夏水洞沟遗址第2地点发掘报告》，《人类学学报》2012年第31卷第4期，第317～333页。
[7] 仪明洁、高星等：《水洞沟第12地点2007年出土石核研究》，《人类学学报》2015年第34卷第2期，第166～179页。
[8] 高星、王惠民等：《水洞沟第12地点古人类用火研究》，《人类学学报》2009年第28卷第4期，第329～336页。
[9] Wang Chunxue, Zhang Yue et al. Archaeological study of ostrich eggshell beads collected from SDG site. *Chinese Science Bulletin*, 2009, 54（21）：3887-3895.

行了发掘。发掘共计出土各类标本上万件，包括石制品、动物骨骼化石、鸵鸟蛋皮装饰品等多种，除各类遗物外，鸽子山第10地点还发现了多处结构性火塘遗迹[1]，体现了该遗址作为古人类中心营地的性质。年代测定结果显示，该遗址距今12700～10200年间，是宁夏地区旧石器时代向新石器时代过渡阶段的重要发现，被评为2016年全国十大考古新发现[2]。

　　2002～2003年中国科学院古脊椎动物与古人类研究所与宁夏回族自治区文物考古研究所合作，对宁夏地区旧石器遗存进行整体调查。此次调查于水洞沟遗址所在的边沟河沿岸发现数十处旧石器地点，取得重要收获，其中就包括之后发掘的水洞沟第7、9、12地点等。除此之外，在固原市彭阳县茹河流域的岭儿村、刘河村也发现有多处旧石器地点，采集有数量较多的旧石器[3]。

第二节　本次调查发现的旧石器地点

　　从南华山发育有数十条南北向河流，河流阶地大量发育，从调查情况来看，河流二级阶地中部和下部河漫滩相堆积中发现有明显的旧石器遗存。此次调查，共计发现旧石器地点27处（图二）。其中，第1地点、第5地点、第10地点、第12地点、第14地点、第15地点等皆发现有明显的含石器和动物骨骼地层，除此之外，第12地点与第27地点还发现有明显的灰烬堆积和火塘遗迹，且灰烬堆积面积分布很大。

1. 第12地点（油坊院遗址）

　　第12地点位于海原县油坊院村南200米处，南华山北麓河流右岸二级阶地下部（彩版三，1）。地理坐标为北纬36°28′15.58″，东经105°40′9.30″。地层大致可分为三层（彩版三，2）。

　　第1层：近现代耕土层，厚0.5米左右，地表可见少量近现代瓷片。

　　第2层：马兰黄土堆积，黄色粉砂土，土质纯净致密，尚未见遗迹遗物，厚4.5米左右。

　　第3层：河漫滩相堆积，黄色黏质粉砂，水平层理发育，内部夹杂有少量螺壳，厚1.5米左右，尚未见底。该层中可见集中、成层分布的灰烬堆积，且发现有明显的火塘一处（彩版四，1），灰烬堆积附近还发现有出露的石英质石制品、动物骨骼等。

　　第12地点剖面出露火塘断面呈圆状，顶部直径27、灰烬厚3.5厘米左右，灰烬内部发现烧骨1块，并有大量炭屑（彩版四，2、3）。火塘附近的灰烬堆积在剖面中延续长度和深度很大，灰烬堆积集中区向南北延伸近20米左右，附近后期窑洞内部壁面上也可见出露的灰烬堆积、动物骨骼等，可见该遗址地层向剖面内部延伸面积也较大。含灰烬堆积、石制品和动物骨骼埋藏位

---

[1] 张双权、彭菲等：《宁夏鸽子山遗址第10地点出土动物骨骼的埋藏学初步观察》，《人类学学报》2019年第38卷第2期，第232～244页。

[2] 郭家龙、王惠民等：《宁夏鸽子山遗址考古新发现》，《西夏研究》2017年第2期，第2、129页。

[3] 高星、裴树文等：《宁夏旧石器考古调查报告》，《人类学学报》2004年第4期，第307～325页。

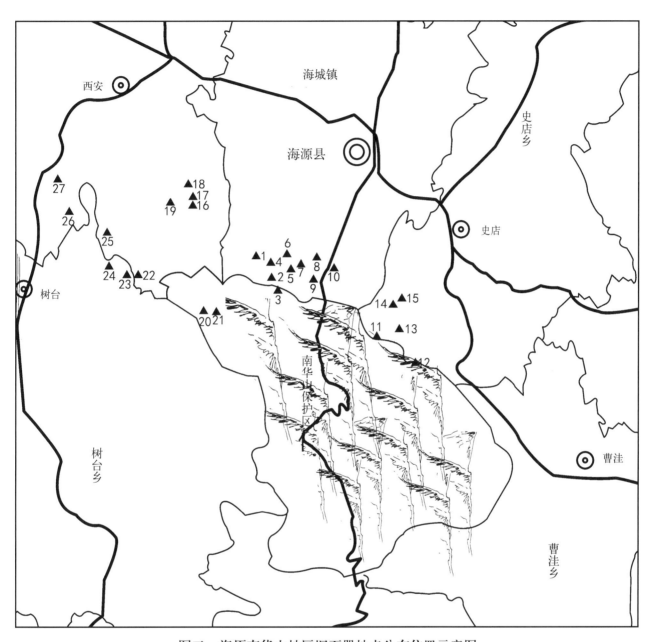

图二　海原南华山地区旧石器地点分布位置示意图

1. 野狐坡遗址第1地点　2. 野狐坡遗址第2地点　3. 野狐坡遗址第3地点　4. 野狐坡遗址第4地点　5. 安湾遗址第1地点　6. 安湾遗址第2地点　7. 剌儿沟遗址第1地点　8. 剌儿沟遗址第2地点　9. 山门遗址第1地点　10. 山门遗址第2地点　11. 油坊院遗址第2地点　12. 油坊院遗址第1地点　13. 保家庄遗址第1地点　14. 保家庄遗址第2地点　15. 保家庄遗址第3地点　16. 水沟岾遗址第1地点　17. 水沟岾遗址第2地点　18. 水沟岾遗址第3地点　19. 鸠子滩遗址　20. 龚湾遗址第1地点　21. 龚湾遗址第2地点　22. 销黄川遗址第1地点　23. 销黄川遗址第2地点　24. 韩庄遗址　25. 下小川遗址　26. 张湾遗址　27. 刘湾遗址

置距地表5.28米左右。第12地点堆积剖面采集石制品2件，动物骨骼化石2件，同时采集碳-14年代样本4件。受剖面保存环境影响，4件测年样本可测得年代数据的仅为编号Loc12-3样本，年代样本具体情况如下表（表1）所示。

表1　第12地点碳-14测年样本统计表

样本编号	实验室编号	采集地点	性质	采集位置	常规放射性碳年龄	校正年代数据	校正曲线
Loc12-03	Beta-559660	第12地点	木炭	地层灰烬堆积	18190±60BP	(95.4%)22269～21842cal BP；(68.2%)22161～21921 cal BP	IntCal 13

2. 第27地点（刘湾遗址）

第27地点位于海原县刘湾村东50米处，位于园河左岸2级阶地下部，旧石器地层距地表6.5米左右（彩版五，1）。地层大致可分为两层。

第1层：耕土层，厚0.4米左右，不见遗迹遗物。

第2层：河漫滩相堆积，厚6米左右，黄色黏质粉砂，发育明显的水平层理，内部夹杂有大量黄色水锈，土质坚硬致密。堆积下部发现成层分布的炭屑堆积，并发现石英质石制品1件，尚未见底。

第27地点地层中可见大量成层分布的灰烬堆积，灰烬堆积内部可见大量直径较大的炭屑，最大者可达2厘米左右。其中一处炭屑集中区附近发现一件石英质石制品，风化磨圆较重（彩版五，2）。第27地点灰烬堆积在断面上延伸范围也较大，南北延伸可达20米左右，内部延伸范围不可见。该地点采集碳-14测年样本3件，具体情况见下表（表2）。

表2　第27地点测年样本统计表

样本编号	实验室编号	采集地点	性质	采集位置	常规放射性碳年龄	校正年代数据	校正曲线
Loc27-01	Beta-559662	第27地点	木炭	地层灰烬堆积	9430±30 BP	(95.4%)10736～10580cal BP；(45.5%)10704～10650 cal BP	IntCal 13
Loc27-02	Beta-559663	第27地点	木炭	地层灰烬堆积	9510±30 BP	(95.4%)10828～10685cal BP；(68.2%)10788～10706 cal BP	IntCal 13
Loc27-03	Beta-559664	第27地点	木炭	地层灰烬堆积	9640±30 BP	(95.4%)11178～11066cal BP；(68/2%)11155～11080 cal BP	IntCal 13

3. 第1地点

第1地点位于海原县野狐坡村西南500米处，南华山北麓河流二级阶地中下部。地理坐标为北纬36°31′28.50″，东经105°33′47.70″。河漫滩相堆积，黄色黏质粉砂，堆积中可见较多水锈等。堆积中发现玉髓质石片、石英质石制品以及动物骨骼等，距地表3.5米左右。地层可大致分为两层。

第1层：近现代耕土层，灰褐色，土质疏松，厚0.4米左右，可见瓷片等。

第2层：黄色黏质粉砂，土质细密，内含较多黄色水锈斑点，可见少量水生螺壳。厚3.5米左右，尚未见底。内部发现有石英、玉髓石制品，以及动物牙齿等。

4. 第14地点

第14地点位于海原县三留岘村南400米左右，南华山北麓河流右岸二级阶地中部。地理坐标为北纬36°29′40.05″，东经105°40′17.34″。黄土堆积，黄色粉砂，黄土堆积中发现石英质石制品4件、动物骨骼2件，距地表3.5米左右，与第12地点类似。地层大致可分为三层（彩版六，1）。

第1层：近现代耕土层，灰褐色，厚约0.4米左右，未见遗物。

第2层：马兰黄土堆积，黄色粉砂，厚3.5米左右，土质致密，颜色纯净，未见遗物。

第3层：河漫滩相堆积，黄色黏质粉砂，厚1米左右，土质较致密，内含少量水锈斑点，尚未见底。堆积中可见石英质石制品（彩版六，2）。

5. 第15地点

第15地点位于海原县三留岘村南200米左右，南华山北麓河流右岸二级阶地中部。地理坐标为北纬36°29′43.52″，东经105°40′21.04″。黄土堆积，黄色粉砂，堆积中发现石英质石制品2件，距地表3米左右，与第12、14地点类似。地层大致可分为三层（彩版七，1）。

第1层：近现代耕土层，灰褐色，厚0.4米左右，未见遗物。

第2层：马兰黄土堆积，黄色粉砂，厚3米左右，土质致密，颜色纯净，未见遗物。

第3层：河漫滩相堆积，黄色黏质粉砂，厚1米左右，土质较致密，内含少量水锈斑点，尚未见底。堆积中可见石英质石制品（彩版七，2）。

6. 第10地点

第10地点位于海原县龚湾村西200米处，南华山南麓园河右岸二级阶地中部。地理坐标为北纬36°29′24.65″，东经105°31′17.22″。晚更新世黄土堆积，剖面延续较长，同一地层堆积中发现石英质刮削器1件，石叶石核2件、小石叶1件，动物骨骼2件，距地表3.5米左右。地层可大致分为两层。

第1层：近现代耕土层，灰褐色，厚0.5米左右，未见遗物。

第2层：马兰黄土堆积，黄色粉砂，厚5米左右，土质致密，颜色纯净，尚未见底。堆积中下部发现有石英质石制品。

7. 其他地点

海原县南华山周边旧石器地点目前共登记27处（附表一），地层中皆含有石制品、动物骨骼。调查过程中，在地表也采集有部分石制品，但地表附近未有明显地层出露的未进行登记的旧石器地点。整体来看，海原县南华山地区旧石器地点大部分埋藏于河流二级阶地中部与下部的黄土堆积与河漫滩相黄色黏质粉砂中，也有个别地点如第6地点、第13地点石制品发现于黄土堆积上层的灰褐色土状堆积中，可能年代相对较晚。

第三节　旧石器地点采集石制品概况

此次调查在南华山周边各地点即地表共计采集石制品133件（表3），其中各地点剖面采集61件，地表采集73件；各地点剖面采集动物骨骼31件，牙皮1件。石制品类型上，包括石片石核、石叶石核、细石核、边刮器、端刮器、两面加工尖状器等（彩版八，1～3）；原料上绝大多数为石英，也发现个别玉髓、燧石以及砂岩等原料。下面将采集的典型石制品介绍如下。

表3　2020年海原县南华山地区采集旧石器标本统计表

类型/原料		石　英	燧　石	玉　髓	砂　岩
石核类	石片石核	7			
	石叶石核	3			
	细石核	1			
石片类	锤击石片	32		1	
	砸击石片	1			
	小石叶	6			
	断裂片	15			
石器类	边刮器	6			
	端刮器	1	1		1
	尖状器	2			
	石球	1			
断块与碎片	石核断块	6			
	断块	44			
	碎片	5			
小计		130	1	1	1
总计		133			

（一）石核类

标本20HNLoc5-01，第5地点采集，原料石英，石片石核。长32.5、宽19.1、厚15.7毫米，重12.1克。该石核为砸击石核，主剥片面可见1个石片疤，砸击剥片，剥片上下两端皆可见打击点与放射线，台面角86.6°。台面为素台面，与主剥片面相对一面可见5个较小石片疤，不见明显打击点，石核左右两侧为残余节理面（图三，1）。

标本20HNLoc14-02，第14地点采集，原料石英，石片石核。长38.8、宽44.9、厚36.1毫米，重50.6克。该石核整体呈上大下小的半棱柱状，主剥片面环绕核身一半，共可见4个石片疤，皆

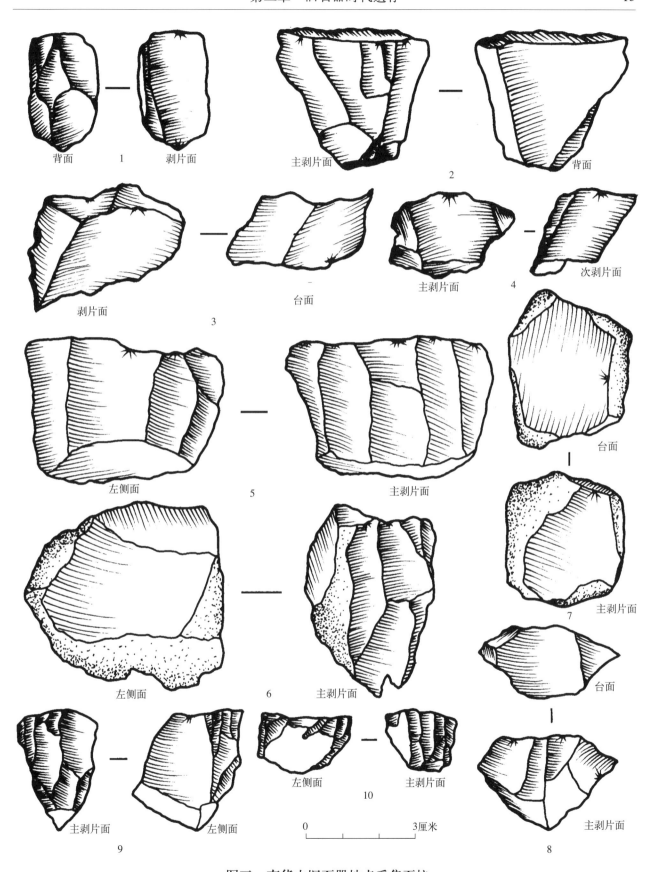

背面　1　剥片面

主剥片面　2　背面

剥片面　3　台面　主剥片面　4　次剥片面

左侧面　5　主剥片面　台面　7　主剥片面

左侧面　6　主剥片面　台面　主剥片面　8

主剥片面　左侧面　9　左侧面　主剥片面　10

0　3厘米

图三　南华山旧石器地点采集石核

1～3、6、7. 石片石核20HNLoc5-01、20HNLoc14-02、20HNLoc1-02、20HNLoc9-01、20HNLoc15-02　4、5、8. 石叶石核20HNLoc23-01、20HNLoc10-01、20HNLoc10-02　9. 细石核20HNLoc5-03

为同一方向锤击法剥片，台面角75.4°。台面为素台面。与剥片面相对的背面为节理面，底面为1个片疤面，不见打击点与放射线等（图三，2）。

标本20HNLoc1-02，第1地点采集，原料石英，石片石核。长30.4、宽45.3、厚19.6毫米，重23.9克。主剥片面上可见2个石片疤，同一方向剥片，台面为自然石皮，锤击法剥片。之后石核转向90°，以主剥片面为台面，在主剥片面下方进行锤击法剥片，可见1个石片疤，台面角69.8°。石核左右两侧皆为片疤面，但不见明显打击点（图三，3）。

标本20HNLoc23-01，第23地点采集，原料石英，素材为岩块，石叶石核。长39.7、宽58.8、厚58.1毫米，重184.6克。该石核为棱柱状石叶石核，剥片面环绕三分之二个核身，石核整体呈上大下小的棱柱状。主剥片面共可见5个连续剥片的石叶片疤，锤击法剥片，打击点与放射线等十分清晰，台面角65°。台面为一个平坦的素台面，打击点与放射线等不可见。石核的底面为片疤，打击点与放射线等不可见。主剥片面环绕三分之二核身，另三分之一为一个平坦的节理面（图三，4）。

标本20HNLoc10-01，第10地点采集01，原料石英，素材为砾石，石叶石核。长49.4、宽39.7、厚58.8毫米，重123.6克。该石核为窄面石叶石核，主剥片面为石核核身较窄的一面，可见3个连续石叶片疤，锤击法剥片，台面角77.3°。台面为人工台面，可见2个人工片疤。石核左侧面为一个石片疤，打击点与放射线不可见，右侧面为一个石片疤，可见完整打击点与放射线，与主剥片面共用一个台面，剥片方向相同。该石核底部为一个自然线状底缘（图三，5）。

标本20HNLoc9-01，第9地点采集，原料石英，素材为岩块，石片石核。长33.5、宽35、厚42.8毫米，重71.1克。该石核仅有1个剥片面，可见1个完整石片疤，锤击法剥片，台面角74.2°。台面为1个平坦的素台面。石核右侧面为1个石片疤，不见打击点与放射线等，左侧面以及背面皆为自然石皮（图三，6）。

标本20HNLoc15-02，第15地点采集，原料石英，素材为岩块，石片石核。长22.7、宽39.9、厚25毫米，重17克。该石核整体呈半锥状，剥片面环绕核身一半。剥片面可见3个片疤，同一方向锤击法剥片，台面角52.9°。台面为人工台面，可见2个人工片疤。与剥片面相对的背面为自然石皮（图三，7）。

标本20HNLoc10-02，第10地点采集，原料石英，素材为岩块，石叶石核。长25.9、宽20.3、厚28.1毫米，重25.2克。该石核为窄面石叶石核。主剥片面3个连续片疤，锤击法剥片，台面角61.1°。石核台面为素台面，石核左右两侧各为1个片疤，与剥片面剥片方向相同，锤击法剥片，打击点放射线清晰。石核底面为1条纵向自然线状底缘。石核背面为石片疤，不见打击点（图三，8）。

标本20HNLoc5-03，第5地点采集，原料石英，素材为岩块，细石核。长18.1、宽21.6、厚25.7毫米，重10.6克。船型石核，主剥片面位于石核核身较窄的一端，可见3个连续剥片细石叶片疤，锤击法剥片，打击点与放射线清晰，台面角58.5°。台面为人工台面，可见剥片方向为主剥片面向背面剥片。石核左右两侧可见多个细小片疤，与主剥片面台面一致，剥片方向一致。石核底部为平坦的石片疤底面，石核背面为一个小节理面（图三，9）。

（二）石片类

标本20HNLoc7-01，第7地点采集，原料石英，锤击石片。长32.6、宽23.2、厚12毫米，重8.3克，石片角72.4°。素台面，打击点与放射线清晰。石片背面可见2个片疤，占背面1/2，其余1/2为节理面。石片底部为羽状（图四，1）。

标本20HNLoc6-01，第6地点采集，原料石英，锤击石片。长24.4、宽23、厚7.1毫米，重4.1克，石片角40.7°。人工台面，可见2个片疤，打击点与放射线清晰。石片背面可见4个片疤。石片底部为羽状（图四，2）。

标本20HNLoc4-01，第4地点采集，原料石英，锤击石片。长12.6、宽14.4、厚4.3毫米，重0.9克，石片角78.7°。人工台面，台面可见3个石片疤，打击点与放射线等清晰，背面有一条纵向背脊，可见2个与该石片同向片疤。石片底部为阶梯状（图四，3）。

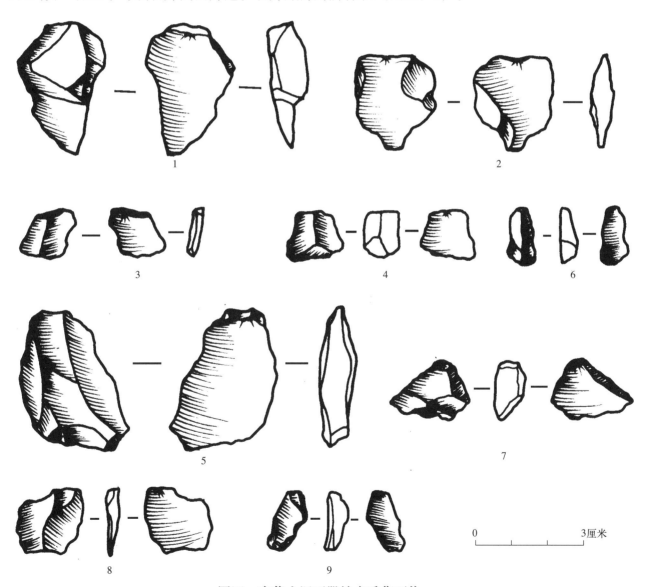

0　　　　　　　3厘米

图四　南华山旧石器地点采集石片

1～5、7、8、11、12. 锤击石片20HNLoc7-01、20HNLoc6-01、20HNLoc4-01、20HNLoc15-03、20HNLoc2-01、20HNLoc1-03、20HNLoc1-04、20HNLoc10-03、20HN地表-10　6、9、10. 小石叶20HNLoc1-02、20HNLoc1-05、20HNLoc4-02

标本20HNLoc15-03，第15地点采集，原料石英，锤击石片。长13.2、宽15.9、厚11.2毫米，重2.4克，石片角89°。素台面，打击点与放射线清晰。石片背面有1条纵向背脊，背脊左右面各1个片疤。石片底部为阶梯状（图四，4）。

标本20HNLoc2-01，第2地点采集，原料石英，锤击石片。长36.7、宽28.5、厚11.9毫米，重13.4克，石片角63.4°。人工台面，可见3个片疤，打击点与放射线清晰。石片背面可见2条纵向背脊，可见6个片疤。石片底部为羽状（图四，5）。

标本20HNLoc1-02，第1地点采集，原料石英，小石叶。长15.9、宽9.1、厚7.2毫米，重0.4克，石片角87°。素台面，打击点与放射线清晰，石叶背面可见1条纵向背脊，背脊左侧上部为节理面，下部为1个片疤，背脊右侧可见3个片疤。石叶底部为羽状（图四，6）。

标本20HNLoc1-03，第1地点采集，原料石英，锤击石片。长16、宽21.5、厚10.1毫米，重3.2克，石片角87°。人工台面，可见3个片疤，打击点与放射线清晰。石片背面可见5个片疤，石片底部为羽状（图四，7）。

标本20HNLoc1-04，第1地点采集，原料石英，锤击石片。长17.6、宽18、厚5.1毫米，重1.6克，石片角84°。素台面，打击点与放射线清晰。石片背面可见3个片疤。石片底部为阶梯状（图四，8）。

标本20HNLoc1-05，第1地点采集，原料石英，小石叶。长16.1、宽7.9、厚4.4毫米，重0.6克，石片角61.4克。线状台面，打击点与同心波纹明显。背面可见3个片疤，石叶右侧可见3个连续修理片疤，可能为鸡冠状石叶或细石核更新台面石片。石叶底部为羽状（图四，9）。

标本20HNLoc4-02，第4地点采集，原料石英，小石叶。长16.4、宽9.4、厚4.6毫米，重0.7克，石片角76.5°。人工台面，可见2个片疤，打击点与放射线清晰。石叶背面有1条纵向背脊，背脊左侧可见1个片疤，右侧可见2个片疤。石叶底部为阶梯状（图四，10）。

标本20HNLoc10-03，第10地点采集，原料石英，锤击石片。长22.9、宽25.4、厚8.3毫米，重5克，石片角89°。素台面，打击点与放射线清晰，打击泡突出，石片背面可见3个片疤，石片底部为羽状（图四，11）。

标本20HN地表-10，原料石英，锤击石片。长36.2、宽27.9、厚13毫米，重13.1克，石片角86.7°。人工台面，可见2个人工片疤，打击点与放射线清晰。石片背面有1条纵向背脊，背脊左侧可见2个片疤，右侧可见3个片疤。石片底部为羽状。石片左侧边缘有明显使用痕迹，但不见加工片疤，因此，该石片应为使用石片（图四，12）。

标本20HNLoc12-01，第12地点采集，原料石英，锤击石片。长26、宽31.8、厚10.3毫米，重7.6克，石片角80.6°。素台面，打击点与放射线清晰。背面有一条纵向背脊，可见4个片疤，其中1个片疤顺背脊剥片，剥片方向与该石片相对。该石片底部为阶梯状（图五，1）。

标本20HNLoc26-03，第26地点采集，原料石英，锤击石片。长16.7、宽15.8、厚5.1毫米，重1.2克，石片角65.3°。线状台面，打击点与放射线清晰，打击泡十分突出。背面可见2个石片疤，其中一个可见明显打击点与放射线等，可知此石片为同一台面的连续剥片，石片底部为羽状（图五，2）。

标本20HNLoc20-02，第20地点采集，原料石英，小石叶。长19.1、宽9.5、厚3.4毫米，重

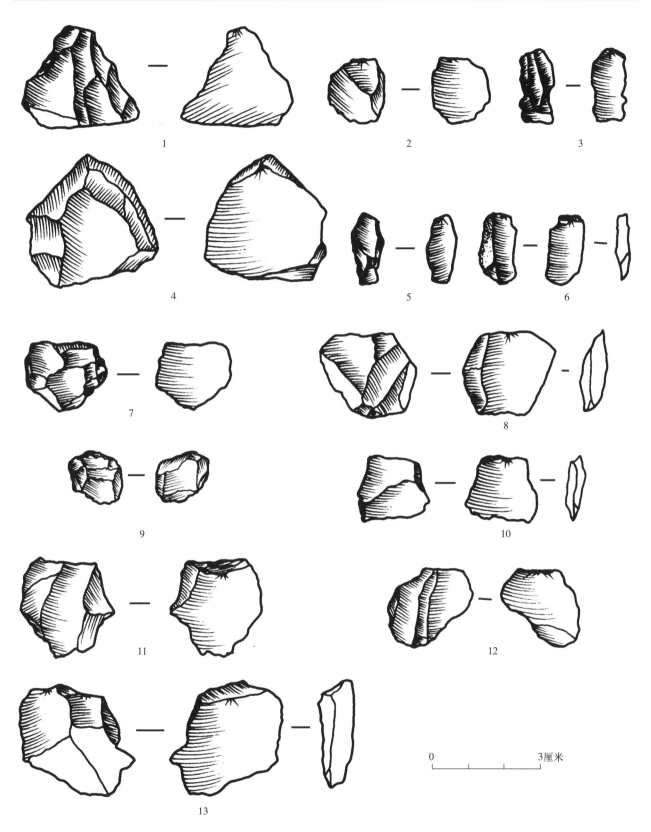

图五 南华山旧石器地点采集石片

1、2、4、7~13.锤击石片20HNLoc12-01、20HNLoc26-03、20HNLoc6-02、20HNLoc11-01、20HN地表-02、20HNLoc1-01、20HN地表-07、20HNLoc12-02、20HNLoc8-01、20HN地表-04 3、5、6.小石叶20HNLoc20-02、20HNLoc11-02、20HN地表-08

0.6克，石片角76.6°。线状台面，打击点与放射线不甚清晰，背面有一条纵向背脊，可见2个与该石叶同向片疤，石叶底部为羽状（图五，3）。

标本20HNLoc6-02，第6地点采集，原料石英，锤击石片。长34.4、宽37.4、厚12.6毫米，重14.7克，石片角69.8°。人工台面，可见2个人工片疤，打击点与放射线清晰。背面可见3个纵向片疤。石片底部为羽状（图五，4）。

标本20HNLoc11-02，第11地点采集，原料石英，小石叶。长18.9、宽7.8、厚4.8毫米，重0.7克，石片角84°。点状台面，打击点与放射线等清晰，背面可见3个石片疤，石叶左侧似有修理痕迹。底部为羽状（图五，5）。

标本20HN地表-08，原料石英，小石叶。长18.4、宽9.7、厚5.4毫米，重0.9克，石片角70.5°。素台面，打击点与放射线清晰，石片背面有1条纵向背脊，背脊右侧与下部各有1个片疤，背脊左侧为节理面。石叶底部为羽状（图五，6）。

标本20HNLoc11-01，第11地点采集，原料燧石，锤击石片。长18.3、宽21.9、厚8.9毫米，重3克，石片角90°。人工台面，可见2个人工片疤，打击点与放射线等清晰。背面可见3个片疤，该石片原料节理发育明显，底部为羽状（图五，7）。

标本20HN地表-02，原料石英，锤击石片。长15.5、宽14.6、厚4.1毫米，重1克，石片角63.9°。素台面，打击点与放射线清晰。石片左侧为节理面，石片背面为1个完整片疤。石片底部为羽状（图五，8）。

标本20HNLoc1-01，第1地点采集，原料玉髓，锤击石片。长12.3、宽15.2、厚7.9毫米，重1.5克，石片角63.6°。线状台面，打击点与放射线等清晰，背面可见6个石片疤，底部为折页状（图五，9）。

标本20HN地表-07，地表采集，原料石英，锤击石片。长17.9、宽20.1、厚5.4毫米，重2克，石片角64.5°。素台面，打击点与放射线清晰，锥疤明显。石片背面可见3个片疤，石片底部为羽状（图五，10）。

标本20HNLoc12-02，第12地点采集，原料石英，锤击石片。长25.4、宽25.6、厚9.3毫米，重5.1克，石片角62.2°。人工台面，可见2个片疤，打击点与放射线清晰，打击泡突出。背面可见4个片疤。石片底部为阶梯状（图五，11）。

标本20HNLoc8-01，第8地点采集，原料石英，锤击石片。长21.1、宽22.5、厚10.9毫米，重4.3克，石片角85.6°。自然台面，打击点与放射线等清晰。背面可见2条纵向背脊，背脊左右两侧各1个与该石片同向片疤。石片底部为阶梯状（图五，12）。

标本20HN地表-04，原料石英，锤击石片。长26.6、宽35.2、厚14.7毫米，重12克，石片角62.1°。自然台面，台面为节理面，打击点与放射线清晰，打击泡突出。石片背面有1条纵向背脊，背脊左侧可见2个片疤，右侧上部可见1个片疤，下部为节理面。石片底部为羽状（图五，13）。

（三）石器类

标本20HN地表-01，原料石英，边刮器。长27.6、宽22.5、厚8.5毫米，重6.2克，刃长16毫米，刃角48.9°。毛坯为石片，线状台面，打击点清晰，同心波纹明显，石片背面可见5个片疤，底部为羽状。在该石片台面端，锤击法向腹面加工，可见3个连续片疤（图六，1）。

标本20HN地表-09，原料石英，边刮器（残）。长17.3、宽19.2、厚8.6毫米，重4.4克，残刃长12.6毫米，刃角64.1°。毛坯为石片，人工台面，可见3个片疤，台面角，石片背面有1条纵向背脊，背脊两侧各可见1个片疤。该标本目前仅剩余台面端部分。加工位置位于石片右侧边缘，锤击法向腹面加工，目前可见4连续片疤（图六，2）。

标本20HNLoc7-01，第7地点采集，原料砂岩，端刮器。长30、宽27.3、厚8毫米，重6.6克，刃长33.4毫米，刃角71.1°。毛坯为石片，石片放射线清晰，打击泡突出。加工位置位于原

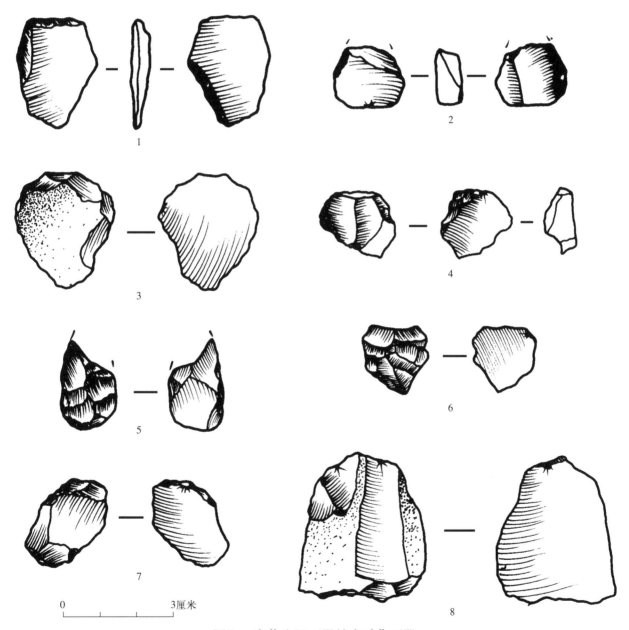

图六　南华山旧石器地点采集石器

1、2、4. 边刮器20HN地表-01、20HN地表-09、20HN地表-05　3、8. 端刮器20HNLoc7-01、20HN地表-03　5、6. 尖状器20HNLoc13-01、20HNLoc10-04　7. 边端刃刮削器20HNLoc6-01

石片台面端左右两侧，端刃位于台面端右侧，向背面加工，锤击法加工，可见5个连续片疤；台面端左侧可见1个向背面锤击法加工片疤，片疤较大，可能为复合工具柄部（图六，3）。

标本20HN地表-05，原料石英，边刮器。长28、宽21.7、厚6.1毫米，重4.21克，刃长18.6毫米，刃角36.1°。毛坯为石片，台面端已不可见，石片背面现可见2个片疤，石片底部为羽状。加工位置位于台面端右侧边缘，向背面锤击法加工，加工深度较浅，仅位于边缘位置，可见3个连续片疤。右侧边缘可见明显使用痕迹，不见加工片疤（图六，4）。

标本20HNLoc13-01，第13地点采集，原料石英，尖状器（残）。长23.6、宽15.5、厚7.5毫米，重2.7克，左刃残长22.1毫米，右刃残长12毫米，估计刃角38.1°。毛坯为石片，台面已不可见。在石片左右两侧边缘向两面加工形成尖刃，加工深度很大，原石片两面遍布石片疤，为两面加工尖状器。石片右侧边缘，两面压剥法加工，可见片疤；石片左侧边缘，两面压剥法加工，可见片疤。该尖状器目前仅剩余底部，尖刃部分断裂，可见明显断裂疤，从残余部分可见两面加工痕迹明显（图六，5）。

标本20HNLoc10-04，第10地点采集，原料石英，尖状器。长17.6、宽17.3、厚6毫米，重1.79克，左边刃长12.2、右边刃长12.5毫米，刃角84.1°。毛坯为石片，台面已不可见。在石片左右两侧边缘向背面加工形成尖刃，加工深度很大，原石片背面遍布加工片疤，为单面加工尖状器。石片右侧边缘，向背面压剥法加工，可见4个连续压剥片疤，片疤深度达石片背面1/2；石片左侧边缘，锤击法与压剥法向背面加工，可见2个连续锤击片疤，2个连续压剥片疤，片疤深度达石片背面1/2（图六，6）。

标本20HNLoc6-01，第6地点采集，原料石英，边端刃刮削器。长23.9、宽20.5、厚6.9毫米，重2.7克，端刃刃长16.6毫米，刃角74°；边刃刃长11.5毫米，刃角30.3°。毛坯为石片，打击点与放射线等已不可见。端刃位置位于原石片台面端右侧，向背面锤击法加工，可见6个连续片疤，边刃位置位于原石片右侧边缘下部，可见2个连续片疤，锤击法向背面加工（图六，7）。

标本20HN地表-03，原料燧石，端刮器。长39.4、宽34.7、厚19.5毫米，重28.7克，端刃长32.7毫米，刃角80.1°。毛坯为石片，素台面，台面角，打击点与放射线清晰。石片背面有1条纵向背脊，背脊左侧上部可见两个连续片疤，与该石片方向相同，下部为自然石皮；背脊右侧可见1个完整片疤，打击点与放射线清晰，与该石片方向一致，台面一致，为同一台面连续剥片现象，该片疤右侧为节理面。加工位置位于该石片末端，向背面锤击法加工，可见8个连续片疤，该端刮器加工、修理程度较大，目前端刃部位已接近石片中部（图六，8）。

第三章　新石器时代遗存

　　新石器时代遗存调查主要围绕海原南华山山体周围开展，经过调查，南华山周围分布有丰富的新石器时代遗址点，这些遗址主要分布于南华山山麓周围的坡地或山前台地上，地理位置相对较高，遗址分布密度相对较大。为了了解南华山以外区域新石器时代遗存面貌，我们还对地处南华山南侧的月亮山地区进行了选择性的调查，也发现了丰富的新石器时代遗址。本次调查共发现新石器时代遗址点89处（附表二），总调查面积约80平方千米（图七）。现将调查发现的新石器时代遗址点介绍如下。

1. 死马沟梁遗址

　　遗址位于海原县树台乡王家坡村王家坡水库南侧山梁上（彩版九，1），该山梁被当地人称为死马沟梁。地理坐标为北纬36°29′18.81″，东经105°30′57.57″，海拔高度为2144米。山梁呈东西向，顶部较平缓，南侧紧靠死马沟，北侧因修水库取土被破坏掉一部分。整个山梁都有陶片分布，山梁西侧和南侧陶片较多，并发现有零星盗坑。在遗址南侧断面上发现有红烧土堆积和小范围灰层，并在灰层处采集陶单耳罐1件。遗址东西长约150、南北宽约100米，面积约1.5万平方米。遗址文化属性为菜园文化。

　　采集陶片有泥质和夹砂两类，泥质陶稍多；陶色有橙黄陶、灰陶和红陶；除素面外纹饰有篮纹、刻划纹、绳纹等，还有少量彩陶；可辨器形有单耳罐、双耳罐、高领罐、盆、器盖、敛口罐等（表4、5）。

　　标本死马沟梁：1，双耳罐，泥质红陶。侈口，尖唇，高领，束颈，圆腹，连口桥形耳，底残。耳上饰刻划纹，颈部素面磨光，颈腹之间饰一周戳印纹。口径12、残高8.6厘米（图八，1；彩版九，2）。

　　标本死马沟梁：2，高领罐，夹砂橙黄陶。喇叭口，圆唇，高领，束颈，颈部以下残，颈部饰斜向篮纹。口径18.4、残高5.6厘米（图八，2）。

　　标本死马沟梁：3，圆腹罐，夹砂灰陶。侈口，圆唇，高领，束颈，下颈部饰附加堆纹。残宽6、残高6.4厘米（图八，3）。

　　标本死马沟梁：4，圆腹罐，夹砂橙黄陶。侈口，圆唇，矮领，束颈，颈部以下残，素面。残宽5、残高3.8厘米（图八，4）。

　　标本死马沟梁：5，圆腹罐，泥质红陶。侈口，圆唇，束颈，溜肩，腹部残。器表素面磨光。口径10、残高5.8厘米（图八，5）。

　　标本死马沟梁：6，彩陶罐，泥质红陶。敞口，折沿，圆唇，束颈，腹部残。素面磨光。

图七　海原南华山地区新石器遗址分布位置示意图

1.死马沟梁遗址　2.疙瘩梁遗址　3.铧尖嘴梁遗址　4.油房院堡子梁遗址　5.套圈峁遗址　6.白杨树崾岘遗址　7.麻坊梁（堡子梁）遗址　8.印子梁遗址　9.晒肚子峁遗址　10.崖背梁遗址　11.罐罐梁遗址　12.任湾遗址　13.青羊山梁遗址　14.金家沟东侧遗址　15.张口梁遗址　16.黑刺沟梁遗址　17.金佛沟堡子梁遗址　18.老鼠沟岗遗址　19.西山梁遗址　20.山塘梁（张湾水库东侧）遗址　21.堡子村上塘梁　22.马沟梁遗址　23.林子峁遗址　24.喜鹊湾梁遗址　25.老堡子西梁遗址　26.杏沟中嘴梁遗址　27.包庄梁遗址　28.堡子村东大梁遗址　29.三留峁上梁遗址　30.堡子峁遗址　31.林场西山坡遗址　32.吊堡子遗址　33.对面子峁遗址　34.苜蓿梁遗址　35.油坊院杏树峁瓦罐嘴梁遗址　36.乱堆子遗址　37.新圈台梁遗址　38.水岔梁遗址　39.淌鼻子遗址　40.墩墩梁遗址　41.二道沟梁遗址　42.亚堡子梁遗址　43.白杨树梁遗址　44.板板洼遗址　45.张沟村遗址　46.山头梁一号点遗址　47.陡沟东大梁遗址　48.党家河坟园梁遗址　49.蚰蜒梁（西塘村）遗址　50.党家河西梁遗址　51.陈家庄北山梁遗址　52.黑子梁遗址　53.拐峁北遗址　54.薛家沟梁遗址　55.草疤湾遗址　56.二岔梁遗址　57.猫耳沟中间梁遗址　58.铁疙瘩梁遗址　59.韭菜岭（蒿内）遗址　60.山门遗址　61.雨须梁遗址　62.头道梁遗址　63.野狐坡韭菜岭遗址　64.山头梁二号点遗址　65.转头梁遗址　66.大湾梁遗址　67.黑角湾北山坡遗址　68.中嘴岗梁遗址　69.白土崩子遗址　70.保家庄东侧遗址　71.曹洼遗址　72.洞子梁遗址　73.陡沟梁遗址　74.墩子梁遗址　75.老坟湾峁梁遗址　76.梁家庄西山峁遗址　77.梁家庄崖背梁遗址　78.石沟墓地　79.石洼梁遗址　80.西洼梁遗址　81.黑角湾北山西遗址　82.老虎嘴遗址　83.包堡胖家台子遗址　84.王台小学遗址　85.武家庄泉沟脑第1地点遗址　86.武家庄泉沟脑第2地点遗址　87.武家庄泉沟脑第3地点遗址　88.张儿山东塌山梁遗址　89.李家峁西北梁遗址

表4　死马沟梁遗址陶片数量统计表

纹饰 ＼ 陶质 陶色	泥 质						夹 砂			
	橙黄	灰	红	红底黑彩	橙黄底黑彩	橙黄底红彩	橙黄	灰	红	红褐
素面		3	4	5	7		2		1	
篮纹							2		5	
绳纹+刻划纹	3									
合计	3	3	4	5	7		4		6	

表5　死马沟梁遗址器形数量统计表

器形 ＼ 陶质 陶色	泥 质				夹 砂				总 计
	红	橙黄	灰	黑	红	橙黄	灰	黑	
高领罐						1			1
圆腹罐	1					1	1		3
单耳罐	1								1
双耳罐	1								1
敛口罐		1							1
彩陶罐	2								2
彩陶盆	1								1
罐腹底	2	1			2	1			6
器盖	1								1

沿、颈部饰条形黑彩。口径12.8、残高1.6厘米（图八，6）。

标本死马沟梁：7，彩陶盆，泥质红陶。敞口，圆唇，斜腹，底残。素面磨光，器表与内侧均饰黑彩。口径13.6、残高2.8厘米（图八，7）。

标本死马沟梁：8，敛口罐，泥质橙黄陶。敛口，圆唇，弧腹，素面磨光。腹部饰条形黑彩。口径13.6、残高2厘米（图八，8）。

标本死马沟梁：9，彩陶罐，泥质红陶。敞口，折沿，圆唇，弧腹，底残。素面磨光，腹部饰条状弧形黑彩。口径18.8、残高3厘米（图八，9）。

标本死马沟梁：10，罐腹底，泥质橙黄陶。下腹斜弧，平底微凹。腹部饰斜向绳纹，底部饰交错绳纹。底径9.2、残高3.6厘米（图八，10）。

标本死马沟梁：11，罐腹底，泥质红陶。斜腹，平底，素面。底径12.8、残高2.8厘米（图八，11）。

标本死马沟梁：12，罐腹底，夹砂橙黄陶。斜腹，平底，素面，底部饰篮纹。底径10、残

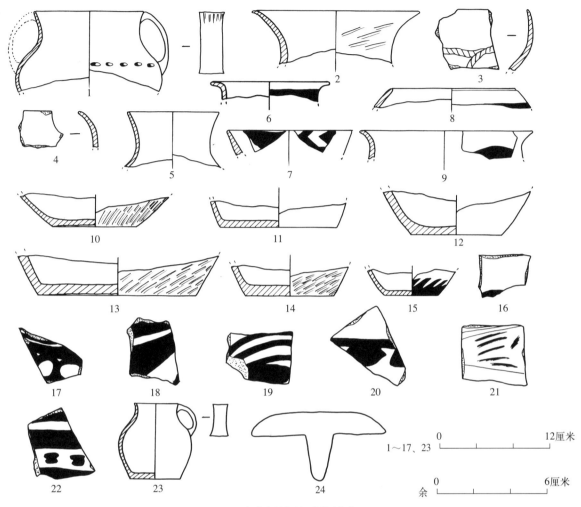

图八　死马沟梁遗址采集遗物

1. 双耳罐　2. 高领罐　3～5. 圆腹罐　6、9. 彩陶罐　7. 彩陶盆　8. 敛口罐　10～15. 罐腹底　16～22. 彩陶片　23. 单耳罐　24. 器盖

高4.6厘米（图八，12）。

　　标本死马沟梁：13，罐腹底，夹砂红陶。斜腹，平底内凹。腹部饰斜向篮纹，底部饰交错篮纹。底径17.2、残高4.2厘米（图八，13）。

　　标本死马沟梁：14，罐腹底，夹砂红陶。斜腹，平底。腹部饰斜向篮纹。底径9.6、残高3.2厘米（图八，14）。

　　标本死马沟梁：15，罐腹底，泥质红陶。斜腹微弧，平底。素面磨光，饰草叶纹黑彩。底径6、残高2.8厘米（图八，15；彩版九，3）。

　　标本死马沟梁：16，彩陶片，泥质橙黄陶。素面磨光，器表饰弧形黑彩。残长4.4、残宽5.6厘米（图八，16）。

　　标本死马沟梁：17，彩陶片，泥质橙黄陶。素面磨光，饰条形及环形黑彩。残长5.8、残宽6.8厘米（图八，17）。

　　标本死马沟梁：18，彩陶片，泥质橙黄陶。素面磨光，饰条带黑彩。残长3.6、残宽2.6厘米（图八，18）。

标本死马沟梁：19，彩陶片，泥质橙黄陶。素面磨光，饰条状弧形黑彩。残长2.8、残宽3.6厘米（图八，19）。

标本死马沟梁：20，彩陶片，泥质橙黄陶。素面磨光，饰条形及圆点行黑彩。残长4.2、残宽4.2厘米（图八，20）。

标本死马沟梁：21，彩陶片，泥质橙黄陶。素面。饰条形黑彩。残长3.3、残宽3.4厘米（图八，21）。

标本死马沟梁：22，彩陶片，泥质红陶。素面磨光，饰三周条形黑彩。残长3.8、残宽3.5厘米（图八，22）。

标本死马沟梁：23，单耳罐，泥质红陶。连口桥形耳，侈口，尖唇，矮领，束颈，圆腹，平底，素面。口径4.6、底径5.4、高8厘米（图八，23；彩版九，4）。

标本死马沟梁：24，器盖，泥质红陶。圆形，乳丁柄，尖唇，弧底，素面。直径7.4、高3.6厘米（图八，24）。

2. 疙瘩梁遗址

遗址位于海原县海城镇刺儿沟村西南侧约500米处的南北走向山梁上，该山梁当地人称之为疙瘩梁。地理坐标为北纬36° 31′ 2.41″，东经105° 34′ 40.96″，海拔高度为2184米。山梁整体地势南高北低，东西两侧为缓坡地，该处之前为当地居民的耕地，现在为退耕还林区。东西两侧坡地均有陶片分布，其中东侧坡地陶片分布较为丰富，并且有零星盗洞分布，在暴露断面发现有灰层、灰坑等遗迹。遗址区南北长约500、东西宽约200米，面积约10万平方米。遗址文化属性为菜园文化。

采集陶片有泥质和夹砂两类，夹砂陶稍多；陶色以橙黄为主，还有一定数量红陶、灰陶；除素面外纹饰以篮纹为主，还有少量刻划纹、附加堆纹、绳纹，另有较多的彩陶；可辨器形有高领罐、单耳罐、圆腹罐、盆、钵、花边罐等，石器有磨石（表6、7）。

标本疙瘩梁：1，高领罐，泥质红陶。侈口，平沿，圆唇，高领，束颈，颈部以下残，素面。口径12.4、残高5.4厘米（图九，1）。

标本疙瘩梁：2，单耳罐，夹砂橙黄陶。侈口，尖唇，矮领，束颈，圆腹，底残。口沿部位有耳部脱落痕迹，颈部饰横向篮纹，腹部饰横向绳纹，绳纹之上饰竖向刻划纹。口径9.6、残高6.1厘米（图九，2）。

标本疙瘩梁：3，圆腹罐，夹砂橙黄陶。敞口，锯齿方唇，折沿，圆腹，底残。沿、唇面饰绳纹，沿下与腹部饰波状附加泥条。口径26.4、残高5.9厘米（图九，3；彩版一〇，1）。

标本疙瘩梁：4，高领罐，泥质橙黄陶。喇叭口，圆唇，高领，束颈，颈部以下残。颈部饰斜向篮纹，其内壁素面磨光。口径20、残高4.1厘米（图九，4）。

标本疙瘩梁：5，罐，泥质橙黄陶。敞口，圆唇，微束颈，鼓腹，底残。颈部素面磨光，腹部饰三角形附加泥条。残长6.4、残宽6厘米（图九，5）。

标本疙瘩梁：6，子母口罐，泥质橙黄陶。子母口，圆唇，弧腹，底残。素面磨光。残长6.6、残宽7厘米（图九，6）。

表 6　疙瘩梁遗址陶片数量统计表

纹饰 / 陶色	泥质						夹砂			
	橙黄	灰	红	灰底黑彩	橙黄底黑彩	橙黄底红彩	橙黄	灰	红	红褐
素面	31	6	17	3	13		36		7	
绳纹	8	1	7				1		1	
篮纹	36	1					47		6	
刻划纹	1		5				2			
附加堆纹	1						8		1	
交错绳纹							1		1	
附加堆纹+戳印纹							1			
附加堆纹+篮纹	6		1				9			
附加堆纹+绳纹							9			
绳纹+席纹							1			
刻划纹+篮纹							8			
刻划纹+绳纹							5			
合计	83	8	30	3	13		126		17	

表 7　疙瘩梁遗址器形数量统计表

器形 / 陶色	泥质				夹砂				总计
	红	橙黄	灰	黑	红	橙黄	灰	黑	
高领罐	1	2				1			4
大口圆腹罐						1			1
圆腹罐			1		1	4	1		7
单耳罐						2			2
花边罐					1				1
陶盆		1			1				2
陶钵	1				3	2			6
彩陶罐		2	2						4
彩陶盆		1							1
彩陶瓶		1							1
陶罐		1							1
子母罐		1							1
罐腹底		1			1	1			3

标本疙瘩梁：7，圆腹罐，夹砂红陶。侈口，圆唇，微束颈，圆腹，底残。腹部饰斜向篮纹。口径12.8、残高3.8厘米（图九，7）。

标本疙瘩梁：8，大口圆腹罐，夹砂橙黄陶。侈口，折沿，圆唇，弧腹，底残。口沿内凹，器表饰斜向绳纹，颈、腹饰一周按压附加泥条。口径18.4、残高6.4厘米（图九，8；彩版一○，2）。

标本疙瘩梁：9，罐腹底，夹砂红陶。斜腹微弧，平底。腹部饰斜向篮纹，底素面。底径7.8、残高4.7厘米（图九，9）。

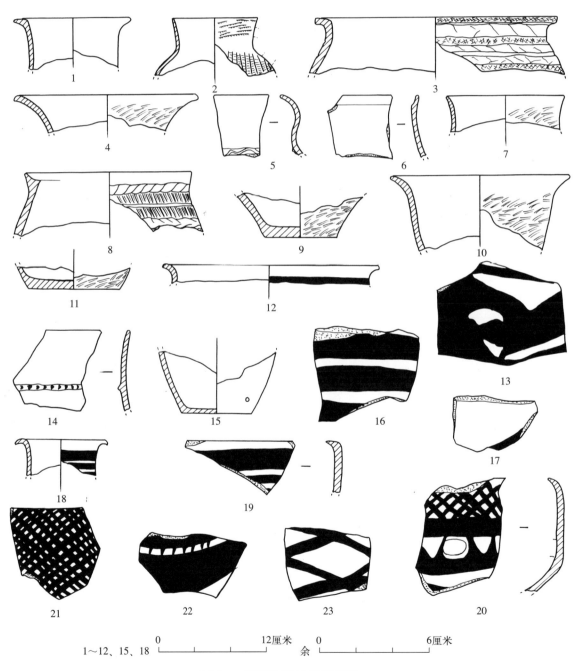

图九　疙瘩梁遗址采集遗物

1、4.高领罐　2.单耳罐　3、7.圆腹罐　5.罐　6.子母口罐　8.大口圆腹罐　9、11、15.罐腹底　10.陶盆　12、18、22.彩陶罐　13、16、17、21、23.彩陶片　14.陶钵　19.彩陶盆　20.彩陶瓶

标本疙瘩梁：10，陶盆，夹砂红陶。敞口，微卷沿，圆唇，斜腹微弧，底残。腹部饰斜向篮纹。口径19.6、残高8厘米（图九，10）。

标本疙瘩梁：11，罐腹底，夹砂橙黄陶。斜腹，平底。腹部饰斜向篮纹，底部饰交错篮纹。底径10、残高2.4厘米（图九，11）。

标本疙瘩梁：12，彩陶罐，泥质橙黄陶。敞口，卷沿，圆唇，弧腹，底残。沿下饰条带黑彩。口径23.6、残高2厘米（图九，12）。

标本疙瘩梁：13，彩陶片，腹片，泥质橙黄陶。饰草叶纹黑彩。残长5.4、残宽7.1厘米（图九，13；彩版一〇，3）。

标本疙瘩梁：14，陶钵，夹砂橙黄陶。敛口，圆唇，弧腹，底残。腹部饰一周附加泥条，泥条上饰戳印纹。残长4.35、残宽3.7厘米（图九，14）。

标本疙瘩梁：15，罐腹底，泥质橙黄陶。斜腹，平底，素面。下腹接近底部有一圆孔。底径8、残高7.2厘米（图九，15）。

标本疙瘩梁：16，彩陶片，腹片，泥质橙黄陶。器表饰条带状黑彩。残长5.1、残宽5.7厘米（图九，16；彩版一〇，4）。

标本疙瘩梁：17，彩陶片，泥质橙黄陶。器表饰条带状黑彩。残长3、残宽4.6厘米（图九，17）。

标本疙瘩梁：18，彩陶罐，泥质橙黄陶。侈口，卷沿，圆唇，高领，束颈，颈部以下残。颈部饰三周条状黑彩。口径10、残高3.9厘米（图九，18）。

标本疙瘩梁：19，彩陶盆，泥质橙黄陶。直口，折沿，尖唇，腹部以下残。素面磨光，口沿饰一周黑点彩，腹部饰条带状黑彩。残宽6.1、残高2.7厘米（图九，19；彩版一〇，5）。

标本疙瘩梁：20，彩陶瓶，泥质橙黄陶。侈口，尖唇，高领，折肩，腹部以下残。颈部有一耳脱落痕迹，素面磨光。沿内侧饰条带及水波纹褐彩。沿下饰网格纹黑彩，颈部中间饰一周条带黑彩，颈肩交接处饰倒三角纹黑彩。残宽4.5、残高5.7厘米（图九，20；彩版一〇，6）。

标本疙瘩梁：21，彩陶片，泥质橙黄陶。素面磨光，器表饰网格纹黑彩。残长4.8、残宽4.6厘米（图九，21；彩版一一，1）。

标本疙瘩梁：22，彩陶罐，泥质灰陶。口部残，折沿，圆腹，底残。素面磨光。口沿下饰两周条状弧形黑彩，中间锯齿状。残长3.4、残宽5.9厘米（图九，22；彩版一一，2）。

标本疙瘩梁：23，彩陶片，泥质橙黄陶。饰条带交错红彩。残长3.8、残宽4.7厘米（图九，23）。

标本疙瘩梁：24，彩陶片，泥质橙黄陶。素面磨光，表面饰黑彩。残长3、残宽3厘米（图一〇，24）。

标本疙瘩梁：25，彩陶片，泥质橙黄陶。素面磨光。饰条带弧形黑彩。残长4.4、残宽7.6厘米（图一〇，25）。

标本疙瘩梁：26，彩陶片，泥质橙黄陶。素面磨光。饰混合黑紫彩。残长3.6、残宽5.3厘米（图一〇，26；彩版一一，3）。

标本疙瘩梁：27，彩陶片，泥质橙黄陶。素面磨光。饰交错红彩。残长5.3、残宽6.1厘米

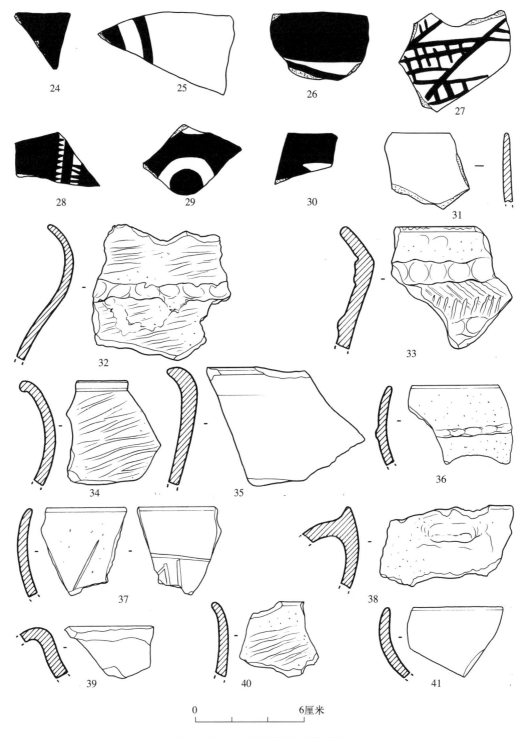

图一〇　疙瘩梁遗址采集遗物

24~30.彩陶片　31、36、37、41.陶钵　32、35、40.圆腹罐　33.花边罐　34.高领罐　38.单耳罐　39.陶盆

（图一〇，27；彩版一一，4）。

标本疙瘩梁：28，彩陶片，泥质红陶。素面磨光，饰两周宽条状黑彩，中间饰条带形红彩及锯齿黑彩。残长2.9、残宽4.7厘米（图一〇，28；彩版一一，5）。

标本疙瘩梁：29，彩陶片，泥质橙黄陶。素面磨光。饰环形黑彩及圆点黑彩。残长3.8、残宽5.4厘米（图一〇，29）。

标本疙瘩梁：30，彩陶片，泥质橙黄陶。素面磨光，饰宽条状黑彩。残长2.6、残宽3.1厘米（图一〇，30）。

标本疙瘩梁：31，陶钵，夹砂橙黄陶。敛口，圆唇，弧腹，底残。素面刮抹痕迹明显。残宽3.7、残高3.9厘米（图一〇，31）。

标本疙瘩梁：32，圆腹罐，夹砂橙黄陶。侈口，唇残，矮领，束颈，圆腹，底残。颈、腹部均饰横向篮纹。腹部篮纹上饰附加泥条。残宽7.5、残高7.2厘米（图一〇，32）。

标本疙瘩梁：33，花边罐，夹砂红陶。侈口，方唇，唇面有凹坑，束颈，圆腹，底残。颈、腹之间饰一周附加泥条呈波状，腹部饰交错绳纹，绳纹之上饰附加泥条。残宽6.5、残高6.4厘米（图一〇，33）。

标本疙瘩梁：34，高领罐，泥质橙黄陶。喇叭口，圆唇，高领，束颈，颈部以下残，颈部饰横向篮纹。残宽5.1、残高5.5厘米（图一〇，34）。

标本疙瘩梁：35，圆腹罐，泥质灰陶。侈口，尖唇，弧腹，底残，素面磨光。残宽8.6、残高6.4厘米（图一〇，35）。

标本疙瘩梁：36，陶钵，夹砂红陶。敛口，圆唇，圆腹，底残。腹部饰一周附加泥条呈波状，素面。残宽5.6、残高4.2厘米（图一〇，36）。

标本疙瘩梁：37，陶钵，夹砂红陶。敛口，圆唇，弧腹，底残，素面，器身内外均有横竖刻槽。残宽4.5、残高4.6厘米（图一〇，37）。

标本疙瘩梁：38，单耳罐，夹砂橙黄陶。侈口，圆唇，腹部残，口沿下方有一残耳，素面。残宽7.3、残高4.2厘米（图一〇，38）。

标本疙瘩梁：39，陶盆，泥质灰陶。敞口，卷沿，唇残，弧腹，底残，素面。残宽4.5、残高2.9厘米（图一〇，39）。

标本疙瘩梁：40，圆腹罐，夹砂橙黄陶。侈口，圆唇，微束颈，腹残。颈部饰斜向篮纹。残宽4.3、残高4厘米（图一〇，40）。

标本疙瘩梁：41，陶钵，泥质红陶。敛口，圆唇，鼓腹，底残，素面。残宽5.2、残高3.7厘米（图一〇，41）。

标本疙瘩梁：42，圆腹罐，夹砂橙黄陶。侈口，圆唇，微束颈，腹残，颈部饰斜向篮纹。残宽3.8、残高3.7厘米（图一一，42）。

标本疙瘩梁：43，高领罐，夹砂橙黄陶。喇叭口，圆唇，颈部以下残，素面。残宽4.4、残高2厘米（图一一，43）。

标本疙瘩梁：44，圆腹罐，夹砂灰陶。侈口，方唇，微束颈，腹部残，素面。残宽2.6、残高2.4厘米（图一一，44）。

标本疙瘩梁：45，陶钵，夹砂红陶。敛口，圆唇，弧腹，底残，素面。残宽3.8、残高3.1厘米（图一一，45）。

标本疙瘩梁：46，彩陶罐，泥质灰陶。敞口，折沿，尖唇，束颈，腹残，素面磨光。颈部饰条带形黑彩。残宽3.2、残高2.6厘米（图一一，46）。

标本疙瘩梁：47，彩陶片，泥质橙黄陶。素面磨光，器表饰宽条锯齿黑彩及红彩。残宽3.2、残高2.8厘米（图一一，47；彩版一一，6）。

标本疙瘩梁：48，磨石，磨制，仅剩残片。残长4.5、残宽4.2厘米（图一一，48）。

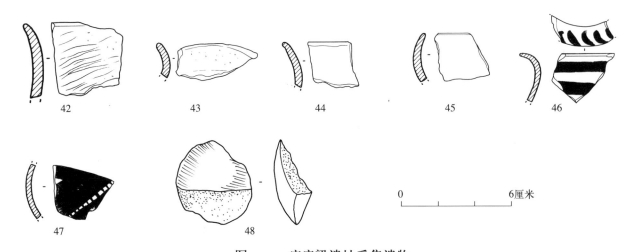

图一一　疙瘩梁遗址采集遗物

42、44.圆腹罐　43.高领罐　45.陶钵　46.彩陶罐　47.彩陶片　48.磨石

3. 铧尖嘴梁遗址

遗址位于海原县树台乡龚湾村东北侧约700米处的山梁上，该山梁当地人称铧尖嘴梁（彩版一二，1）。地理坐标为北纬36° 29′ 24.52″，东经105° 31′ 58.69″，海拔高度为2194米。铧尖嘴梁东北西南走向，地势东北高西南底，梁顶及东西两侧坡地现为田地，西侧坡地部分区域被修成梯田。在山梁西侧坡地及梯田地表分布有较多陶片，同时在梯田断面上发现有零星灰层和少量盗洞，而在梁顶及西侧坡地只发现零星陶片，因此推断西侧坡地为遗址核心区。遗址南北长约200、东西宽约50米，面积约为1万平方米。遗址文化属性为菜园文化。

采集陶片有泥质和夹砂两类，以夹砂陶为主；陶色以橙黄陶为主，有零星红陶和灰陶；除素面外纹饰以篮纹为主，还有少量附加堆纹、刻划纹、绳纹及零星彩陶；可辨器形有单耳罐、圆腹罐、双錾罐、刻槽盆、钵等（表8、9）。

标本铧尖嘴梁：1，圆腹罐，夹砂橙黄陶。侈口，方唇，圆腹，底残。器表饰斜向篮纹。残宽4.8、残高3.4厘米（图一二，1；彩版一二，2）。

标本铧尖嘴梁：2，陶盆，夹砂橙黄陶。敞口，圆唇，弧腹，底残，素面。残宽7.2、残高6.2厘米（图一二，2）。

标本铧尖嘴梁：3，陶盆，夹砂橙黄陶。敞口，方唇，斜直腹，底残。口沿外侧有一周刻划纹，器表饰斜向篮纹。残宽9.6、残高7厘米（图一二，3）。

标本铧尖嘴梁：4，圆腹罐，泥质灰陶。敞口，折沿，方唇，束颈，腹部残，素面磨光。残宽3.8、残高3.4厘米（图一二，4）。

标本铧尖嘴梁：5，陶盆，泥质红陶。敞口，圆唇，上腹微鼓，下腹斜直，平底，素面。口

表 8　铧尖嘴遗址陶片数量统计表

陶质	泥 质						夹 砂			
纹饰　　陶色	橙黄	灰	红	红底黑彩	橙黄底黑彩	橙黄底红彩	橙黄	灰	红	红褐
素面	5	2	2			2	11			
绳纹							3			
篮纹							22	2	1	
刻划纹							2			
附加堆纹							2			
附加堆纹+篮纹							2			
合计	5	2	2			2	42	2	1	

表 9　铧尖嘴梁遗址器形数量统计表

陶质	泥 质				夹 砂				总　计
器形　　陶色	红	橙黄	灰	红褐	红	橙黄	灰	黑	
圆腹罐			1			3			4
单耳罐		1							2
陶盆	1				1	3			5
刻槽盆						1			1
陶钵						1			1
双鋬罐						1			1
罐腹底					1				1

径13.3、底径6.8、高8.2厘米（图一二，5）。

标本铧尖嘴梁：6，圆腹罐，夹砂橙黄陶。侈口，方唇，束颈，圆腹，底残。颈部饰附加泥条。残宽5.4、残高5厘米（图一二，6）。

标本铧尖嘴梁：7，双鋬罐，夹砂橙黄陶。侈口，方唇，颈部以下残，素面，残存一连口鋬。残长4、残宽6厘米（图一二，7）。

标本铧尖嘴梁：8，陶盆，夹砂橙黄陶。敞口，方唇，斜腹微弧，腹部饰斜向篮纹。残宽8.2、残高3.8厘米（图一二，8）。

标本铧尖嘴梁：9，单耳罐，泥质橙黄陶。连口桥形耳，侈口，尖唇，腹部残，素面。残长3.6、残宽5.6厘米（图一二，9）。

标本铧尖嘴梁：10，罐腹底，夹砂红陶。上腹残，下腹斜直，平底，腹部饰斜向篮纹。底径10.8、残高3.4厘米（图一二，10）。

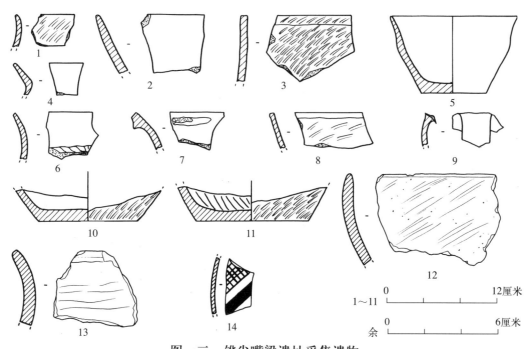

图一二　铧尖嘴梁遗址采集遗物

1、4、6、13.圆腹罐　2、3、5、8.陶盆　7.双錾罐　9.单耳罐　10.罐腹底　11.刻槽盆底　12.陶钵　14.彩陶片

标本铧尖嘴梁：11，刻槽盆底，夹砂橙黄陶。上腹残，下腹斜直，平底内凹，腹部饰斜向篮纹，内壁饰竖向刻槽。底径12、残高3.6厘米（图一二，11）。

标本铧尖嘴梁：12，陶钵，夹砂橙黄陶。敛口，圆唇，上腹弧，下腹残，素面。残宽6.6、残高4.8厘米（图一二，12）。

标本铧尖嘴梁：13，圆腹罐，夹砂橙黄陶。侈口，方唇，束颈，腹部残，素面。残宽4.4、残高4.2厘米（图一二，13）。

标本铧尖嘴梁：14，彩陶片，泥质橙黄陶。素面磨光，器表饰条形及网格纹红彩。残长3、残宽1.4厘米（图一二，14）。

4. 油房院堡子梁遗址

遗址位于海原县史店乡油房院村西南侧的山梁上，因该山梁上有一近代堡子，所以当地人称之为油房院堡子梁。地理坐标为北纬36°28′59.89″，东经105°40′3.83″，海拔高度为2169米。整个山梁地处南华山北麓，东北西南走向，地势南高北低，东西两侧坡地被改造成梯田。在山梁东侧坡地发现有较多陶片分布，并在梯田断面处发现有零星红烧土堆积和灰层。同时在东侧坡地梯田断面底部分布有成排的盗坑，对遗址造成一定的破坏，盗坑周围散落有零星陶片和人骨残块。在山梁西侧坡地发现有零星陶片分布，未见堆积层和遗迹现象暴露。整个遗址区南北长约200、东西宽约200米，面积约为4万平方米。遗址文化属性为菜园文化。

采集陶片有泥质和夹砂两类，以夹砂陶为主；陶色以橙黄陶为主，还有少量的红陶和灰陶；除素面外纹饰以篮纹为主，有少量的附加堆纹、刻划纹，还有零星彩陶；可辨器形有圆腹罐、双錾罐、盆等（表10、11）。

表 10　油房院堡子梁遗址陶片数量统计表

纹饰 ＼ 陶色	泥　质						夹　砂			
	橙黄	灰	红	红底黑彩	橙黄底黑彩	橙黄底红彩	橙黄	灰	红	红褐
素面	13	2	1		1		5	1	1	
绳纹									1	
篮纹	1	3					25	3	4	
刻划纹								1		
附加堆纹							1			
附加堆纹＋绳纹							1			
合计	14	5	1		1		32	5	6	

表 11　油房院堡子梁遗址器形数量统计表

器形 ＼ 陶色	泥　质				夹　砂				总　计
	红	橙黄	灰	黑	红	橙黄	灰	黑	
大口圆腹罐						1			1
圆腹罐			1						1
陶盆		1	2						3
双錾罐							1		1
罐腹底		1				1			2

标本油房院堡子梁：1，圆腹罐，泥质灰陶。侈口，圆唇，矮领，束颈，圆腹，素面磨光。口径10.4、残高5厘米（图一三，1）。

标本油房院堡子梁：2，陶盆，泥质灰陶。敞口，圆唇，斜腹，底残。腹部饰横向篮纹。残宽6.8、残高3.2厘米（图一三，2）。

标本油房院堡子梁：3，大口圆腹罐，夹砂橙黄陶。侈口，方唇，微束颈，腹部残，素面。断裂处有竖向小孔。残长4.8、残宽5.6厘米（图一三，3）。

标本油房院堡子梁：4，腹片，泥质红陶。素面，一边缘有磨制痕迹。残长5、残宽6厘米（图一三，4）。

标本油房院堡子梁：5，陶盆，泥质橙黄陶。敞口，圆唇，斜直腹，底残。器表饰篮纹。残宽5.2、残高2.8厘米（图一三，5）。

标本油房院堡子梁：6，双錾罐，夹砂橙黄陶。敞口，方唇，直腹。口沿下方有一錾耳。素面。残宽4.4、残高4.7厘米（图一三，6）。

标本油房院堡子梁：7，罐腹底，夹砂橙黄陶。上腹残，下腹斜直，平底。腹、底均饰斜向篮纹。底径13.6、残高2厘米（图一三，7）。

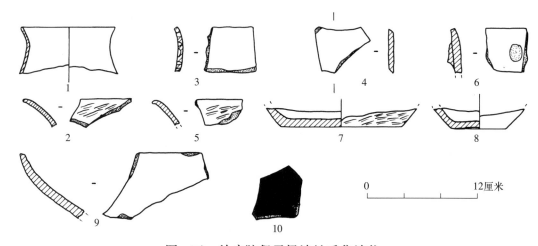

图一三　油房院堡子梁遗址采集遗物

1.圆腹罐　2、5、9.陶盆　3.大口圆腹罐　4.腹片　6.双錾罐　7、8.罐腹底　10.彩陶片

标本油房院堡子梁：8，罐腹底，泥质橙黄陶。上腹残，下腹斜弧，平底微凹，素面。底径6、残高2厘米（图一三，8）。

标本油房院堡子梁：9，陶盆，泥质灰陶。敞口，方唇，弧腹，底残，器表素面磨光。残宽6.8、残高7厘米（图一三，9）。

标本油房院堡子梁：10，彩陶片，泥质橙黄陶。素面磨光，器表饰黑彩。残长5.6、残宽5.2厘米（图一三，10；彩版一二，3）。

5. 套圈亩遗址

遗址位于海原县史店乡方家庄村东南侧的东北西南走向山梁的东侧坡地上，该坡地被当地人称为套圈亩。地理坐标为北纬36°28′26.44″，东经105°41′27.86″，海拔高度为2139米。遗址所在山梁地势西南高东北低，现为退耕还林区，种植有柠条等植物。在山梁东侧的套圈亩坡地上分布有零星盗坑，盗坑周围散落有较多陶片、人骨残块、动物骨骼等遗物，在盗坑以外区域也分布有零星陶片，没有发现其他遗迹现象。一条蜿蜒的河流从遗址区东南侧流经，现已经干涸。遗址南北长约100、东西宽约100米，面积约为1万平方米。遗址文化属性为菜园文化。

采集陶片有泥质和夹砂两类，泥质陶稍多；陶色以橙黄陶为主，还有少量有红陶；除素面外纹饰以篮纹为主，还有少量附加堆纹等；可辨器形有花边罐、高领罐、盆、器盖等（表12、13）。

标本套圈亩：1，高领罐，泥质红陶。喇叭口，方唇，高领，束颈，颈部以下残。沿下饰一周附加泥条，颈部饰一周戳印纹，素面。口径18、残高8.4厘米（图一四，1）。

标本套圈亩：2，高领罐，泥质橙黄陶。侈口，窄平沿，圆唇，唇面内凹，高领，束颈，溜肩，腹部残，素面磨光且刮抹痕迹明显。口径20、残高9厘米（图一四，2）。

标本套圈亩：3，高领罐，泥质红陶。侈口，尖唇，高领，束颈，颈部以下残，沿下饰一周戳印纹，颈部素面磨光。口径14.4、残高4厘米（图一四，3）。

标本套圈亩：4，高领罐，夹砂红陶。喇叭口，尖唇，高领，束颈，颈部以下残，颈部饰横向篮纹。口径15.2、残高4.2厘米（图一四，4）。

表12 套圈山遗址陶片数量统计表

陶质 纹饰 陶色	泥 质						夹 砂			
	橙黄	灰	红	红底黑彩	橙黄底黑彩	橙黄底红彩	橙黄	灰	红	红褐
素面	26	2	9				5	2	1	
绳纹							3			
篮纹	13						11	2	4	
附加堆纹							1	1		
麻点纹							3		4	
附加堆纹+篮纹							3			
合计	39	2	9				26	5	9	

表13 套圈山遗址器形数量统计表

陶质 器形 陶色	泥 质				夹 砂				总 计
	红	橙黄	灰	黑	红	橙黄	灰	黑	
高领罐	3	1			1				5
花边罐							1		1
陶盆		2				1			3
罐腹底	1				1				2
器盖		1							1

　　标本套圈山:5,高领罐,泥质红陶。喇叭口,方唇,高领,束颈,颈部以下残。沿下饰一周附加泥条,颈部饰一周戳印纹,素面。残宽8.1、残高3.8厘米(图一四,5)。

　　标本套圈山:6,花边罐,夹砂灰陶。侈口,圆唇,高领,束颈,颈部以下残,口沿下方饰一周附加泥条呈波状,颈部素面。口径10.4、残高6厘米(图一四,6)。

　　标本套圈山:7,陶盆,泥质橙黄陶。敞口,窄平沿,圆唇,斜腹微弧,底残,腹部饰斜向篮纹。残宽5.1、残高4厘米(图一四,7)。

　　标本套圈山:8,陶盆,夹砂橙黄陶。敞口,尖唇,斜直腹,底残,唇下有一道折棱,腹部饰斜向绳纹。残宽6.1、残高3厘米(图一四,8)。

　　标本套圈山:9,器盖,泥质灰陶。双唇,唇面内凹,盖面微弧,顶部残缺,素面磨光。残宽6.8、残高3.5厘米(图一四,9)。

　　标本套圈山:10,陶盆,泥质橙黄陶。敞口,折沿,圆唇,唇面内凹,腹部残,素面。残宽7.2、残高2.6厘米(图一四,10)。

　　标本套圈山:11,罐腹底,泥质橙黄陶。上腹残,下腹微弧,平底,素面。底径12、残高4.4厘米(图一四,11)。

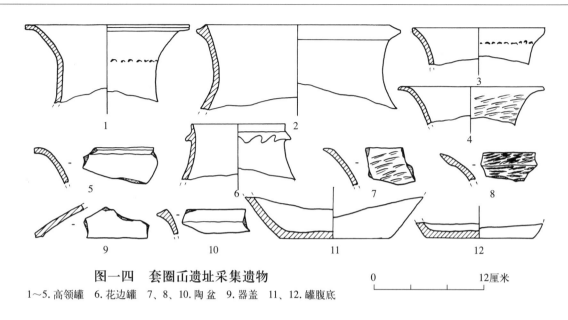

图一四　套圈岇遗址采集遗物

1~5.高领罐　6.花边罐　7、8、10.陶盆　9.器盖　11、12.罐腹底

标本套圈岇：12，罐腹底，夹砂红陶。上腹残，下腹微弧，平底，素面。底径11.6、残高1.6厘米（图一四，12）。

6. 白杨树崾岘遗址

遗址位于海原县树台乡王家坡村北侧南北走向的山梁上，该山梁当地人称之为白杨树崾岘。地理坐标为北纬36° 29′ 50.79″，东经105° 30′ 44.00″，海拔高度为2158米。山梁地势北高南底，顶部较平缓，东西两侧为坡地，其中遗址位于山梁西侧坡地上。西侧坡地较为平缓，地表分布有零星陶片，未发现地层堆积等遗迹现象，有零星盗坑分布，东侧坡地未发现陶片及遗迹现象。遗址西侧有一条南北走向自然冲沟，对遗址造成一定程度的破坏。遗址南北长约120、东西宽约120米，面积约为1.4万平方米。遗址文化属性为菜园文化。

采集陶片有泥质和夹砂两类；陶色以橙黄陶为主，有零星红陶、灰陶和彩陶；可辨器形有彩陶罐等（表14、15）。

标本白杨树崾岘：1，彩陶罐，泥质红陶。侈口，卷沿，尖唇，高领，束颈，颈部以下残，

表14　白杨树崾岘遗址陶片数量统计表

纹饰＼陶质／陶色	泥 质						夹 砂			
	橙黄	灰	红	红底黑彩	橙黄底黑彩	橙黄底红彩	橙黄	灰	红	红褐
素面	7	1		1	1		2			
绳纹	1						2			
篮纹	1	1	1				1			
附加堆纹								1		
合计	9	2	1	1	1		5	1		

表15　白杨树崾岘遗址器形数量统计表

器形 \ 陶色 \ 陶质	泥　质				夹　砂				总　计
	红	橙黄	灰	黑	红	橙黄	灰	黑	
彩陶罐	1								1
罐腹底		1							1

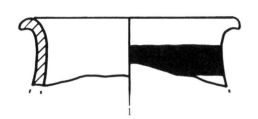 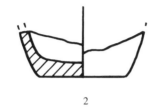 

图一五　白杨树崾岘遗址采集遗物
1.彩陶罐　2.罐腹底

素面磨光，颈部饰横向宽条带黑彩。口径11.2、残高3.5厘米（图一五，1；彩版一二，4）。

标本白杨树崾岘：2，罐腹底，泥质橙黄陶。上腹残，下腹斜直，平底内凹，素面。底径4.8、残高2.4厘米（图一五，2；彩版一二，5）。

7. 麻坊梁（堡子梁）遗址

遗址位于海原县史店乡芦子沟村和油房院村中间的山梁上，该山梁当地人称之为麻坊梁，其西侧是芦子沟村，东侧是油房院村。地理坐标为北纬36°28′37.07″，东经105°39′47.60″，海拔高度为2217米。山梁呈南北向坐落于南华山北麓，地势南高北低，顶部较平缓，东西两侧为缓坡地，整座山梁种有柠条等植物。山梁顶部有一近代堡子，当地人也称之为堡子梁。在山梁东侧坡地上散落有零星陶片，并且发现有几处盗坑，盗坑周围分布有零星陶片，山梁的其他区域未发现陶片。遗址区南北长约120、东西宽约80米，面积约为1万平方米。遗址文化属性为菜园文化。

采集陶片有泥质和夹砂两类，以夹砂陶为主；陶色以橙黄为主，还有零星灰陶和红褐陶；除素面外纹饰以篮纹为主，还有少量的附加堆纹、戳印纹、绳纹；可辨器形有高领罐、单耳罐、大口罐、圆腹罐、盆等（表16、17）。

标本麻坊梁（堡子梁）：1，高领罐，泥质橙黄陶。喇叭口，圆唇，高领，束颈，颈部以下残，素面磨光。口径16.8、残高6.4厘米（图一六，1）。

标本麻坊梁（堡子梁）：2，高领罐，夹砂橙黄陶。喇叭口，圆唇，高领，束颈，颈部以下残，素面且有刮抹痕迹。残宽7.1、残高4.2厘米（图一六，2）。

标本麻坊梁（堡子梁）：3，高领罐，泥质橙黄陶。喇叭口，圆唇，高领，束颈，颈部以下残，素面磨光且打磨痕迹明显。口径20、残高8.1厘米（图一六，3）。

标本麻坊梁（堡子梁）：4，单耳罐，夹砂灰陶。桥形拱耳，侈口，尖唇，颈部残，耳面饰

表16　麻坊梁（堡子梁）遗址陶片数量统计表

陶色　陶质 纹饰	泥　质						夹　砂			
	橙黄	灰	红	红底黑彩	橙黄底黑彩	橙黄底红彩	橙黄	灰	红	红褐
素面	2	1					1			
绳纹							1			
篮纹	1	1					6	1		1
附加堆纹							2			
戳印纹	1						1			
附加堆纹+绳纹								1		1
合计	4	2					11	2		2

表17　麻坊梁（堡子梁）遗址器形数量统计表

陶色　陶质 器形	泥　质				夹　砂				总　计
	红	橙黄	灰	黑	红	橙黄	灰	褐	
高领罐		2				1			3
圆腹罐						1		1	2
单耳罐							1		1
大口罐						1			1
陶盆			1						1
罐腹底			1						1

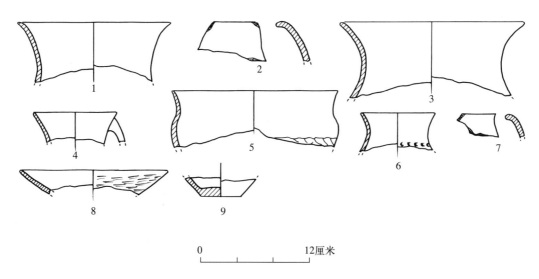

0　　　　　　　　　　12厘米

图一六　麻坊梁（堡子梁）遗址采集遗物

1～3.高领罐　4.单耳罐　5.大口罐　6、7.圆腹罐　8.陶盆　9.罐腹底

竖向篮纹，器身素面。口径9.2、残高3.4厘米（图一六，4）。

标本麻坊梁（堡子梁）：5，大口罐，夹砂橙黄陶。侈口，圆唇，鼓腹，底残，上腹部饰一周附加泥条呈波状。口径18.4、残高6厘米（图一六，5）。

标本麻坊梁（堡子梁）：6，圆腹罐，夹砂褐陶。侈口，尖唇，束颈，颈部以下残，素面磨光，下颈部饰一周戳印纹。口径8、残高4厘米（图一六，6）。

标本麻坊梁（堡子梁）：7，圆腹罐，夹砂橙黄陶。侈口，折沿，圆唇，束颈，颈部以下残，素面。残宽4、残高2.6厘米（图一六，7）。

标本麻坊梁（堡子梁）：8，陶盆，泥质灰陶。敞口，方唇，斜直腹，底残。器表饰横向篮纹。口径16.4、残高2.6厘米（图一六，8）。

标本麻坊梁（堡子梁）：9，罐腹底，泥质灰陶。上腹残，下腹斜直，平底，素面磨光。底径4.4、残高2厘米（图一六，9）。

8. 印子梁遗址

遗址位于海原县树台乡条子沟村西侧的印子梁，山梁北侧为条子沟水库，南侧为河川。地理坐标为北纬36°31′33.68″，东经105°23′57.68″，海拔高度为1949米。印子梁周围较为陡峭，被修成梯田。在山梁东南侧的梯田地表上发现有较多陶片分布，断面上也发现有灰坑、红烧土堆积等遗迹。遗址东西长约200、南北宽约100米，面积约为2万平方米。遗址文化属性为菜园文化。

采集陶片有泥质和夹砂两类，夹砂陶稍多；陶色以橙黄色为主，另有少量红陶、灰陶；除素面外纹饰以篮纹为主，还有零星绳纹、刻划纹、附加堆纹，还有零星彩陶；可辨器形有圆腹罐等（表18、19）。

标本印子梁：1，罐腹底，夹砂橙黄陶。上腹残，下腹斜直，平底。腹部饰斜向篮纹。底径8、残高2.4厘米（图一七，1）。

标本印子梁：2，罐腹底，夹砂橙黄陶。上腹残，下腹斜直，平底微凹，腹部素面，底部饰席纹。底径9、残高2.2厘米（图一七，2）。

表18 印子梁遗址陶片数量统计表

陶色\纹饰\陶质	泥 质						夹 砂			
	橙黄	灰	红	红底黑彩	橙黄底黑彩	橙黄底红彩	橙黄	灰	红	红褐
素面	8				1	1	3		1	
绳纹	1								2	
篮纹	2						10	8		
刻划纹	1		1							
附加堆纹							1			
附加堆纹+绳纹							1			
合计	12		1		1	1	15	8	3	

表19　印子梁遗址器形数量统计表

陶质器形	泥　质				夹　砂				总　计
	红	橙黄	灰	黑	红	橙黄	灰	黑	
圆腹罐						1			1
罐腹底						2			2

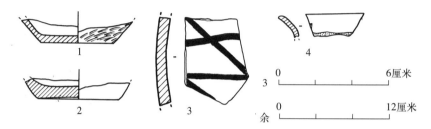

图一七　印子梁遗址采集遗物
1、2.罐腹底　3.彩陶片　4.圆腹罐

标本印子梁：3，彩陶片，泥质橙黄陶。素面磨光，器表饰交错条状红彩。残长4.5、残宽3.5厘米（图一七，3）。

标本印子梁：4，圆腹罐，夹砂橙黄陶。侈口，圆唇，沿以下残，素面。残宽6.4、残高2.5厘米（图一七，4）。

9. 晒肚子峁遗址

遗址位于海原县海城镇野狐坡村南侧的南华山北麓的一坡地上，该坡地被当地人称为晒肚子峁（彩版一三，1）。地理坐标为北纬36°31′20.53″，东经105°33′51.90″，海拔高度为2149米。晒肚子峁地处山梁东侧，地势西高东低，坡度相对较大，在坡地上分布有密集陶片，还有少量的盗坑，盗坑周围发现有人骨。因没有断面暴露，所以没有发现其他遗迹现象。在晒肚子峁背面的西侧坡上也有零星陶片分布。遗址南北长约350、东西宽约300米，面积约为10万平方米。遗址文化属性为菜园文化。

采集陶片有泥质和夹砂两类，夹砂陶占绝大多数；陶色以橙黄为主，有少量红陶和灰陶；除素面外纹饰以篮纹占大多数，另有刻划纹和附加堆纹等；可辨器形有高领罐、圆腹罐、双耳罐、刻槽盆、盆、钵、彩陶罐等（表20、21）。

标本晒肚子峁：1，高领罐，泥质橙黄陶。喇叭口，圆唇，高领，束颈，颈部以下残。素面磨光。口径19.6、残高6.8厘米（图一八，1）。

标本晒肚子峁：2，高领罐，夹砂橙黄陶。喇叭口，尖唇，高领，束颈，颈部以下残，器表素面且有刮抹痕迹。口径20.1、残高4.6厘米（图一八，2）。

标本晒肚子峁：3，圆腹罐，夹砂橙黄陶。侈口，圆唇，束颈，溜肩，腹部残，素面。口径15.4、残高6.2厘米（图一八，3）。

标本晒肚子峁：4，圆腹罐，夹砂橙黄陶。侈口，圆唇，高领，束颈，颈部以下残，颈部饰

表 20　晒肚子圪遗址陶片数量统计表

陶质\纹饰\陶色	泥　质						夹　砂			
	橙黄	灰	红	红底黑彩	橙黄底黑彩	橙黄底红彩	橙黄	灰	红	红褐
素面	6		5			1	24	3	6	
绳纹		1					1			
篮纹	5	1	3				106	8	6	
刻划纹							11			
附加堆纹							4		1	
附加堆纹+篮纹							2			
附加堆纹+绳纹			1				7			
合计	11	2	9			1	155	11	13	

表 21　晒肚子圪遗址器形数量统计表

陶质\器形\陶色	泥　质				夹　砂				总　计
	红	橙黄	灰	黑	红	橙黄	灰	黑	
高领罐	1	2				4			7
圆腹罐						4	1		5
双耳罐	1								1
陶盆	2	1	2		1				6
刻槽盆		1				1			2
陶钵						1			1
彩陶罐		1							1
陶罐	1						1		2
小口圆腹罐		1							1

斜向篮纹。口径15.2、残高5.8厘米（图一八，4）。

标本晒肚子圪：5，高领罐，泥质红陶。喇叭口，方唇，高领，束颈，溜肩，腹部残。口沿外侧饰一周附加泥条，口、颈饰斜向篮纹。口径18.8、残高10.2厘米（图一八，5）。

标本晒肚子圪：6，高领罐，夹砂橙黄陶。喇叭口，尖圆唇，微折沿，高领，束颈，溜肩，腹部残，素面。口径19.2、残高10.6厘米（图一八，6）。

标本晒肚子圪：7，刻槽盆，泥质橙黄陶。敛口，方唇，弧腹，器表饰横向篮纹，内壁有竖向刻槽。口径24.2、残高5.6厘米（图一八，7）。

标本晒肚子圪：8，刻槽盆，夹砂橙黄陶。敞口，方唇，弧腹。器表饰斜向绳纹，腹部有横向附加泥条，内壁有横、竖向刻槽。残长6.4、残宽7.6厘米（图一八，8）。

标本晒肚子岇：9，高领罐，夹砂橙黄陶。喇叭口，卷沿，尖唇，颈部残，素面。沿下有两道凹槽。口径15.2、残高2.4厘米（图一八，9；彩版一三，2）。

标本晒肚子岇：10，圆腹罐，夹砂橙黄陶。侈口，尖唇，矮领，束颈。颈部以下残，素面。口径15.8、残高4.2厘米（图一八，10）。

标本晒肚子岇：11，陶钵，夹砂橙黄陶。敛口，圆唇，弧腹，底残，腹部饰横向附加泥条。口径14、残高4.1厘米（图一八，11；彩版一三，3）。

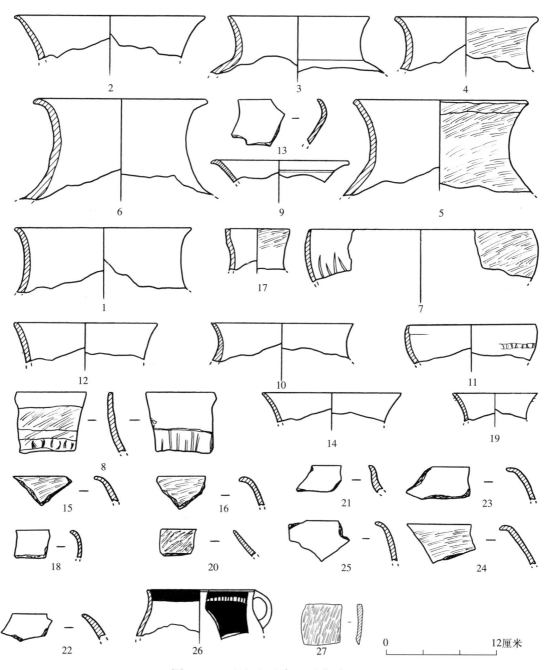

图一八　晒肚子岇遗址采集遗物

1、2、5、6、9、23、25.高领罐　3、4、10、12、14.圆腹罐　7、8.刻槽盆　11.陶钵　13.小口圆腹罐　15、16、20、21、22、24.陶盆　17、18.陶罐　19.双耳罐　26.彩陶罐　27.陶刀

标本晒肚子山：12，圆腹罐，夹砂灰陶。侈口，圆唇，束颈，颈部以下残，素面且刮抹痕迹明显。口径15.6、残高4.2厘米（图一八，12）。

标本晒肚子山：13，小口圆腹罐，泥质橙黄陶。侈口，尖唇，折沿，素面。残长4.8、残宽5.8厘米（图一八，13）。

标本晒肚子山：14，圆腹罐，夹砂橙黄陶。侈口，圆唇，束颈，颈部以下残，素面。口径15.2、残高3.2厘米（图一八，14）。

标本晒肚子山：15，陶盆，泥质橙黄陶。敞口，圆唇，沿外翻，斜直腹，底残，腹部饰篮纹。残长3.2、残宽6.1厘米（图一八，15）。

标本晒肚子山：16，陶盆，泥质红陶。敞口，圆唇，沿外翻，斜直腹，底残，腹部饰横向篮纹。残长3.2、残宽5.4厘米（图一八，16）。

标本晒肚子山：17，陶罐，夹砂灰陶。侈口，方唇，高领，束颈，颈部以下残，口沿外侧饰斜向篮纹，颈部素面。口径7.2、残高4.4厘米（图一八，17）。

标本晒肚子山：18，陶罐，泥质红陶。侈口，圆唇，沿外翻，束颈，颈部以下残，器表素面磨光。残长3、残宽3.9厘米（图一八，18）。

标本晒肚子山：19，双耳罐，泥质红陶。侈口，尖唇，束颈，颈部以下残，口沿外侧有耳部脱落痕迹，素面。口径9.2、残高3厘米（图一八，19）。

标本晒肚子山：20，陶盆，泥质灰陶。敞口，尖唇，斜直腹，底残，腹部饰斜向绳纹。残宽4、残高2.8厘米（图一八，20）。

标本晒肚子山：21，陶盆，夹砂红陶。敞口，圆唇，沿外翻，圆腹，底残，素面。残宽4、残高2.8厘米（图一八，21）。

标本晒肚子山：22，陶盆，泥质红陶。敞口，尖唇，平沿，斜直腹，素面。残宽5.1、残高2.8厘米（图一八，22）。

标本晒肚子山：23，高领罐，夹砂橙黄陶。喇叭口，圆唇，束颈，颈部以下残，素面且刮抹痕迹明显。残宽7.2、残高3.4厘米（图一八，23）。

标本晒肚子山：24，陶盆，泥质灰陶。敞口，折沿，圆唇，斜直腹，腹部饰斜向篮纹，内壁素面磨光。残宽7.2、残高4.2厘米（图一八，24）。

标本晒肚子山：25，高领罐，泥质橙黄陶。喇叭口，圆唇，沿外翻，束颈，颈部残，素面。残宽6.6、残高4.3厘米（图一八，25）。

标本晒肚子山：26，彩陶罐，泥质橙黄陶。侈口桥形耳，侈口，圆唇，束颈，上腹微弧，下腹残，素面磨光。口沿内壁处饰条状黑彩，口沿外侧饰条形及网格黑彩。口径12、残高4.8厘米（图一八，26；彩版一三，4）。

标本晒肚子山：27，陶刀，泥质橙黄陶。系陶器残片磨制，一端残，残存近正方形，平行背部，单面刃，器表饰斜向线纹。宽4.4、残高4.4厘米（图一八，27）。

10. 崖背梁遗址

遗址位于海原县树台乡龚湾村北部南北走向的山梁上，该山梁当地人称崖背梁。地理坐标为北纬36°29′27.09″，东经105°31′57.33″，海拔高度为2191米。崖背梁地势北高南低，梁顶较为平缓，东西两侧坡地坡度较大。在山梁西侧坡地上分布有较多陶片，暴露的断面上有灰层、灰坑等遗迹，梁顶和东侧坡地只有零星陶片分布。遗址两侧均为自然冲沟，西侧沟内有泉水，并建有一小型水库。遗址南北长约200、东西宽约100米，面积约为2万平方米。遗址文化属性为菜园文化。

采集陶片有泥质和夹砂两类，夹砂陶占绝大多数；陶色以橙黄陶为主，有少量红陶和灰陶；除素面外纹饰以篮纹占大多数，另有少量刻划纹、附加堆纹、绳纹等；可辨器形有高领罐、圆腹罐、双錾罐、单耳罐、盆等。（表22、23）。

标本崖背梁：1，圆腹罐，泥质橙黄陶。侈口，圆唇，矮领，束颈，颈部以下残，素面磨光。残宽6.3、残高4厘米（图一九，1）。

标本崖背梁：2，陶盆，泥质橙黄陶。敞口，方唇，斜直腹，底残，素面。残宽8.2、残高4厘米（图一九，2）。

标本崖背梁：3，圆腹罐，夹砂橙黄陶。侈口，圆唇，矮领，束颈，颈部以下残，素面。口径13.2、残高4厘米（图一九，3）。

表22　崖背梁遗址陶片数量统计表

陶质 纹饰	泥 质						夹 砂			
陶色	橙黄	灰	红	红底黑彩	橙黄底黑彩	橙黄底红彩	橙黄	灰	红	红褐
素面	9						7	1	1	
绳纹	2	1					6		2	
篮纹							20	9	2	
交错刻划纹							3			
附加堆纹+篮纹							2			
合计	11	1					38	10	5	

表23　崖背梁遗址器形数量统计表

陶质 器形	泥 质				夹 砂				总 计
陶色	红	橙黄	灰	黑	红	橙黄	灰	黑	
高领罐		1							1
圆腹罐		1			1	2			4
单耳罐		1							1
陶盆		3							3
双錾罐						1			1
罐腹底					2				2

标本崖背梁：4，圆腹罐，夹砂红陶。侈口，方唇，高领，束颈，颈部以下残，素面。残宽5.8、残高5厘米（图一九，4）。

标本崖背梁：5，双錾罐，夹砂橙黄陶。连口錾，侈口，圆唇，高领，束颈，溜肩，圆腹，底残，颈、腹部饰横向篮纹。口径14、残高9厘米（图一九，5）。

标本崖背梁：6，腹耳，夹砂橙黄陶。仅存腹片，环形腹耳，素面。残长11、残宽8.4、耳宽2.8厘米（图一九，6）。

标本崖背梁：7，罐腹底，夹砂红陶。上腹残，下腹斜直，平底。腹部饰斜向篮纹。底径9.6、残高4.8厘米（图一九，7）。

标本崖背梁：8，陶盆，泥质橙黄陶。敞口，圆唇，斜直腹，平底，素面。口径21.6、底径9.2、高9.6厘米（图一九，8）。

标本崖背梁：9，罐腹底，夹砂红陶。上腹残，下腹斜直，平底内凹，腹部饰斜向篮纹。底径9.2、残高4厘米（图一九，9）。

标本崖背梁：10，单耳罐，泥质橙黄陶。侈口，圆唇，高领，束颈，颈部以下残，连口

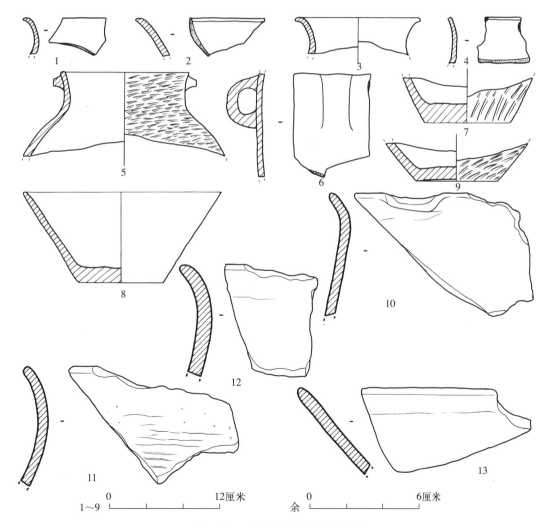

图一九　崖背梁遗址采集遗物

1、3、4、11.圆腹罐　2、8、13.陶盆　5.双錾罐　6.腹耳　7、9.罐腹底　10.单耳罐　12.高领罐

耳，耳残，素面磨光。残长11、残高6.5厘米（图一九，10）。

标本崖背梁：11，圆腹罐，夹砂橙黄陶。侈口，方唇，束颈，颈部以下残，颈部饰横向篮纹。残宽6.3、残高9.2厘米（图一九，11）。

标本崖背梁：12，高领罐，泥质橙黄陶。喇叭口，圆唇，高领，束颈，颈部以下残，素面。残宽5、残高5.9厘米（图一九，12）。

标本崖背梁：13，陶盆，泥质橙黄陶。敞口，圆唇，斜腹微弧，底残，器表饰横向绳纹。残宽9.2、残高4.4厘米（图一九，13）。

11. 罐罐梁遗址

遗址位于海原县树台乡阳圸村东南侧的东西走向山梁上，因该山梁发现有陶罐等器物被当地人称为罐罐梁（彩版一四，1）。地理坐标为北纬36°28′19.32″，东经105°32′50.29″，海拔高度为2275米。整个山梁地势东高西低，被改造成梯田。在山梁西侧地表散落有较多陶片，梯田断面上发现有成排的盗洞，盗洞周围散落有较多陶片和人骨。在遗址南侧一生产路断面发现一座被破坏的墓葬，人骨大部分被破坏，没有发现随葬品，墓葬周围有陶片分布。遗址东西长约200、南北宽约200米，面积约为4万平方米。遗址文化属性为菜园文化。

采集陶片有泥质和夹砂两类，夹砂陶占绝大多数；陶色以橙黄为主，也有少量红陶和灰陶；除素面外纹饰以篮纹为主，有少量绳纹和刻划纹；可辨器形有圆腹罐、高领罐、钵、彩陶瓶等（表24、25）。

标本罐罐梁：1，圆腹罐，泥质橙黄陶。侈口，圆唇，高领，束颈，颈部以下残，素面磨光。残宽6.2、残高4.2厘米（图二〇，1）。

标本罐罐梁：2，圆腹罐，夹砂红陶。侈口，方唇，矮领，微束颈，颈部以下残，素面。残宽4.2、残高4.4厘米（图二〇，2）。

标本罐罐梁：3，圆腹罐，夹砂橙黄陶，侈口，方唇，矮领，束颈，颈部以下残，素面。残宽5、残高3厘米（图二〇，3）。

标本罐罐梁：4，高领罐，泥质橙黄陶。喇叭口，圆唇，口沿以下残，素面。残宽4.8、残高3厘米（图二〇，4）。

标本罐罐梁：5，圆腹罐，夹砂灰陶。侈口，圆唇，口沿以下残，器身饰斜向篮纹。残宽4、残高2.4厘米（图二〇，5）。

标本罐罐梁：6，高领罐，泥质橙黄陶。喇叭口，圆唇，口沿以下残，素面磨光。残宽4.6、残高2.2厘米（图二〇，6）。

标本罐罐梁：7，高领罐，泥质橙黄陶。侈口，方唇，颈部以下残，素面。残宽3.9、残高3.4厘米（图二〇，7）。

标本罐罐梁：8，高领罐，夹砂红陶。喇叭口，圆唇，口沿以下残，素面。残宽7.2、残高2厘米（图二〇，8）。

标本罐罐梁：9，高领罐，夹砂橙黄陶。喇叭口，圆唇，高领，束颈，颈部以下残，素面磨光，口沿下方有刮抹痕迹。口径18.8、残高5.6厘米（图二〇，9）。

表24　罐罐梁遗址陶片数量统计表

陶质 / 纹饰 / 陶色	泥　质						夹　砂			
	橙黄	灰	红	红底黑彩	橙黄底黑彩	橙黄底红彩	橙黄	灰	红	红褐
素面	8	1	4				9	1	4	
绳纹	1						7	1		
篮纹	3						19	15		
刻划纹							2			
附加堆纹+绳纹							1			
绳纹+刻划纹		1						1		
合计	12	2	4				38	18	4	

表25　罐罐梁遗址器形数量统计表

陶质 / 器形 / 陶色	泥　质				夹　砂				总　计
	红	橙黄	灰	黑	红	橙黄	灰	黑	
高领罐		3			1	1			5
圆腹罐		1			1	1	1		4
陶钵		1							1
彩陶瓶		1							1
瓶底					1				1
罐腹底	1				1	1	2		5

标本罐罐梁：10，彩陶瓶，泥质橙黄陶。侈口，微卷沿，尖唇，高领，束颈，颈部以下残，素面磨光，颈部饰三条横向条带状黑彩。口径8、残高4.8厘米（图二〇，10）。

标本罐罐梁：11，陶钵，泥质橙黄陶。敛口，弧腹，底残，素面。口径14、残高4.8厘米（图二〇，11）。

标本罐罐梁：12，瓶底，夹砂红陶。上腹残，下腹斜直，小平底，素面。底径6、残高3.2厘米（图二〇，12）。

标本罐罐梁：13，罐腹底，夹砂灰陶。上腹残，下腹斜弧，平底，腹部饰斜向篮纹。底径6、残高3.2厘米（图二〇，13）。

标本罐罐梁：14，罐腹底，夹砂灰陶。上腹残，下腹斜弧，平底，腹部饰斜向篮纹。底径10.4、残高5厘米（图二〇，14）。

标本罐罐梁：15，罐腹底，泥质红陶。上腹残，下腹斜弧，小平底。素面磨光。底径4.4、残高2厘米（图二〇，15）。

标本罐罐梁：16，罐腹底，夹砂橙黄陶。上腹残，下腹斜直，平底。腹部饰斜向篮纹。底

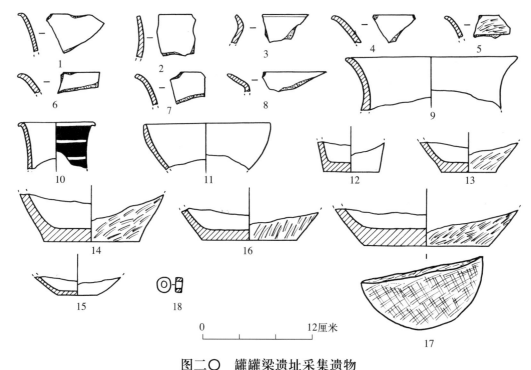

图二〇　罐罐梁遗址采集遗物

1~3、5. 圆腹罐　4、6~9. 高领罐　10. 彩陶瓶　11. 陶钵　12. 瓶底　13~17. 罐腹底　18. 滑石串珠

径10.4、残高3.4厘米（图二〇，16）。

标本罐罐梁：17，罐腹底，夹砂红陶。上腹残，下腹斜直，平底，腹部饰斜向篮纹，底部饰交错篮纹。底径14、残高4厘米（图二〇，17）。

标本罐罐梁：18，滑石串珠，对向钻孔，圆形。直径0.4、内径0.2、厚0.2厘米（图二〇，18）。

12. 任湾遗址

遗址位于海原县西安镇任湾村西侧的西华山东麓一坡地上。地理坐标为北纬36°34′39.29″，东经105°27′2.47″，海拔高度为1758米。遗址地势西高东低，坡度相对较缓，地表种有成排的柠条。在坡地上分布有较多的新石器时代陶片，也分布较多的盗洞，盗洞周围散落有青灰色方砖，盗洞内部为砖石墓，从墓葬形制推断为汉代墓葬。在遗址区水冲沟的断面上发现有红烧土堆积和灰坑等遗迹，遗迹内包含有新石器时代陶片。在遗址区采集石锛1件。遗址南北长约300、东西宽约200米，面积约6万平方米。遗址新石器时代遗存的文化属性为菜园文化。

采集陶片有泥质和夹砂两类，泥质陶占多数；陶色以橙黄为主，还有少量红陶和灰陶；纹饰绳纹占多数，还有少量篮纹和附加堆纹等，也有少量彩陶；可辨器形有圆腹罐、敛口罐、彩陶盆等（表26、27）。

标本任湾：1，圆腹罐，泥质橙黄陶。侈口，尖唇，口沿以下残，器表素面磨光。残宽3.8、残高3厘米（图二一，1）。

标本任湾：2，彩陶盆，泥质红陶。敞口，折沿，方唇，上腹弧，下腹残，器表磨光，唇部及口沿内部饰条带黑彩，上腹饰水波纹黑彩。残宽3.4、残高2.9厘米（图二一，2；彩版一四，2）。

表 26　任湾遗址陶片数量统计表

纹饰＼陶质陶色	泥　质						夹　砂			
	橙黄	灰	红	红底黑彩	橙黄底黑彩	橙黄底红彩	橙黄	灰	红	红褐
素面	16	7	5	2	5	1	2	1	1	
绳纹	4	13					4			
篮纹	4	1	1							
刻划纹							1			
附加堆纹	2						2			
附加堆纹+绳纹	9						8			
合计	35	21	6	2	5	1	17	1	1	

表 27　任湾遗址器形数量统计表

器形＼陶质陶色	泥　质				夹　砂				总　计
	红	橙黄	灰	黑	红	橙黄	灰	黑	
圆腹罐		1							1
彩陶盆	1								1
敛口罐							1		1
罐腹底	2	1	1		1				5

　　标本任湾：3，罐耳，夹砂橙黄陶。桥形拱耳，素面。残长5、耳宽3.6厘米（图二一，3）。

　　标本任湾：4，罐腹底，泥质红陶。上腹残，下腹斜直，平底，下腹饰斜向篮纹。底径10、残高2.8厘米（图二一，4）。

　　标本任湾：5，罐腹底，泥质灰陶。上腹残，下腹斜直，平底，器表素面磨光。底径7.2、残高2.2厘米（图二一，5）。

　　标本任湾：6，罐腹底，泥质橙黄陶。上腹残，下腹斜直，平底，下腹饰斜向篮纹。底径11.2、残高2.4厘米（图二一，6）。

　　标本任湾：7，罐腹底，泥质红陶。上腹残，下腹斜，平底，器表素面。底径11.6、残高2.2厘米（图二一，7）。

　　标本任湾：8，罐腹底，夹砂红陶。上腹残，下腹斜直，平底，器表素面。底径8.8、残高3.8厘米（图二一，8）。

　　标本任湾：9，彩陶片，泥质橙黄陶。器表磨光，饰弧形条带状黑彩。残长2.4、残宽6.7厘米（图二一，9；彩版一四，3）。

　　标本任湾：10，彩陶片，泥质橙黄陶。器表磨光，饰条带及锯齿状黑彩。残长3、残宽3.4厘米（图二一，10；彩版一四，4）。

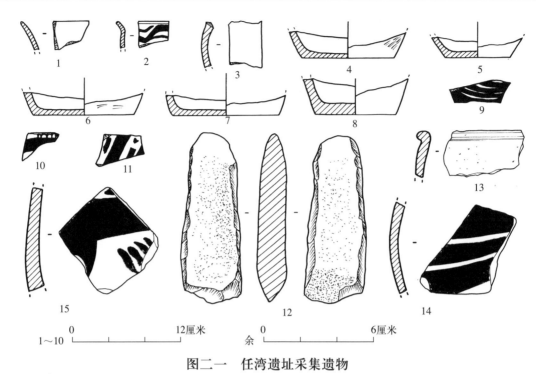

图二一　任湾遗址采集遗物

1. 圆腹罐　2. 彩陶盆　3. 罐耳　4～8. 罐腹底　9～11、14、15. 彩陶片　12. 石锛　13. 敛口罐

标本任湾：11，彩陶片，泥质橙黄陶。器表磨光，饰条带状红彩与黑彩。残长1.7、残宽2.6厘米（图二一，11）。

标本任湾：12，石锛，上窄下宽，器身打制痕迹明显，弧形基部，双面刃，器身残长9.1、厚1.5厘米（图二一，12）。

标本任湾：13，敛口罐，夹砂灰陶。敛口，外翻沿，圆唇，上腹圆弧，下腹残，器表素面。口径13.8、残高2.4厘米（图二一，13）。

标本任湾：14，彩陶片，泥质橙黄陶。器表磨光，饰条带黑彩。残宽3.8、残高4.7厘米（图二一，14）。

标本任湾：15，彩陶片，泥质红陶。器表磨光，饰宽条状及草叶纹黑彩。残宽5.3、残高5.4厘米（图二一，15；彩版一四，5）。

13. 青羊山梁遗址

遗址位于海原县西安镇袁家窝窝村东南侧的东南西北走向山梁上，该山梁当地人称之为青羊山梁。地理坐标为北纬36°30′25.70″，东经105°31′3.62″，海拔高度为2082米。青羊山梁地势东南高西北低，现为退耕还林区，种植有成片柠条。在山梁西南侧坡地上分布较多陶片，同时还发现有数个盗坑，盗坑周围散落有陶片、人骨等遗物。因没有暴露的断面，在遗址区未发现有其他遗迹现象。遗址南北长约300、东西长约100米，面积约为3万平方米。遗址文化属性为菜园文化。

采集陶片有泥质和夹砂两类，以夹砂陶占绝大多数；陶色以橙黄陶为主，也有少量红陶和灰陶；除素面外纹饰以篮纹为主，还有少量绳纹、附加堆纹和刻划纹，还有少量彩陶；可辨器形有圆腹罐、单耳罐、高领罐等（表28、29）。

标本青羊山梁：1，单耳罐，夹砂橙黄陶。桥形拱耳，侈口，圆唇，矮领，束颈，上腹圆，下腹残，耳面饰竖向篮纹，腹部素面。残宽5.8、残高5.2厘米（图二二，1）。

标本青羊山梁：2，罐腹底，泥质橙黄陶。上腹残，下腹斜直，平底。下腹饰交错篮纹。底径8.4、残高2.2厘米（图二二，2）。

标本青羊山梁：3，罐腹底，夹砂红陶。上腹残，下腹斜直，平底，器表素面。底径4.4、残高2.8厘米（图二二，3）。

标本青羊山梁：4，罐腹底，夹砂橙黄陶。上腹残，下腹斜直，平底。腹部饰斜向篮纹。底径7.2、残高2.5厘米（图二二，4）。

标本青羊山梁：5，罐腹底，泥质橙黄陶。上腹残，下腹斜直，平底内凹，腹部饰斜向篮纹。底径8、残高2.2厘米（图二二，5）。

标本青羊山梁：6，罐腹底，夹砂橙黄陶。上腹残，下腹斜直，平底，腹部素面。底径7.6、残高2厘米（图二二，6）。

表28 青羊山梁遗址陶片数量统计表

纹饰 \ 陶质 陶色	泥 质						夹 砂			
	橙黄	灰	红	灰底褐彩	橙黄底黑彩	橙黄底红彩	橙黄	灰	红	红褐
素面	7	1	1	1	3	4	9	6	1	
绳纹	3	3					4			
篮纹	4						20	2		
刻划纹							1			
附加堆纹							1			
麻点纹							2			
附加堆纹+篮纹							1			
附加堆纹+绳纹							1			
合计	14	4	1	1	3	4	39	8	1	

表29 青羊山梁遗址器形数量统计表

器形 \ 陶质 陶色	泥 质				夹 砂				总 计
	红	橙黄	灰	黑	红	橙黄	灰	黑	
高领罐		1							1
圆腹罐						2			2
单耳罐						1			1
罐腹底		2			1	2			5

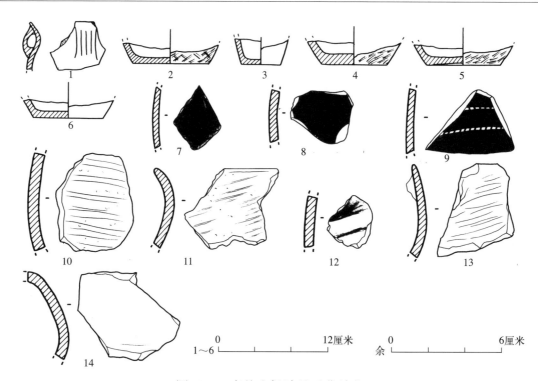

图二二　青羊山梁遗址采集遗物

1.单耳罐　2～6.罐腹底　7、8、9、12.彩陶片　10.腹片　11、13.圆腹罐　14.高领罐

标本青羊山梁：7，彩陶片，泥质灰陶。器表磨光，饰红彩。残长3.3、残宽2.5厘米（图二二，7）。

标本青羊山梁：8，彩陶片，泥质橙黄陶。器表磨光，饰黑彩。残长2.8、残宽3.4厘米（图二二，8）。

标本青羊山梁：9，彩陶片，泥质橙黄陶。器表磨光，饰两道条形黑彩，中间饰条形褐彩。残长4.8、残宽3.4厘米（图二二，9）。

标本青羊山梁：10，腹片，夹砂橙黄陶。器表饰宽篮纹。残宽4.3、残高5.2厘米（图二二，10）。

标本青羊山梁：11，圆腹罐，夹砂橙黄陶。侈口，圆唇，矮领，束颈，颈部以下残，颈部饰斜向篮纹。残宽5.1、残高4.3厘米（图二二，11）。

标本青羊山梁：12，彩陶片，夹砂橙黄陶。器表素面，饰条形红彩。残长2.8、残宽2.5厘米（图二二，12）。

标本青羊山梁：13，圆腹罐，夹砂橙黄陶。侈口，圆唇，高领，束颈，颈部以下残，颈部饰斜向篮纹。残宽4.2、残高5厘米（图二二，13）。

标本青羊山梁：14，高领罐，泥质橙黄陶。喇叭口，唇残，高领，束颈，颈部以下残，颈部素面。残宽5.5、残高5.1厘米（图二二，14）。

14. 金家沟东侧遗址

遗址位于海原县贾塘乡金家沟村东侧的山坡上，地理坐标为北纬36°36′31.66″，东经

105° 52′ 18.75″，海拔高度为1616米。坡地被水冲沟切割成面积大小不同的小块，其中一小块坡地上发现了少量陶片，陶片附近有大小不同的盗坑，其他区域未发现陶片及相关遗迹现象。从陶片分布范围来看，遗址的面积相对较小，东西长约100、南北宽约50米，面积约为0.5万平方米。遗址文化属性为菜园文化。

采集陶片较少，有泥质和夹砂两类，泥质陶较多；陶色以橙黄陶为主，也有零星灰陶和红陶；纹饰以绳纹为主；可辨器形有盆、罐等（表30、31）。

标本金家沟东侧：1，陶盆，泥质灰陶。敛口，圆唇，弧腹。素面磨光刮抹痕迹明显，器身有钻孔。残宽3.6、残高2.8厘米（图二三，1）。

标本金家沟东侧：2，罐腹底，泥质红陶。斜腹，平底。腹部素面磨光，底部饰席纹。底径8、残高2.2厘米（图二三，2）。

表30 金家沟东侧遗址陶片数量统计表

纹饰＼陶色＼陶质	泥　质						夹　砂			
	橙黄	灰	红	红底黑彩	橙黄底黑彩	橙黄底红彩	橙黄	灰	红	红褐
素面	1	1						1		
绳纹	5	4								
合计	6	5						1		

表31 金家沟东侧遗址器形数量统计表

器形＼陶色＼陶质	泥　质				夹　砂				总　计
	红	橙黄	灰	黑	红	橙黄	灰	黑	
陶盆			1						1
罐腹底	1								1

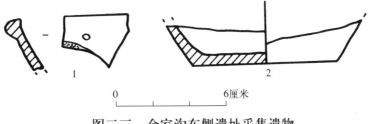

0   6厘米

图二三 金家沟东侧遗址采集遗物
1. 陶盆 2. 罐腹底

15. 张口梁遗址

遗址位于海原县海城镇野狐坡村南侧的山梁上，该地被当地人称之为张口梁（彩版一五，1）。地理坐标为北纬36° 31′7.22″，东经105° 34′10.95″，海拔高度为2171米。张口梁地势南高北低，梁顶和周围的缓坡地上分布有大量陶片，同时也分布有较多的盗坑，盗坑周围散落有陶片、人骨等。在遗址区断面上发现有人骨、红烧土堆积、灰坑等遗迹现象。从盗坑的分布来看，遗址遭盗扰破坏严重。遗址南北长约400、东西宽约200米，面积约为8万平方米。遗址文化属性为菜园文化。

采集陶片较多，有泥质和夹砂两类，以夹砂陶占绝大多数；陶色以橙黄陶占绝大多数，还有少量红陶和灰陶；除素面外纹饰以篮纹占据绝大多数，还有绳纹、席纹、刻划纹、附加堆纹等，另有较多的彩陶；可辨器形有圆腹罐、单耳罐、双耳罐、花边罐、高领罐、彩陶罐、盆钵等（表32、33）。

标本张口梁：1，单耳罐，夹砂橙黄陶。桥形拱耳，侈口，尖唇，矮领，束颈，上腹圆，下腹残。耳面饰竖向篮纹，颈部素面，腹部饰斜向绳纹，绳纹之上饰竖向刻划纹。口径8.8、残高9.2厘米（图二四，1；彩版一五，2）。

标本张口梁：2，花边罐，夹砂橙黄陶。侈口，尖唇，矮领，束颈，上腹圆，下腹残。颈部素面，颈、腹间饰一周附加泥条呈波状，上腹饰斜向篮纹。口径11.2、残高8.4厘米（图二四，2；彩版一五，3）。

标本张口梁：3，高领罐，夹砂橙黄陶。喇叭口，圆唇，高领，束颈，颈部以下残，沿下饰斜向篮纹，颈部素面，刮抹痕迹明显。口径16.8、残高6.8厘米（图二四，3）。

标本张口梁：4，单耳罐，夹砂橙黄陶。桥形拱耳，侈口，尖唇，矮领，束颈，上腹圆，下腹残。耳面饰竖向篮纹，颈、腹部饰斜向篮纹。颈腹之间饰一周戳印纹。腹部在篮纹之上饰竖向刻划纹。口径9.2、残高7.4厘米（图二四，4；彩版一五，4）。

标本张口梁：5，圆腹罐，泥质橙黄陶。侈口，尖唇，矮领，束颈，颈部以下残。颈部素面磨光。口径17.2、残高6厘米（图二四，5）。

标本张口梁：6，圆腹罐，夹砂橙黄陶。侈口，圆唇，矮领，微束颈，上腹圆下腹残，颈部素面，上腹饰交错刻划纹。口径10.4、残高5厘米（图二四，6）。

标本张口梁：7，单耳罐，夹砂橙黄陶。桥形拱耳，侈口，尖唇，矮领，束颈，上腹鼓，下腹残，耳面饰竖向篮纹，耳上下端饰戳印纹，颈部饰一周戳印纹，腹部饰交错刻划纹。口径9.6、残高6.4厘米（图二四，7；彩版一五，5）。

标本张口梁：8，花边罐，夹砂橙黄陶。侈口，圆唇，矮领，束颈，上腹斜，下腹残，颈部饰斜向篮纹，颈腹间饰一周附加泥条呈波状，上腹素面。口径10.8、残高5厘米（图二四，8）。

标本张口梁：9，花边罐，夹砂灰陶。侈口，圆唇，矮领，束颈，上腹圆弧，下腹残，颈、腹饰斜向篮纹，颈腹间饰一周附加泥条呈波状。口径12、残高6厘米（图二四，9）。

标本张口梁：10，花边罐，夹砂灰陶。侈口，圆唇，矮领，束颈，上腹圆弧，下腹残，颈、腹饰斜向篮纹，颈腹间饰一周附加泥条呈波状，有烟炱。口径11.6、残高4.7厘米（图二四，10）。

标本张口梁：11，花边罐，夹砂橙黄陶。侈口，圆唇，矮领，束颈，上腹斜，下腹残。颈部饰斜向篮纹，颈腹间饰一周附加泥条呈波状，上腹素面。口径8.8、残高4.6厘米（图二四，11）。

标本张口梁：12，花边罐，夹砂橙黄陶。侈口，圆唇，矮领，束颈，上腹斜弧，下腹残，

表 32 张口梁遗址陶片数量统计表

陶质 纹饰	泥 质						夹 砂			
陶色	橙黄	灰	红	红底黑彩	橙黄底黑彩	橙黄底褐彩	橙黄	灰	红	红褐
素面	9	1	1	2	14	17	122	2	3	
绳纹							4	1	1	
篮纹	3	1					303		3	
刻划纹							9		2	
附加堆纹							3	3	1	
麻点纹							1			
席纹	2						10			
附加堆纹+篮纹	2						26	6		
戳印纹+刻划纹							3			
绳纹+刻划纹							4			
合 计	16	2	1	2	14	17	485	12	10	

表 33 张口梁遗址器形数量统计表

陶质 器形	泥 质				夹 砂				总 计
陶色	红	橙黄	灰	褐	红	橙黄	灰	黑	
高领罐		2		1	2	5			10
大口圆腹罐						1			1
圆腹罐		2	1		2	5	2		13
单耳罐		3			1	5	3		12
双耳罐		1			1	1			3
花边罐		1			3	5	10		19
大口罐					1				1
陶盆		2			2	4	1		9
刻槽盆						1			1
陶钵			1						1
彩陶罐	1	3							4
彩陶瓶		1							1
彩陶双耳罐	1								1
罐腹底		1				10			11
小陶罐		1							1

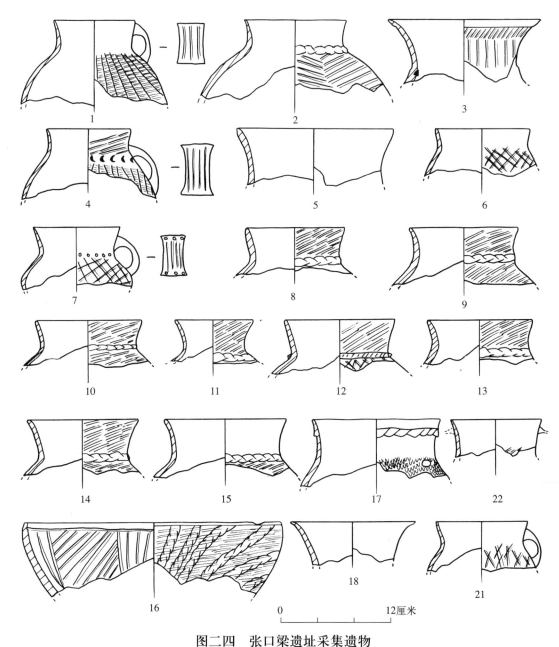

图二四　张口梁遗址采集遗物

1、4、7、21. 单耳罐　2、8～15、17. 花边罐　3、18. 高领罐　5、6. 圆腹罐　16. 刻槽盆　22. 双耳罐

颈部饰斜向篮纹，颈腹间有一周附加泥条饰戳印纹，腹部饰交错刻划纹。口径12、残高5.6厘米（图二四，12）。

标本张口梁：13，花边罐，夹砂灰陶。侈口，圆唇，矮领，束颈，颈部以下残，颈部饰斜向篮纹，篮纹之上饰一周附加泥条呈波状。口径11.6、残高4.6厘米（图二四，13）。

标本张口梁：14，花边罐，夹砂橙黄陶。侈口，圆唇，矮领，束颈，上腹圆弧，下腹残，器表饰斜向绳纹，颈、腹间饰一周附加泥条呈波状。口径12、残高5.6厘米（图二四，14）。

标本张口梁：15，花边罐，夹砂橙黄陶。侈口，圆唇，矮领，束颈，上腹圆弧，下腹残，颈部素面，颈、腹间饰一周附加泥条呈波状，腹部饰斜向篮纹。口径13.4、残高6厘米（图二四，15）。

标本张口梁：16，刻槽盆，夹砂橙黄陶。敞口，方唇，弧腹，底残，器表饰横向篮纹，篮纹之上饰数道斜向波状附加泥条，内壁饰竖、斜向刻划纹。口径28.4、残高7.8厘米（图二四，16）。

标本张口梁：17，花边罐，夹砂红陶。侈口，尖唇，矮领，束颈，上腹圆弧，下腹残，口沿外侧有一周附加泥条饰斜向戳印纹，颈部素面，上腹饰麻点纹，麻点纹上有一附加泥饼。口径14、残高7厘米（图二四，17）。

标本张口梁：18，高领罐，夹砂橙黄陶。喇叭口，圆唇，高领，束颈，颈部以下残，颈部素面。口径13.6、残高4.6厘米（图二四，18）。

标本张口梁：19，大口圆腹罐，夹砂橙黄陶。直口，方唇，矮领，腹部残，器表通体饰斜向篮纹，颈、腹间饰一周附加泥条呈波状。口径27.6、残高6.4厘米（图二五，19）。

标本张口梁：20，陶盆，夹砂橙黄陶。敞口，尖唇，斜弧腹，底残。腹部饰斜向篮纹，篮纹上饰一周附加泥条呈波状。口径15.6、残高4.8厘米（图二五，20）。

标本张口梁：21，单耳罐，夹砂红陶。桥形拱耳，侈口，尖唇，矮领，束颈，上腹圆弧，下腹残，腹部饰交错刻划纹，有烟炱。口径10、残高5.2厘米（图二四，21）。

标本张口梁：22，双耳罐，夹砂红陶。耳残，侈口，尖唇，矮领，束颈，颈部以下残，颈部有残耳，素面，下颈部饰绳纹。口径10、残高4厘米（图二四，22）。

标本张口梁：23，陶盆，泥质橙黄陶。敞口，平沿，圆唇，斜直腹，底残。腹部饰斜向篮纹。残宽9、残高3厘米（图二五，23）。

标本张口梁：24，圆腹罐，夹砂红陶。侈口，圆唇，矮领，束颈，上腹斜，下腹残，颈部素面，上腹饰交错刻划纹，有烟炱。残长3.4、残宽7.2厘米（图二五，24）。

标本张口梁：25，大口罐，夹砂红陶。仅存颈部，器表饰横向篮纹，在篮纹之上饰三周横向附加泥条，泥条饰绳纹。残长5.2、残宽8厘米（图二五，25）。

标本张口梁：26，陶盆，夹砂红陶。微敛口，方唇，弧腹，底残。唇部呈波状，腹部饰斜向篮纹，内壁凹凸不平。残长7.2、残宽8.2厘米（图二五，26）。

标本张口梁：27，单耳罐，泥质橙黄陶。侈口，尖唇，颈部以下残，颈部有一残耳饰绳纹。残长2.6、残宽5厘米（图二五，27）。

标本张口梁：28，高领罐，泥质橙黄陶。喇叭口，圆唇，口沿以下残，素面。残宽8.8、残高3.6厘米（图二五，28）。

标本张口梁：29，陶钵，泥质灰陶。仅存腹片，腹部饰斜向篮纹。残长3.4、残宽5.6厘米（图二五，29）。

标本张口梁：30，高领罐，夹砂红陶。喇叭口，尖唇，高领，束颈，颈部以下残，素面且有刮抹痕迹。残宽9.6、残高5.2厘米（图二五，30）。

标本张口梁：31，花边罐，夹砂红陶。侈口，圆唇，矮领，微束颈，圆腹，底残。颈腹间饰一周附加泥条呈波状，素面。口径26、残高10厘米（图二五，31）。

标本张口梁：32，高领罐，泥质橙黄陶。喇叭口，圆唇，高领，束颈，溜肩，腹部残，器表素面磨光。口径14、残高8.8厘米（图二五，32）。

标本张口梁：33，高领罐，夹砂橙黄陶。喇叭口，圆唇，高领，束颈，颈部以下残，素面。口径16.4、残高3.2厘米（图二五，33）。

标本张口梁：34，单耳罐，夹砂橙黄陶。桥形拱耳，侈口，圆唇，矮领，束颈，圆腹，底残。耳部饰席纹，腹部饰竖向刻划纹。残长8、残宽6.8厘米（图二五，34）。

标本张口梁：35，花边罐，夹砂灰陶。侈口，圆唇，矮领，微束颈，颈部以下残，下颈部饰一周附加泥条呈波状。口径12、残高4.6厘米（图二五，35）。

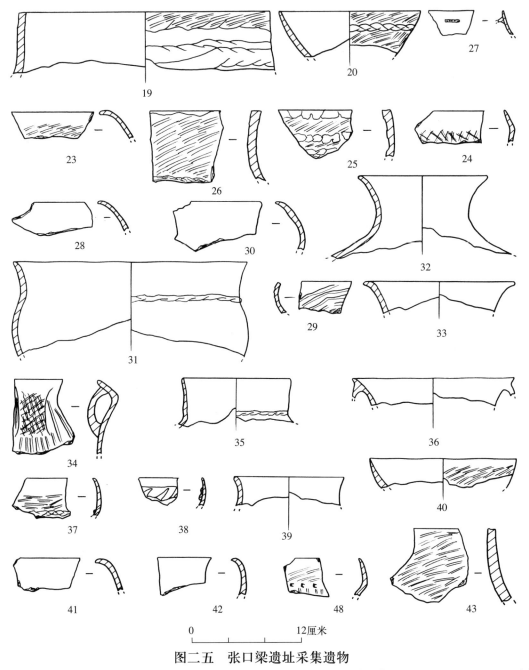

0 ————————— 12厘米

图二五　张口梁遗址采集遗物

19. 大口圆腹罐　20、23、26、40、43. 陶盆　24、39、48. 圆腹罐　25. 大口罐　27、34. 单耳罐　28、30、32、33、41、42. 高领罐　29. 陶钵　31、35、37、38. 花边罐　36. 双耳罐

标本张口梁：36，双耳罐，泥质橙黄陶。桥形残耳，侈口，尖唇，口沿以下残，口沿下方有一残耳，耳上端口沿呈锯齿状，器表素面，内壁素面磨光。口径17.2、残高3厘米（图二五，36）。

标本张口梁：37，花边罐，夹砂橙黄陶。侈口，圆唇，矮领，束颈，颈部以下残。颈部饰横向篮纹，下颈部饰一周附加泥条呈波状。残长4.4、残宽6.4厘米（图二五，37）。

标本张口梁：38，花边罐，泥质橙黄陶，侈口，圆唇，矮领，束颈，颈部以下残，颈部有一周附加泥条饰戳印纹。残长3、残宽4.2厘米（图二五，38）。

标本张口梁：39，圆腹罐，夹砂红陶。侈口，圆唇，矮领，微束颈，颈部以下残，素面。口径12、残高3厘米（图二五，39）。

标本张口梁：40，陶盆，夹砂橙黄陶。敞口，尖唇，弧腹，底残，器表饰斜向篮纹。口径16、残高3.2厘米（图二五，40）。

标本张口梁：41，高领罐，夹砂橙黄陶。喇叭口，圆唇，高领，束颈，颈部以下残，素面。残长3.4、残宽6.8厘米（图二五，41）。

标本张口梁：42，高领罐，泥质褐陶。喇叭口，尖唇，高领，束颈，颈部以下残。素面。残长4、残宽6厘米（图二五，42）。

标本张口梁：43，陶盆，夹砂红陶。微敛口，方唇，弧腹，底残。器表饰斜向篮纹。残长7.8、残宽8.4厘米（图二五，43）。

标本张口梁：44，单耳罐，夹砂灰陶。桥形拱耳，侈口，圆唇，矮领，束颈，上腹圆，下腹残，耳面饰竖向篮纹，颈部饰横向篮纹。上腹部有弧形附加泥条呈波状，有烟炱。残长6、残宽6.8厘米（图二六，44）。

标本张口梁：45，圆腹罐，泥质灰陶。侈口，尖唇，矮领，微束颈，颈部以下残，素面磨光。残长5、残宽5.8厘米（图二六，45）。

标本张口梁：46，陶盆，夹砂橙黄陶。敞口，圆唇，弧腹，底残。腹部饰横向绳纹，绳纹上饰一周附加泥条呈波状。残长9、残宽5.2厘米（图二六，46）。

标本张口梁：47，陶盆，夹砂橙黄陶。敞口，圆唇，弧腹，底残。腹部饰斜向篮纹，篮纹上饰一周附加泥条呈波状。残长5、残宽6.6厘米（图二六，47）。

标本张口梁：48，圆腹罐，夹砂橙黄陶。侈口，尖唇，矮领，束颈，上腹斜，下腹残，颈部饰横向篮纹，颈腹间饰一周戳印纹，上腹饰竖向刻划纹。残长4、残宽4厘米（图二五，48）。

标本张口梁：49，高领罐，夹砂橙黄陶。喇叭口，圆唇，高领，束颈，颈部以下残，素面。残宽9.8、残高6.2厘米（图二六，49）。

标本张口梁：50，花边罐，夹砂灰陶。侈口，圆唇，高领，束颈，颈部以下残。颈部饰斜向篮纹，下颈部饰一周附加泥条呈波状。残长5.6、残宽5.4厘米（图二六，50）。

标本张口梁：51，彩陶片，泥质橙黄陶。素面磨光，器表部饰条形黑彩、交错条状网格纹。残长4.9、残宽6.4厘米（图二六，51）。

标本张口梁：52，彩陶罐，泥质红陶。侈口，卷沿，圆唇，束颈，弧腹，底残。器表素面

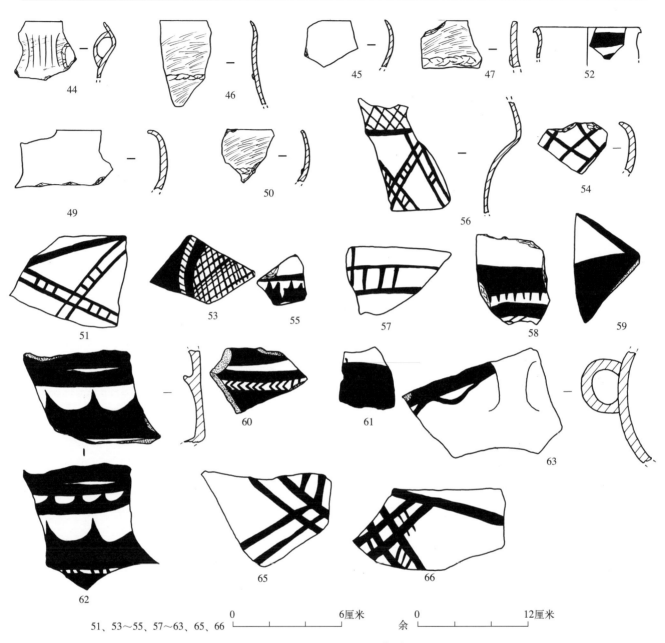

44.单耳罐　45.圆腹罐　46、47.陶盆　49.高领罐　50.花边罐　51、53、55、57~61、65、66.彩陶片　52、54、56.彩陶罐　62.彩陶瓶　63.彩陶双耳罐

图二六　张口梁遗址采集遗物

磨光，颈部饰条形黑彩。口径12、残高3.4厘米（图二六，52）。

标本张口梁：53，彩陶片，泥质橙黄陶。素面磨光，表面饰网格黑彩及弧形红彩。残长3.5、残宽5.6厘米（图二六，53）。

标本张口梁：54，彩陶罐，泥质橙黄陶。侈口，圆唇，矮领，束颈，颈部以下残，素面磨光。器表饰褐色网格纹。残长2.7、残宽3.8厘米（图二六，54）。

标本张口梁：55，彩陶片，泥质橙黄陶。素面磨光，器表饰一周条形红彩，红彩下饰锯齿状黑彩。残长2、残宽2.6厘米（图二六，55）。

标本张口梁：56，彩陶罐，泥质橙黄陶。侈口，唇残，高领，束颈，圆腹，底残，颈部饰网格纹褐彩，颈腹间饰横向条形褐彩，腹部饰由双道条形褐彩组成的交错网格纹。内壁泥条盘筑痕迹明显。残长12、残宽6.8厘米（图二六，56；彩版一六，1）。

标本张口梁：57，彩陶片，泥质橙黄陶。素面磨光，器表饰梯形褐彩。残长3.7、残宽5.7厘米（图二六，57）。

标本张口梁：58，彩陶片，泥质橙黄陶。素面磨光，器表饰条形黑彩与红彩，两彩之间呈锯齿状。残长4.8、残宽3.9厘米（图二六，58）。

标本张口梁：59，彩陶片，泥质橙黄陶。素面磨光，器表饰三角形褐彩。残长5.8、残宽3.6厘米（图二六，59）。

标本张口梁：60，彩陶片，泥质橙黄陶。素面磨光，器表饰两条横向黑彩，中间夹一条红彩呈三角纹。残长3.5、残宽5.4厘米（图二六，60）。

标本张口梁：61，彩陶片，泥质红陶。素面磨光，器表饰宽条形黑彩。残长3.3、残宽3.1厘米（图二六，61）。

标本张口梁：62，彩陶瓶，泥质橙黄陶，应为陶瓶颈部，束颈，颈较长，素面磨光，上颈部饰条状黑彩，下颈部饰火焰状黑彩，肩部饰网格彩，为条带状和山状交错分布。残长4.9、残宽7.5厘米（图二六，62；彩版一六，2）。

标本张口梁：63，彩陶双耳罐，泥质红陶。仅存腹片，带一环形耳，素面磨光，器表饰水波纹黑彩。残长8.8、残宽5.8厘米（图二六，63）。

标本张口梁：64，彩陶罐，泥质橙黄陶。桥形拱耳，喇叭口，折沿，圆唇，高领，束颈，圆腹，底残，耳面饰竖向篮纹，素面磨光，颈部饰网格纹褐彩，颈腹间饰横向条形褐彩。腹部饰由双道条形褐彩组成的交错网格纹。口径12、残宽6.8厘米（图二七，64）。

标本张口梁：65，彩陶片，泥质橙黄陶。器表饰交错条形黑彩。残长4.9、残宽7.2厘米（图二六，65）。

标本张口梁：66，彩陶片，泥质橙黄陶。器表饰交错条形黑彩。残长8.2、残宽4.2厘米（图二六，66）。

标本张口梁：67，彩陶片，泥质橙黄陶。素面磨光，器表饰褐色彩绘。残长4.1、残宽7.5厘米（图二七，67）。

标本张口梁：68，彩陶片，泥质橙黄陶。素面磨光，器表饰菱形网格状褐彩。残长5.9、残宽5.2厘米（图二七，68；彩版一六，3）。

标本张口梁：69，彩陶片，泥质橙黄陶。素面磨光，器表饰锯齿状黑彩与弧形条状褐彩。残长4.7、残宽6.1厘米（图二七，69）。

标本张口梁：70，彩陶片，泥质橙黄陶。素面磨光，器表饰黑色彩。残长5、残宽6.4厘米（图二七，70）。

标本张口梁：71，彩陶片，泥质橙黄陶。素面磨光，器表饰交错梯状黑彩。残长7.1、残宽6.9厘米（图二七，71）。

标本张口梁：72，彩陶片，泥质橙黄陶。素面磨光，器表饰条形黑彩及红彩。黑彩下饰网格纹黑彩。残长4、残宽4.8厘米（图二七，72）。

　　标本张口梁：73，彩陶片，泥质橙黄陶。素面，器表饰条带状红彩与黑彩。长4.1、残宽4.9
厘米（图二七，73）。

　　标本张口梁：74，罐腹底，夹砂橙黄陶。上腹残，下腹斜弧，平底，腹部饰横向篮纹。底
径8.8、残高8厘米（图二七，74）。

　　标本张口梁：75，罐腹底，夹砂橙黄陶。上腹残，下腹斜弧，假圈足，腹部饰斜向篮纹。
底径13.2、残高10.4厘米（图二七，75）。

　　标本张口梁：76，罐腹底，夹砂橙黄陶。上腹残，下腹斜直，平底，腹部饰斜向篮纹，底
部饰交错篮纹。底径11.6、残高5.8厘米（图二七，76）。

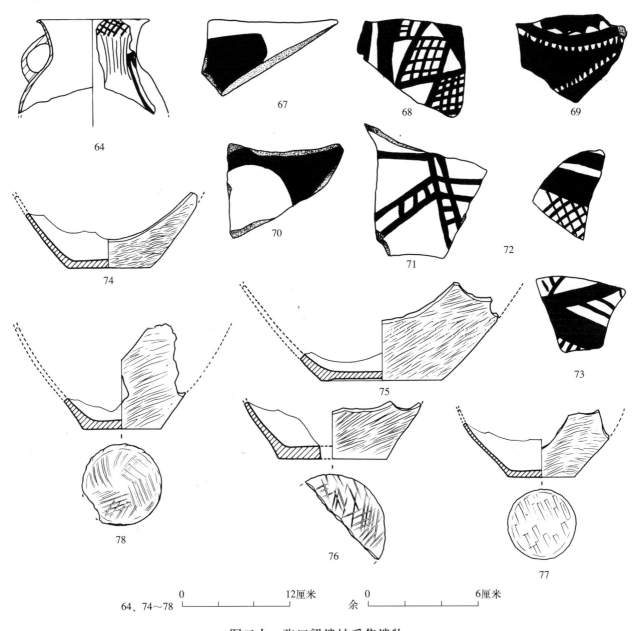

图二七　张口梁遗址采集遗物

64.彩陶罐　67～73.彩陶片　74～78.罐腹底

标本张口梁：77，罐腹底，夹砂橙黄陶。上腹残，下腹斜直，小平底，腹部饰横向篮纹，底部饰席纹。底径7.2、高7厘米（图二七，77）。

标本张口梁：78，罐腹底，夹砂橙黄陶。上腹残，下腹斜弧，平底，腹部饰斜向篮纹，底部饰旋涡状篮纹。底径8.5、残高11厘米（图二七，78）。

标本张口梁：79，罐腹底，夹砂橙黄陶。上腹残，下腹斜直，假圈足，腹部饰斜向篮纹。底径13.6、残高9厘米（图二八，79）。

标本张口梁：80，罐腹底，夹砂橙黄陶。上腹残，下腹斜直，平底微凹，腹部饰斜向篮纹。底径9.6、残高7.9厘米（图二八，80）。

标本张口梁：81，罐腹底，夹砂橙黄陶。上腹残，下腹斜直，平底，腹部饰斜向篮纹。底径12、残高9厘米（图二八，81）。

标本张口梁：82，罐腹底，泥质橙黄陶。上腹残，下腹斜直，平底，素面。底径13.2、残高5.8厘米（图二八，82）。

标本张口梁：83，罐腹底，夹砂橙黄陶。上腹残，下腹斜直，平底，腹部饰斜向篮纹。底

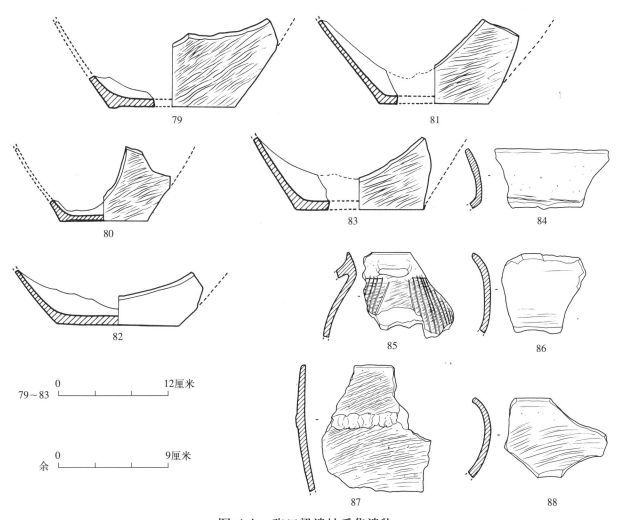

图二八　张口梁遗址采集遗物

79~83.罐腹底　84、86.圆腹罐　85.单耳罐　87.陶盆　88.高领罐

径14、残高7.8厘米（图二八，83）。

标本张口梁：84，圆腹罐，夹砂灰陶。侈口，锯齿方唇，高领微束颈，颈部以下残，颈部素面且有刮抹痕迹。残宽9.4、残高4.9厘米（图二八，84）。

标本张口梁：85，单耳罐，夹砂橙黄陶。沿下有一残耳，侈口，尖唇，上腹圆，下腹残，腹部饰斜向绳纹，绳纹之上饰竖向刻划纹。残宽7.5、残高6.9厘米（图二八，85）。

标本张口梁：86，圆腹罐，夹砂橙黄陶。侈口，唇残，高领，束颈，颈部以下残，素面且有刮抹痕迹。残宽6.9、残高6.4厘米（图二八，86）。

标本张口梁：87，陶盆，夹砂灰陶。敞口，圆唇，弧腹，底残，腹部饰斜向绳纹，绳纹之上饰一周附加泥条呈波状。残宽9、残高10.1厘米（图二八，87）。

标本张口梁：88，高领罐，夹砂红陶。喇叭口，方唇，高领，束颈，颈部以下残，颈部饰斜向篮纹。残宽8.5、残高6.3厘米（图二八，88）。

标本张口梁：89，花边罐，夹砂橙黄陶。侈口，方唇，高领，束颈，颈部以下残。颈部饰斜向绳纹，绳纹之上饰一周附加泥条呈波状。残宽6.7、残高4.8厘米（图二九，89）。

标本张口梁：90，圆腹罐，夹砂橙黄陶。侈口，尖唇，矮领，束颈，颈部以下残，颈部饰横向篮纹，下颈部饰戳印纹及刻划纹。残宽5.4、残高4.3厘米（图二九，90）。

标本张口梁：91，单耳罐，夹砂灰陶。桥形拱耳，侈口，圆唇，高领微束颈，颈部以下残，素面，耳面刮抹痕迹明显。残宽4.8、残高4.6厘米（图二九，91）。

标本张口梁：92，单耳罐，夹砂灰陶。桥形拱耳，侈口，圆唇，矮领，束颈，颈部以下残，耳面饰横向绳纹，颈部饰刻划纹。残宽6.2、残高4.2厘米（图二九，92）。

标本张口梁：93，花边罐，夹砂灰陶。侈口，圆唇，高领，束颈，腹部残，沿下饰一周附加泥条被按压呈斜凸棱状，颈部饰麻点纹。残宽5.8、残高6.8厘米（图二九，93）。

标本张口梁：94，花边罐，夹砂灰陶。侈口，圆唇，高领，束颈，颈部以下残，颈部饰斜向篮纹，篮纹之上饰一周附加泥条呈波状。残宽4.6、残高5.2厘米（图二九，94）。

标本张口梁：95，小陶罐，泥质橙黄陶。侈口，尖唇，弧腹，底残，素面。残宽4.6、残高4.5厘米（图二九，95）。

标本张口梁：96，圆腹罐，泥质橙黄陶。侈口，圆唇，矮领，束颈，颈部以下残，素面。残宽5.2、残高4.2厘米（图二九，96）。

标本张口梁：97，圆腹罐，夹砂灰陶。侈口，圆唇，高领，束颈，颈部以下残，下颈饰附加泥条。残宽5.9、残高4.3厘米（图二九，97）。

标本张口梁：98，陶盆，泥质橙黄陶。敞口，尖唇，斜直腹，底残，腹部饰斜向篮纹。残宽4.4、残高4.2厘米（图二九，98）。

标本张口梁：99，单耳罐，泥质橙黄陶。桥形拱耳，侈口，尖唇，高领，束颈，颈部以下残，素面。残宽4.4、残高5.2厘米（图二九，99）。

标本张口梁：100，花边罐，夹砂红陶。侈口，方唇，高领，束颈，颈部以下残，颈部饰一周附加泥条呈波状。残宽5.4、残高4.3厘米（图二九，100）。

标本张口梁：101，花边罐，夹砂灰陶。侈口，圆唇，矮领，束颈，颈部以下残，沿下饰一

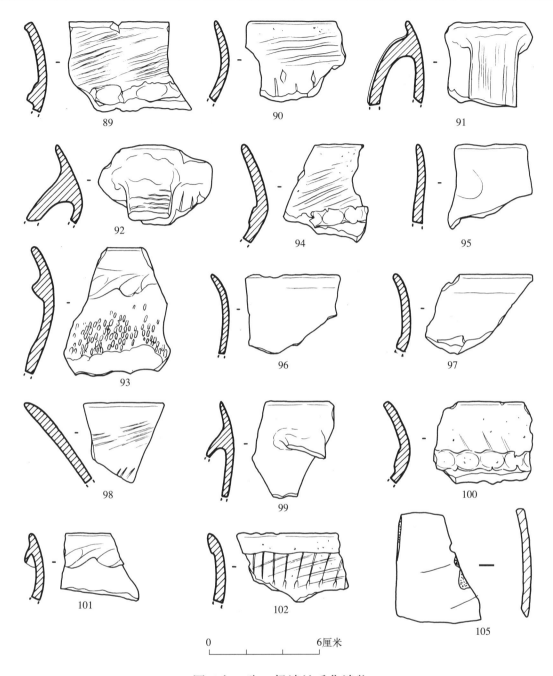

图二九　张口梁遗址采集遗物

89、93、94、100、101. 花边罐　90、96、97、102. 圆腹罐　91、92、99. 单耳罐　95. 小陶罐　98. 陶盆　105. 陶刀

周附加泥条呈波状。残宽4.2、残高3.6厘米（图二九，101）。

标本张口梁：102，圆腹罐，夹砂橙黄陶。侈口，尖唇，矮领，微束颈，腹部残，沿下有折棱，颈部饰斜向绳纹，绳纹之上饰竖向刻划，刻划纹下有一周戳印纹。残宽6、残高3.7厘米（图二九，102）。

标本张口梁：103，罐腹底，夹砂橙黄陶。上腹残，下腹斜直，假圈足，腹部饰横向篮纹，底部饰交错篮纹。底径12、残高10.4厘米（图三〇，103）。

标本张口梁：104，单耳罐，泥质橙黄陶。桥形拱耳，侈口，尖唇，矮领，束颈，鼓腹，平

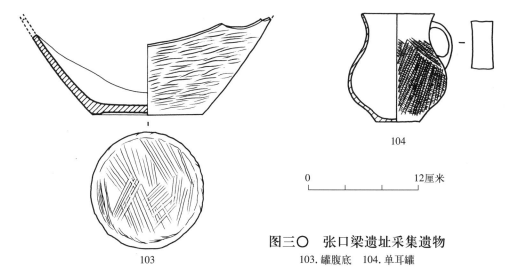

图三〇　张口梁遗址采集遗物

103. 罐腹底　104. 单耳罐

底，颈部素面，腹部饰斜向绳纹，绳纹之上饰斜向刻划纹。口径8、底径4.8、高11.4厘米（图三〇，104；彩版一六，4）。

标本张口梁：105，陶刀，泥质橙黄陶。系陶器残片磨制，一端残，单面刃。残长4.7、宽5.8、厚0.4厘米（图二九，105）。

16. 黑刺沟梁遗址

遗址位于海原县海城镇刺儿沟村南部南北向山梁上，该山梁被当地人称为黑刺沟梁（彩版一七，1）。地理坐标为北纬36°30'49.83"，东经105°35'16.88"，海拔高度为2206米。黑刺沟梁地势南高北低，在东侧坡地上散落有较多陶片，发现有盗坑分布，东侧坡地陶片只有零星发现。在遗址区水冲沟断面上发现有灰坑、墓葬等遗迹。遗址南北长约600、东西长约200米，面积约为12万平方米。遗址文化属性为菜园文化。

采集陶片有泥质和夹砂两类，夹砂陶多于泥质陶；陶色以橙黄陶为主，还有少量灰陶和红陶等；除素面外纹饰以篮纹最多，另有绳纹、刻划纹、附加堆纹、戳印纹等，还有少量彩陶；可辨器形有高领罐、圆腹罐、花边罐、刻槽盆、单耳罐、双耳罐、盆等（表34、35）。

标本黑刺沟梁：1，圆腹罐，夹砂橙黄陶。侈口，方唇，上腹圆弧，下腹残，颈部素面，腹部饰斜向篮纹，有烟炱。口径14、残高7.6厘米（图三一，1）。

标本黑刺沟梁：2，圆腹罐，泥质橙黄陶。侈口，圆唇，高领，束颈，颈部以下残，素面。口径19.6、残高8.4厘米（图三一，2）。

标本黑刺沟梁：3，圆腹罐，泥质橙黄陶。侈口，圆唇，高领，束颈，颈部以下残，素面磨光。口径23.2、残高7.1厘米（图三一，3）。

标本黑刺沟梁：4，高领罐，泥质橙黄陶。喇叭口，圆唇，口沿以下残，素面刮抹痕迹明显。口径24.4、残高2.8厘米（图三一，4）。

标本黑刺沟梁：5，圆腹罐，泥质橙黄陶。侈口，圆唇，高领，束颈，上腹圆弧，下腹残，素面磨光。口径20.4、残高8.8厘米（图三一，5）。

标本黑刺沟梁：6，大口罐，泥质红陶。直口，圆唇，上腹直，下腹残。器表饰斜向附加泥

表 34　黑刺沟梁遗址陶片数量统计表

陶色＼纹饰＼陶质	泥　质						夹　砂			
	橙黄	灰	红	红底黑彩	橙黄底黑紫彩	橙黄底黑彩	橙黄	灰	红	红底黑彩
素面	91	3	2	2	6	9	29	9	6	1
绳纹	19						82	10	4	
篮纹	53	1	7				96	10	7	
刻划纹	1		1						1	
附加堆纹	1		1				4	3		
戳印纹							2	1		
附加堆纹+篮纹							5	3	3	
戳印纹+刻划纹							1			
附加堆纹+绳纹	3		1				10			
绳纹+刻划纹	1						3			
合计	171	4	12	2	6	9	232	36	20	1

条，泥条上通体饰横向绳纹。残宽8.8、残高8厘米（图三一，6）。

标本黑刺沟梁：7，圆腹罐，夹砂橙黄陶。侈口，圆唇，矮领，束颈，上腹斜弧，下腹残，器表饰斜向绳纹。口径13.6、残高5.1厘米（图三一，7）。

标本黑刺沟梁：8，高领罐，泥质灰陶。喇叭口，圆唇，口沿以下残，素面磨光。口径17.8、残高3.6厘米（图三一，8）。

标本黑刺沟梁：9，高领罐，泥质橙黄陶。喇叭口，圆唇，口沿以下残，素面。口径24、残高5.2厘米（图三一，9）。

标本黑刺沟梁：10，陶盆，泥质橙黄陶。敞口，圆唇，斜腹，底残，素面。残宽4.1、残高4.6厘米（图三一，10）。

标本黑刺沟梁：11，高领罐，泥质橙黄陶。喇叭口，圆唇，高领，束颈，颈部以下残，素面磨光。残宽6.6、高8.4厘米（图三一，11）。

标本黑刺沟梁：12，小口罐，泥质红陶。侈口，圆唇，矮领，束颈，鼓腹，底残。素面。口径4、残高6.4厘米（图三一，12）。

标本黑刺沟梁：13，高领罐，泥质橙黄陶。喇叭口，圆唇，口沿以下残，素面磨光。口径20、残高3厘米（图三一，13）。

标本黑刺沟梁：14，陶杯，泥质橙黄陶。敞口，尖唇，斜直腹，底残。器表饰斜向篮纹。口径9.2、残高4.8厘米（图三一，14）。

标本黑刺沟梁：15，罐腹底，夹砂红陶。上腹残，下腹斜直，平底。下腹饰斜向篮纹。底径10、残高4.2厘米（图三一，15）。

表35　黑刺沟梁遗址器形数量统计表

器形 ＼ 陶色 ＼ 陶质	泥 质				夹 砂				总　计
	红	橙黄	灰	黑	红	橙黄	灰	黑	
高领罐	1	16	1		3	3			24
圆腹罐	1	6			4	12	3		26
单耳罐		2			1	1			4
花边罐					1	5	1		7
大口罐	1								1
小口罐	1					1			2
陶盆		8	1		1	2			12
刻槽盆						1	1		2
陶钵	1					1			2
彩陶罐		2							2
陶杯		1							1
器盖			1						1
双錾罐						1			1
陶豆			1						1
罐腹底	4	4			6	5			19
双耳罐		1							1
陶垫		1							1

　　标本黑刺沟梁：16，罐腹底，泥质橙黄陶。上腹残，下腹斜直，假圈足。腹部饰斜向篮纹，底部饰交错绳纹。底径10、残高4.4厘米（图三一，16）。

　　标本黑刺沟梁：17，罐腹底，夹砂橙黄陶。上腹残，下腹斜直，平底。腹部饰斜向篮纹，底部饰交错绳纹。底径12、残高3.6厘米（图三一，17）。

　　标本黑刺沟梁：18，圆腹罐，泥质橙黄陶。侈口，尖唇，矮领，束颈，上腹圆弧，下腹残。器表素面磨光，颈部饰一周戳印纹。口径23.6、残高8.1厘米（图三一，18；彩版一七，3）。

　　标本黑刺沟梁：19，圆腹罐，泥质橙黄陶。侈口，尖唇，矮领，束颈，颈部以下残。素面。口径12、残高3.2厘米（图三一，19）。

　　标本黑刺沟梁：20，罐腹底，泥质红陶。上腹残，下腹斜直，平底，素面。底径4.4、残高2.1厘米（图三一，20）。

　　标本黑刺沟梁：21，罐腹底，泥质红陶。上腹残，下腹斜弧，平底，腹部饰斜向篮纹，底部饰交错篮纹。底径12.4、残高5.8厘米（图三一，21）。

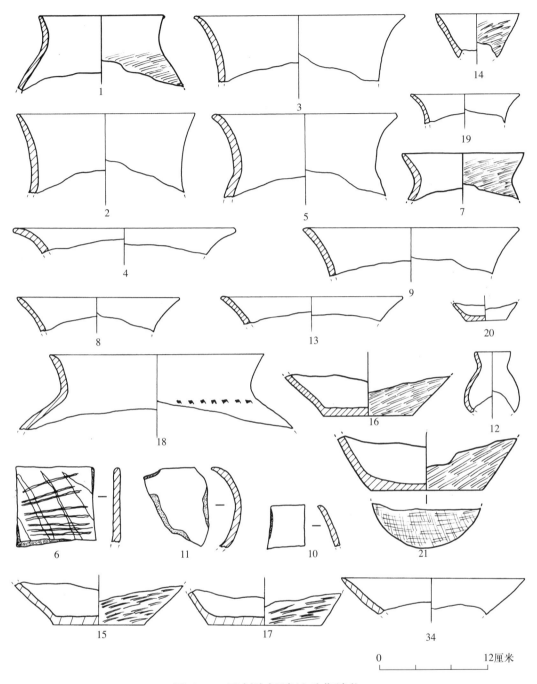

图三一　黑刺沟梁遗址采集遗物

1~3、5、7、18、19.圆腹罐　4、8、9、11、13.高领罐　6.大口罐　10、34.陶盆　12.小口罐　14.小陶杯　15~17、20、21.罐腹底

标本黑刺沟梁：22，陶盆，泥质橙黄陶。敞口，折沿，圆唇，斜直腹，底残。腹部饰斜向篮纹。残宽10.1、残高11.2厘米（图三二，22）。

标本黑刺沟梁：23，罐耳，泥质橙黄陶。桥形拱耳，素面磨光。残宽3.9、残高3.9厘米（图三二，23）。

标本黑刺沟梁：24，罐腹底，夹砂红陶。上腹残，下腹斜直，平底，腹、底部饰斜向篮纹。底径13.4、残高8.8厘米（图三二，24）。

标本黑刺沟梁：25，高领罐，泥质橙黄陶。喇叭口，圆唇，口沿以下残，素面，刮抹痕迹明显。口径20.4、残高2.6厘米（图三二，25）。

标本黑刺沟梁：26，高领罐，泥质橙黄陶。喇叭口，圆唇，口沿以下残，素面。口径26.8、残高4.8厘米（图三二，26）。

标本黑刺沟梁：27，花边罐，夹砂橙黄陶。侈口，圆唇，矮领，束颈，上腹圆弧，下腹残，颈、肩各饰一周附加泥条呈波状，素面。口径15.6、残高7.1厘米（图三二，27）。

标本黑刺沟梁：28，高领罐，泥质橙黄陶。喇叭口，圆唇，高领，束颈，颈部以下残。颈部素面。口径16.4、残高3.6厘米（图三二，28）。

标本黑刺沟梁：29，高领罐，泥质橙黄陶。喇叭口，圆唇，高领，束颈，颈部以下残，素

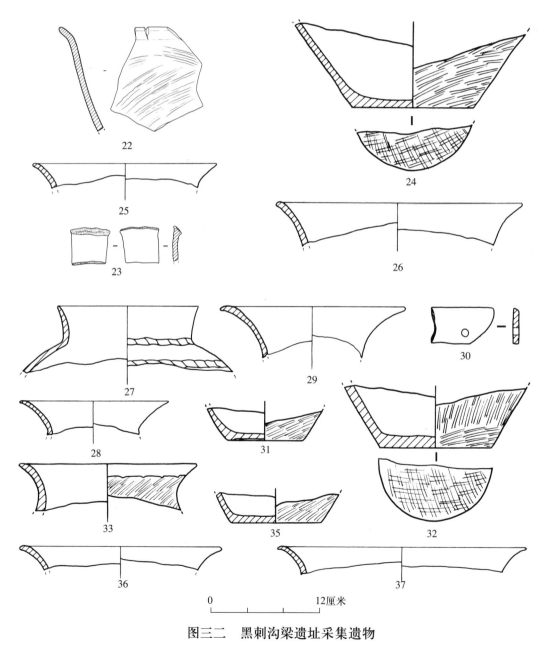

图三二　黑刺沟梁遗址采集遗物

22.陶盆　23.罐耳　24、31、32、35.罐腹底　25、26、28、29、33、36、37.高领罐　27.花边罐　30.陶刀

面。口径20.4、残高5.6厘米（图三二，29）。

标本黑刺沟梁：30，陶刀，泥质橙黄陶。仅留一半，单面刃，器身有磨光，钻有一孔。残长6.8、残宽3.8厘米（图三二，30）。

标本黑刺沟梁：31，罐腹底，泥质红陶。上腹残，下腹斜直，假圈足。腹部饰斜向篮纹。底径8.4、残高3.4厘米（图三二，31）。

标本黑刺沟梁：32，罐腹底，夹砂橙黄陶。上腹残，下腹斜直，平底。腹部饰斜向篮纹，近底部饰横向篮纹。底径12.4、残高6.4厘米（图三二，32）。

标本黑刺沟梁：33，高领罐，泥质红陶。喇叭口，尖唇，高领，束颈，颈部以下残，口沿外侧有一周折棱，颈部饰斜向篮纹。口径19.6、残高5.1厘米（图三二，33）。

标本黑刺沟梁：34，陶盆，泥质橙黄陶。敞口，尖唇，斜直腹，底残。内壁素面磨光。口径20.4、残高3.9厘米（图三一，34）。

标本黑刺沟梁：35，罐腹底，夹砂橙黄陶。上腹残，下腹斜直，平底。腹部饰斜向篮纹。底径10、残高3.1厘米（图三二，35）。

标本黑刺沟梁：36，高领罐，夹砂红陶。喇叭口，圆唇，口沿以下残。素面且有刮抹痕迹。口径22.4、残高2.6厘米（图三二，36）。

标本黑刺沟梁：37，高领罐，泥质橙黄陶。喇叭口，圆唇，口沿以下残，通体素面磨光且刮抹痕迹明显。口径27.2、残高3.1厘米（图三二，37）。

标本黑刺沟梁：38，罐腹底，泥质橙黄陶。上腹残，下腹斜直，平底，素面。底径8.8、残高2.6厘米（图三三，38）。

标本黑刺沟梁：39，圆腹罐，夹砂橙黄陶。侈口，尖唇，矮领，微束颈，上腹圆，下腹残。颈部饰横向篮纹，腹部饰斜向篮纹。口径12、残高6.6厘米（图三三，39）。

标本黑刺沟梁：40，花边罐，夹砂橙黄陶。侈口，方唇，高领，束颈，颈部以下残。颈部饰横向篮纹，篮纹上饰一周附加泥条呈波状。口径18、残高7.2厘米（图三三，40）。

标本黑刺沟梁：41，圆腹罐，夹砂红陶。侈口，圆唇，高领，束颈，颈部以下残，颈部饰斜向篮纹，篮纹上饰一周附加泥条呈波状。口径12、残高6.4厘米（图三三，41）。

标本黑刺沟梁：42，罐腹底，夹砂红陶。上腹残，下腹斜直，假圈足。腹部饰斜向篮纹。底径11.6、残高4厘米（图三三，42）。

标本黑刺沟梁：43，罐腹底，夹砂红陶。上腹残，下腹斜弧，平底。腹部饰斜向篮纹。底径14.4、残高3厘米（图三三，43）。

标本黑刺沟梁：44，圆腹罐，夹砂红陶。侈口，圆唇，矮领，束颈，上腹圆弧，下腹残，颈部素面，腹部饰横向绳纹，绳纹之上饰刻划纹。口径8、残高4.6厘米（图三三，44）。

标本黑刺沟梁：45，花边罐，夹砂橙黄陶。侈口，圆唇，矮领，束颈，上腹斜，下腹残，颈、腹各饰一周附加泥条呈波状，素面。残宽4.1、残高5.4厘米（图三三，45）。

标本黑刺沟梁：46，单耳罐，夹砂红陶。桥形拱耳，侈口，方唇，矮领，束颈，上腹圆弧，下腹残，耳面饰竖向篮纹，腹部饰竖向刻划纹。残宽5.6、残高6.8厘米（图三三，46）。

标本黑刺沟梁：47，陶盆，泥质橙黄陶。敞口，卷沿，尖唇，斜直腹，底残。腹部饰斜向

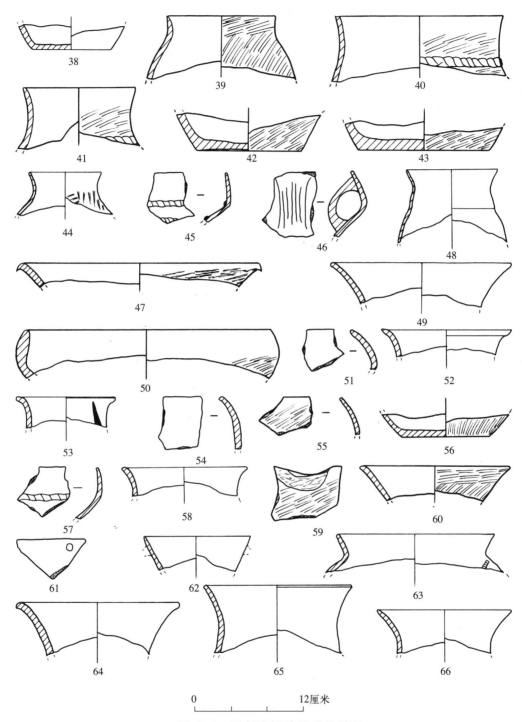

图三三　黑刺沟梁遗址采集遗物

38、42、43、56.罐腹底　39、41、44、48、54、55、58、63、65.圆腹罐　40、45、57.花边罐　46.单耳罐　47、60.陶盆　49、51、52、64、66.高领罐　50.陶钵　53.彩陶罐　59.刻槽盆　61.腹片　62.双耳罐

绳纹。口径26.8、残高2.6厘米（图三三，47）。

　　标本黑刺沟梁：48，圆腹罐，泥质红陶。侈口，圆唇，高领，束颈，上腹圆弧，下腹残，素面磨光，颈部有一周刻划纹。口径10、残高7.8厘米（图三三，48）。

　　标本黑刺沟梁：49，高领罐，泥质橙黄陶。喇叭口，圆唇，口沿以下残，素面。口径19.6、残高4.6厘米（图三三，49）。

标本黑刺沟梁：50，陶钵，夹砂橙黄陶。敛口，圆唇，鼓腹，底残。口沿外侧素面磨光，腹部饰横向篮纹。口径27.2、残高5.2厘米（图三三，50）。

标本黑刺沟梁：51，高领罐，泥质橙黄陶。喇叭口，圆唇，口沿以下残，素面。残宽4.4、残高4.4厘米（图三三，51）。

标本黑刺沟梁：52，高领罐，泥质橙黄陶。喇叭口，尖唇，口沿以下残，口沿外侧有一周折棱，素面。口径14、残高2.8厘米（图三三，52）。

标本黑刺沟梁：53，彩陶罐，泥质橙黄陶。侈口，圆唇，矮领，束颈，颈部以下残，唇部有一周条状红彩，颈部饰竖向条状黑彩。口径11.2、残高3.4厘米（图三三，53）。

标本黑刺沟梁：54，圆腹罐，夹砂红陶。侈口，方唇，高领，束颈，颈部以下残，素面。残宽4.6、残高5.6厘米（图三三，54）。

标本黑刺沟梁：55，圆腹罐，夹砂灰陶。侈口，圆唇，矮领，束颈，颈部以下残，颈部饰斜向篮纹。残宽5.8、残高4.1厘米（图三三，55）。

标本黑刺沟梁：56，罐腹底，夹砂橙黄陶。上腹残，下腹斜直，平底，腹部饰斜向篮纹。底径9.6、残高2.4厘米（图三三，56）。

标本黑刺沟梁：57，花边罐，夹砂灰陶。侈口，圆唇，矮领，束颈，上腹斜，下腹残，颈部饰一周附加泥条呈波状。残宽5.8、残高5.4厘米（图三三，57）。

标本黑刺沟梁：58，圆腹罐，夹砂灰陶。侈口，圆唇，口沿以下残，素面。口径14、残高3厘米（图三三，58）。

标本黑刺沟梁：59，刻槽盆，夹砂灰陶。敞口，圆唇，有一流，流下有附加泥条，斜直腹，底残。腹部饰斜向篮纹，内壁有刻槽。残宽7.4、残高5.8厘米（图三三，59）。

标本黑刺沟梁：60，陶盆，夹砂橙黄陶。敞口，圆唇，斜直腹，底残。沿下饰横向篮纹，腹部饰斜向篮纹。口径16.4、残高3.8厘米（图三三，60）。

标本黑刺沟梁：61，腹片，夹砂橙黄陶。素面，钻有一孔。残长4.2、残宽7.6厘米（图三三，61）。

标本黑刺沟梁：62，双耳罐，泥质橙黄陶。耳残，侈口，尖唇，沿下有耳脱落痕迹，素面。口径12、残高3.6厘米（图三三，62）。

标本黑刺沟梁：63，圆腹罐，夹砂橙黄陶。侈口，方唇，矮领，束颈，上腹斜弧，下腹残，上腹部有一斜向附加泥条呈锯齿状。口径17.2、残高4.2厘米（图三三，63）。

标本黑刺沟梁：64，高领罐，夹砂橙黄陶。喇叭口，圆唇，高领，束颈，颈部以下残，素面，刮抹痕迹明显。口径18、残高5.6厘米（图三三，64）。

标本黑刺沟梁：65，圆腹罐，夹砂红陶。侈口，方唇，高领，束颈，颈部以下残。素面。口径16.4、残高7.2厘米（图三三，65）。

标本黑刺沟梁：66，高领罐，泥质橙黄陶。喇叭口，圆唇，束颈，颈部以下残，素面。口径14、残高4.6厘米（图三三，66）。

标本黑刺沟梁：67，高领罐，泥质橙黄陶。喇叭口，圆唇，口沿以下残，沿下饰横向篮纹。口径19.6、残高2.1厘米（图三四，67）。

标本黑刺沟梁：68，圆腹罐，夹砂橙黄陶。侈口，圆唇，口沿以下残，素面。残宽5、残高2.6厘米（图三四，68）。

标本黑刺沟梁：69，高领罐，夹砂橙黄陶。喇叭口，圆唇，口沿以下残，素面。口径13.2、残高2厘米（图三四，69）。

标本黑刺沟梁：70，罐腹底，夹砂红陶。上腹残，下腹斜直，假圈足。腹部素面，底部饰

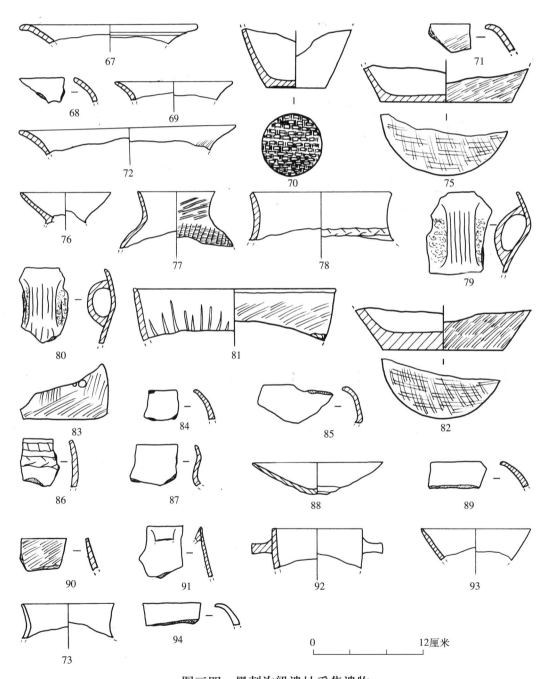

图三四　黑刺沟梁遗址采集遗物

67、69、85、89、94.高领罐　68、73、77、84、87.圆腹罐　70、75、82、83.罐腹底　71、72、90、93.陶盆　76、88.陶豆　78、86.花边罐　79、80、91.单耳罐　81.刻槽盆　92.双錾罐

席纹。底径6.4、残高6.2厘米（图三四，70）。

标本黑刺沟梁：71，陶盆，泥质灰陶。敞口，尖唇，斜直腹，底残。腹部饰斜向篮纹。残宽4.4、残高3厘米（图三四，71）。

标本黑刺沟梁：72，陶盆，泥质橙黄陶。敞口，圆唇，斜直腹，底残。素面。口径24、残高2.6厘米（图三四，72）。

标本黑刺沟梁：73，圆腹罐，夹砂橙黄陶。侈口，方唇，矮领，束颈，颈部以下残，素面。口径10、残高3.6厘米（图三四，73）。

标本黑刺沟梁：74，罐腹底，夹砂橙黄陶。上腹残，下腹斜直，平底。腹部饰斜向篮纹，底部饰篮纹。底径16.4、残高6.8厘米（图三六，74）。

标本黑刺沟梁：75，罐腹底，泥质橙黄陶。上腹残，下腹斜直，平底。腹部饰斜向篮纹，底部饰交错篮纹。底径14.4、残高4厘米（图三四，75）。

标本黑刺沟梁：76，陶豆底部，泥质灰陶。敞口，圆唇，斜直腹，上部残，素面。口径10、残高3.2厘米（图三四，76；彩版一八，1）。

标本黑刺沟梁：77，圆腹罐，泥质橙黄陶。侈口，尖唇，矮领，束颈，上腹圆，下腹残，颈、腹部饰斜向篮纹，腹部在篮纹上饰斜向刻划纹。口径8.8、残高5.8厘米（图三四，77）。

标本黑刺沟梁：78，花边罐，夹砂橙黄陶。侈口，方唇，矮领，束颈，颈部以下残。颈部饰一周附加泥条呈波状。口径15.6、残高5.2厘米（图三四，78）。

标本黑刺沟梁：79，单耳罐，泥质橙黄陶。桥形拱耳，侈口，圆唇，矮领，束颈，圆腹，底残。耳面饰竖向篮纹，颈部饰一周戳印纹。残宽6.2、残高8.6厘米（图三四，79）。

标本黑刺沟梁：80，单耳罐，夹砂橙黄陶。桥形拱耳，侈口，尖唇，矮领，束颈，上腹圆弧，下腹残，耳面饰竖向篮纹，颈部与耳下饰竖向刻划。残宽4.9、残高8厘米（图三四，80）。

标本黑刺沟梁：81，刻槽盆，夹砂橙黄陶。敞口，方唇，斜腹微弧，底残。腹部饰斜向篮纹，篮纹下饰一周附加泥条。内壁饰竖向刻槽。口径22.4、残高5.6厘米（图三四，81）。

标本黑刺沟梁：82，罐腹底，泥质红陶。上腹残，下腹斜直，平底。腹部饰斜向篮纹，底部饰交错篮纹。底径13.2、残高4.2厘米（图三四，82）。

标本黑刺沟梁：83，罐腹底，泥质橙黄陶。上腹残，下腹斜直，平底。底部饰篮纹，且钻有一孔，未通。残长9.4、残宽5.9厘米（图三四，83）。

标本黑刺沟梁：84，圆腹罐，夹砂橙黄陶。侈口，圆唇，口沿以下残，素面。残宽3.8、残高3.2厘米（图三四，84）。

标本黑刺沟梁：85，高领罐，夹砂红陶。喇叭口，圆唇，高领，束颈，颈部以下残，素面磨光，颈部刮抹痕迹明显。残宽8、残高3.9厘米（图三四，85）。

标本黑刺沟梁：86，花边罐，夹砂橙黄陶。侈口，方唇，腹部残。唇部有浅凹槽，沿下饰两周附加泥条绳纹。残宽4、残高5.1厘米（图三四，86）。

标本黑刺沟梁：87，圆腹罐，夹砂橙黄陶。侈口，圆唇，束颈，鼓腹，腹部以下残，素面。残宽5.2、残高4.4厘米（图三四，87）。

标本黑刺沟梁：88，豆盘，泥质灰陶。底残，敞口，斜腹微弧，素面。直径14.4、残高3.4厘米（图三四，88；彩版一八，2）。

标本黑刺沟梁：89，高领罐，夹砂橙黄陶。喇叭口，圆唇，口沿以下残，素面。残宽6.4、残高2.8厘米（图三四，89）。

标本黑刺沟梁：90，陶盆，夹砂橙黄陶。敞口，方唇，弧腹，底残。腹部饰横向篮纹。残宽5、残高3.6厘米（图三四，90）。

标本黑刺沟梁：91，单耳罐，泥质橙黄陶。耳残，侈口，尖唇，沿下有一残耳，高领微束颈，腹部以下残，素面。残宽4.9、残高5.6厘米（图三四，91）。

标本黑刺沟梁：92，双鋬罐，夹砂橙黄陶。侈口，方唇，唇下有一鋬。腹部以下残，素面。口径10、残高4.4厘米（图三四，92）。

标本黑刺沟梁：93，陶盆，泥质橙黄陶。敞口，圆唇，斜腹微弧，底残，素面磨光。口径12、残高3.2厘米（图三四，93）。

标本黑刺沟梁：94，高领罐，泥质橙黄陶。喇叭口，圆唇，口沿以下残，素面磨光。残宽6.6、残高2.4厘米（图三四，94；彩版一七，2）。

标本黑刺沟梁：95，圆腹罐，夹砂灰陶。侈口，方唇，矮领，束颈，颈部以下残，颈部饰横向篮纹。残宽5、残高3.6厘米（图三五，95）。

标本黑刺沟梁：96，彩陶片，泥质橙黄陶。器表磨光，黑彩与紫彩相间分布呈条带状，中间呈锯齿状。残长5.9、残宽3.8厘米（图三五，96；彩版一八，3）。

标本黑刺沟梁：97，彩陶罐，泥质橙黄陶。仅存颈部，素面磨光。颈部饰条带状黑彩。残长4.3、残宽5.3厘米（图三五，97）。

标本黑刺沟梁：98，彩陶片，泥质橙黄陶。素面。饰条形黑彩。残长7.4、残宽3.8厘米（图三五，98；彩版一八，4）。

标本黑刺沟梁：99，彩陶片，泥质橙黄陶。器表磨光，饰宽条带弧形黑彩。残长8.7、残宽5.2厘米（图三五，99；彩版一八，5）。

标本黑刺沟梁：100，彩陶片，泥质橙黄陶。素面。饰条形黑、紫彩，呈网格纹。残长6.6、残宽6.4厘米（图三五，100；彩版一九，1）。

标本黑刺沟梁：101，彩陶片，泥质橙黄陶。素面磨光，饰黑彩与紫彩呈倒三角形状。残长4.8、残宽6厘米（图三五，101；彩版一九，2）。

标本黑刺沟梁：102，彩陶片，泥质橙黄陶。素面磨光，饰宽条带黑彩。残长4.1、残宽4厘米（图三五，102；彩版一九，3）。

标本黑刺沟梁：103，彩陶片，泥质橙黄陶。素面，饰三角形黑彩。残长3.6、残宽4.8厘米（图三五，103）。

标本黑刺沟梁：104，彩陶片，泥质橙黄陶。素面磨光。饰环形锯齿黑彩及环形网格纹紫彩。残长4.2、残宽5.2厘米（图三五，104）。

标本黑刺沟梁：105，陶纺轮，夹砂灰陶。饼状，素面，做工粗糙。残长5.2、残宽4.1、厚0.6厘米（图三五，105）。

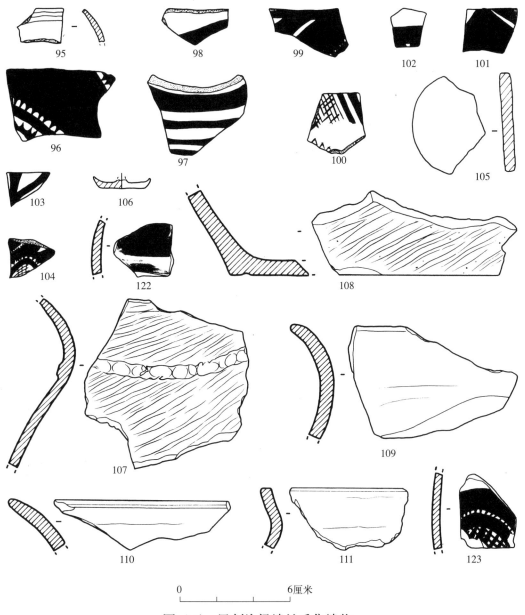

图三五　黑刺沟梁遗址采集遗物

95、111.圆腹罐　96、98～104、122、123.彩陶片　97.彩陶罐　105.陶纺轮　106.陶垫　107.花边罐　108.罐腹底　109.高领罐　110.陶盆

标本黑刺沟梁：106，陶垫，泥质橙黄陶。上有一乳纽，平底，磨光。底径2.5、残高0.6厘米（图三五，106）。

标本黑刺沟梁：107，花边罐，夹砂红陶。侈口，唇残，矮领，束颈，上腹斜弧，下腹残。器表通体饰斜向篮纹，颈部饰一周附加泥条呈波状。残宽9、残高9厘米（图三五，107；彩版一九，5）。

标本黑刺沟梁：108，罐腹底，夹砂红陶。上腹残，下腹微弧，假圈足。腹部饰斜向篮纹，底部素面。残宽11.3、残高4.5厘米（图三五，108）。

标本黑刺沟梁：109，高领罐，泥质橙黄陶。喇叭口，尖唇，高领，束颈，颈部下残，素面磨光。残宽9.3、残高6厘米（图三五，109）。

标本黑刺沟梁：110，陶盆，泥质橙黄陶。敞口，圆唇，腹部残。沿下饰横向绳纹，腹部素面。残宽9.6、残高2.6厘米（图三五，110）。

标本黑刺沟梁：111，圆腹罐，夹砂橙黄陶。侈口，方唇，矮领，束颈，颈部以下残，素面。残宽6.5、残高3.3厘米（图三五，111）。

标本黑刺沟梁：112，圆腹罐，夹砂橙黄陶。侈口，圆唇，矮领，束颈，上腹斜弧，下腹残，素面。残宽6、残高5.1厘米（图三六，112）。

标本黑刺沟梁：113，高领罐，夹砂红陶。喇叭口，圆唇，高领，束颈，颈部以下残。沿下饰横向篮纹。残宽7、残高3.8厘米（图三六，113）。

标本黑刺沟梁：114，陶盆，泥质橙黄陶。敞口，圆唇，斜直腹，底残。腹部饰横向篮纹。残宽4.4、残高6厘米（图三六，114）。

标本黑刺沟梁：115，圆腹罐，夹砂橙黄陶。侈口，圆唇，矮领，束颈，颈部以下残，器表饰斜向篮纹。残宽5.4、残高4.4厘米（图三六，115）。

标本黑刺沟梁：116，圆腹罐，夹砂橙黄陶。侈口，圆唇，矮领，束颈，颈部以下残，颈部饰斜向篮纹。残宽5、残高5.1厘米（图三六，116）。

标本黑刺沟梁：117，陶钵，泥质红陶。敛口，圆唇，上腹鼓，下腹斜直，底残，素面。口沿下方饰附加泥条呈波状。残宽5.6、残高5.4厘米（图三六，117）。

标本黑刺沟梁：118，小口罐，夹砂橙黄陶。侈口，圆唇，微束颈，鼓腹，底残，素面。残宽4、残高5厘米（图三六，118）。

标本黑刺沟梁：119，陶盆，夹砂红陶。敞口，方唇，弧腹，底残，腹部饰横向篮纹，内壁有一道刻槽痕迹。残宽5.3、残高4.4厘米（图三六，119）。

标本黑刺沟梁：120，彩陶片，夹砂红陶。素面，器表饰条带形黑彩。残长4.3、残宽3.7厘米（图三六，120）。

标本黑刺沟梁：121，彩陶片，夹砂橙黄陶。素面磨光，器表饰条带状黑、紫色彩，中间呈锯齿状。残宽4.4、残高6.4厘米（图三六，121；彩版一九，4）。

标本黑刺沟梁：122，彩陶片，夹砂橙黄陶。素面，器表饰条带状黑彩。残宽3.2、残高2.9厘米（图三五，122）。

标本黑刺沟梁：123，彩陶片，泥质红陶。素面磨光，器表饰环形黑、红彩，中间黑色网格纹彩。残宽3.2、残高3.9厘米（图三五，123）。

标本黑刺沟梁：124，陶刀，泥质橙黄陶。系陶器残片打磨而成，一半残，平基部，单面磨刃，残断处有一残孔，器表饰横向篮纹，刃残长3厘米，刃角46.6°，器身残长4、宽4.9厘米（图三六，124）。

标本黑刺沟梁：125，陶刀，泥质橙黄陶。半成品，器表素面，有一由外向内钻孔。残长7、残宽3.8厘米（图三六，125）。

标本黑刺沟梁：126，陶匜，泥质橙黄陶。半罐形匜，边缘切割痕迹明显。残长11.4、残宽4.6厘米（图三六，126）。

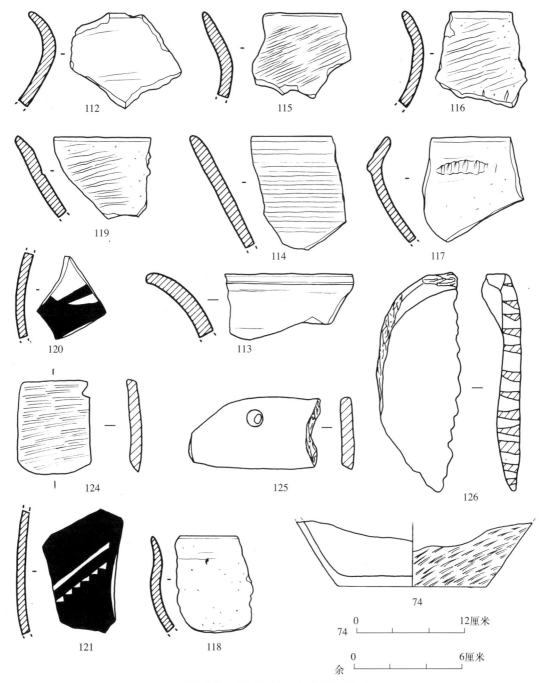

图三六　黑刺沟梁遗址采集遗物

74.罐腹底　112、115、116.圆腹罐　113.高领罐　114、119.陶盆　117.陶钵　118.小口罐　120、121.彩陶片　124、125.陶刀　126.陶匜

17. 金佛沟堡子梁遗址

遗址位于海原县李俊乡金佛沟村东南部山梁上，因该山梁有一近代堡子被当地人称为金佛沟堡子梁。地理坐标为北纬36°13′8.44″，东经105°49′48.47″，海拔高度为2035米。山梁地势东高西低，遗址区分布于山梁东侧较为平缓的梯田台地上，地表散落有零星陶片，梯田断面上有灰层等遗迹。遗址东西长约100、南北宽约50米，面积约为0.5万平方米。遗址文化属性为菜园文化。

采集陶片有泥质和夹砂两类，泥质多于夹砂；陶色以橙黄陶为主，还有零星灰陶；除素面外纹饰有篮纹、绳纹、刻划纹；可辨器形有圆腹罐、花边罐等（表36、37）。

标本金佛沟堡子梁：1，圆腹罐，夹砂橙黄陶。侈口，圆唇，矮领，束颈，颈部以下残，颈部饰斜向绳纹，有烟炱。残宽8.2、残高4厘米（图三七，1）。

标本金佛沟堡子梁：2，圆腹罐，夹砂橙黄陶。侈口，圆唇，矮领，束颈，颈部以下残，颈部饰斜向篮纹。残宽4.5、残高3厘米（图三七，2）。

标本金佛沟堡子梁：3，圆腹罐，夹砂橙黄陶。侈口，圆唇，矮领，束颈，颈部以下残，颈部饰斜向绳纹。残宽4.3、残高4.3厘米（图三七，3）。

标本金佛沟堡子梁：4，花边罐，夹砂橙黄陶。侈口，圆唇，矮领，束颈，颈部以下残，颈部饰斜向绳纹，绳纹以上饰一周附加泥条呈波状。残宽5.7、残高4.4厘米（图三七，4）。

表 36　金佛沟堡子梁遗址陶片数量统计表

陶质 纹饰 陶色	泥 质						夹 砂			
	橙黄	灰	红	红底黑彩	橙黄底黑彩	橙黄底红彩	橙黄	灰	红	红褐
绳纹							5			
篮纹	1						2			
刻划纹								1		
合计	1						7	1		

表 37　金佛沟堡子梁遗址器形数量统计表

陶质 器形 陶色	泥 质				夹 砂				总 计
	红	橙黄	灰	黑	红	橙黄	灰	黑	
圆腹罐						3			3
花边罐						1			1

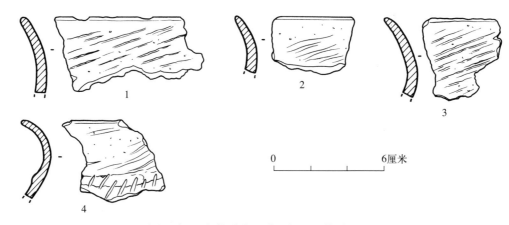

图三七　金佛沟堡子梁遗址采集遗物

1～3.圆腹罐　4.花边罐

18. 老鼠沟岗遗址

遗址位于海原县李俊乡双沟村东侧山坡上，当地人称之为老鼠沟岗。地理坐标为北纬36°10'36.87"，东经105°50'46.36"，海拔高度为1926米。山坡地势东高西低，坡地上散落有零星陶片，断面上发现有灰坑、人骨等遗迹现象。遗址受地形条件影响面积不大，东西长约160、南北宽约70米，面积约为1万平方米。遗址文化属性为菜园文化。

采集陶片有泥质和夹砂两类，泥质陶多于夹砂陶；陶色以橙黄陶为主，还有少量红陶和灰陶；除素面外纹饰有篮纹、绳纹、附加堆纹等；可辨器形有单耳罐、圆腹罐等（表38、39）。

标本老鼠沟岗：1，单耳罐，夹砂橙黄陶。连口桥形拱耳，侈口，尖唇，矮领，束颈，上腹圆，下腹残，耳面饰竖向绳纹，颈部饰横向绳纹，颈腹之间饰一周戳印纹，腹部饰横向绳纹，绳纹之上饰交错刻划纹，有烟炱。残宽6.5、残高6.7厘米（图三八，1）。

标本老鼠沟岗：2，圆腹罐，夹砂红陶。侈口，方唇，矮领，束颈，颈部以下残。颈部饰斜向粗绳纹，器表有火烧痕迹。残宽7.5、残高4.3厘米（图三八，2）。

标本老鼠沟岗：3，圆腹罐，夹砂红陶。侈口，圆唇，矮领，束颈，颈部以下残，颈部饰斜向绳纹，颈腹之间有一凹坑，有烟炱。残宽4.5、残高3.8厘米（图三八，3）。

表38　老鼠沟岗遗址陶片数量统计表

陶质 纹饰 \ 陶色	泥　质						夹　砂			
	橙黄	灰	红	红底黑彩	橙黄底黑彩	橙黄底红彩	橙黄	灰	红	红褐
素面	4	2	1				2	3	2	
绳纹	5	1	1				6	3		
篮纹	6									
戳印纹	3									
附加堆纹+篮纹								1		
交错绳纹							1			
绳纹+席纹	1									
合计	19	3	3				9	10	2	

表39　老鼠沟岗遗址器形数量统计表

陶质 器形 \ 陶色	泥　质				夹　砂				总　计
	红	橙黄	灰	黑	红	橙黄	灰	黑	
圆腹罐					2				2
单耳罐						1			1

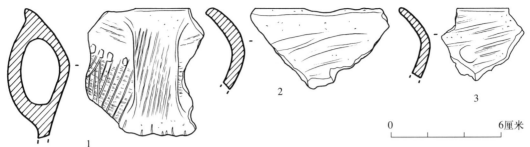

图三八　老鼠沟岗遗址采集遗物
1.单耳罐　2、3.圆腹罐

19.西山梁遗址

遗址位于海原县李俊乡蒿内村西南侧山梁上，当地人称之为西山梁。地理坐标为北纬36°11'16.14"，东经105°50'40.87"，海拔高度为1965米。山梁地势南高北低，东侧坡地上发现有较多的盗洞，盗洞周边散落有零星陶片和人骨残块，盗洞对遗址造成了一定的破坏，坡地其他区域也有零星陶片分布，未发现有暴露的遗迹。遗址东侧为海子水库，北侧山脚下为蒿内村，南北长约200、东西宽约100米，面积约为2万平方米。遗址文化属性为菜园文化。

采集陶片有泥质和夹砂两类，以夹砂陶为主；陶色以橙黄陶为主，还有零星红陶；除素面外纹饰有绳纹、篮纹、附加堆纹；可辨器形有钵、圆腹罐等（表40、41）。

表40　西山梁遗址陶片数量统计表

陶质 陶色 纹饰	泥　质						夹　砂			
	橙黄	灰	红	红底黑彩	橙黄底黑彩	橙黄底红彩	橙黄	灰	红	红褐
素面	2		2				4			
绳纹							9			
篮纹	2						4			
附加堆纹+篮纹							1			
附加堆纹+绳纹							1			
合计	4		2				19			

表41　西山梁遗址器形数量统计表

陶质 陶色 器形	泥　质				夹　砂				总　计
	红	橙黄	灰	黑	红	橙黄	灰	黑	
圆腹罐						1			1
陶钵		1			1	1			3
罐腹底	1					4			5

标本西山梁：1，陶钵，泥质橙黄陶。敛口，圆唇，弧腹，底残，素面。口径22.4、残高5厘米（图三九，1）。

标本西山梁：2，罐腹耳，泥质红陶。弧腹，有一残耳，素面磨光。残长8.5、残高7.9厘米（图三九，2）。

标本西山梁：3，圆腹罐，夹砂橙黄陶。侈口，方唇，矮领，微束颈，颈部以下残。颈部饰斜向绳纹。口径11.6、残高3.6厘米（图三九，3）。

标本西山梁：4，陶钵，夹砂橙黄陶。敛口，圆唇，弧腹，底残，素面。残宽3、残高3厘米（图三九，4）。

标本西山梁：5，罐腹底，夹砂橙黄陶。上腹残，下腹斜直，平底。下腹饰斜向绳纹，近底部饰横向绳纹。底部饰交错绳纹。底径6.8、残高3.9厘米（图三九，5）。

标本西山梁：6，罐腹底，夹砂橙黄陶。上腹残，下腹斜直，平底，素面。底径9.6、残高3.2厘米（图三九，6）。

标本西山梁：7，罐腹底，夹砂橙黄陶。上腹残，下腹斜直，平底，素面。底径8、残高3.2厘米（图三九，7）。

标本西山梁：8，罐腹底，泥质红陶。上腹残，下腹斜直，平底，素面。底径9.6、残高2.6厘米（图三九，8）。

标本西山梁：9，罐腹底，夹砂橙黄陶。上腹残，下腹斜直，平底，腹部饰横向绳纹，底部饰交错绳纹。残宽8.5、残高1.6厘米（图三九，9）。

标本西山梁：10，陶钵，夹砂红陶。敛口，圆唇，弧腹，底残，腹部饰一周附加泥条呈波状。其余素面。残宽6.7、残高6.5厘米（图三九，10）。

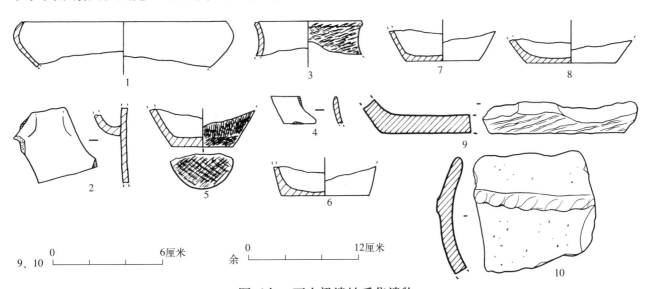

图三九　西山梁遗址采集遗物
1、4、10.陶钵　2.罐腹耳　3.圆腹罐　5～9.罐腹底

20. 山塘梁（张湾水库东侧）遗址

遗址位于海原县树台乡张湾水库东侧山坡上（彩版二〇，1），地理坐标为北纬

36° 31'30.56"，东经105° 26'59.52"，海拔高度为1934米。遗址地势东高西低，坡地上发现有盗洞，盗洞周围散落有零星陶片。坡地其他区域也有零星陶片分布，在断面上发现有灰坑、灰层等遗迹。遗址南北长约300、东西宽约200米，面积约为6万平方米。遗址文化属性为菜园文化。

采集陶片有泥质和夹砂两类，以夹砂陶为主；陶色以橙黄陶为主，还有零星红陶和灰陶；除素面外纹饰以篮纹为主，有少量绳纹、附加堆纹等；可辨器形有花边罐等（表42、43）。

标本山塘梁（张湾水库东侧）：1，罐腹底，夹砂橙黄陶。上腹残，下腹斜直，平底，腹部饰斜向篮纹。底径12、残高3.5厘米（图四〇，1）。

标本山塘梁（张湾水库东侧）：2，花边罐，夹砂橙黄陶。侈口，尖唇，矮领，束颈，颈部以下残，口沿外侧饰一周附加泥条呈波状，颈部素面。残宽4.6、残高4.3厘米（图四〇，2）。

表 42　山塘梁（张湾水库东侧）遗址陶片数量统计表

纹饰 ＼ 陶质／陶色	泥　质						夹　砂			
	橙黄	灰	红	红底黑彩	橙黄底黑彩	橙黄底红彩	橙黄	灰	红	红褐
素面	3						8	2	3	
绳纹	2									
篮纹							13	1		
附加堆纹+篮纹										1
附加堆纹+绳纹										1
合计	5						21	3	3	2

表 43　山塘梁（张湾水库东侧）遗址器形数量统计表

器形 ＼ 陶质／陶色	泥　质				夹　砂				总　计
	红	橙黄	灰	黑	红	橙黄	灰	黑	
花边罐						1			1
罐腹底						1			1

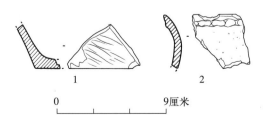

0　　　　　　　　　9厘米

图四〇　山塘梁（张湾水库东侧）遗址采集遗物
1.罐腹底　2.花边罐

21. 堡子村上塘梁遗址

遗址位于海原县海城镇堡子梁村南侧较低缓的山梁上，该山梁被当地人称为上塘梁。地理坐标为北纬36°33'44.62"，东经105°33'55.96"，海拔高度为1885米。上塘梁地势南高北低，遗址区分布于山梁东侧较为平缓的坡地上，地表散落有零星陶片，断面上暴露有红烧土堆积。遗址南北长约100、东西宽约100米，面积约1万平方米。遗址文化属性为菜园文化。

采集陶片有泥质和夹砂两类，夹砂多于泥质；陶色橙黄陶为主，还有零星红陶和灰陶；除素面外纹饰有篮纹、绳纹、附加堆纹、刻划纹等，还有零星彩陶；可辨器形有圆腹罐等（表44、45）。

标本堡子村上塘梁：1，彩陶片，泥质橙黄陶。素面磨光，器表饰条带波状黑彩。残宽7、残高4.6厘米（图四一，1）。

表 44　堡子村上塘梁遗址陶片数量统计表

纹饰＼陶质陶色	泥 质						夹 砂			
	橙黄	灰	红	红底黑彩	橙黄底黑彩	橙黄底红彩	橙黄	灰	红	红褐
素面	2	1			2		10			
绳纹	2						3			
篮纹	1						4		1	
刻划纹							1			
附加堆纹							1			
附加堆纹＋绳纹							1			
合计	5	1			2		20		1	

表 45　堡子村上塘梁遗址器形数量统计表

器形＼陶质陶色	泥 质				夹 砂				总 计
	红	橙黄	灰	黑	红	橙黄	灰	黑	
圆腹罐						2			2
罐腹底		1							1

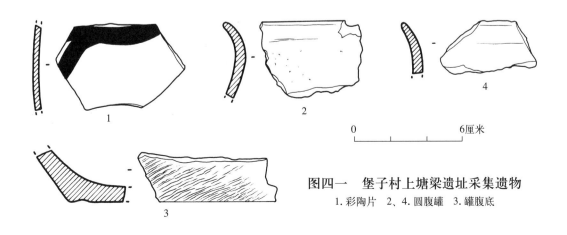

0　　　　　　6厘米

图四一　堡子村上塘梁遗址采集遗物

1. 彩陶片　2、4. 圆腹罐　3. 罐腹底标本堡子村上塘梁：2，圆腹罐，夹砂橙黄陶。侈口，圆唇，矮领，束颈，颈部以下残，素面，器表可见烟炱痕迹。残宽5.6、残高4厘米（图四一，2）。

标本堡子村上塘梁：3，罐腹底，泥质橙黄陶。上腹残，下腹斜直，假圈足，腹部饰斜向篮纹，底部饰交错绳纹。残宽7.6、残高2.7厘米（图四一，3）。

标本堡子村上塘梁：4，圆腹罐，夹砂橙黄陶。侈口，圆唇，颈部以下残，素面。残宽5.3、残高2.8厘米（图四一，4）。

22. 马沟梁遗址

遗址位于海原县西安镇野狐坡村东部山梁上，该山梁被当地人称为马沟梁（彩版二〇，2）。地理坐标为北纬36°31'43.84"，东经105°34'33.62"，海拔高度为2046米。马沟梁地势南高北低，遗址区分布于山梁东西两侧的坡地上，地表散落有较多陶片。遗址区发现有零星盗坑，在暴露的断面上发现有灰坑、灰层等遗迹。遗址南北长约800、东西宽约200米，面积约为16万平方米。遗址文化属性为菜园文化。

采集陶片有泥质和夹砂两类，夹砂陶和泥质陶数量相当；陶色以橙黄陶为主，还有零星灰陶和红陶；除素面外纹饰以篮纹为主，有少量附加堆纹、绳纹、刻划纹等，另有零星彩陶；可辨器形有圆腹罐、高领罐、花边罐、大口罐、盆等（表46、47）。

标本马沟梁：1，圆腹罐，夹砂橙黄陶。侈口，平沿，尖唇，束颈，圆腹，底残，颈部饰一周附加泥条呈波状，腹部饰竖向绳纹。口径25.2、残高8.8厘米（图四二，1；彩版二一，1）。

标本马沟梁：2，高领罐，泥质橙黄陶。喇叭口，圆唇，高领，束颈，颈部以下残，颈部饰斜向篮纹。口径18、残高3.2厘米（图四二，2）。

标本马沟梁：3，圆腹罐，泥质橙黄陶。侈口，微折沿，尖唇，束颈，颈部以下残，颈部素面。残宽6.8、残高4.8厘米（图四二，3）。

标本马沟梁：4，高领罐，泥质橙黄陶。喇叭口，圆唇，束颈，颈部以下残，颈部饰斜向篮纹。口径18.4、残高3厘米（图四二，4）。

标本马沟梁：5，圆腹罐，夹砂橙黄陶。侈口，方唇，圆腹，底残，器表通体饰斜向绳纹。残宽7、残高8.2厘米（图四二，5）。

标本马沟梁：6，圆腹罐，泥质橙黄陶。侈口，尖唇，束颈，腹部残，底残，素面。口径9.6、残高3.1厘米（图四二，6）。

标本马沟梁：7，罐腹底，夹砂橙黄陶。上腹残，下腹斜弧，假圈足，腹部饰横向篮纹，底部饰交错篮纹。底径8.8、残高4.2厘米（图四二，7）。

标本马沟梁：8，罐腹底，泥质橙黄陶。上腹残，下腹斜弧，平底，素面。底径13.6、残高5.6厘米（图四二，8）。

标本马沟梁：9，花边罐，夹砂红陶。侈口，圆唇，束颈，圆腹，颈腹饰斜向篮纹，颈部饰一周附加泥条呈波状。残宽9.8、残高5.2厘米（图四二，9）。

标本马沟梁：10，罐腹底，泥质橙黄陶。上腹残，下腹弧，平底，素面，刮抹痕迹明显。底径17.6、残高7.4厘米（图四二，10）。

表 46　马沟梁遗址陶片数量统计表

陶质\纹饰\陶色	泥　质						夹　砂			
	橙黄	灰	红	红底黑彩	橙黄底黑彩	橙黄底红彩	橙黄	灰	红	红褐
素面	24	3	1	1	6		8	1		
绳纹	2						8		1	
篮纹	12						10		1	
刻划纹							1			
附加堆纹							4			
戳印纹	1									
麻点纹							1			
附加堆纹+绳纹	1						2			
绳纹+刻划纹	1									
合计	41	3	1	1	6		34	1	2	

表 47　马沟梁遗址器形数量统计表

陶质\器形\陶色	泥　质				夹　砂				总　计
	红	橙黄	灰	黑	红	橙黄	灰	黑	
高领罐	1	2							3
圆腹罐		2				2	1		5
花边罐					1				1
大口罐						1			1
彩陶盆		1							1
罐腹底		2				1	1		4

标本马沟梁：11，彩陶盆，泥质橙黄陶。敞口，折沿，尖唇，圆腹，素面，底残，腹部有一残耳，沿下及上腹部饰条带状黑彩及水波纹状黑彩。口径14.4、残高7.6厘米（图四二，11；彩版二一，2）。

标本马沟梁：12，彩陶片，泥质橙黄陶。素面磨光，饰窄宽条带状黑彩。残长8.4、残宽5.8厘米（图四二，12；彩版二一，3）。

标本马沟梁：13，彩陶片，泥质红陶。素面磨光，饰条带状黑彩。残长3.8、残宽4.6厘米（图四二，13）。

标本马沟梁：14，彩陶片，泥质橙黄陶。素面磨光，器表饰宽条带状黑彩。残宽8、残高8.5厘米（图四二，14）。

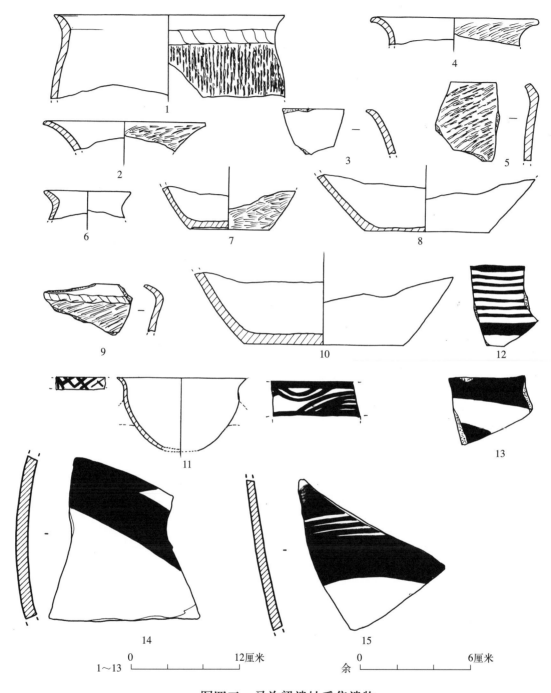

图四二　马沟梁遗址采集遗物

1、3、5、6.圆腹罐　2、4.高领罐　7、8、10.罐腹底　9.花边罐　11.彩陶盆　12~15.彩陶片

标本马沟梁：15，彩陶片，泥质橙黄陶。素面磨光，器表饰多重条带黑彩。残宽7.5、残高8厘米（图四二，15）。

标本马沟梁：16，圆腹罐，夹砂灰陶。侈口，圆唇，微束颈，斜腹，底残。颈部素面，上腹饰一周戳印纹。残宽6.3、残高4厘米（图四三，16）。

标本马沟梁：17，大口罐，夹砂橙黄陶。微敛口，平沿，方唇，唇面呈锯齿状，直腹，底残。口沿下方饰一周附加泥条。残宽5.4、高3.5厘米（图四三，17）。

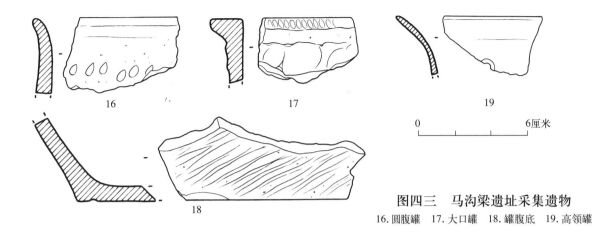

图四三　马沟梁遗址采集遗物

16.圆腹罐　17.大口罐　18.罐腹底　19.高领罐

标本马沟梁：18，罐腹底，夹砂红陶。上腹残，下腹斜直，假圈足。腹部饰斜向绳纹，底部饰交错绳纹。残宽11.3、残高4.5厘米（图四三，18）。

标本马沟梁：19，高领罐，泥质红陶。喇叭口，尖唇，束颈，颈部以下残，素面，残断处有一小孔。残宽5.4、残高3厘米（图四三，19）。

23. 林子峁遗址

遗址位于海原县海城镇野狐坡村西侧坡地上，该坡地被当地人称为林子峁。地理坐标为北纬36°31'44.65"，东经105°33'56.81"，海拔高度为2075米。林子峁地势南高北低，现修建成梯田。在林子峁东侧坡地分布有密集的陶片，西侧只有零星分布。梯田断面上发现有灰坑、灰层等遗迹。遗址南北长约400、东西宽约200米，面积约为8万平方米。遗址文化属性为菜园文化。

采集陶片有泥质和夹砂两类，以夹砂陶为主；陶色以橙黄陶为主，还有零星红陶和灰陶；除素面外纹饰有篮纹、绳纹、附加堆纹等，还有少量彩陶；可辨器形有单耳罐、直口罐、圆腹罐、彩陶罐、钵等（表48、49）。

标本林子峁：1，单耳罐，夹砂红陶。桥形拱耳，侈口，锯齿唇，矮领，束颈，圆腹，底残，耳面饰竖向篮纹，腹部饰斜向绳纹，绳纹之上饰竖向刻划纹。口径12、残高7.2厘米（图四四，1）。

标本林子峁：2，单耳罐，夹砂橙黄陶。桥形拱耳，侈口，锯齿唇，矮领，束颈，圆腹，底残。耳面饰席纹，腹部饰斜向绳纹。口径10、残高6.1厘米（图四四，2）。

标本林子峁：3，圆腹罐，夹砂橙黄陶。侈口，圆唇，矮领，束颈，颈部以下残。颈部饰横向篮纹。残长4.2、残宽5.6厘米（图四四，3）。

标本林子峁：4，陶钵，泥质橙黄陶。敛口，圆唇，鼓腹，底残。腹部饰一周附加泥条呈波状。残长4、残宽4.4厘米（图四四，4）。

标本林子峁：5，罐，夹砂灰陶。敞口，卷沿，尖唇，斜腹，底残，素面。残长3.2、残宽4.6厘米（图四四，5）。

标本林子峁：6，彩陶片，泥质橙黄陶。素面磨光，饰条形黑、红彩呈锯齿状。残长5.1、残宽4.2厘米（图四四，6）。

表 48　林子峁遗址陶片数量统计表

陶质　　　陶色 纹饰	泥 质						夹 砂			
	橙黄	灰	红	红底 黑彩	橙黄底 黑彩	橙黄底 红彩	橙黄	灰	红	红褐
素面					2	1	6	1		
绳纹	1						14			
篮纹	1						14		1	
麻点纹							1			
附加堆纹 +绳纹							1			
绳纹+刻划纹							1			
合计	2				2	1	37	1	1	

表 49　林子峁遗址器形数量统计表

陶质　　　陶色 器形	泥 质				夹 砂				总 计
	红	橙黄	灰	黑	红	橙黄	灰	黑	
圆腹罐					1	2			3
单耳罐					1	1			2
直口罐						1			1
陶钵		1							1
彩陶罐		1							1
陶罐							1		1
罐腹底						1			1

　　标本林子峁：7，圆腹罐，夹砂橙黄陶。侈口，圆唇，腹部残，素面。残宽6.3、残高4.5厘米（图四四，7）。

　　标本林子峁：8，圆腹罐，夹砂红陶。侈口，圆唇，矮领，束颈，颈部以下残。颈部饰斜向篮纹。残宽5、残高4.6厘米（图四四，8）。

　　标本林子峁：9，彩陶片，泥质橙黄陶。素面磨光，表面饰条带状黑彩。残宽4.9、残高4.5厘米（图四四，9）。

　　标本林子峁：10，彩陶罐，泥质橙黄陶。侈口，圆唇，束颈，弧腹，底残。素面磨光，表面饰条带状黑彩。残宽3.5、残高3.5厘米（图四四，10）。

　　标本林子峁：11，罐腹底，夹砂橙黄陶。上腹残，下腹斜直，平底，腹部饰斜向绳纹，底素面。底径7.5、残高4.5厘米（图四四，11）。

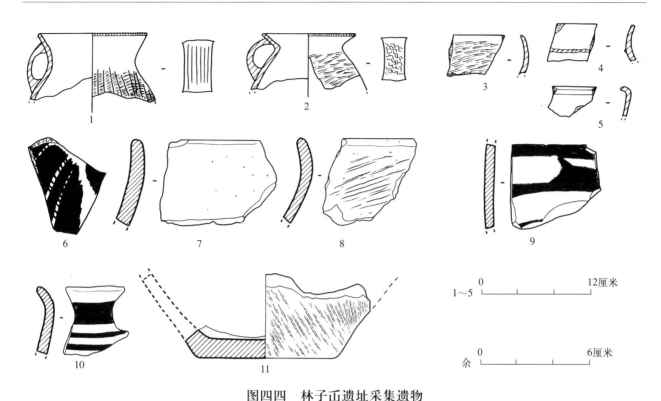

图四四　林子峁遗址采集遗物

1、2.单耳罐　3、7、8.圆腹罐　4.陶钵　5.罐　6、9.彩陶片　10.彩陶罐　11.罐腹底

24. 喜鹊湾梁遗址

遗址位于海原县史店乡油房院村西南部的山梁上，当地人称之为喜鹊湾梁（彩版二一，4）。地理坐标为北纬36°28'20.05"，东经105°39'32.92"，海拔高度为2236米。喜鹊湾梁呈南北向，地势南高北低。山梁东侧坡地分布有较多陶片，断面发现有灰坑等遗迹。遗址东西长约100、南北宽约50米，面积约为0.5万平方米。遗址文化属性为菜园文化。

采集陶片有泥质和夹砂两类，以夹砂陶为主；陶色以橙黄陶为主，有零星红陶和灰陶；纹饰有篮纹、绳纹等；可辨器形有高领罐、花边罐、圆腹罐、双耳罐、钵、盆等（表50、51）。

标本喜鹊湾梁：1，陶钵，夹砂灰陶。敛口，方唇，弧腹，底残，素面。口径20.4、残高4.4厘米（图四五，1）。

标本喜鹊湾梁：2，陶盆，夹砂红陶。敞口，尖唇，斜直腹，底残。腹部饰斜向篮纹。口径16.4、残高2.8厘米（图四五，2）。

标本喜鹊湾梁：3，陶盆，泥质橙黄陶。敞口，方唇，弧腹，底残，素面。口径28.4、残高4厘米（图四五，3）。

标本喜鹊湾梁：4，陶盆，泥质橙黄陶。敞口，圆唇，斜腹，底残，素面。口径28、残高2厘米（图四五，4）。

标本喜鹊湾梁：5，高领罐，泥质橙黄陶。喇叭口，圆唇，束颈，颈部以下残，素面磨光。口径8、残高3厘米（图四五，5）。

表 50 喜鹊湾梁遗址陶片数量统计表

纹饰＼陶质／陶色	泥　质						夹　砂			
	橙黄	灰	红	红底黑彩	橙黄底黑彩	橙黄底红彩	橙黄	灰	红	红褐
素面	4		1				2	1		
绳纹							2			
篮纹	1						2	3	2	
刻划纹								1		
附加堆纹	2						1	1		
戳印纹										
附加堆纹+篮纹										
附加堆纹+绳纹							1			
绳纹+刻划纹										
合　计	7		1				8	6	2	

表 51 喜鹊湾梁遗址器形数量统计表

器形＼陶质／陶色	泥　质				夹　砂				总　计
	红	橙黄	灰	黑	红	橙黄	灰	黑	
高领罐		1				1			2
圆腹罐						1			1
花边罐						2			2
双耳罐						1			1
陶盆		3			1				4
陶钵							1		1

　　标本喜鹊湾梁：6，高领罐，夹砂橙黄陶。喇叭口，圆唇，束颈，颈部以下残。口径15.6、残高3.4厘米（图四五，6）。

　　标本喜鹊湾梁：7，花边罐，夹砂橙黄陶。侈口，圆唇，高领，束颈，颈部以下残，颈部饰斜向篮纹，下颈部饰一周附加泥条呈波状。残宽4.3、残高5.4厘米（图四五，7）。

　　标本喜鹊湾梁：8，陶盆，泥质橙黄陶。敞口，圆唇，斜直腹，底残，素面，腹部饰一周附加泥条。口径16、残高5.1厘米（图四五，8）。

　　标本喜鹊湾梁：9，圆腹罐，夹砂橙黄陶。侈口，圆唇，束颈，颈部以下残，口沿部位饰斜绳纹，腹部饰竖向绳纹，器表有烟炱。口径11、残高5厘米（图四五，9）。

　　标本喜鹊湾梁：10，双錾罐，夹砂橙黄陶。侈口，圆唇，高领，束颈，颈部以下残。口沿

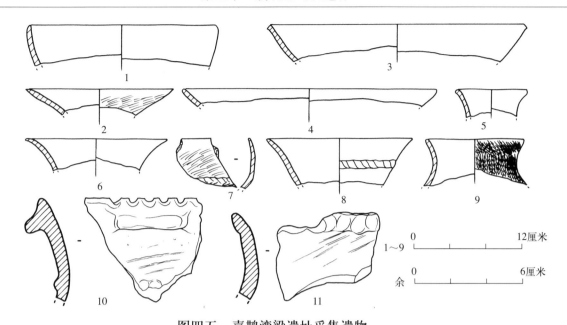

图四五　喜鹊湾梁遗址采集遗物

1. 陶钵　2～4、8. 陶盆　5、6. 高领罐　7、11. 花边罐　9. 圆腹罐　10. 双鋬罐

下有一鋬耳，颈腹饰附加泥条，鋬上唇部呈锯齿状沿。残宽6.4、残高5.3厘米（图四五，10）。

标本喜鹊湾梁：11，花边罐，泥质橙黄陶。侈口，唇残，束颈，颈部以下残，口沿外侧饰一周附加泥条呈波状。颈部有斜向刮抹痕迹。残宽5.7、残高4.8厘米（图四五，11）。

25. 老堡子西梁遗址

遗址位于海原县贾塘乡堡台村西侧坡地上，该地被当地人称为西梁。地理坐标为北纬36°30'27.27"，东经105°30'8.18"，海拔高度为1697米。遗址区地势西高东低，现被改造成梯田。在梯田断面暴露有人骨、红烧土堆积、灰坑等遗迹，地表散落有零星陶片。遗址东西长约150、南北宽约140米，面积约为2万平方米。遗址文化属性为菜园文化。

采集陶片有泥质和夹砂两类，夹砂陶稍多；陶色以橙黄陶为主，有零星灰陶和红陶；除素面外纹饰有篮纹、绳纹、附加堆纹纹、刻划纹等；可辨器形有小口罐、单耳罐、圆腹罐、盆等（表52、53）。

标本老堡子西梁：1，陶罐，夹砂灰陶。侈口，折沿，方唇，沿以下残，外面饰斜向绳纹。残宽4.8、残高4厘米（图四六，1）。

标本老堡子西梁：2，单耳罐，泥质橙黄陶。连口桥形耳，侈口，尖唇，高领，束颈，圆腹，底残。耳面饰竖向刻划纹。腹部饰斜向绳纹。残宽6、残高5.8厘米（图四六，2）。

标本老堡子西梁：3，罐腹底，泥质灰陶。上腹残，下腹斜直，平底，腹部斜向篮纹，内壁素面磨光。底径8、残高2.2厘米（图四六，3）。

标本老堡子西梁：4，罐腹底，泥质橙黄陶。上腹残，下腹微弧，平底，腹部饰斜向绳纹，绳纹之上饰一周附加泥条。底径10.4、残高5.2厘米（图四六，4）。

标本老堡子西梁：5，罐腹底，夹砂灰陶。上腹残，下腹斜直，平底。腹部饰斜向篮纹。近底部饰横向篮纹。底径7.2、残高2厘米（图四六，5）。

表 52　老堡子西梁遗址陶片数量统计表

纹饰＼陶质／陶色	泥 质						夹 砂			
	橙黄	灰	红	红底黑彩	橙黄底黑彩	橙黄底红彩	橙黄	灰	红	红褐
素面	7	7	3			1	2			
绳纹	1						7	1		
篮纹		8					2		2	
刻划纹							1			
附加堆纹	1									
戳印纹	1									
席纹							1			
附加堆纹＋绳纹	1						4			
合计	11	15	3			1	17	1	2	

表 53　老堡子西梁遗址器形数量统计表

器形＼陶质／陶色	泥 质				夹 砂				总 计
	红	橙黄	灰	黑	红	橙黄	灰	黑	
圆腹罐						2			2
单耳罐		1							1
小口罐			1						1
陶盆		1							1
陶罐							1		1
罐腹底		1	1				1		3

标本老堡子西梁：6，彩陶片，泥质橙黄陶。素面，内壁饰四道弧形条状红彩。残长7、残宽7.6厘米（图四六，6）。

标本老堡子西梁：7，圆腹罐，夹砂橙黄陶。侈口，方唇，束颈，弧腹，口沿外侧饰斜向戳印纹，腹部斜向绳纹，绳纹之上饰一周附加泥条。残宽6、残高6厘米（图四六，7）。

标本老堡子西梁：8，小口罐，泥质灰陶。侈口，圆唇，圆腹，底残，素面。残宽4.2、残高4.6厘米（图四六，8）。

标本老堡子西梁：9，陶盆，泥质橙黄陶。敞口，圆唇，鼓腹，底残，素面。残宽6、残高3.1厘米（图四六，9）。

标本老堡子西梁：10，圆腹罐，夹砂橙黄陶。侈口，尖唇，束颈，颈部以下残，素面。残宽3、残高3.2厘米（图四六，10）。

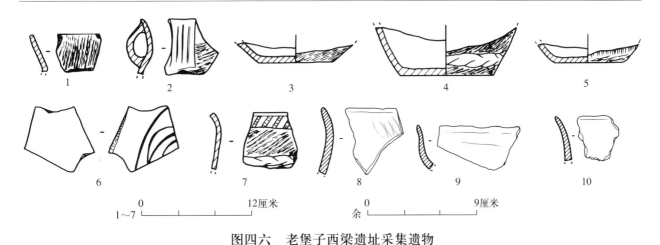

图四六 老堡子西梁遗址采集遗物
1.陶罐 2.单耳罐 3~5.罐腹底 6.彩陶片 7、10.圆腹罐 8.小口罐 9.陶盆

26. 杏沟中嘴梁遗址

遗址位于海原县树台乡王家坡村东侧的山梁上（彩版二二，1），该山梁被称为中嘴梁。地理坐标为北纬36°29'42.09"，东经105°31'8.10"，海拔高度为2152米。中嘴梁顶部及周围坡地分布有较多陶片，还发现有墓葬、灰层等遗迹。遗址东西长约200、南北宽约150米，面积约为3万平方米。遗址文化属性为菜园文化。

采集陶片有泥质和夹砂两类，泥质陶相对较多；陶色以橙黄陶为主，有少量灰陶和红陶；除素面外纹饰以篮纹为主，还有少量绳纹、附加堆纹、刻划纹等，另有零星彩陶；可辨器形有高领罐、圆腹罐、花边罐、盆等（表54、55）。

标本杏沟中嘴梁：1，圆腹罐，夹砂橙黄陶。侈口，圆唇，高领，束颈，颈部以下残，颈部斜向篮纹。口径9.6、残高5.4厘米（图四七，1）。

标本杏沟中嘴梁：2，高领罐，泥质橙黄陶。喇叭口，圆唇，高领，束颈，颈部以下残，素面。残宽6、残高4.1厘米（图四七，2）。

标本杏沟中嘴梁：3，陶盆，夹砂红陶。敞口，圆唇，弧腹，底残，腹部饰斜向绳纹。口径22、残高4.2厘米（图四七，3）。

标本杏沟中嘴梁：4，圆腹罐，夹砂橙黄陶。侈口，方唇，束颈，颈部以下残。颈部饰斜向绳纹。残宽4.2、残高4.4厘米（图四七，4）。

标本杏沟中嘴梁：5，圆腹罐，夹砂橙黄陶。侈口，圆唇，高领，束颈，圆腹，底残。颈部素面，上腹饰竖向刻划。残宽4.4、残高6厘米（图四七，5）。

标本杏沟中嘴梁：6，陶盆，泥质橙黄陶。敞口，圆唇，弧腹，素面磨光。残宽7.2、残高5.6厘米（图四七，6）。

标本杏沟中嘴梁：7，彩陶片，泥质灰陶。素面磨光，器表饰横向条带状黑彩。残长4、残宽5厘米（图四七，7）。

标本杏沟中嘴梁：8，陶盆，泥质橙黄陶。敞口，圆唇，弧腹，底残，素面磨光，腹部饰一周附加泥条呈波状。残宽5.2、残高4.7厘米（图四七，8）。

标本杏沟中嘴梁：9，陶盆，泥质红陶。敞口，圆唇，腹部残，素面。残宽7.6、残高2.4厘

表54　杏沟中嘴梁遗址陶片数量统计表

陶质	泥 质						夹 砂			
纹饰＼陶色	橙黄	灰	红	灰底黑彩	橙黄底黑彩	橙黄底红彩	橙黄	灰	红	红褐
素面	7	1	3	2			1			
绳纹	1						3	3	1	
篮纹	10		2				3	4		
刻划纹								1		
附加堆纹＋篮纹	1									
合计	19	1	5	2			8	8	1	

表55　杏沟中嘴梁遗址器形数量统计表

陶质	泥 质				夹 砂				总 计
器形＼陶色	红	橙黄	灰	黑	红	橙黄	灰	黑	
高领罐		1							1
圆腹罐						3	1		4
花边罐					1				1
陶盆	1	2			1				4
罐腹底						1			1

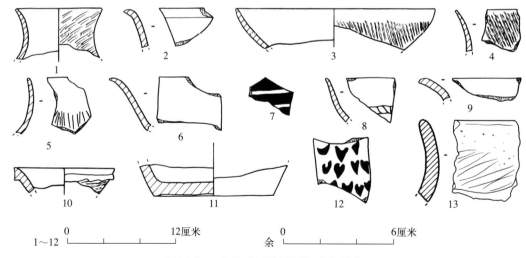

0　　　　　　12厘米　　　　　0　　　　　6厘米
1~12 └─────────┘　　　余 └─────────┘

图四七　杏沟中嘴梁遗址采集遗物

1、4、5、13.圆腹罐　2.高领罐　3、6、8、9.陶盆　7、12.彩陶片　10.花边罐　11.罐腹底

米（图四七，9）。

标本杏沟中嘴梁：10，花边罐，夹砂红陶。侈口，尖唇，束颈，颈部以下残。口沿外侧饰一周附加泥条呈波状，颈部饰斜向绳纹。口径11.2、残高2.7厘米（图四七，10）。

标本杏沟中嘴梁：11，罐腹底，夹砂橙黄陶。上腹残，下腹斜直，假圈足，素面。底径13.2、残高3.4厘米（图四七，11）。

标本杏沟中嘴梁：12，彩陶片，泥质灰陶。素面，器表饰多组大雁纹黑彩。残长7、残宽6厘米（图四七，12；彩版二二，2）。

标本杏沟中嘴梁：13，圆腹罐，夹砂灰陶。侈口，圆唇，束颈，颈部以下残，颈部饰斜向篮纹。残宽3.7、残高4.1厘米（图四七，13）。

27. 包庄梁遗址

遗址位于海原县史店乡方家庄村西北侧山梁上，当地人称为包庄梁。地理坐标为北纬36°28'47.45"，东经105°41'4.32"，海拔高度为2119米。包庄梁地势西南高东北低，遗址区分布于山梁东西两侧。在东西两侧坡地地表上分布较多陶片，有零星盗坑分布，在断面上暴露有人骨、红烧土等遗迹。遗址南北长约200、东西宽约100米，面积约为2万平方米。遗址文化属性为菜园文化。

采集陶片有泥质和夹砂两类，以夹砂陶为主；陶色以橙黄为主，有少量灰陶和红陶；除素面外纹饰以篮纹为主，还有少量绳纹、附加堆纹、刻划纹等；可辨器形有高领罐、圆腹罐、单耳罐、直口罐、盆等（表56、57）。

标本包庄梁：1，高领罐，夹砂橙黄陶。喇叭口，圆唇，高领，束颈，颈部以下残，颈部素面，下颈部饰一周附加泥条呈波状。残宽7.2、残高6厘米（图四八，1）。

标本包庄梁：2，高领罐，泥质橙黄陶。喇叭口，圆唇，颈部残，素面。残宽6、残高3.4厘米（图四八，2）。

标本包庄梁：3，直口罐，泥质灰陶。口微侈，尖圆唇，颈部以下残，素面。残宽4.8、残高

表56　包庄梁遗址陶片数量统计表

陶质 陶色 纹饰	泥　质						夹　砂			
	橙黄	灰	红	红底 黑彩	橙黄底 黑彩	橙黄底 红彩	橙黄	灰	红	红褐
素面	5	2	2				5	3		
绳纹		1					6	2		
篮纹	4		1				9	1		
刻划纹							1	1		
附加堆纹							2	1		
戳印纹							2			
附加堆纹 +篮纹							9	1		
附加堆纹 +绳纹							2			
篮纹+刻划纹							4			
合计	9	3	2				40	9		

表57　包庄梁遗址器形数量统计表

器形 \ 陶质 陶色	泥　质				夹　砂				总　计
	红	橙黄	灰	黑	红	橙黄	灰	黑	
高领罐		1				1			2
圆腹罐		1				3	2		6
单耳罐						1			1
直口罐			1						1
陶盆	1					2			3
罐腹底		4	1			2			7

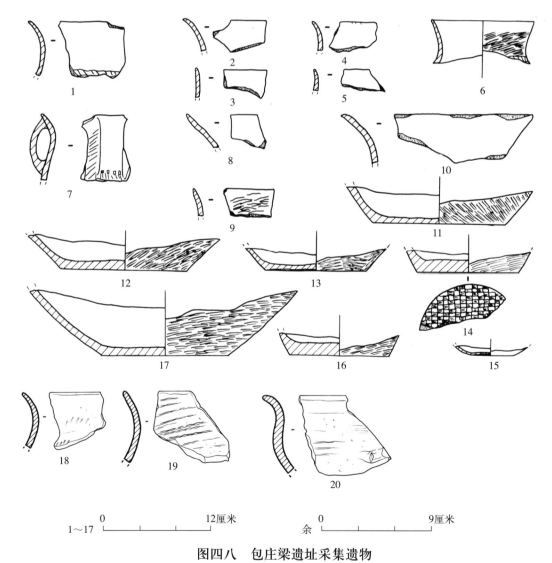

图四八　包庄梁遗址采集遗物

1、2.高领罐　3.直口罐　4～6、9、18、19.圆腹罐　7.单耳罐　8、10、20.陶盆　11～17.罐腹底

3厘米（图四八，3）。

标本包庄梁：4，圆腹罐，夹砂灰陶。侈口，圆唇，颈部以下残，素面。残宽5.2、残高3.2厘米（图四八，4）。

标本包庄梁：5，圆腹罐，泥质橙黄陶。侈口，圆唇，束颈，颈部以下残，素面。残宽4.8、残高2.4厘米（图四八，5）。

标本包庄梁：6，圆腹罐，夹砂灰陶。侈口，圆唇，束颈，颈部以下残，颈部饰斜向篮纹。下颈饰附加泥条。口径11.2、残高4.6厘米（图四八，6）。

标本包庄梁：7，单耳罐，夹砂橙黄陶。连口桥形耳，侈口，圆唇，束颈，圆腹，底残，耳下端饰戳印纹，颈、腹部饰刻划纹。残宽4.8、残高7.1厘米（图四八，7）。

标本包庄梁：8，陶盆，泥质红陶。敞口，圆唇，斜腹微弧，底残，素面。残宽3.9、残高3.6厘米（图四八，8）。

标本包庄梁：9，圆腹罐，夹砂橙黄陶。侈口，圆唇，束颈，颈部以下残。颈部饰斜向绳纹。残宽5.6、残高3厘米（图四八，9）。

标本包庄梁：10，陶盆，夹砂橙黄陶。敞口，尖唇，斜弧腹，底残，素面。残宽15.2、残高5.2厘米（图四八，10）。

标本包庄梁：11，罐腹底，泥质橙黄陶。上腹残，下腹斜直，平底。腹部饰斜向篮纹。底径14.4、残高3.6厘米（图四八，11）。

标本包庄梁：12，罐腹底，泥质橙黄陶。上腹残，下腹斜直，平底。腹部斜向篮纹。底径14、残高3.5厘米（图四八，12）。

标本包庄梁：13，罐腹底，夹砂橙黄陶。上腹残，下腹斜直，假圈足。腹部饰交错绳纹。底径11.2、残高2.4厘米（图四八，13）。

标本包庄梁：14，罐腹底，夹砂橙黄陶。上腹残，下腹斜直，平底。底部饰席纹。底径11.2、残高2.3厘米（图四八，14）。

标本包庄梁：15，罐腹底，泥质黑陶。上腹残，下腹弧，底微凹，素面。底径4.4、残高1厘米（图四八，15）。

标本包庄梁：16，罐腹底，泥质橙黄陶。上腹残，下腹斜直，平底，腹部饰横向篮纹。底径10.8、残高2.4厘米（图四八，16）。

标本包庄梁：17，罐腹底，泥质橙黄陶。上腹残，下腹斜直微弧，平底，腹部饰横向篮纹。底径14、残高6.9厘米（图四八，17）。

标本包庄梁：18，圆腹罐，夹砂橙黄陶。侈口，圆唇，束颈，颈部以下残，素面且有刮抹痕迹。残宽4.6、残高4.5厘米（图四八，18）。

标本包庄梁：19，圆腹罐，夹砂橙黄陶。侈口，圆唇，束颈，颈部以下残，颈部饰斜向绳纹。残宽6.4、残高5.7厘米（图四八，19）。

标本包庄梁：20，陶盆，夹砂橙黄陶。敞口，折沿，圆唇，鼓腹，底残，腹部饰横向篮纹且有一周附加泥条。残宽7.6、残高6.3厘米（图四八，20）。

28. 堡子村东大梁遗址

遗址位于海原县海城镇堡子梁村东南部山梁上，该山梁被当地人称为堡子东大梁。地理坐标为北纬36°33'39.62"，东经105°34'36.06"，海拔高度为1894米。堡子东大梁地势南高北低，遗址区分布于山梁西侧坡地上，坡地现被修成梯田，地表发现有少量陶片，梯田断面上发现有人骨、灰坑等遗迹。遗址南北长约100、东西宽约50米，面积约为0.5万平方米。遗址文化属性为菜园文化。

采集陶片有泥质和夹砂两类，以夹砂陶为主；陶色以灰陶较多，其次为橘黄陶；除素面外纹饰以绳纹较多，有少量篮纹；可辨器形有花边罐、圆腹罐等（表58、59）。

标本堡子村东大梁：1，花边罐，夹砂灰陶。侈口，圆唇，高领，束颈，腹残，口沿外侧饰一周附加泥条被按压呈斜向凸棱。颈部素面，上腹部饰竖向绳纹。残宽4.4、残高6厘米（图四九，1）。

标本堡子村东大梁：2，圆腹罐，泥质橙黄陶。侈口，尖唇，矮领，束颈，颈部下残。器表素面磨光。残宽5.8、残高4.4厘米（图四九，2）。

表 58　堡子村东大梁遗址陶片数量统计表

纹饰 \ 陶色	泥　质						夹　砂			
	橙黄	灰	红	红底黑彩	橙黄底黑彩	橙黄底红彩	橙黄	灰	红	红褐
素面	2	1		1						
绳纹		2						12		
篮纹							2	1		
附加堆纹	1									
合计	3	3		1			2	13		

表 59　堡子村东大梁遗址器形数量统计表

器形 \ 陶色	泥　质				夹　砂				总计
	红	橙黄	灰	黑	红	橙黄	灰	黑	
圆腹罐		1							1
花边罐							1		1

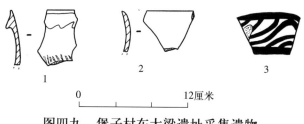

0　　　　　　　　　　12厘米

图四九　堡子村东大梁遗址采集遗物

1. 花边罐　2. 圆腹罐　3. 彩陶片

标本堡子村东大梁：3，彩陶片，泥质红陶。素面磨光。器表饰两周条带状黑彩，中间饰水波纹黑彩。残宽7.1、残高4.4厘米（图四九，3）。

29. 三留屲上梁遗址

遗址位于海原县史店乡三留屲村西南侧山梁上，该山梁被当地人称为三留屲上梁（彩版二二，4）。地理坐标为北纬36°30'32.64"，东经105°39'19.94"，海拔高度为2058米。三留屲上梁地势南高北低，在山梁东侧坡地上散落有较多陶片，遗址区内有较多大小不一的盗坑，盗坑周围散落有较多陶片和人骨。在断面上发现有灰坑、灰层、踩踏硬面等遗迹。遗址南北长约1400、东西宽约100米，面积约为14万平方米。遗址文化属性为菜园文化。

采集陶片有泥质和夹砂两类，以夹砂陶为主；陶色以橙黄陶为主，有少量红陶和灰陶；除素面外纹饰以篮纹为主，还有少量绳纹、附加堆纹等，还有零星彩陶；可辨器形有花边罐、大口罐、高领罐、单耳罐、双耳罐、圆腹罐、彩陶罐、彩陶盆、盆、器盖等（表60、61）。

标本三留屲上梁：1，花边罐，夹砂橙黄陶。侈口，圆唇，矮领，束颈，圆腹，底残，颈部素面，颈腹间饰一周附加泥条呈波状，腹部饰斜向篮纹。口径10.8、残高5.2厘米（图五〇，1）。

标本三留屲上梁：2，花边罐，夹砂橙黄陶。侈口，圆唇，高领，束颈，腹残，口沿外侧饰一周附加泥条呈斜凸棱状，上腹饰竖向篮纹。口径20.8、残高8厘米（图五〇，2）。

标本三留屲上梁：3，花边罐，夹砂红陶。侈口，锯齿唇，高领，束颈，颈部以下残。颈部饰竖向粗绳纹。口径14.4、残高6.2厘米（图五〇，3）。

标本三留屲上梁：4，大口罐，夹砂橙黄陶。敞口，圆唇，圆腹，底残。腹部饰斜向篮纹。残宽9.4、残高6.4厘米（图五〇，4）。

表60　三留屲上梁遗址陶片数量统计表

纹饰 ＼ 陶色	泥质						夹砂			
	橙黄	灰	红	红底黑彩	橙黄底黑红彩	橙黄底红彩	橙黄	灰	红	红褐
素面	11	8	16	1	1	3	19	3	4	
绳纹	2						6	3	2	
篮纹	14	2	1				40	3	1	
麻点纹							3			
席纹							1	1		
附加堆纹+篮纹							8			
附加堆纹+绳纹							4			
附加堆纹+篮纹+绳纹							2			
合计	27	10	17	1	1	3	83	10	7	

表61　三留北上梁遗址器形数量统计表

陶质 / 陶色 / 器形	泥 质				夹 砂				总　计
	红	橙黄	灰	黑	红	橙黄	灰	黑	
高领罐		2			1	4			7
圆腹罐	1		1		2	5	1		10
单耳罐	1								1
双錾子母彩陶罐	1								1
花边罐					2	8	1		11
大口罐					1	1			2
陶盆	1	2	1			5			9
彩陶盆		1							1
器盖			1						1
罐腹底	2	2			2	3			9

　　标本三留北上梁：5，高领罐，泥质橙黄陶。喇叭口，圆唇，高领，束颈，颈部以下残。颈部饰横向篮纹。残宽6.8、残高3.8厘米（图五〇，5）。

　　标本三留北上梁：6，高领罐，泥质橙黄陶。喇叭口，圆唇，高领，束颈，颈部以下残，口沿外侧饰斜向篮纹，颈部素面。残宽14、残高9.2厘米（图五〇，6）。

　　标本三留北上梁：7，陶盆，泥质橙黄陶。敞口，圆唇，斜直腹，底残。腹部饰横向绳纹。残宽8.2、残高3.4厘米（图五〇，7）。

　　标本三留北上梁：8，单耳罐，泥质红陶。桥形拱耳，侈口，尖唇，高领，束颈，圆腹，底残。耳面饰麻点纹，麻点纹之上饰波状竖向泥条，口沿外侧饰一周戳印纹，颈部饰横向篮纹，腹部饰麻点。残宽12、残高9厘米（图五〇，8）。

　　标本三留北上梁：9，高领罐，夹砂红陶。喇叭口，圆唇，束颈，颈部以下残，素面且有刮抹痕迹。残宽9.2、残高4.6厘米（图五〇，9）。

　　标本三留北上梁：10，高领罐，泥质橙黄陶。喇叭口，圆唇，高领，束颈，腹残，素面。残宽6.4、残高7厘米（图五〇，10）。

　　标本三留北上梁：11，圆腹罐，夹砂橙黄陶。侈口，圆唇，束颈，颈部以下残，下颈部饰横向绳纹。残宽5.6、残高4.4厘米（图五〇，11）。

　　标本三留北上梁：12，圆腹罐，泥质红陶。侈口，圆唇，束颈，颈部以下残，素面磨光。口径11.6、残宽3.6厘米（图五〇，12）。

　　标本三留北上梁：13，花边罐，夹砂橙黄陶。侈口，尖唇，束颈，颈部以下残，口沿外侧饰一周附加泥条，颈部饰横向绳纹。残宽5.4、残高4厘米（图五〇，13）。

　　标本三留北上梁：14，高领罐，夹砂橙黄陶。喇叭口，圆唇，束颈，颈部以下残，素面。残宽9、残高6厘米（图五〇，14）。

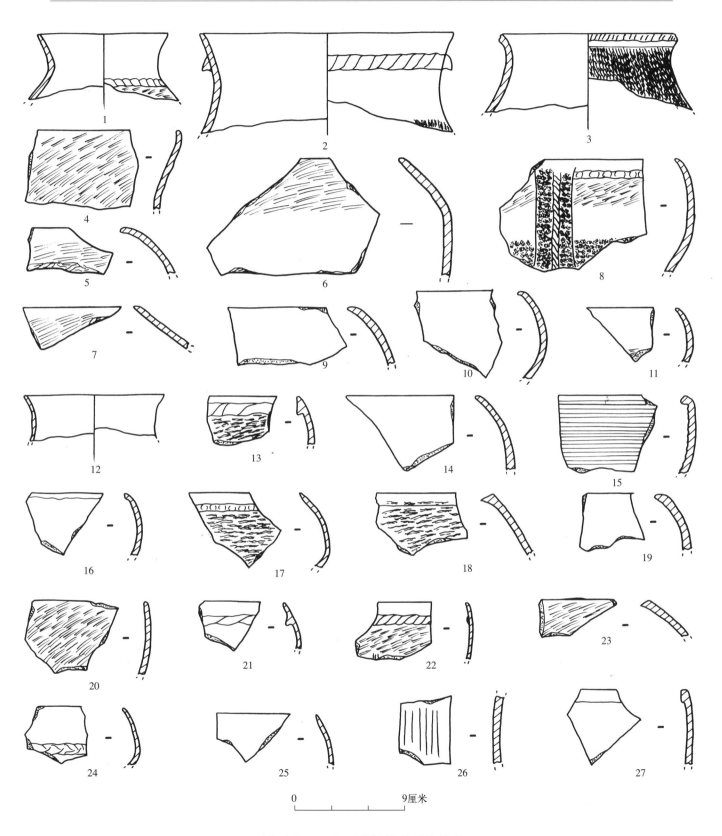

图五〇　三留匝上梁遗址采集遗物

1～3、13、17、21、22、24.花边罐　4、27.大口罐　5、6、9、10、14.高领罐　7、18、23.陶盆　8.单耳罐　11、12、15、16、19、20、25.圆腹罐　26.罐耳

标本三留卬上梁：15，圆腹罐，夹砂红陶。敞口，微折沿，圆唇，腹残。腹部饰横向弦纹。残宽8.2、残高6.2厘米（图五〇，15）。

标本三留卬上梁：16，圆腹罐，夹砂红陶。侈口，圆唇，束颈，颈部以下残，素面。残宽6.2、残高5厘米（图五〇，16）。

标本三留卬上梁：17，花边罐，夹砂橙黄陶。侈口，圆唇，束颈，颈部以下残，口沿外侧饰一周附加泥条呈波状，颈部饰横向绳纹。残宽5.3、残高6厘米（图五〇，17）。

标本三留卬上梁：18，陶盆，夹砂橙黄陶。敞口，窄平沿，尖唇，斜直腹，底残。器表通体饰横向绳纹。残宽6.6、残高5厘米（图五〇，18）。

标本三留卬上梁：19，圆腹罐，夹砂橙黄陶。侈口，圆唇，束颈，颈部以下残，素面。残宽5.2、残高4.6厘米（图五〇，19）。

标本三留卬上梁：20，圆腹罐，夹砂橙黄陶。侈口，圆唇，高领，束颈，颈部以下残，颈部饰斜向篮纹。残宽7.4、残高6厘米（图五〇，20）。

标本三留卬上梁：21，花边罐，夹砂橙黄陶。侈口，尖唇，束颈，颈部以下残，颈部饰一周附加泥条呈凸棱状。残宽4.9、残高3.8厘米（图五〇，21）。

标本三留卬上梁：22，花边罐，夹砂灰陶。侈口，圆唇，高领，束颈，颈部以下残，口沿外侧饰一周附加泥条呈斜凸棱状，颈部饰斜向篮纹。残宽6.2、残高4.6厘米（图五〇，22）。

标本三留卬上梁：23，陶盆，泥质橙黄陶。敞口，方唇，斜直腹，底残，腹部饰斜向篮纹，内壁素面磨光。残宽6.4、残高2.8厘米（图五〇，23）。

标本三留卬上梁：24，花边罐，夹砂橙黄陶。侈口，圆唇，束颈，颈部以下残，颈部饰一周附加泥条呈波状。残宽5.2、残高4.6厘米（图五〇，24）。

标本三留卬上梁：25，圆腹罐，泥质灰陶。侈口，圆唇，束颈，颈部以下残，素面磨光。残宽6.1、残高4厘米（图五〇，25）。

标本三留卬上梁：26，罐耳，夹砂灰陶。仅余耳的部分，桥形耳，耳面饰竖向篮纹。残长5.6、残宽4.2厘米（图五〇，26）。

标本三留卬上梁：27，大口罐，夹砂红陶。微侈口，卷沿，方圆唇，斜直腹，底残，素面。残宽6.2、残高6厘米（图五〇，27）。

标本三留卬上梁：28，高领罐，泥质橙黄陶。喇叭口，圆唇，高领，束颈，颈部以下残，素面磨光。残宽6、残高4.2厘米（图五一，28）。

标本三留卬上梁：29，器盖，泥质灰陶。纽部，敞口，尖圆唇，素面。口径14、高3.4厘米（图五一，29）。

标本三留卬上梁：30，圆腹罐，夹砂橙黄陶。侈口，方唇，束颈，颈部以下残，颈部饰斜向篮纹。残宽6.1、残高4.2厘米（图五一，30）。

标本三留卬上梁：31，花边罐，夹砂橙黄陶。侈口，锯齿唇，束颈，颈部以下残，口沿外侧饰一周附加泥条，颈部饰横向绳纹。残宽6.6、残高6厘米（图五一，31）。

标本三留卬上梁：32，陶盆，泥质灰陶。敞口，尖唇，斜腹微弧，底残，素面磨光。残宽4.6、残高3.2厘米（图五一，32）。

图五一　三留凸上梁遗址采集遗物

28、35.高领罐　29.器盖　30、39、41.圆腹罐　31、33、42.花边罐　32、34、36、37、38、40.陶盆　43.单耳罐腹片　44.罐耳　45～53.罐腹底　54.双錾子母彩陶罐　55.彩陶盆　56、57.彩陶片

标本三留咟上梁：33，花边罐，夹砂橙黄陶。侈口，方唇，矮领，束颈，圆腹，底残。口沿外侧饰一周附加泥条，颈部饰横向篮纹，腹部饰竖向绳纹。残宽5.9、残高5.6厘米（图五一，33）。

标本三留咟上梁：34，陶盆，泥质橙黄陶。敞口，斜方唇，斜直腹，底残，器表饰斜向篮纹，内壁素面磨光。残宽6.1、残高3厘米（图五一，34）。

标本三留咟上梁：35，高领罐，夹细砂橙黄陶。喇叭口，方唇，束颈，颈部以下残，素面。残宽11、残高3.4厘米（图五一，35）。

标本三留咟上梁：36，陶盆，夹砂橙黄陶。敞口，圆唇，斜直腹，素面。残宽8、残高3.6厘米（图五一，36）。

标本三留咟上梁：37，陶盆，泥质红陶。敞口，方唇，斜弧腹，底残。素面磨光。残宽6、残高4.8厘米（图五一，37）。

标本三留咟上梁：38，陶盆，夹砂橙黄陶。敞口，圆唇，弧腹，底残，素面。残宽5、残高6.4厘米（图五一，38）。

标本三留咟上梁：39，圆腹罐，夹砂灰陶。侈口，圆唇，高领，束颈，颈部以下残。颈部饰斜向篮纹。残宽4.6、残高4.4厘米（图五一，39）。

标本三留咟上梁：40，陶盆，夹砂橙黄陶。敞口，卷沿，圆唇，腹残，素面。残宽6、残高2.2厘米（图五一，40）。

标本三留咟上梁：41，圆腹罐，夹砂橙黄陶。侈口，圆唇，束颈，颈部以下残。颈部饰斜向篮纹。残宽4.8、残高3厘米（图五一，41）。

标本三留咟上梁：42，花边罐，夹砂红陶。侈口，方唇，束颈，颈部以下残。口沿下方饰一周附加泥条呈斜凸棱状。口径10.4、残高4厘米（图五一，42）。

标本三留咟上梁：43，单耳罐腹片，夹砂橙黄陶。仅存耳部腹片，耳下饰麻点纹。残长5、残宽7厘米（图五一，43）。

标本三留咟上梁：44，罐耳，泥质红陶。桥形宽耳，素面。残长5.6、残宽5.7厘米（图五一，44）。

标本三留咟上梁：45，罐腹底，夹砂橙黄陶。上腹残，下腹斜直，平底。腹部饰斜向绳纹，近底部饰横向篮纹，底面饰席纹。底径8、残高4厘米（图五一，45）。

标本三留咟上梁：46，罐腹底，夹砂灰陶。上腹残，下腹斜弧，平底，腹部饰斜向篮纹。底径15、残高4.5厘米（图五一，46）。

标本三留咟上梁：47，罐腹底，夹砂红陶。上腹残，下腹斜直，平底，素面。底径12.4、残高7.7厘米（图五一，47）。

标本三留咟上梁：48，罐腹底，泥质红陶。上腹残，下腹斜直，假圈足，素面。底径5.1、残高1.6厘米（图五一，48）。

标本三留咟上梁：49，罐腹底，泥质红陶。上腹残，下腹斜直，小平底，素面。底径4.2、残高1.9厘米（图五一，49）。

标本三留咟上梁：50，罐腹底，夹砂橙黄陶。上腹残，下腹斜直，平底，素面。底径8.8、残高3.4厘米（图五一，50）。

标本三留圷上梁：51，罐腹底，泥质橙黄陶。上腹残，下腹斜直，平底，素面。底径12、残高4厘米（图五一，51）。

标本三留圷上梁：52，罐腹底，泥质橙黄陶。上腹残，下腹斜直，平底，腹部饰斜向篮纹，底部饰横向篮纹。底径16.8、残高5.4厘米（图五一，52）。

标本三留圷上梁：53，罐腹底，夹砂橙黄陶。上腹残，下腹斜直，平底，腹部饰斜向篮纹，底面饰席纹。底径13、残高5厘米（图五一，53）。

标本三留圷上梁：54，双錾子母彩陶罐，泥质红陶。子母口，圆唇，圆腹，底残。素面磨光，上腹部有錾，腹部饰上下两条带状黑彩，中间饰条带状紫彩。口径15.8、残高3厘米（图五一，54；彩版二二，3）。

标本三留圷上梁：55，彩陶盆，泥质橙黄陶。敞口，尖唇，斜直腹，底残。素面磨光，器表饰三道条带状黑彩，内侧饰交错条带状黑彩。残宽5.6、残高4.4厘米（图五一，55）。

标本三留圷上梁：56，彩陶片，泥质橙黄陶。素面，表面饰条带状黑彩。残长5.2、残宽4.4厘米（图五一，56）。

标本三留圷上梁：57，彩陶片，泥质橙黄陶。素面，表面饰网格状黑彩。残长4、残宽8.4厘米（图五一，57）。

30. 堡子圷梁遗址

遗址位于海原县海城镇野狐坡村南侧台地上，台地上现存一宋代堡子，故当地人称之为堡子圷梁。地理坐标为北纬36°31'28.22"，东经105°34'16.58"，海拔高度为2095米。遗址区地势南高北低，地表分布有丰富陶片，断面上发现有灰坑等遗迹。遗址区发现有较多盗坑，对遗址造成一定的破坏，盗坑周围散落有人骨。遗址东西长约300、南北宽约200米，面积约为6万平方米。遗址文化属性为菜园文化。

采集陶片有泥质和夹砂两类，以夹砂陶为主；陶色以橙黄陶为主，有少量灰陶、红陶；除素面外纹饰以篮纹为主，有少量绳纹、附加堆纹等，还有零星彩陶；可辨器形有花边罐、大口罐、高领罐、单耳罐、圆腹罐、彩陶罐、刻槽盆、盆、钵等（表62、63）。

标本堡子圷梁：1，高领罐，泥质红陶。喇叭口，圆唇，高领，束颈，圆腹，下腹残。器表通体素面。颈腹之间饰一周戳印纹。口径25.6、残高11.6厘米（图五二，1；彩版二三，1）。

标本堡子圷梁：2，高领罐，泥质橙黄陶。喇叭口，尖唇，高领，束颈，圆腹，底残，素面磨光。长颈。口径22.4、残高9厘米（图五二，2）。

标本堡子圷梁：3，大口罐，泥质橙黄陶。侈口，唇唇，高领，束颈，圆腹，底残，口沿外侧饰一周附加泥条，泥条饰斜向绳纹。唇部有一道凹槽，颈部素面，腹部饰斜向绳纹。口径28、残高13.2厘米（图五二，3）。

标本堡子圷梁：4，高领罐，夹砂橙黄陶。喇叭口，圆唇，高领，束颈，溜肩，腹部残，素面磨光。口径16、残高8厘米（图五二，4）。

标本堡子圷梁：5，高领罐，泥质橙黄陶。喇叭口，尖唇，高领，束颈，溜肩，腹部残。沿下饰斜向篮纹，颈部素面，颈肩之间饰一周戳印纹。口径26.8、残高10.6厘米（图五二，5；彩

表62　堡子峁梁遗址陶片数量统计表

纹饰＼陶色	泥 质						夹 砂			
	橙黄	灰	红	红底黑彩	橙黄底黑彩	橙黄底红彩	橙黄	灰	红	红褐
素面	7		5		2		21	4	1	
绳纹		1					2	3		
篮纹	5						44	1	3	
刻划纹		1					3		1	
附加堆纹	1						4		1	
麻点纹							1	1		
附加堆纹+篮纹							10			
合计	13	2	5		2		85	10	6	

表63　堡子峁梁遗址器形数量统计表

器形＼陶色	泥 质				夹 砂				总　计
	红	橙黄	灰	黑	红	橙黄	灰	黑	
高领罐	2	9	1		1	3			15
圆腹罐	2	1			3	4	2		12
单耳罐						2			2
花边罐					1	4	1		6
大口罐		1							1
子母罐			1						1
陶盆		4			1	2			7
刻槽盆		1							1
陶钵						1			1
彩陶盆		1							1

版二三，2）。

　　标本堡子峁梁：6，圆腹罐，夹砂橙黄陶。侈口，圆唇，高领，束颈，颈部以下残，颈部饰斜向篮纹。口径21.6、残高5.9厘米（图五二，6）。

　　标本堡子峁梁：7，陶钵，夹砂橙黄陶。敛口，尖唇，上腹鼓，下腹斜直，底残，口沿外侧素面且有一周附加泥条呈斜绳纹。腹部饰横向篮纹。口径15.2、残高7厘米（图五二，7）。

　　标本堡子峁梁：8，高领罐，泥质橙黄陶。喇叭口，尖唇，高领，束颈，颈部以下残，素面磨光。口径20.2、残高5.1厘米（图五二，8）。

标本堡子峁梁：9，花边罐，夹砂橙黄陶。侈口，圆唇，矮领，圆腹，底残。下颈部饰一周附加泥条呈波状，腹部饰斜向绳纹。口径10、残高5.8厘米（图五二，9）。

标本堡子峁梁：10，单耳罐，夹砂橙黄陶。残存一桥形拱耳，侈口，尖唇，束颈，圆腹，底残。耳面、颈、腹均饰斜向绳纹。颈部及耳下端饰一周附加泥条。残长9、残宽7.2厘米（图五二，10；彩版二三，3）。

标本堡子峁梁：11，圆腹罐，夹砂红陶。侈口，方唇，束颈，圆腹，底残，颈部素面，腹部饰横向篮纹。口径14.6、残高6.1厘米（图五二，11）。

标本堡子峁梁：12，子母罐，泥质灰陶。字母口，方唇，圆腹，底残。腹部有刻划纹。残

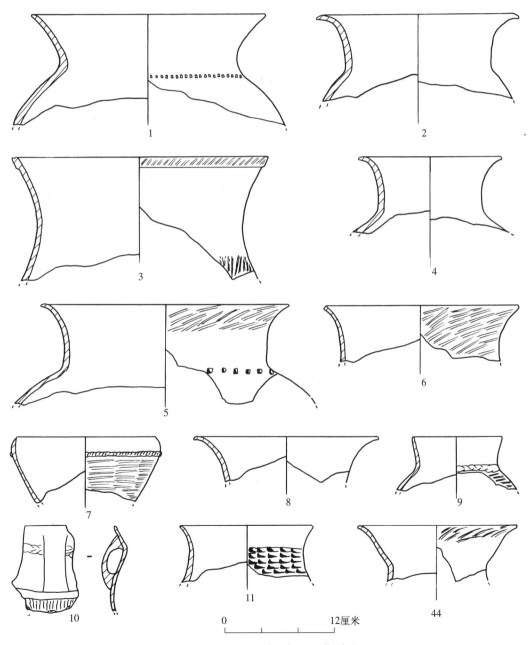

图五二　堡子峁梁遗址采集遗物

1、2、4、5、8、44.高领罐　3.大口罐　6、11.圆腹罐　7.陶钵　9.花边罐　10.单耳罐

宽5.7、残高4.2厘米（图五三，12）。

　　标本堡子耑梁：13，高领罐，泥质橙黄陶。喇叭口，圆唇，高领，束颈，颈部以下残，素面磨光。残宽7.6、残高4.4厘米（图五三，13）。

　　标本堡子耑梁：14，陶盆，泥质橙黄陶。敞口，圆唇，弧腹，底残，素面。残宽7、残高3.2厘米（图五三，14）。

　　标本堡子耑梁：15，花边罐，夹砂红陶。侈口，方唇，束颈，圆腹，底残。颈腹之间饰一周附加泥条呈波状。残宽10.4、残高5.2厘米（图五三，15）。

　　标本堡子耑梁：16，高领罐，泥质橙黄陶。喇叭口，卷沿，圆唇，高领，束颈，颈部以下残，颈部饰斜向篮纹。残宽6.8、残高3.6厘米（图五三，16）。

　　标本堡子耑梁：17，高领罐，泥质橙黄陶。喇叭口，卷沿，圆唇，高领，束颈，颈部以下残，颈部饰斜向篮纹。残宽7.8、残高4.2厘米（图五三，17）。

　　标本堡子耑梁：18，高领罐，泥质橙黄陶。喇叭口，方唇，高领，束颈，颈部以下残，颈部饰斜向篮纹。残宽8.6、残高6厘米（图五三，18）。

　　标本堡子耑梁：19，圆腹罐，泥质红陶。侈口，尖唇，束颈，颈部以下残，素面。残宽6.6、残高3.8厘米（图五三，19）。

　　标本堡子耑梁：20，高领罐，泥质红陶。喇叭口，圆唇，高领，束颈，颈部以下残，素面。残宽7.8、残高5.2厘米（图五三，20）。

　　标本堡子耑梁：21，花边罐，夹砂灰陶。侈口，圆唇，束颈，圆腹，底残。器表通体饰横向绳纹，颈部之间饰一周附加泥条呈波状。口径14、残高5.9厘米（图五三，21）。

　　标本堡子耑梁：22，陶盆，夹砂橙黄陶。敞口，圆唇，弧腹，底残，素面。残宽4.3、残高3.4厘米（图五三，22）。

　　标本堡子耑梁：23，陶盆，夹砂橙黄陶。敞口，尖唇，斜直腹，底残，素面。残长3、残宽6.8厘米（图五三，23）。

　　标本堡子耑梁：24，圆腹罐，夹砂灰陶。侈口，圆唇，高领，束颈，圆腹，底残，颈部饰横向篮纹，腹部饰斜向篮纹，颈腹之间饰一周附加泥条。口径11.6、残高9.4厘米（图五三，24）。

　　标本堡子耑梁：25，圆腹罐，泥质橙黄陶。侈口，尖唇，束颈，颈腹以下残，素面磨光。口径9.6、残高4厘米（图五三，25）。

　　标本堡子耑梁：26，圆腹罐，夹砂灰陶。侈口，圆唇，束颈，颈部以下残，素面。口径13.6、残高4.1厘米（图五三，26）。

　　标本堡子耑梁：27，花边罐，夹砂橙黄陶。侈口，尖唇，束颈，颈部以下残，颈部饰一周附加泥条呈波状。口径12、残高4.6厘米（图五三，27）。

　　标本堡子耑梁：28，陶盆，夹砂红陶。侈口，圆唇，束颈，上腹鼓，下腹残，腹部饰一周水波纹刻槽。残宽8.8、残高6.8厘米（图五三，28）。

　　标本堡子耑梁：29，高领罐，夹细砂红陶。喇叭口，圆唇，高领，束颈，颈部以下残，素面。口径12、残宽4.8厘米（图五三，29）。

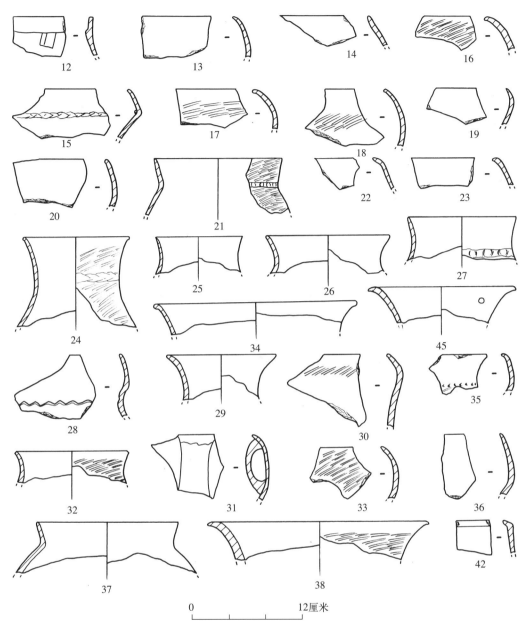

图五三　堡子圿梁遗址采集遗物

12. 子母罐　13、16~18、20、29、30、36、45. 高领罐　14、22、23、28、34、38. 陶盆　15、21、27. 花边罐　19、24~26、32、33、35、37. 圆腹罐　31. 单耳罐　42. 彩陶盆

标本堡子圿梁：30，高领罐，夹砂橙黄陶。喇叭口，圆唇，高领，束颈，颈部以下残，口沿下方饰斜向篮纹。残长7.8、残宽8.1厘米（图五三，30）。

标本堡子圿梁：31，单耳罐，夹砂橙黄陶。残存一桥形耳，侈口，尖唇，高领，束颈，颈部以下残，素面。残长6.8、残宽7.4厘米（图五三，31）。

标本堡子圿梁：32，圆腹罐，夹砂红陶。侈口，方唇，束颈，圆腹，底残。器表饰斜向篮纹。口径12.4、残高3.2厘米（图五三，32）。

标本堡子圿梁：33，圆腹罐，夹砂红陶。侈口，圆唇，束颈，圆腹，底残。器表饰斜向篮纹。残长5.6、残宽7.2厘米（图五三，33）。

标本堡子山梁：34，陶盆，泥质橙黄陶。敞口，圆唇，斜腹微弧，底残，素面磨光，打磨痕迹明显。口径22.4、残高3.4厘米（图五三，34）。

标本堡子山梁：35，圆腹罐，夹砂橙黄陶。侈口，圆唇，束颈，腹部残，下颈部饰斜向绳纹，绳纹之上饰一周附加泥条。残长4、残宽6.2厘米（图五三，35）。

标本堡子山梁：36，高领罐，泥质橙黄陶。喇叭口，圆唇，高领，束颈，颈部以下残，素面。残长6.6、残宽3.4厘米（图五三，36）。

标本堡子山梁：37，圆腹罐，夹砂橙黄陶。侈口，方唇，束颈，圆腹，底残，素面。口径15.6、残高5.6厘米（图五三，37）。

标本堡子山梁：38，陶盆，泥质橙黄陶。敞口，折沿，圆唇，斜直腹，底残，器表饰横向篮纹，内壁素面磨光。口径24.4、残高4厘米（图五三，38）。

标本堡子山梁：39，圆腹罐，夹砂橙黄陶。侈口，圆唇，高领，束颈，颈部以下残，颈部饰横向篮纹，下颈部饰一周横向附加泥条。口径11.6、残高6.6厘米（图五四，39）。

标本堡子山梁：40，刻槽盆，泥质橙黄陶。敞口，方唇，带一流，弧腹，底残，腹部饰横向绳纹，绳纹之上饰四周附加泥条，内壁竖向刻槽。口径28.6、残高10.1厘米（图五四，40；彩版二三，4）。

标本堡子山梁：41，陶盆，泥质橙黄陶。敞口，方唇，弧腹，底残，器表饰斜向篮纹。口径20、残高6.1厘米（图五四，41）。

标本堡子山梁：42，彩陶盆，泥质橙黄陶。敞口，折沿，圆唇，弧腹，底残，素面，表面有模糊黑彩。残长3.8、残宽3.8厘米（图五三，42）。

标本堡子山梁：43，高领罐，泥质橙黄陶。喇叭口，方唇，高领，束颈，颈部以下残，素面磨光。下颈部饰一周附加泥条。口径19.8、残高6.6厘米（图五四，43）。

标本堡子山梁：44，高领罐，泥质灰陶。喇叭口，圆唇，高领，束颈，颈部以下残，沿下饰斜向绳纹，颈部素面磨光。口径17.6、残高6.1厘米（图五二，44）。

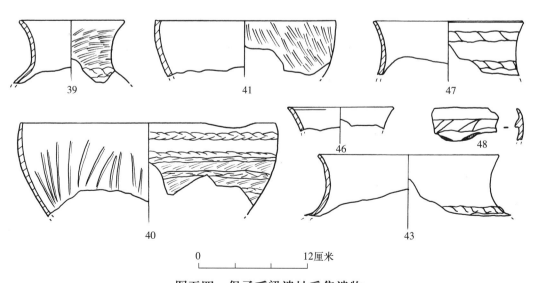

0   12厘米

图五四　堡子山梁遗址采集遗物

39、46.圆腹罐　40.刻槽盆　41.陶盆　43.高领罐　47、48.花边罐

标本堡子吅梁：45，高领罐，夹砂橙黄陶。喇叭口，尖唇，高领，束颈，颈部以下残，素面，沿下钻有一孔。口径16.4、残高3.9厘米（图五三，45）。

标本堡子吅梁：46，圆腹罐，泥质红陶。侈口，圆唇，束颈，颈部以下残，素面磨光。口径11.6、残高2.6厘米（图五四，46）。

标本堡子吅梁：47，花边罐，夹砂橙黄陶。侈口，方唇，高领，束颈，颈部以下残，颈部饰两周附加泥条呈波状，口沿内侧泥条盘筑痕迹明显。口径16.4、残高5.8厘米（图五四，47）。

标本堡子吅梁：48，花边罐，夹砂橙黄陶。侈口，尖唇，束颈，颈部以下残，颈部饰一周附加泥条呈波状。残长3.4、残宽7.4厘米（图五四，48）。

31. 林场西山坡遗址

遗址位于海原县李俊乡拐吅村西南侧山梁上，地处林场西侧坡地。地理坐标为北纬36°9'9.00"，东经105°49'25.75"，海拔高度为1954米。遗址地势西高东低，坡度相对较大。在遗址区发现密集的盗坑，盗坑周围散落有丰富陶片和凌乱的人骨，可能是墓葬被盗，盗坑对遗址破坏较为严重，遗址区未发现其他遗迹。遗址东西长约100、南北宽约50米，面积约为0.5万平方米。遗址文化属性为菜园文化。

采集陶片有泥质和夹砂两类，以夹砂陶为主；陶色以橙黄陶为主，有少量红陶和灰陶；除素面外纹饰主要以篮纹为主，有少量绳纹和附加堆纹；可辨器形有花边罐、圆腹罐、陶钵、高领罐、刻槽盆、单耳罐等（表64、65）。

标本林场西山坡：1，高领罐，泥质橙黄陶。喇叭口，圆唇，高领，束颈，颈部以下残，沿下饰斜向篮纹，下颈部饰一周双排戳印纹。口径25.4、残高9厘米（图五五，1）。

表64　林场西山坡遗址陶片数量统计表

纹饰　＼　陶色	泥　质						夹　砂			
	橙黄	灰	红	红底黑彩	橙黄底黑彩	橙黄底红彩	橙黄	灰	红	红褐
素面	33	6	6				24	3	4	
绳纹	6		1				28	5	5	
篮纹	37	4	8				83	11	8	
刻划纹							5		3	
附加堆纹	7						3		1	
戳印纹	2						3			
附加堆纹+篮纹	3						5			
附加堆纹+绳纹	2						4			
篮纹+刻划纹							2	1	1	
合计	90	10	15				157	20	22	

表65　林场西山坡遗址器形数量统计表

陶质／陶色／器形	泥 质				夹 砂				总 计
	红	橙黄	灰	黑	红	橙黄	灰	黑	
高领罐	1	2			1				4
圆腹罐					2	7	1		10
单耳罐		1				1			2
花边罐						1			1
刻槽盆					2	1			3
陶钵						1			1
罐腹底		2			2	9	1		14
盆腹底		1							1

　　标本林场西山坡：2，圆腹罐，夹砂橙黄陶。侈口，圆唇，矮领，束颈，下腹残，颈部素面，上腹部饰交错刻划纹。口径10、残高5厘米（图五五，2）。

　　标本林场西山坡：3，圆腹罐，夹砂橙黄陶。侈口，圆唇，高领，束颈，圆腹，底残，颈部素面，颈腹之间饰一周戳印纹，腹部饰交错刻划纹。口径12、残高11厘米（图五六，3）。

　　标本林场西山坡：4，花边罐，夹砂橙黄陶。侈口，圆唇，矮领，束颈，颈部以下残，颈部饰一周附加泥条呈波状，素面。口径12.8、残高4.4厘米（图五五，4）。

　　标本林场西山坡：5，陶钵，夹砂橙黄陶。敛口，尖唇，弧腹，底残，素面，腹部饰附加泥条。口径16、残高4厘米（图五五，5）。

　　标本林场西山坡：6，圆腹罐，夹砂灰陶。侈口，圆唇，矮领，束颈，腹残，颈部饰斜向篮纹，腹部饰交错刻划纹。残宽7.2、残高4.8厘米（图五五，6）。

　　标本林场西山坡：7，圆腹罐，夹砂红陶。侈口，圆唇，束颈，下腹残，颈腹之间饰一周横向刻划纹，腹部饰竖向刻划纹。口径8、残高3.6厘米（图五五，7）。

　　标本林场西山坡：8，圆腹罐，夹砂橙黄陶。侈口，圆唇，束颈，圆腹，底残，颈部素面，颈腹之间饰附加泥条，腹部饰竖向刻划纹。残宽9.4、残高8.8厘米（图五五，8）。

　　标本林场西山坡：9，圆腹罐，夹砂橙黄陶。侈口，圆唇，高领，束颈，颈部以下残，上颈部饰斜向篮纹。残宽5.6、残高6厘米（图五五，9）。

　　标本林场西山坡：10，圆腹罐，夹砂橙黄陶。侈口，尖唇，束颈，圆腹，底残，腹部饰竖向绳纹。残宽5.2、残高8厘米（图五五，10）。

　　标本林场西山坡：11，刻槽盆，夹砂红陶。敛口，圆唇，弧腹，底残，器表饰斜向篮纹，内壁饰竖向刻槽。残宽5.2、残高5.8厘米（图五五，11）。

　　标本林场西山坡：12，罐腹底，泥质橙黄陶。上腹残，下腹斜直，平底，腹部饰斜向篮纹。底径10.4、残高5.2厘米（图五五，12）。

　　标本林场西山坡：13，罐腹底，夹砂橙黄陶。上腹残，下腹斜直，平底，下腹饰斜向篮

图五五　林场西山坡遗址采集遗物

1、27、30.高领罐　2、6~10.圆腹罐　4.花边罐　5.陶钵　11.刻槽盆　12~14、16、17、19、21~23、25.罐腹底　18.盆腹底　29.单耳罐

纹，底部素面。底径16、残高3.8厘米（图五五，13）。

　　标本林场西山坡：14，罐腹底，夹砂红陶。上腹残，下腹斜直，假圈足，腹部饰斜向篮纹。底径11.6、残高3.6厘米（图五五，14）。

　　标本林场西山坡：15，罐腹底，夹砂橙黄陶。上腹残，下腹斜直，平底，下腹饰斜向篮纹，底部饰交错篮纹。底径11.6、残高5.6厘米（图五六，15）。

　　标本林场西山坡：16，罐腹底，夹砂灰陶。上腹残，下腹斜直，平底，下腹饰斜向篮纹，底部饰交错篮纹。底径8.4、残高3.7厘米（图五五，16）。

标本林场西山坡：17，罐腹底，夹砂橙黄陶。上腹残，下腹斜直，平底，腹部饰有竖向刻划纹，底部饰麻点纹。底径7.2、残高2.6厘米（图五五，17）。

标本林场西山坡：18，盆腹底，泥质橙黄陶。上腹残，下腹斜直，平底，腹部饰斜向绳纹，底部饰交错细绳纹。底径6.8、残高2厘米（图五五，18）。

标本林场西山坡：19，罐腹底，泥质橙黄陶。上腹残，下腹斜直，平底，腹部饰斜向绳纹，底部饰交错绳纹。底径9.2、残高3.4厘米（图五五，19）。

标本林场西山坡：20，罐腹底，夹砂橙黄陶。上腹残，下腹微弧，平底微凹，腹部饰斜向篮纹。底径14.4、残高6.2厘米（图五六，20）。

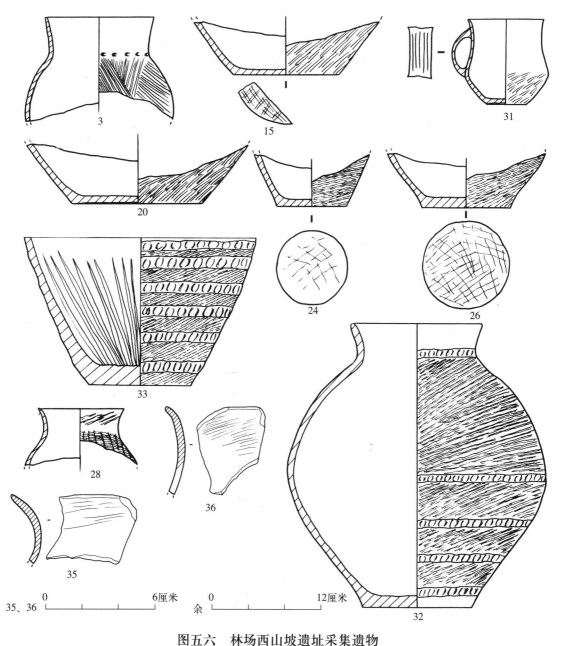

图五六　林场西山坡遗址采集遗物

3、28、32、35.圆腹罐　15、20、24、26.罐腹底　31.单耳罐　33.刻槽盆　36.高领罐

标本林场西山坡：21，罐腹底，夹砂橙黄陶。上腹残，下腹微弧，平底，素面。底径10.4、残高4厘米（图五五，21）。

标本林场西山坡：22，罐腹底，夹砂橙黄陶。上腹残，下腹微弧，平底内凹，腹部饰斜向篮纹。底径13.6、残高5厘米（图五五，22）。

标本林场西山坡：23，罐腹底，夹砂红陶。上腹残，下腹斜直，平底，腹部饰斜向绳纹。底径7、残高3.3厘米（图五五，23）。

标本林场西山坡：24，罐腹底，夹砂橙黄陶。上腹残，下腹斜直，平底，腹部饰横向绳纹，底部饰交错绳纹。底径7.5、残高5.5厘米（图五六，24）。

标本林场西山坡：25，罐腹底，夹砂橙黄陶。上腹残，下腹斜直，平底，腹部饰横向绳纹，底部饰麻点纹。底径8、残高2厘米（图五五，25）。

标本林场西山坡：26，罐腹底，夹砂橙黄陶。上腹残，下腹弧，平底，腹部饰横向绳纹，底部饰交错绳纹。底径9.6、残高5.8厘米（图五六，26）。

标本林场西山坡：27，高领罐，夹砂红陶。喇叭口，圆唇，束颈，颈部以下残，颈部饰篮纹。残宽7.4、残高3.6厘米（图五五，27）。

标本林场西山坡：28，圆腹罐，夹砂红陶。侈口，尖唇，矮领，束颈，圆腹，底残，颈部饰斜向篮纹，腹部绳纹之上饰竖向刻划纹。口径9.6、残高6厘米（图五六，28）。

标本林场西山坡：29，单耳罐，夹砂橙黄陶。桥形拱耳，侈口，尖唇，矮领，束颈，圆腹，底残，耳面饰竖向篮纹，颈部及腹部饰横向绳纹。腹部绳纹之上饰竖向刻划。残宽9.2、残高8.4厘米（图五五，29）。

标本林场西山坡：30，高领罐，泥质橙黄陶。喇叭口，圆唇，高领，束颈，颈部以下残，素面磨光。残宽9.4、残高7.8厘米（图五五，30）。

标本林场西山坡：31，单耳罐，泥质橙黄陶。侈口，尖唇，高领，微束颈，扁鼓腹，平底微凹，桥形单耳，耳面饰竖向篮纹，下腹饰斜向篮纹。口径8.4、底径4.4、高9厘米（图五六，31；彩版二四，1）。

标本林场西山坡：32，圆腹罐，夹砂橙黄陶。侈口，圆唇，束颈，圆腹，平底，腹部饰斜向绳纹，器身有五道附加泥条呈波状。口径14.4、底径12、高30厘米（图

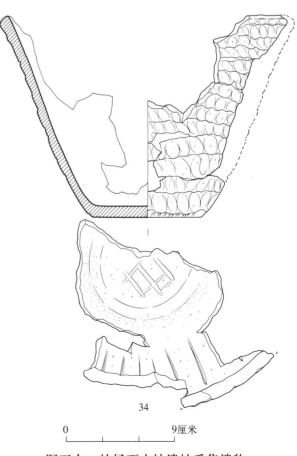

34

0 ⊢——┴——┴——┤ 9厘米

图五七　林场西山坡遗址采集遗物

34. 刻槽盆

五六，32；彩版二四，2）。

标本林场西山坡：33，刻槽盆，夹砂橙黄陶。敞口，方唇，斜腹微弧，平底，腹部通体饰斜向绳纹，绳纹之上饰六道附加泥条，内壁饰竖向刻槽。口径25.6、底径11.2、高15.6厘米（图五六，33；彩版二四，3、4）。

标本林场西山坡：34，刻槽盆，夹砂红陶。敞口，方唇，斜弧腹，平底，腹部饰数周附加泥条呈波状。口径23.6、底径9、高16厘米（图五七，34）。

标本林场西山坡：35，圆腹罐，夹砂橙黄陶。侈口，尖唇，高领，束颈，颈腹以下残，颈部饰斜向绳纹。残宽5、残高3.8厘米（图五六，35）。

标本林场西山坡：36，高领罐，泥质红陶。喇叭口，尖唇，高领，束颈，颈部以下残，沿下饰横向篮纹。残宽3.8、残高4.6厘米（图五六，36）。

32. 吊堡子遗址

遗址位于海原县李俊乡猫儿沟村西侧山梁上，山梁西侧有一堡子，故当地人称吊堡子梁。地理坐标为北纬36° 11'45.09"，东经105° 51'57.81"，海拔高度为1849米。遗址地势南高北低，遗址区分布于山梁西侧较为低缓的坡地上，坡地地表分布有大量陶片，盗坑较为密集，盗坑内及外围散落有凌乱的人骨，可能为一墓葬区。遗址南北长约100、东西宽约50米，面积约为0.5万平方米。遗址文化属性为菜园文化。

采集陶片有泥质和夹砂两类，以夹砂陶为主；陶色以橙黄陶为主，有少量红陶和灰陶；除素面外纹饰主要以篮纹为主，有少量绳纹、刻划纹和附加堆纹；可辨器形有高领罐、单耳罐、花边罐、陶盆等（表66、67）。

标本吊堡子：1，高领罐，夹砂橙黄陶。喇叭口，微卷沿，尖唇，高领，束颈，颈部以下残，沿下饰斜向篮纹，颈部素面。口径16.4、残高7.2厘米（图五八，1）。

标本吊堡子：2，高领罐，夹砂红陶。喇叭口，圆唇，高领，束颈，溜肩，腹残，素面。口径21.2、残高9.1厘米（图五八，2）。

标本吊堡子：3，高领罐，夹砂橙黄陶。喇叭口，圆唇，高领，束颈，颈部以下残，素面磨光。口径25.6、残高4.6厘米（图五八，3）。

标本吊堡子：4，高领罐，泥质橙黄陶。喇叭口，圆唇，颈部残，素面。口径24、残高2厘米（图五八，4）。

标本吊堡子：5，高领罐，夹砂橙黄陶。喇叭口，微卷沿，尖唇，颈部残，沿下饰斜向篮纹。口径26.8、残高3.2厘米（图五八，5）。

标本吊堡子：6，陶盆，夹砂橙黄陶。敞口，圆唇，斜直腹，底残，腹部饰横向篮纹。口径20.8、残高4.2厘米（图五八，6）。

标本吊堡子：7，圆腹罐，夹砂橙黄陶。侈口，方唇，束颈，颈部以下残，素面。残宽5.8、残高4.1厘米（图五八，7）。

标本吊堡子：8，圆腹罐，夹砂橙黄陶。侈口，方唇，束颈，颈部以下残，素面。残宽5.1、残高5.4厘米（图五八，8）。

表66 吊堡子遗址陶片数量统计表

纹饰＼陶质／陶色	泥 质						夹 砂			
	橙黄	灰	红	红底黑彩	橙黄底黑彩	橙黄底红彩	橙黄	灰	红	红褐
素面	2						19		5	
绳纹	1		6				11		3	
篮纹	7		2				41	30	12	
刻划纹							2		1	
附加堆纹	1						3	2		
戳印纹	1						1			
附加堆纹+篮纹							1	1		
附加堆纹+绳纹							5	1		
合计	12		8				81	34	21	

表67 吊堡子遗址器形数量统计表

器形＼陶质／陶色	泥 质				夹 砂				总 计
	红	橙黄	灰	黑	红	橙黄	灰	黑	
高领罐		4			2	4			10
圆腹罐					1	4			5
单耳罐		1			2	1			4
花边罐						1	1		2
陶盆	1	1			2	3			7
陶钵		2							2
罐腹底	2	2			3	1	1		9

标本吊堡子：9，陶盆，泥质橙黄陶。敞口，折沿，圆唇，斜直腹，底残，腹部饰横向篮纹。残宽6.4、残高3.2厘米（图五八，9）。

标本吊堡子：10，腹片，夹砂橙黄陶。弧腹，腹部饰斜向绳纹，绳纹之上饰附加泥条。残长6.5、残宽7厘米（图五八，10）。

标本吊堡子：11，高领罐，泥质橙黄陶。喇叭口，方唇，高领，束颈，下腹残，颈部饰横向篮纹，上腹部饰斜向篮纹。残宽8.8、残高12.6厘米（图五九，11）。

标本吊堡子：12，罐腹底，夹砂橙黄陶。上腹残，下腹斜弧，假圈足，上腹饰横向篮纹，下腹饰斜向绳纹。底径9.6、残高7.6厘米（图五九，12）。

标本吊堡子：13，罐腹底，泥质红陶。上腹残，下腹斜弧，假圈足，腹部饰斜向篮纹。底径11.2、残高9厘米（图五九，13）。

标本吊堡子：14，罐腹底，泥质橙黄陶。上腹残，下腹斜直，平底微凹，腹部饰斜向篮纹。底径15.2、残高3.6厘米（图五八，14）。

标本吊堡子：15，罐腹底，夹砂红陶。上腹残，下腹斜弧，平底，腹部饰斜向篮纹，底部

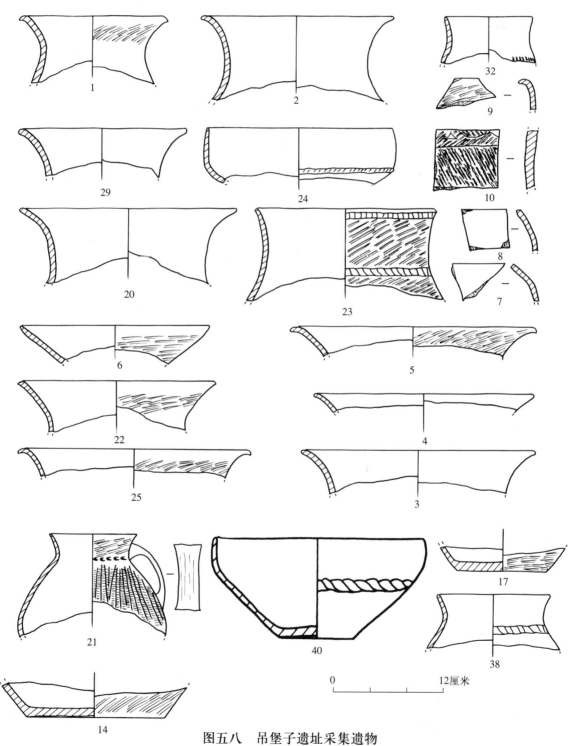

图五八　吊堡子遗址采集遗物

1～5、20、22、25、29.高领罐　6、9.陶盆　7、8、32.圆腹罐　10.腹片　14、17.罐腹底　21.单耳罐　23.花边罐　24、40.陶钵　38.花边罐

饰交错篮纹。底径12、残高2.6厘米（图五九，15）。

标本吊堡子：16，罐腹底，夹砂红陶。上腹残，下腹斜直，平底，腹部饰斜向篮纹，底部饰交错篮纹。底径13.2、残高3.9厘米（图五九，16）。

标本吊堡子：17，罐腹底，泥质橙黄陶。上腹残，下腹斜直，平底，腹部饰横向篮纹，底部饰交错篮纹。底径9.6、残高2.6厘米（图五八，17）。

标本吊堡子：18，罐腹底，泥质红陶。上腹残，下腹斜直，平底，腹部饰斜向篮纹，底部饰交错篮纹。底径11.8、残高3.9厘米（图五九，18）。

标本吊堡子：19，罐腹底，夹砂红陶。上腹残，下腹斜直，平底微内凹，素面。底径8.8、残高1.2厘米（图五九，19）。

标本吊堡子：20，高领罐，夹砂橙黄陶。喇叭口，圆唇，高领，束颈，颈部以下残，素面磨光。口径24、残高8.2厘米（图五八，20）。

标本吊堡子：21，单耳罐，夹砂红陶。桥形拱耳，侈口，尖唇，束颈，圆腹，底残，颈、腹部均饰斜向绳纹，颈腹之间饰一周戳印纹，腹部绳纹之上饰刻划纹。口径9.6、残高10.6厘米（图五八，21）。

标本吊堡子：22，高领罐，泥质橙黄陶。喇叭口，尖唇，束颈，颈部以下残，沿下饰横向篮纹。口径22、残高5.2厘米（图五八，22）。

标本吊堡子：23，花边罐，夹砂橙黄陶。侈口，方唇，高领，束颈，颈部以下残，口沿及下颈部饰一周附加泥条呈波状，器表饰斜向绳纹。口径19.6、残高10厘米（图五八，23）。

标本吊堡子：24，陶钵，泥质橙黄陶。敛口，尖唇，弧腹，底残，素面，腹部饰一周附加泥条，泥条被划断。口径20.4、残高6厘米（图五八，24）。

标本吊堡子：25，高领罐，泥质橙黄陶。喇叭口，微卷沿，圆唇，高领，束颈，颈部以下残，颈部饰斜向篮纹。口径25.6、残高3.2厘米（图五八，25）。

标本吊堡子：26，单耳罐，夹砂红陶。侈口，圆唇，矮领，束颈，圆腹，底残，口沿外侧有耳脱落痕迹，颈部素面，腹部饰交错刻划纹。残宽7.1、残高6.2厘米（图五九，26）。

标本吊堡子：27，陶盆，夹砂红陶。敞口，折沿，尖唇，弧腹，底残，腹部饰斜向绳纹。残宽6.2、残高8厘米（图五九，27）。

标本吊堡子：28，单耳罐，夹砂橙黄陶。桥形拱耳，侈口，圆唇，矮领，微束颈，下腹残，腹部饰竖向绳纹。残宽7.4、残高8.6厘米（图五九，28；彩版二五，1、2）。

标本吊堡子：29，高领罐，夹砂红陶。喇叭口，圆唇，高领，束颈，颈部以下残，素面。口径18.4、残高5.2厘米（图五八，29）。

标本吊堡子：30，陶盆，夹砂红陶。敞口，折沿，尖唇，弧腹，底残，腹部饰竖向绳纹。残宽5.4、残高6.6厘米（图五九，30）。

标本吊堡子：31，陶盆，夹砂橙黄陶。敞口，圆唇，斜直腹，底残，腹部饰横向篮纹。残宽5.1、残高4厘米（图五九，31）。

标本吊堡子：32，圆腹罐，夹砂橙黄陶。侈口，圆唇，束颈，腹部残，颈部素面，腹部饰竖向绳纹。口径9.6、残高5厘米（图五八，32）。

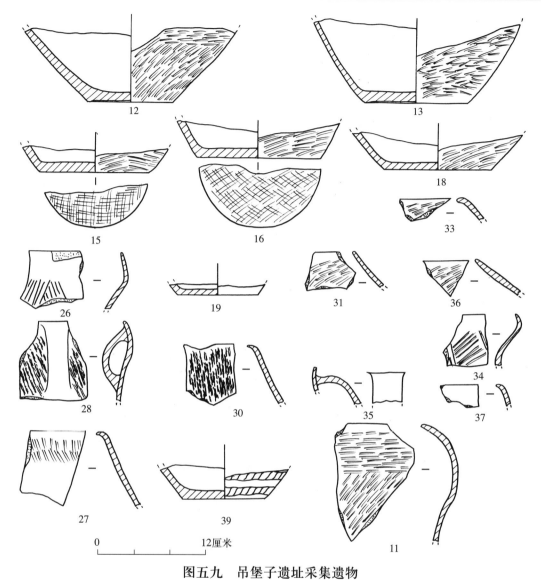

图五九　吊堡子遗址采集遗物

11.高领罐　12、13、15、16、18、19、39.罐腹底　26、28、35.单耳罐　27、30、31、33、36.陶盆　34、37.圆腹罐

标本吊堡子：33，陶盆，泥质红陶。敞口，圆唇，斜直腹，底残，腹部斜向篮纹。残宽5.4、残高2.2厘米（图五九，33）。

标本吊堡子：34，圆腹罐，夹砂橙黄陶。侈口，尖唇，束颈，圆腹，底残，腹部饰交错刻划纹。残宽5、残高5.4厘米（图五九，34）。

标本吊堡子：35，单耳罐，泥质橙黄陶。桥形拱耳，侈口，圆唇，口沿以下残，素面。残长4、残宽3.6厘米（图五九，35）。

标本吊堡子：36，陶盆，夹砂橙黄陶。敞口，圆唇，斜直腹，底残，腹部饰横向篮纹。残宽5、残高3.8厘米（图五九，36）。

标本吊堡子：37，圆腹罐，夹砂红陶。侈口，圆唇，颈部残，素面。残宽4.2、残高2.4厘米（图五九，37）。

标本吊堡子：38，花边罐，夹砂灰陶。侈口，圆唇，矮领，束颈，溜肩，腹残，下颈部饰一周附加泥条呈波状。口径12.4、残高5.8厘米（图五八，38）。

标本吊堡子：39，罐腹底，夹砂灰陶。上腹残，下腹斜直，平底，下腹部饰两周附加泥条呈波状。底径9.2、残高3.4厘米（图五九，39）。

标本吊堡子：40，陶钵，泥质橙黄陶。敛口，圆唇，上腹鼓，下腹斜直，平底内凹，腹部饰一周附加泥条呈波状。口径23.2、底径8.4、高10.8厘米（图五八，40；彩版二五，3）。

33. 对面子岇遗址

遗址位于海原县海城镇小山村东侧坡地上，该坡地被当地人称为对面子岇（彩版二六，1）。地理坐标为北纬36°30'46.76"，东经105°35'14.64"，海拔高度为2156米。对面子岇地势南高北低，地处南华山北麓。遗址区地表分布有零星陶片，断面上发现有灰坑等遗迹。遗址东西长约200、南北宽约100米，面积约为2万平方米。遗址文化属性为菜园文化。

采集陶片较少，有泥质和夹砂两类；陶色有橙黄陶和红陶；除素面外纹饰主要为篮纹；可辨器形有圆腹罐、盆等（表68、69）。

标本对面子岇：1，圆腹罐，夹砂橙黄陶。侈口，圆唇，束颈，颈部以下残，素面。口径12、残高4.4厘米（图六〇，1）。

标本对面子岇：2，陶盆，泥质橙黄陶。敞口，方唇，腹残，素面。残宽3.4、残高2厘米（图六〇，2）。

标本对面子岇：3，腹片，泥质灰陶。素面磨光，内壁有凸起的圆圈纹。残长4.2、残宽5.6厘米（图六〇，3）。

标本对面子岇：4，彩陶片，泥质橙黄陶。素面磨光，器表饰宽条带状黑彩与红彩。残长3.9、残宽5.3厘米（图六〇，4）。

标本对面子岇：5，腹耳，泥质橙黄陶。斜腹，带一环形耳，素面，内壁有刮抹痕迹，器身

表 68　对面子岇遗址陶片数量统计表

陶质	泥　质						夹　砂			
纹饰＼陶色	橙黄	灰	红	红底黑彩	橙黄底黑彩	橙黄底红彩	橙黄	灰	红	红褐
素面	1	1	1			2	1			
篮纹	1									
合计	2	1	1			2	1			

表 69　对面子岇遗址器形数量统计表

陶质	泥　质				夹　砂				总　计
器形＼陶色	红	橙黄	灰	黑	红	橙黄	灰	黑	
圆腹罐						1			1
陶盆		1							1

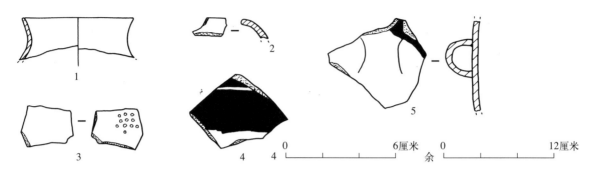

图六○　对面子山遗址采集遗物

1. 圆腹罐　2. 陶盆　3. 腹片　4. 彩陶片　5. 腹耳

饰黑彩。残长9.8、残宽10.8厘米（图六○，5）。

34. 苜蓿梁遗址

遗址位于海原县史店乡油房院村西侧山坡上，该地被当地人称为苜蓿梁（彩版二六，2）。地理坐标为北纬36°28'30.80"，东经105°39'58.26"，海拔高度为2211米。苜蓿梁地势南高北低，山坡东侧发现有几处盗洞，盗洞周围散落有较多陶片和人骨，在遗址其他区域分布有零星陶片，在暴露的断面上发现有灰层、墓葬等遗迹。遗址东西长约100、南北长约50米，面积约为0.5万平方米。遗址文化属性为菜园文化。

采集陶片有泥质和夹砂两类，二者数量相当；陶色以橙黄陶为主，还有零星灰陶；除素面外纹饰以篮纹为主，还有零星附加堆纹；可辨器形有高领罐、盆等（表70、71）。

表70　苜蓿梁遗址陶片数量统计表

纹饰＼陶色	泥 质						夹 砂			
	橙黄	灰	红	红底黑彩	橙黄底黑彩	橙黄底红彩	橙黄	灰	红	红褐
素面	3						1	1		
篮纹	7						7			
附加堆纹+篮纹							1			
合计	10						9	1		

表71　苜蓿梁遗址器形数量统计表

器形＼陶色	泥 质				夹 砂				总　计
	红	橙黄	灰	黑	红	橙黄	灰	黑	
高领罐		2							2
陶盆		1							1
罐腹底						1			1

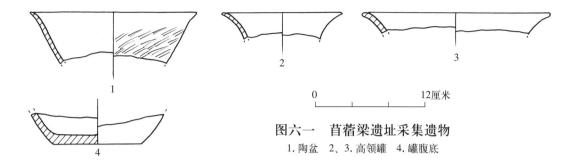

图六一　苜蓿梁遗址采集遗物
1.陶盆　2、3.高领罐　4.罐腹底

标本苜蓿梁：1，陶盆，泥质橙黄陶。敞口，尖唇，斜弧腹，底残，器表饰斜向篮纹。口径18、残高5.4厘米（图六一，1）。

标本苜蓿梁：2，高领罐，泥质橙黄陶。喇叭口，圆唇，高领，束颈，颈部以下残，素面磨光。口径13.2、残宽2.8厘米（图六一，2）。

标本苜蓿梁：3，高领罐，泥质橙黄陶。喇叭口，圆唇，束颈，颈部以下残，素面。口径20.8、残高2.2厘米（图六一，3）。

标本苜蓿梁：4，罐腹底，夹砂橙黄陶。上腹残，下腹斜直，平底，素面。底径9.6、残高3.3厘米（图六一，4）。

35.油坊院杏树峁瓦罐嘴梁遗址

遗址位于海原县史店乡油坊院村南部山梁东侧坡地上，该处被当地人称为杏树峁瓦罐嘴梁（彩版二七，1）。地理坐标为北纬36°30′29.74″，东经105°29′52.61″，海拔高度为1899米。遗址地势南高北低，坡地上散落有零星陶片，采集到1件陶纺轮和1件陶刀。遗址东西长约100、南北宽约100米，面积约为1万平方米。遗址文化属性为菜园文化。

采集陶片有泥质和夹砂两类，以夹砂陶为主；陶色以橙黄陶为主，还有零星红陶；除素面外纹饰主要以篮纹为主，有少量戳印纹和附加堆纹；可辨器形有敛口罐、圆腹罐、陶盆等（表72、73）。

标本油坊院杏树峁瓦罐嘴梁：1，敛口罐，夹砂橙黄陶。敛口，圆唇，圆腹，下腹残，腹部饰斜向篮纹。口径12.4、残高4.4厘米（图六二，1）。

标本油坊院杏树峁瓦罐嘴梁：2，圆腹罐，夹砂橙黄陶。侈口，方唇，高领，束颈，颈部以下残，颈部饰斜向篮纹，下颈部饰一周附加泥条。口径12、残高5.2厘米（图六二，2）。

标本油坊院杏树峁瓦罐嘴梁：3，圆腹罐，夹砂橙黄陶。侈口，方唇，束颈，颈部以下残，素面，下颈部饰一周附加泥条。残宽4、残高4厘米（图六二，3）。

标本油坊院杏树峁瓦罐嘴梁：4，圆腹罐，泥质橙黄陶。侈口，尖唇，束颈，溜肩，腹残，颈腹之间饰一周戳印纹。残宽6、残高5.8厘米（图六二，4）。

标本油坊院杏树峁瓦罐嘴梁：5，陶盆，泥质橙黄陶。敞口，圆唇，斜直腹，底残，素面磨光。残宽5.2、残高3厘米（图六二，5）。

标本油坊院杏树峁瓦罐嘴梁：6，刻槽盆，夹砂红陶。上腹残，下腹斜直，平底微凹，腹部及底面均饰横向绳纹，内壁交错刻槽。底径11.6、残高4.4厘米（图六二，6）。

表 72　　油房院杏树亩瓦罐嘴梁遗址陶片数量统计表

陶色　陶质 纹饰	泥　质						夹　砂			
	橙黄	灰	红	红底黑彩	橙黄底黑彩	橙黄底红彩	橙黄	灰	红	红褐
素面	6						2			
绳纹									2	
篮纹							5		1	
附加堆纹							1			
戳印纹	1						1			
合计	7						9		3	

表 73　　油坊院杏树亩瓦罐嘴梁遗址器形数量统计表

陶色　陶质 器形	泥　质				夹　砂				总　计
	红	橙黄	灰	黑	红	橙黄	灰	黑	
圆腹罐		1				2			3
敛口罐						1			1
陶盆		1							1
刻槽盆					1				1
罐腹底		1			1				2

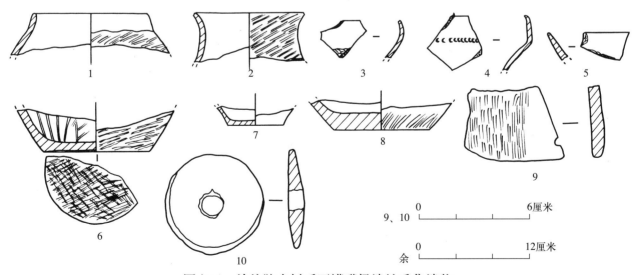

1
2
3
4
5
7
8
9
6
10

9、10　0　　　　　　6厘米

余　0　　　　　　12厘米

图六二　油坊院杏树亩瓦罐嘴梁遗址采集遗物

1.敛口罐　2~4.圆腹罐　5.陶盆　6.刻槽盆　7、8.罐腹底　9.陶刀　10.陶纺轮

　　标本油坊院杏树亩瓦罐嘴梁：7，罐腹底，泥质橙黄陶。上腹残，下腹弧，平底，素面。底径6、残高2厘米（图六二，7）。

标本油坊院杏树凸瓦罐嘴梁：8，罐腹底，夹砂红陶。上腹残，下腹斜直，平底，腹部饰斜向篮纹。底径10.4、残高3.2厘米（图六二，8）。

标本油坊院杏树凸瓦罐嘴梁：9，陶刀，泥质橙黄陶。系陶器残片制作而成，表面饰篮纹且钻有一孔，刃部残。残长5.4、宽3.9厘米（图六二，9）。

标本油坊院杏树凸瓦罐嘴梁：10，陶纺轮，泥质灰陶。圆饼状，中间厚，边缘薄，中间有一圆孔，素面。外径5.4、孔径1.4、厚0.9厘米（图六二，10）。

36. 乱堆子遗址

遗址位于海原县曹洼乡乱堆子村北侧缓坡上，地处南华山东麓，地势西高东低（彩版二七，2）。地理坐标为北纬36°27'23.33"，东经105°42'25.75"，海拔高度为2155米。遗址区内分布有较多陶片，在梯田断面上发现有红烧土堆积、灰层、灰坑等遗迹。遗址东西长约200、南北宽约100米，面积约为2万平方米。遗址文化属性为菜园文化。

采集陶片有泥质和夹砂两类，二者数量相当；陶色以橙黄陶为主，有少量灰陶和红陶；除素面外纹饰主要以篮纹为主，有少量附加堆纹、绳纹、麻点纹等；可辨器形有子母罐、高领罐、圆腹罐、陶盆、刻槽盆等（表74、75）。

标本乱堆子：1，陶盆，泥质灰陶。敞口，尖唇，斜腹，底残，素面磨光。残长2.8、残宽4厘米（图六三，1）。

标本乱堆子：2，陶盆，泥质橙黄陶。敞口，方唇，斜腹微弧，底残，器表饰横向弦纹。残宽4.2、残高2.8厘米（图六三，2）。

标本乱堆子：3，陶盆，泥质灰陶。敞口，尖唇，斜腹，底残，素面。残宽5.4、残高2.6厘米（图六三，3）。

标本乱堆子：4，陶盆，泥质橙黄陶。敞口，微折沿，圆唇，斜直腹，底残，素面。残宽6、残高3厘米（图六三，4）。

标本乱堆子：5，陶盆，泥质橙黄陶。敞口，微折沿，圆唇，斜弧腹，素面磨光。残宽9.6、残高5.2厘米（图六三，5）。

表74　乱堆子遗址陶片数量统计表

陶色 / 纹饰 \ 陶质	泥 质						夹 砂			
	橙黄	灰	红	红底黑彩	橙黄底黑彩	橙黄底红彩	橙黄	灰	红	红褐
素面	9	7	3				3			
绳纹	1	3					4	1		
篮纹	4	6	1				9	1		
麻点纹							3			
附加堆纹+篮纹							5			
合计	14	16	4				24	2		

表 75　乱堆子遗址器形数量统计表

陶质	泥　质				夹　砂				总　计
陶色 器形	红	橙黄	灰	黑	红	橙黄	灰	黑	
高领罐		1							1
圆腹罐	1					1			2
大口罐						1			1
子母罐			1						1
陶盆		4	2						6
刻槽盆						1			2
罐腹底			3			2			5
器盖			1						1

　　标本乱堆子：6，子母罐，泥质灰陶。子母口，圆唇，上腹微弧，下腹残，素面。残宽7.6、残高3厘米（图六三，6）。

　　标本乱堆子：7，器盖，泥质灰陶。平顶把手，腹壁斜弧，素面。残宽4、残高2.6厘米（图六三，7）。

　　标本乱堆子：8，刻槽盆底，夹砂橙黄陶。上腹残，下腹斜直，平底，器表饰斜向篮纹，底部饰麻点纹，内壁饰交错刻划纹。底径11.2、残高3.7厘米（图六三，8）。

　　标本乱堆子：9，罐腹底，夹砂橙黄陶。上腹残，下腹斜直，平底，腹部饰麻点纹，近底部饰竖向篮纹。底径11.6、残高4.6厘米（图六三，9）。

　　标本乱堆子：10，罐腹底，泥质灰陶。上腹残，下腹斜直，平底，腹部饰横向篮纹。底径11.2、残高4.6厘米（图六三，10）。

　　标本乱堆子：11，罐腹底，夹砂橙黄陶。上腹残，下腹斜直，平底，腹部饰麻点纹，底部饰席纹。底径10、残高2.8厘米（图六三，11）。

　　标本乱堆子：12，高领罐，泥质红陶。喇叭口，圆唇，高领，束颈，颈部以下残，素面磨光。口径21.6、残高5.6厘米（图六三，12）。

　　标本乱堆子：13，罐腹底，泥质红陶。上腹残，下腹斜直，平底，腹部饰斜向篮纹。底径10.4、残高1.6厘米（图六三，13）。

　　标本乱堆子：14，罐腹底，泥质灰陶。上腹残，下腹斜弧，平底，腹部饰竖向绳纹。底径14.8、残高3.4厘米（图六三，14）。

　　标本乱堆子：15，陶刀，泥质橙黄陶。系陶器残片制作，一端残，剩余部分近三角形，边缘打制刃。残长5.6、残宽4.2、厚0.4厘米（图六三，15）。

　　标本乱堆子：16，陶刀，夹砂红陶。系陶器残片制作，残损严重。器表饰篮纹。残长7、残宽3.7、厚0.6厘米（图六三，16）。

　　标本乱堆子：17，石器，磨制，一端残。残长4、残宽4、厚1.4厘米（图六三，17）。

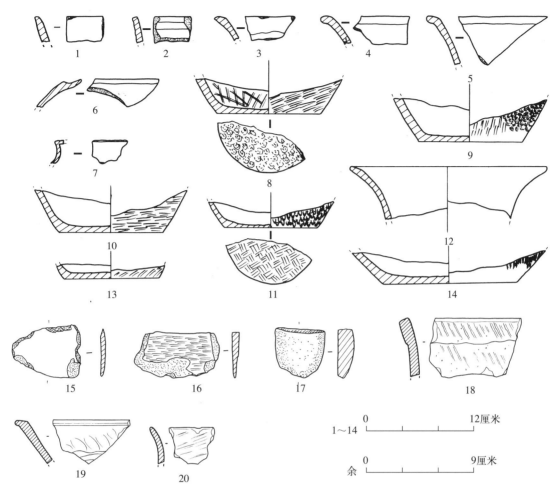

图六三　乱堆子遗址采集遗物

1～5、19.陶盆　6.子母罐　7.器盖　8.刻槽盆底　9～11、13、14.罐腹底　12.高领罐　15、16.陶刀　17.石器　18.大口罐　20.圆腹罐

标本乱堆子：18，大口罐，夹砂橙黄陶。敞口，方唇，沿下有一折棱，腹部残，器身饰斜向绳纹。残宽7.6、残高4.8厘米（图六三，18）。

标本乱堆子：19，陶盆，泥质橙黄陶。敞口，平沿，圆唇，唇下有一折棱，腹部残，沿下饰横向篮纹。残宽6.3、残高3.6厘米（图六三，19）。

标本乱堆子：20，圆腹罐，夹砂橙黄陶。侈口，圆唇，束颈，颈部以下残，器表饰横向篮纹。残宽3.7、残高3厘米（图六三，20）。

37. 新圈台梁遗址

遗址位于海原县海城镇野狐坡村西南部坡地上，该处当地人称为新圈台梁（彩版二八，1）。地理坐标为北纬36°31'24.17"，东经105°33'41.75"，海拔高度为2132米。遗址地势南高北低，在东侧坡地上分布有密集的陶片，西侧坡地陶片只有零星分布，断面上发现有灰坑、墓葬等遗迹。遗址南北长约200、东西宽约150米，面积约为3万平方米。遗址文化属性为菜园文化。

采集陶片有泥质和夹砂两类，以夹砂陶为主；陶色以橙黄陶为主；除素面外纹饰主要以篮纹为主，还有一定数量的附加堆纹；可辨器形有圆腹罐、单耳罐等（表76、77）。

表 76　新圈台梁遗址陶片数量统计表

纹饰 陶质 陶色	泥 质						夹 砂			
	橙黄	灰	红	红底黑彩	橙黄底黑彩	橙黄底红彩	橙黄	灰	红	红褐
素面	2						1			
篮纹							10			
附加堆纹+篮纹							6			
合计	2						17			

表 77　新圈台梁遗址器形数量统计表

器形 陶质 陶色	泥 质				夹 砂				总 计
	红	橙黄	灰	黑	红	橙黄	灰	黑	
圆腹罐		1							1
单耳罐		1							1
罐腹底						3			3

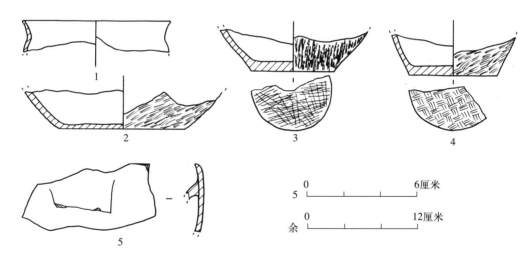

图六四　新圈台梁遗址采集遗物
1.圆腹罐　2～4.罐腹底　5.单耳罐

标本新圈台梁：1，圆腹罐，泥质橙黄陶。侈口，圆唇，矮领，束颈，腹部残，素面。口径16、残高3.4厘米（图六四，1）。

标本新圈台梁：2，罐腹底，夹砂橙黄陶。上腹残，下腹斜直，平底，腹部饰斜向篮纹。底径14、残高4.1厘米（图六四，2）。

标本新圈台梁：3，罐腹底，夹砂橙黄陶。上腹残，下腹斜直，平底，腹、底部饰斜向绳纹。断裂面有切割痕迹。底径9.2、残高4.4厘米（图六四，3）。

标本新圈台梁：4，罐腹底，夹砂橙黄陶。上腹残，下腹斜弧，平底，腹部饰斜向篮纹，底部饰席纹。底径9.6、残高4.4厘米（图六四，4）。

标本新圈台梁：5，单耳罐，泥质橙黄陶。侈口，尖唇，高领，束颈，存一残耳，颈部以下残，素面。残宽7.4、残高3.6厘米（图六四，5）。

38.水岔梁遗址

遗址位于海原县西安镇鸠子滩村东南部的山梁上，该处被当地人称为水岔梁。地理坐标为北纬36°32'2.96"，东经105°31'32.74"，海拔高度为1998米。遗址区分布在山梁东北侧的坡地上，地势东南高西北低，地表散落有零星陶片，断面发现有墓葬、灰坑等遗迹。遗址东西长约200、南北长约100米，面积约为2万平方米。遗址文化属性为菜园文化。

采集陶片较少，有泥质和夹砂两类，陶色以橙黄陶为主，除素面外纹饰有篮纹、附加堆纹、戳印纹；可辨器形有圆腹罐等（表78、79）。

标本水岔梁：1，圆腹罐，夹砂橙黄陶。侈口，微折沿，方唇，腹残，沿下饰一周附加泥条呈波状，泥条下饰斜向绳纹。残宽7.2、残高3.4厘米（图六五，1）。

表78　水岔梁遗址陶片数量统计表

纹饰＼陶色	泥质						夹砂			
	橙黄	灰	红	红底黑彩	橙黄底黑彩	橙黄底红彩	橙黄	灰	红	红褐
素面	2						1			
篮纹	1									
戳印纹							1			
合计	3						2			

表79　水岔梁遗址器形数量统计表

器形＼陶色	泥质				夹砂				总计
	红	橙黄	灰	黑	红	橙黄	灰	黑	
圆腹罐						1			1

39.淌鼻子梁遗址

遗址位于海原县树台乡袁家窝窝村西南侧山梁上，该山梁被当地人称为淌鼻子梁。地理坐标为北纬36°30'25.70"，东经105°31'3.62"，海拔高度为2130米。淌鼻子梁地势西高东低，遗址区分布于山梁东侧坡地上，地表上发现有少量陶片，暴露的断面上发现有灰层、灰坑等遗迹。遗址东西长约100、南北宽约50米，面积约为0.5万平方米。遗址文化属性为菜园文化。

遗址地表采集陶片较少，有泥质和夹砂两类；陶色有橙黄

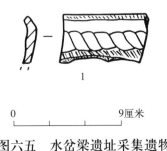

0 ————— 9厘米

图六五　水岔梁遗址采集遗物
1.圆腹罐

陶和灰陶，除素面外纹饰有绳纹；可辨器形有圆腹罐等（表80、81）。

标本淌鼻子梁：1，罐腹底，夹砂橙黄陶。上腹残，下腹斜直，假圈足，器表通体饰斜向绳纹。底径10.4、残高4.2厘米（图六六，1）。

表80　淌鼻子梁遗址陶片数量统计表

陶质 陶色 纹饰	泥　质						夹　砂			
	橙黄	灰	红	红底黑彩	橙黄底黑彩	橙黄底红彩	橙黄	灰	红	红褐
素面							2			
绳纹		1					1			
合计		1					3			

表81　淌鼻子梁遗址器形数量统计表

陶质 陶色 器形	泥　质				夹　砂				总　计
	红	橙黄	灰	黑	红	橙黄	灰	黑	
罐腹底						1			1

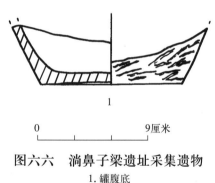

图六六　淌鼻子梁遗址采集遗物
1.罐腹底

40.墩墩梁遗址

遗址位于海原县海城镇哈家庄子村西侧的山梁上，该山梁被当地人称为墩墩梁（彩版二八，2）。地理坐标为北纬36°31'26.90"，东经105°36'9.21"，海拔高度为2058米。墩墩梁地势南高北低，遗址区分布于山梁的中部，地表分布有零星陶片，也发现有零星盗坑，盗坑周围散落有人骨。遗址东西长约200、南北宽约100米，面积约为2万平方米。遗址文化属性为菜园文化。

遗址地表采集陶片较少，有泥质和夹砂两类，夹砂数量稍多；陶色以橙黄陶为主，有零星灰陶和红陶；除素面外纹饰有篮纹、绳纹、附加堆纹；可辨器形有高领罐、花边罐、圆腹罐、盆、钵等（表82、83）。

标本墩墩梁：1，大口圆腹罐，夹砂灰陶。侈口，方唇，高领，束颈，颈部以下残，素面。口径28.2、残高5.4厘米（图六七，1）。

标本墩墩梁：2，花边罐，夹砂橙黄陶。侈口，微折沿，锯齿唇，束颈，圆腹，底残，颈、腹饰斜向绳纹，口沿下方及上腹部各饰一周附加泥条呈波状。口径17.6、残高6厘米（图六七，2）。

标本墩墩梁：3，圆腹罐，夹砂橙黄陶。侈口，方唇，束颈，颈部以下残，颈部饰斜向篮纹。残长7.2、残宽8.8厘米（图六七，3）。

标本墩墩梁：4，高领罐，夹砂橙黄陶。喇叭口，圆唇，颈部以下残，沿下饰横向篮纹。残

表82　墩墩梁遗址陶片数量统计表

陶质 / 纹饰 / 陶色	泥　质						夹　砂			
	橙黄	灰	红	红底黑彩	灰底红黑彩	橙黄底红彩	橙黄	灰	红	红褐
素面		1		1	1		2	1		
绳纹	1						1			
篮纹		1					3			
附加堆纹+绳纹							3			
合计	1	2		1	1		9	1		

表83　墩墩梁遗址器形数量统计表

陶质 / 器形 / 陶色	泥　质				夹　砂				总计
	红	橙黄	灰	黑	红	橙黄	灰	黑	
高领罐						1			1
大口圆腹罐							1		1
圆腹罐						1			1
花边罐						2			2
陶钵		1							1
陶罐			1						1
陶盆			1						1

长2.9、残宽4.3厘米（图六七，4）。

标本墩墩梁：5，花边罐，夹砂橙黄陶。侈口，方唇，束颈，溜肩，肩部以下残，颈肩饰横向绳纹，绳纹之上饰附加泥条呈波状。残长5.1、残宽5.3厘米（图六七，5）。

标本墩墩梁：6，陶盆，泥质灰陶。敞口，尖唇，斜直腹，底残，器表饰横向篮纹。口径18.8、残高3.3厘米（图六七，6）。

标本墩墩梁：7，陶钵，泥质橙黄陶。敛口，圆唇，弧腹，底残，腹部饰横向绳纹。残长3.4、残宽3.8厘米（图六七，7）。

标本墩墩梁：8，罐，泥质灰陶。敞口，圆唇，颈部以下残，素面。残长2、残宽4.6厘米（图六七，8）。

标本墩墩梁：9，彩陶片，泥质灰陶。素面，饰一周条带状红彩与火焰纹黑彩。残长3.7、残宽5厘米（图六七，9）。

标本墩墩梁：10，彩陶片，泥质红陶。素面磨光，器身饰黑彩。残长3.2、残宽3.5厘米（图六七，10）。

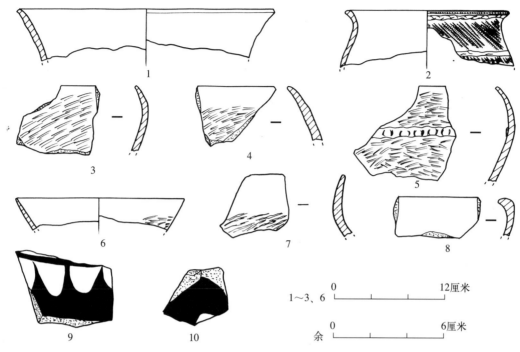

图六七　墩墩梁遗址采集遗物

1.大口圆腹罐　2、5.花边罐　3.圆腹罐　4.高领罐　6.陶盆　7.陶钵　8.罐　9、10.彩陶片

41. 二道沟梁遗址

遗址位于海原县曹洼乡乱堆子村东北山梁上，山梁当地人称为二道沟梁（彩版二九，1）。地理坐标为北纬36°27'36.87″，东经105°42'23.55″，海拔高度为2149米。二道沟梁地势南高北低，山梁北部坡地地表散落有陶片，同时还发现有数个盗坑，盗坑周围散落有陶片、人骨等遗物。遗址区未发现有地层堆积和遗迹现象。遗址南北长约200、东西宽约100米，面积约为2万平方米。遗址文化属性为菜园文化。

遗址地表采集陶片有泥质和夹砂两类，夹砂陶稍多；陶色以橙黄陶和灰陶为主，还有少量红陶；除素面外纹饰有绳纹、篮纹、刻划纹、麻点纹和附加堆纹；可辨器形有罐、盆等（表84、85）。

表84　二道沟梁遗址陶片数量统计表

陶质 纹饰　陶色	泥　质						夹　砂			
	橙黄	灰	红	红底 黑彩	橙黄底 黑彩	橙黄底 红彩	橙黄	灰	红	红褐
素面	4						1			
绳纹		1					3	3		
篮纹			1				1	10		
刻划纹							1			
麻点纹								2		
附加堆纹 +篮纹									1	
合计	4	1	1				6	15	1	

表85 二道沟梁遗址器形数量统计表

器形	陶质 陶色	泥 质				夹 砂				总计
		红	橙黄	灰	黑	红	橙黄	灰	黑	
陶盆		1								1
罐腹底								1		1

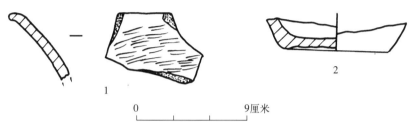

图六八 二道沟梁遗址采集遗物
1. 陶盆 2. 罐腹底

标本二道沟梁：1，陶盆，泥质红陶。敞口，圆唇，斜腹微弧，底残，腹部饰斜向篮纹，内壁素面磨光。残宽6.9、残高4.8厘米（图六八，1）。

标本二道沟梁：2，罐腹底，夹砂灰陶。上腹残，下腹斜直，假圈足，器表饰绳纹。底径8、残高2.2厘米（图六八，2）。

42. 亚堡子梁遗址

遗址位于海原县海城镇新庄子村西侧山梁上，山梁当地人称为亚堡子梁（彩版二九，2）。地理坐标为北纬36°30'16.77"，东经105°37'29.24"，海拔高度为2140米。亚堡子梁地势南高北低，山梁顶部和西侧较为平缓的坡地地表散落陶片，因没有暴露的断面，在遗址区未发现有地层堆积和遗迹现象。遗址南北长约600、东西宽约200米，面积约为12万平方米。遗址文化属性为菜园文化。

遗址地表采集陶片有泥质和夹砂两类，泥质陶稍多；陶色以橙黄陶为主，还有少量红、灰陶；除素面外纹饰有篮纹、绳纹、附加堆纹和戳印纹等；可辨器形有圆腹罐、高领罐、花边罐、双銴罐、折沿盆、盆等（表86、87）。

标本亚堡子梁：1，折沿盆，泥质橙黄陶。敞口，宽折沿，方唇，斜直腹，底残，唇面有一道凹槽，器身饰竖向篮纹。口径32.8、残高3厘米（图六九，1）。

标本亚堡子梁：2，圆腹罐，泥质橙黄陶。侈口，方唇，高领，束颈，颈部以下残，素面。残宽6.8、残高5.2厘米（图六九，2）。

标本亚堡子梁：3，陶盆，泥质橙黄陶。敞口，折沿，方唇，斜直腹，底残，素面磨光。残宽5.6、残高4.8厘米（图六九，3）。

标本亚堡子梁：4，花边罐，夹砂橙黄陶。侈口，方唇，束颈，颈部以下残，口沿下方饰一周戳印纹。口径10.4、残高4厘米（图六九，4）。

表86　亚堡子梁遗址陶片数量统计表

纹饰＼陶色＼陶质	泥　质						夹　砂			
	橙黄	灰	红	红底黑彩	橙黄底黑彩	橙黄底红彩	橙黄	灰	红	红褐
素面	14	2	2	1			5	1	2	
绳纹							7	1		
篮纹	13		5				1	4		
麻点纹										
合计	27	2	7	1			13	6	2	

表87　亚堡子梁遗址器形数量统计表

器形＼陶色＼陶质	泥　质				夹　砂				总　计
	红	橙黄	灰	黑	红	橙黄	灰	黑	
高领罐		2							2
圆腹罐		2				1			3
花边罐						4			4
陶盆	1	2							3
折沿盆	1	1							2
双錾罐					1				1
罐腹底	1	1			1				3
器纽			1						1

标本亚堡子梁：5，花边罐，夹砂橙黄陶。侈口，圆唇，高领，束颈，腹部残，颈部素面饰一周附加泥条呈斜凸棱状，腹部饰竖向绳纹。残宽6.2、残高9厘米（图六九，5）。

标本亚堡子梁：6，圆腹罐，夹砂橙黄陶。侈口，圆唇，束颈，腹部残，颈部素面，上腹部饰斜向绳纹。口径11.6、残高4.4厘米（图六九，6）。

标本亚堡子梁：7，圆腹罐，泥质橙黄陶。侈口，锯齿唇，微束颈，颈部以下残，素面。残宽4.2、残高4.4厘米（图六九，7）。

标本亚堡子梁：8，花边罐，夹砂橙黄陶。侈口，方唇，束颈，颈部以下残，口沿下方饰一周戳印纹。口径10、残高3.7厘米（图六九，8）。

标本亚堡子梁：9，陶盆，泥质橙黄陶。敞口，尖唇，斜直腹，腹部饰竖向篮纹，底残。残宽7.5、残高1.8厘米（图六九，9）。

标本亚堡子梁：10，折沿盆，泥质红陶。敞口，宽折沿，方唇，斜直腹，底残，唇面有一道凹槽，器身饰竖向篮纹。残长1.8、残宽7厘米（图六九，10）。

标本亚堡子梁：11，陶盆，泥质红陶。敞口，圆唇，斜腹，底残，器表饰竖向篮纹。口径

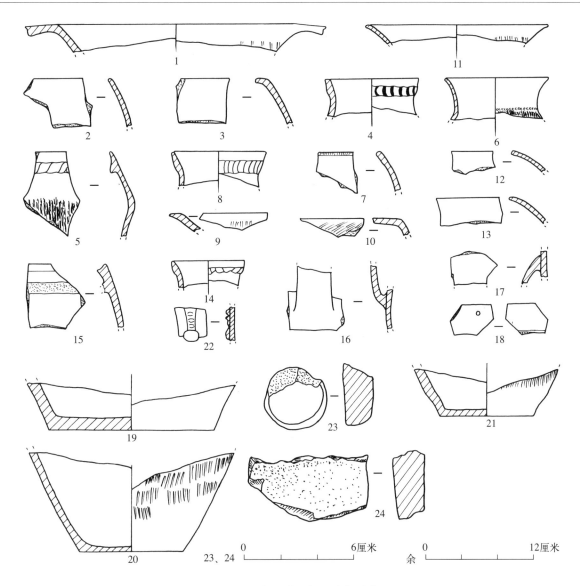

图六九　亚堡子梁遗址采集遗物

1、10.折沿盆　2、6、7.圆腹罐　3、9、11.陶盆　4、5、8、14.花边罐　12、13.高领罐　15.双鋬罐　16、17、22.罐耳　18.彩陶片　19～21.罐腹底　23.器纽　24.磨石

20.2、残高2厘米（图六九，11）。

标本亚堡子梁：12，高领罐，泥质橙黄陶。喇叭口，方唇，束颈，颈部以下残，素面磨光。残宽4.8、残高2.4厘米（图六九，12）。

标本亚堡子梁：13，高领罐，泥质橙黄陶。喇叭口，圆唇，束颈，颈部以下残，素面。残宽7.4、残高2.8厘米（图六九，13）。

标本亚堡子梁：14，花边罐，夹砂橙黄陶。侈口，圆唇，束颈，颈部以下残，口沿外侧饰一周戳印纹。口径8、残高2.8厘米（图六九，14）。

标本亚堡子梁：15，双鋬罐，夹砂红陶。残有一鋬，敞口，方唇，斜直腹，底残，素面。残宽6.4、残高7厘米（图六九，15）。

标本亚堡子梁：16，罐耳，泥质灰陶。残存一桥形耳，素面。残长7、残宽6厘米（图六九，16）。

标本亚堡子梁：17，罐耳，夹砂橙黄陶。残存一桥形耳，素面。残长3.6、残宽5.2厘米（图六九，17）。

标本亚堡子梁：18，彩陶片，泥质红陶。素面，器表饰细条带黑彩。残长3.4、残宽4.8厘米（图六九，18）。

标本亚堡子梁：19，罐腹底，夹砂红陶。上腹残，下腹斜直，平底，素面。底径18、残高5厘米（图六九，19）。

标本亚堡子梁：20，罐腹底，泥质橙黄陶。上腹残，下腹斜弧，平底，腹部饰竖向篮纹。底径11.2、残高10.6厘米（图六九，20）。

标本亚堡子梁：21，罐腹底，泥质红陶。上腹残，下腹斜直，近底部内凹，平底，腹部饰竖向篮纹。底径10.4、残高5厘米（图六九，21）。

标本亚堡子梁：22，罐耳，夹砂橙黄陶。桥形拱耳，耳面饰附加泥条，被划断。残长3.6、残宽3.4厘米（图六九，22）。

标本亚堡子梁：23，器纽，泥质灰陶。近圆饼状，素面，直径3.5、厚1.7厘米（图六九，23）。

标本亚堡子梁：24，磨石，仅剩残块，两端残缺，磨制面光滑，背面粗糙。残长6.6、残宽3.5厘米（图六九，24）。

43. 白杨树梁遗址

遗址位于海原县树台乡王家坡村东侧山梁上，山梁当地人称为白杨树梁。地理坐标为北纬36°29'29.61"，东经105°31'25.87"，海拔高度为2157米。白杨树梁地势南高北低，山梁北部较平缓坡地上发现有盗坑，盗坑周边散落陶片和人骨，山顶梯田断面发现有灰坑遗迹现象。灰坑内包含陶片、烧骨、红烧土和炭屑。遗址南北长约200、东西宽约100米，面积约为2万平方米。遗址文化属性为菜园文化。

遗址地表采集陶片有泥质和夹砂两类，夹砂陶占绝大多数；陶色以橙黄陶为主，还有一定量的红陶、灰陶；除素面外纹饰以绳纹为主，还有附加堆纹和篮纹；可辨器形有双耳罐、圆腹罐、高领罐、盆等（表88、89）。

标本白杨树梁：1，双耳罐，夹砂红陶。桥形双耳，侈口，圆唇，束颈，溜肩，腹残，素面，颈肩交接处饰一周附加泥条呈波状。口径13、残高8.4厘米（图七〇，1）。

标本白杨树梁：2，圆腹罐，夹砂红陶。侈口，尖唇，高领，束颈，颈部以下残，颈部饰斜向篮纹，下颈部饰一周附加泥条呈波状。残宽5.8、残高6.2厘米（图七〇，2）。

标本白杨树梁：3，罐耳，夹砂红陶。桥形残耳，素面。残长5.8、宽2.8厘米（图七〇，3）。

标本白杨树梁：4，罐腹底，泥质红陶。上腹残，下腹斜弧，平底，素面。底径5.6、残高2厘米（图七〇，4）。

标本白杨树梁：5，高领罐，夹砂橙黄陶。喇叭口，圆唇，束颈，颈部以下残，颈部饰交错篮纹。口径18.4、残高3.8厘米（图七〇，5）。

表88　白杨树梁遗址陶片数量统计表

纹饰 ＼ 陶质·陶色	泥 质						夹 砂			
	橙黄	灰	红	红底黑彩	橙黄底黑彩	橙黄底红彩	橙黄	灰	红	红褐
素面	2		1				30	5	3	
绳纹	1						36			
篮纹	2	1					8	6		
附加堆纹+绳纹							5			
合计	5	1	1				79	11	3	

表89　白杨树梁遗址器形数量统计表

器形 ＼ 陶质·陶色	泥 质				夹 砂				总 计
	红	橙黄	灰	黑	红	橙黄	灰	黑	
高领罐						1			1
圆腹罐					1				1
双耳罐					1				1
陶盆		1							1
罐腹底	1	1							2

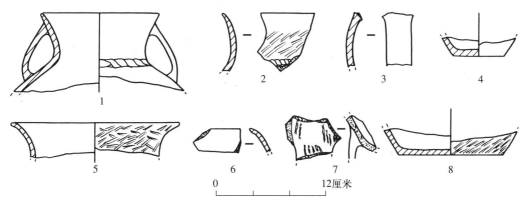

图七〇　白杨树梁遗址采集遗物

1.双耳罐　2.圆腹罐　3、7.罐耳　4、8.罐腹底　5.高领罐　6.陶盆

标本白杨树梁：6，陶盆，泥质橙黄陶。敞口，尖唇，斜直腹，底残，素面。残宽5、残高2.6厘米（图七〇，6）。

标本白杨树梁：7，罐耳，泥质橙黄陶。桥形残耳，耳面饰竖向绳纹。残长4.6、残宽6厘米（图七〇，7）。

标本白杨树梁：8，罐腹底，泥质橙黄陶。上腹残，下腹斜直，平底，下腹饰斜向篮纹。底径11.6、残高2.8厘米（图七〇，8）。

44. 板板洼遗址

遗址位于海原县海城镇小山村西侧坡地上，山坡当地人称为板板洼。地理坐标为北纬36°30'35.06"，东经105°35'58.47"，海拔高度为2181米。板板洼地势南高北低，坡地北侧发现盗坑，盗坑周围散落有陶片、人骨等遗物。因没有暴露的断面，在遗址区未发现有地层堆积和遗迹现象。遗址南北长约200、东西宽约100米，面积约为1万平方米。遗址文化属性为菜园文化。

遗址地表采集陶片有泥质和夹砂两类，泥质陶稍多；陶色有橙黄陶、红陶，还有较多彩陶；陶器多为素面；可辨器形有圆腹罐、花边罐、彩陶罐、钵等（表90、91）。

标本板板洼：1，圆腹罐，夹砂橙黄陶。侈口，沿外翻，圆唇，束颈，圆腹，底残，素面，颈部饰一周附加泥条。口径18、残高4.6厘米（图七一，1；彩版三〇，1）。

标本板板洼：2，花边罐，夹砂橙黄陶。微侈口，方唇，高领，束颈，颈部以下残，口沿及颈部各饰一周附加泥条呈波状。口径24、残高7.7厘米（图七一，2）。

标本板板洼：3，圆腹罐，夹砂橙黄陶。侈口，尖唇，束颈，颈部以下残，素面。口径13.6、残高5.1厘米（图七一，3）。

标本板板洼：4，圆腹罐，泥质橙黄陶。侈口，尖唇，束颈，颈部以下残，素面。残宽4.3、残高3.5厘米（图七一，4）。

标本板板洼：5，花边罐，泥质灰陶。侈口，圆唇，高领，束颈，颈部以下残，颈部饰斜向篮纹，口沿下方饰一周附加泥条呈斜凸棱状。口径10、残高5.4厘米（图七一，5）。

标本板板洼：6，圆腹罐，夹砂橙黄陶。直口，方唇，颈部残，口沿外侧饰斜向篮纹。残宽

表90　板板洼遗址陶片数量统计表

陶质 纹饰 / 陶色	泥 质						夹 砂			
	橙黄	灰	红	红底黑彩	橙黄底黑彩	黑紫彩	橙黄	灰	红	橙黄底红彩
素面	2			1	7	2	2		2	1
合计	2			1	7	2	2		2	1

表91　板板洼遗址器形数量统计表

陶质 器形 / 陶色	泥 质				夹 砂				总 计
	红	橙黄	灰	黑	红	橙黄	灰	黑	
圆腹罐		1			1	3			5
花边罐			1			1			2
陶钵					1				1
彩陶罐		1							1

4.6、残高2.75厘米（图七一，6）。

标本板板洼：7，彩陶罐，泥质橙黄陶。侈口，圆唇，束颈，颈部以下残，素面磨光，口沿外侧饰一周条带状紫彩，颈部饰网格纹黑彩，内壁饰条带紫彩与黑彩相交。残长3.6、残宽6厘米（图七一，7）。

标本板板洼：8，陶钵，夹砂红陶。敛口，尖唇，弧腹，底残，素面。残宽4.4、残高3.7厘米（图七一，8）。

标本板板洼：9，圆腹罐，夹砂红陶。侈口，圆唇，束颈，颈部以下残，素面。残长2.7、残宽4.1厘米（图七一，9）。

标本板板洼：10，彩陶片，泥质橙黄陶。素面，器表饰宽条带状黑彩。残长3.5、残宽5厘米（图七一，10；彩版三〇，2）。

标本板板洼：11，彩陶片，泥质橙黄陶。素面磨光，器表饰锯齿状宽黑彩与红彩。残长5.5、残宽6.5厘米（图七一，11；彩版三〇，3）。

标本板板洼：12，彩陶片，泥质橙黄陶。素面，器表饰宽条带状黑彩。残长5.1、残宽4.1厘米（图七一，12）。

标本板板洼：13，彩陶片，泥质橙黄陶。素面，饰三角形黑彩。残长4.1、残宽4.1厘米（图七一，13）。

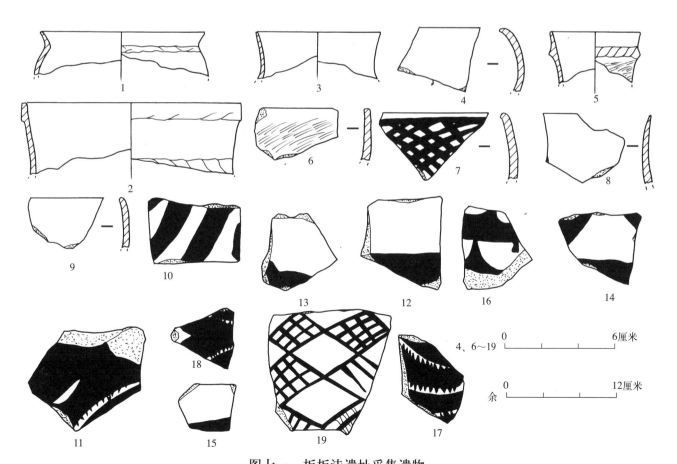

图七一　板板洼遗址采集遗物

1、3、4、6、9.圆腹罐　2、5.花边罐　7.彩陶罐　8.陶钵　10~19.彩陶片

　　标本板板洼：14，彩陶片，泥质橙黄陶。素面磨光，表面饰弧形紫彩与黑彩。残长3.9、残宽4.6厘米（图七一，14）。

　　标本板板洼：15，彩陶片，泥质橙黄陶。素面，器表饰条带黑彩。残长2.6、残宽3.1厘米（图七一，15）。

　　标本板板洼：16，彩陶片，泥质橙黄陶。素面，器表饰水波纹黑彩。残长4.4、残宽3.9厘米（图七一，16）。

　　标本板板洼：17，彩陶片，泥质橙黄陶。素面磨光，器表饰条带红彩及锯齿形黑彩。残长4.7、残宽3.7厘米（图七一，17；彩版三○，4）。

　　标本板板洼：18，彩陶片，泥质红陶。素面磨光，器表饰条带红彩及锯齿形黑彩。残长3.2、残宽3.4厘米（图七一，18）。

　　标本板板洼：19，彩陶片，夹砂橙黄陶。素面磨光，饰网格纹红彩。残长6.7、残宽6.8厘米（图七一，19；彩版三○，5）。

45. 张沟村遗址

　　遗址位于海原县西安镇张沟村北侧山梁上，山梁当地人称为张沟梁。地理坐标为北纬36°33'29.07"，东经105°32'25.78"，海拔高度为2137米。张沟梁地势南高北低，山梁北侧较为平缓的坡地地表发现一定数量陶片。同时还发现有数个盗坑，盗坑周围散落有陶片、人骨等遗物。因没有暴露的断面，在遗址区未发现有地层堆积和遗迹现象。遗址南北长约100、东西宽约150米，面积约为1.5万平方米。遗址文化属性为菜园文化。

　　遗址地表采集陶片有泥质和夹砂两类，夹砂陶稍多；陶色有橙黄陶、红陶、灰陶；除素面

表92　张沟村遗址陶片数量统计表

纹饰 \ 陶质·陶色	泥质						夹砂			
	橙黄	灰	红	红底黑彩	橙黄底黑彩	橙黄底红彩	橙黄	灰	红	红褐
素面	1	1								
绳纹							1			
篮纹			1				3	2	2	
篮纹+刻划纹								1		
合计	1	1	1				4	3	2	

表93　张沟村遗址器形数量统计表

器形 \ 陶质·陶色	泥质				夹砂				总计
	红	橙黄	灰	黑	红	橙黄	灰	黑	
陶钵		1							1
罐腹底	1								1

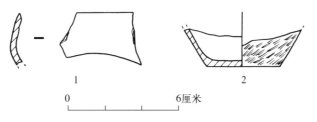

图七二　张沟村遗址采集遗物
1. 陶钵　2. 罐腹底

外纹饰有篮纹、绳纹和刻划纹；可辨器形有罐、钵等（表92、93）。

标本张沟村：1，陶钵，泥质橙黄陶。敛口，方唇，折腹，底残，素面磨光，内壁下方有凸棱。残宽4.5、残高2.8厘米（图七二，1）。

标本张沟村：2，罐腹底，泥质红陶。上腹残，下腹斜直，平底，腹部饰斜向篮纹。底径8、残高4厘米（图七二，2）。

46. 山头梁一号点遗址

遗址位于海原县树台乡龚湾村北侧山梁上，山梁当地人称为山头梁（彩版三一，1）。地理坐标为北纬36°28'56.60"，东经105°32'1.50"，海拔高度为2201米。山头梁地势南高北低，山梁北侧坡地地表散落较多陶片，同时还发现有多个盗坑，盗坑周围散落有陶片、人骨等遗物。因没有暴露的断面，在遗址区未发现有地层堆积和遗迹现象。遗址南北长200、东西宽200米。面积约4万平方米。遗址文化属性为菜园文化。

遗址地表采集陶片有泥质和夹砂两类，夹砂陶居多；陶色以橙黄陶为主、还有一定数量红陶、灰陶；除素面外纹饰以篮纹为主，有附加堆纹、刻划纹、绳纹，还有少量彩陶；可辨器形有圆腹罐、高领罐、花边罐、单耳罐、彩陶盆、盆等（表94、95）。

标本山头梁一号点：1，高领罐，泥质橙黄陶。喇叭口，圆唇，高领，束颈，颈部以下残，颈部饰斜向篮纹。残宽7.2、残高3.8厘米（图七三，1）。

表94　山头梁一号点遗址陶片数量统计表

纹饰　　　陶色	泥　质						夹　砂			
	橙黄	灰	红	红底黑彩	橙黄底黑彩	橙黄底红彩	橙黄	灰	红	红褐
素面	23	3			4		22	2		
绳纹	2						7	3	1	
篮纹	9	2					28	1	1	
刻划纹							3			
附加堆纹+篮纹							2	2		
附加堆纹+绳纹							2	1		
合计	34	5			4		64	9	2	

表95　山头梁一号点遗址器形数量统计表

器形 ＼ 陶质 陶色	泥　　质				夹　　砂				总　计
	红	橙黄	灰	黑	红	橙黄	灰	黑	
高领罐		1				1			2
圆腹罐		3				3	1		7
单耳罐		1							1
花边罐						1			1
陶盆		3				2			5
彩陶盆		1							1
罐腹底		1			1	2	1		5

标本山头梁一号点：2，花边罐，夹砂橙黄陶。侈口，方唇，束颈，颈部以下残，颈部饰横向绳纹，绳纹之上饰一周附加泥条呈凸棱状。残宽6.8、残高4厘米（图七三，2）。

标本山头梁一号点：3，陶盆，夹砂橙黄陶。敞口，圆唇，斜直腹，底残，素面。残宽7.2、残高4厘米（图七三，3）。

标本山头梁一号点：4，圆腹罐，夹砂橙黄陶。侈口，圆唇，束颈，腹部残，素面。残宽6.8、残高5.8厘米（图七三，4）。

标本山头梁一号点：5，陶盆，泥质橙黄陶。敞口，圆唇，斜直腹，底残，素面。残宽6、残高3厘米（图七三，5）。

标本山头梁一号点：6，圆腹罐，泥质橙黄陶。侈口，圆唇，微束颈，颈部以下残，素面磨光。残宽2.9、残高3厘米（图七三，6）。

标本山头梁一号点：7，圆腹罐，夹砂橙黄陶。侈口，圆唇，颈部残，素面。残宽2.8、残高2.8厘米（图七三，7）。

标本山头梁一号点：8，陶盆，泥质橙黄陶。敞口，折沿，圆唇，腹部残，素面。残宽6.6、残高4厘米（图七三，8）。

标本山头梁一号点：9，罐耳，夹砂橙黄陶。桥形拱耳，耳面饰交错刻划纹。残长5.5、宽3厘米（图七三，9）。

标本山头梁一号点：10，罐腹底，泥质橙黄陶。上腹残，下腹斜直，平底，腹部素面，底部饰交错绳纹。底径5.2、残高2.4厘米（图七三，10）。

标本山头梁一号点：11，罐腹底，夹砂橙黄陶。上腹残，下腹斜直，平底，腹、底饰横向绳纹。底径8.4、残高1.4厘米（图七三，11）。

标本山头梁一号点：12，罐腹底，夹砂灰陶。上腹残，下腹斜直，平底，腹部素面，底部饰席纹。底径10.4、残高2.5厘米（图七三，12）。

标本山头梁一号点：13，罐腹底，夹砂橙黄陶。上腹残，下腹斜弧，平底，素面。底径5.2、残高3厘米（图七三，13）。

图七三　山头梁一号点遗址采集遗物

1、19.高领罐　2.花边罐　3、5、8、21、22.陶盆　4、6、7、15、16、20、24.圆腹罐　9.罐耳　10~14.罐腹底　17、18.彩陶片　23. 彩陶盆　25.单耳罐

　　标本山头梁一号点：14，罐腹底，夹砂红陶。上腹残，下腹斜直，平底，腹部饰斜向篮纹。底径9.6、残高5厘米（图七三，14）。

　　标本山头梁一号点：15，圆腹罐，夹砂橙黄陶。侈口，圆唇，束颈，腹部以下残，颈部素面，腹部饰竖向刻划纹。残宽5.2、残高4.8厘米（图七三，15）。

　　标本山头梁一号点：16，圆腹罐，夹砂灰陶。侈口，圆唇，束颈，腹部残，颈部素面，腹部饰斜向篮纹。残宽3.3、残高4.9厘米（图七三，16）。

　　标本山头梁一号点：17，彩陶片，泥质橙黄陶。素面磨光，器表饰三条弧形黑彩。残长2.6、残宽2.6厘米（图七三，17）。

标本山头梁一号点：18，彩陶片，泥质橙黄陶。素面，器表饰条带状黑彩。残长2.3、残宽1.5厘米（图七三，18）。

标本山头梁一号点：19，高领罐，夹砂橙黄陶。喇叭口，圆唇，高领，束颈，腹部残，沿下有折棱，素面。残宽6.3、残高6.2厘米（图七三，19）。

标本山头梁一号点：20，圆腹罐，泥质橙黄陶。侈口，圆唇，颈部残，素面。残宽3.3、残高2.8厘米（图七三，20）。

标本山头梁一号点：21，陶盆，泥质橙黄陶。敞口，圆唇，弧腹，底残，素面。残宽4、残高4.2厘米（图七三，21）。

标本山头梁一号点：22，陶盆，夹砂橙黄陶。敞口，圆唇，斜直腹，底残，腹部饰横向篮纹。残宽5.4、残高5.3厘米（图七三，22）。

标本山头梁一号点：23，彩陶盆，泥质橙黄陶。敞口，微折沿，圆唇，斜直腹，底残，素面，口沿下饰横向宽条带黑彩。残宽4.5、残高2.4厘米（图七三，23）。

标本山头梁一号点：24，圆腹罐，泥质橙黄陶。侈口，方唇，束颈，腹部残，素面。残宽3.9、残高4.9厘米（图七三，24）。

标本山头梁一号点：25，单耳罐，泥质橙黄陶。连口耳，已残，侈口，束颈，腹部残，素面。残宽4.4、残高4厘米（图七三，25）。

47. 陡沟东大梁遗址

遗址位于海原县海城镇陡沟村东侧长梁上，山梁当地人称为陡沟东大梁，地理坐标为北纬36°30'4.74"，东经105°38'37.74"，海拔高度为2110米。陡沟东大梁地势南高北低，位于山梁东侧陡坡地地表散落较密集陶片，在遗址区断面上发现有红烧土堆积、灰坑等遗迹现象。灰坑内包含烧骨、红烧土、陶片和炭屑。从陶片分布面积看，遗址面积较大，遗址南北长约600、东西宽约150米，面积约为9万平方米。遗址文化属性为菜园文化。

遗址地表采集陶片有泥质和夹砂两类，泥质陶稍多；陶色以橙黄陶为主，还有一定量的灰陶、红陶；除素面外纹饰有附加堆纹、篮纹、戳印纹、绳纹，还有大量彩陶；可辨器形有圆腹罐、高领罐、花边罐、单耳罐、小口罐、大口罐、彩陶罐、刻槽盆、盆、彩陶盆、钵等（表96、97）。

标本陡沟东大梁：1，单耳罐，夹砂橙黄陶。桥形单耳，侈口，圆唇，矮领，束颈，圆腹，底残，颈部饰一周附加泥条呈波状，腹部饰横向绳纹，绳纹之上为刻划纹，耳面饰竖向篮纹。口径13.2、残高8厘米（图七四，1）。

标本陡沟东大梁：2，单耳罐，夹砂橙黄陶。桥形拱耳，侈口，方唇，束颈，腹残，素面。残宽6.4、残高8厘米（图七四，2）。

标本陡沟东大梁：3，高领罐，泥质橙黄陶。喇叭口，圆唇，束颈，颈部以下残，素面。残宽8、残高4厘米（图七四，3）。

标本陡沟东大梁：4，高领罐，泥质橙黄陶。喇叭口，圆唇，束颈，颈部以下残。沿下饰斜向篮纹。残宽9、残高6.8厘米（图七四，4）。

标本陡沟东大梁：5，高领罐，夹砂橙黄陶。侈口，圆唇，颈部残，口沿外侧饰斜向篮纹。

表 96　陡沟东大梁遗址陶片数量统计表

纹饰＼陶质＼陶色	泥　质						夹　砂			
	橙黄	灰	红	红底黑彩	橙黄底黑彩	橙黄底红彩	橙黄	灰	红	红褐
素面	13	6	2	2	34	2	15	2	4	
篮纹	5						5		4	
戳印纹							8	1	1	
附加堆纹+篮纹							3		1	
附加堆纹+绳纹								1		
合计	18	6	2	2	34	2	31	4	10	

表 97　陡沟东大梁遗址器形数量统计表

器形＼陶质＼陶色	泥　质				夹　砂				总计
	红	橙黄	灰	红褐	红	橙黄	灰	红褐	
高领罐		6	1		2	5			14
圆腹罐		4	2			3	2		11
单耳罐		1	1			2			4
花边罐					1	1	1		3
大口罐						1			1
小口罐		1							1
陶盆	1	2	1			1	2		7
刻槽盆						2			2
陶钵		2				1			3
彩陶罐	1	4				1			6
彩陶盆		1							1
罐腹底		5	2		4	5	3		19
刻槽盆腹底						1			1
盆腹底			1						1

残宽7.6、残高2.8厘米（图七四，5）。

标本陡沟东大梁：6，圆腹罐，泥质橙黄陶。侈口，圆唇，束颈，颈部以下残，下颈部饰一周附加泥条呈波状。残宽7.6、残高5厘米（图七四，6）。

标本陡沟东大梁：7，圆腹罐，泥质灰陶。侈口，卷沿，圆唇，圆腹，底残，素面。残宽6.4、残高7厘米（图七四，7；彩版三一，2）。

标本陡沟东大梁：8，花边罐，夹砂橙黄陶。侈口，圆唇，束颈，颈部以下残，颈部饰斜向篮纹，篮纹之上饰一周附加泥条。残宽9.2、残高4.6厘米（图七四，8；彩版三一，3）。

标本陡沟东大梁：9，高领罐，泥质灰陶。喇叭口，圆唇，束颈，颈部以下残，沿下有一道凹槽，素面。残宽8.1、残高5.4厘米（图七四，9）。

标本陡沟东大梁：10，圆腹罐，泥质橙黄陶。侈口，圆唇，束颈，颈部以下残，口沿下饰斜向篮纹。残宽9.6、残高4.6厘米（图七四，10）。

标本陡沟东大梁：11，圆腹罐，夹砂橙黄陶。侈口，圆唇，束颈，颈部以下残，素面。残宽8.4、残高5.8厘米（图七四，11）。

标本陡沟东大梁：12，高领罐，夹砂橙黄陶。喇叭口，微折沿，圆唇，颈部以下残，素面。残宽6.8、残高4.8厘米（图七四，12）。

标本陡沟东大梁：13，高领罐，夹砂橙黄陶。喇叭口，圆唇，高领，束颈，颈部以下残，素面。口径20、残高5.6厘米（图七四，13）。

标本陡沟东大梁：14，陶盆，泥质橙黄陶。敞口，圆唇，弧腹，底残，素面。残宽4.1、残高4.8厘米（图七四，14）。

标本陡沟东大梁：15，花边罐，夹砂灰陶。侈口，尖唇，束颈，颈部以下残，沿下饰一周附加泥条。残宽6.6、残高4.4厘米（图七四，15）。

标本陡沟东大梁：16，陶盆，夹砂灰陶。敞口，平沿。尖唇，斜直腹，底残，腹部饰竖向绳纹，沿面内凹，沿下有一道凹槽。残宽7.4、残高5厘米（图七四，16）。

标本陡沟东大梁：17，圆腹罐，泥质灰陶。侈口，微卷沿，圆唇，束颈，颈部以下残，素面。残宽5.1、残高4厘米（图七四，17）。

标本陡沟东大梁：18，圆腹罐，泥质橙黄陶。侈口，圆唇，束颈，颈部以下残，素面。口径7.2、残高2.4厘米（图七四，18）。

标本陡沟东大梁：19，花边罐，夹砂红陶。侈口，方唇，颈部残，沿外侧饰一周附加泥条。残宽4.8、残高2.4厘米（图七四，19）。

标本陡沟东大梁：20，高领罐，夹砂红陶。喇叭口，圆唇，束颈，颈部以下残，素面。残宽5、残高4厘米（图七四，20）。

标本陡沟东大梁：21，刻槽盆，夹砂橙黄陶。口微敛，方唇，弧腹，底残，器表饰斜向篮纹，内壁有刻槽。残宽4.6、残高5.4厘米（图七四，21）。

标本陡沟东大梁：22，陶盆，夹砂橙黄陶。敞口，卷沿，圆唇，弧腹，底残，素面。残宽4.8、残高2.7厘米（图七四，22）。

标本陡沟东大梁：23，圆腹罐，夹砂灰陶。侈口，圆唇，束颈，颈部以下残，素面。残宽6.8、残高5厘米（图七四，23）。

标本陡沟东大梁：24，高领罐，夹砂橙黄陶。喇叭口，圆唇，颈部残，素面。残宽5.6、残高2厘米（图七四，24）。

标本陡沟东大梁：25，高领罐，泥质橙黄陶。喇叭口，微卷沿，圆唇，颈部残，素面。残宽5、残高1.8厘米（图七四，25）。

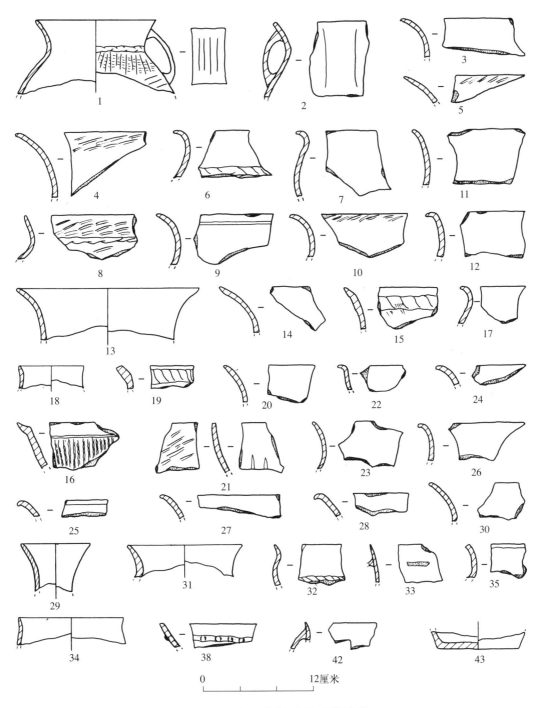

图七四 陡沟东大梁遗址采集遗物

1、2、42. 单耳罐 3～5、9、12、13、20、24～28、30. 高领罐 6、7、10、11、17、18、23、31、34、35. 圆腹罐 8、15、19. 花边罐 14、16、22、32、33、38. 陶盆 21. 刻槽盆 29. 小口罐 43. 罐腹底

标本陡沟东大梁：26，高领罐，泥质橙黄陶。喇叭口，微卷沿，圆唇，束颈，颈部以下残，素面。残宽8.4、残高4厘米（图七四，26）。

标本陡沟东大梁：27，高领罐，泥质橙黄陶。喇叭口，尖唇，颈部残，素面。残宽9、残高2.6厘米（图七四，27）。

标本陡沟东大梁：28，高领罐，泥质橙黄陶。喇叭口，卷沿，尖唇，束颈，颈部以下残，素面。残宽6.2、残高2.6厘米（图七四，28）。

标本陡沟东大梁：29，小口罐，泥质橙黄陶。侈口，圆唇，高领，束颈，颈部以下残，素面。口径7.6、残高5.2厘米（图七四，29）。

标本陡沟东大梁：30，高领罐，夹砂橙黄陶。喇叭口，圆唇，束颈，颈部以下残，素面。残宽5.1、残高4厘米（图七四，30）。

标本陡沟东大梁：31，圆腹罐，夹砂橙黄陶。侈口，方唇，束颈，颈部以下残，素面。口径12.4、残高3.4厘米（图七四，31）。

标本陡沟东大梁：32，陶盆，泥质橙黄陶。侈口，圆唇，弧腹，底残，腹部饰一周附加泥条呈波状。残宽5.4、残高4.4厘米（图七四，32）。

标本陡沟东大梁：33，陶盆，泥质红陶。残一錾，敞口，尖唇，腹部残，素面。残宽4.4、残高4厘米（图七四，33）。

标本陡沟东大梁：34，圆腹罐，夹砂灰陶。侈口，圆唇，颈部残，素面。口径11.6、残高2.8厘米（图七四，34）。

标本陡沟东大梁：35，圆腹罐，夹砂橙黄陶。侈口，方唇，束颈，颈部以下残，素面。残宽4.1、残高3.6厘米（图七四，35）。

标本陡沟东大梁：36，陶钵，夹砂橙黄陶。敛口，圆唇，弧腹，底残，素面。残宽4.2、残高6.2厘米（图七五，36）。

标本陡沟东大梁：37，刻槽盆，夹砂橙黄陶。敛口，方唇，弧腹，底残，腹部饰斜向篮纹，篮纹下饰两周附加泥条呈波状，内壁有刻槽。残宽5.6、残高10厘米（图七五，37）。

标本陡沟东大梁：38，陶盆，泥质灰陶。敞口，斜方唇，弧腹，底残，腹部饰附加泥条呈波状。残宽7.4、残高2.6厘米（图七四，38）。

标本陡沟东大梁：39，陶钵，泥质橙黄陶。敛口，尖唇，弧腹，底残，腹部饰斜向篮纹。残宽6.4、残高4.6厘米（图七五，39）。

标本陡沟东大梁：40，陶钵，泥质橙黄陶。敛口，圆唇，弧腹，底残，素面。残宽5.4、残高4.8厘米（图七五，40）。

标本陡沟东大梁：41，罐耳，泥质红陶。桥形残耳，素面。残长3.6、耳宽3厘米（图七五，41）。

标本陡沟东大梁：42，单耳罐，泥质橙黄陶。桥形残耳，侈口，尖唇，素面。残宽5.4、残高2.8厘米（图七四，42）。

标本陡沟东大梁：43，罐腹底，夹砂红陶。上腹残，下腹斜直，平底，素面。底径8.8、残高1.8厘米（图七四，43）。

标本陡沟东大梁：44，罐腹底，夹砂红陶。上腹残，下腹斜弧，平底，下腹饰斜向篮纹。底径16、残高3.6厘米（图七五，44）。

标本陡沟东大梁：45，罐腹底，夹砂灰陶。上腹残，下腹弧，平底。器身饰交错绳纹。底径9.6、残高3.6厘米（图七五，45）。

标本陡沟东大梁：46，罐腹底，夹砂红陶。上腹残，下腹斜直，平底，下腹饰斜向绳纹。

底径12.8、残高4厘米（图七五，46）。

标本陡沟东大梁：47，罐腹底，夹砂红陶。上腹残，下腹斜直，平底，素面。底径12.8、残高3厘米（图七五，47）。

标本陡沟东大梁：48，罐腹底，夹砂灰陶。上腹残，下腹斜直，平底，下腹饰交错篮纹，底部饰交错刻划纹。底径13.2、残高2.6厘米（图七五，48）。

标本陡沟东大梁：49，罐腹底，夹砂橙黄陶。上腹残，下腹斜直，平底，近底部饰斜向篮纹。底径14、残高5.4厘米（图七五，49）。

标本陡沟东大梁：50，罐腹底，夹砂灰陶。上腹残，下腹斜直，平底，斜腹饰斜向绳纹，底部有交错杂乱刻划纹。底径8、残高3厘米（图七五，50）。

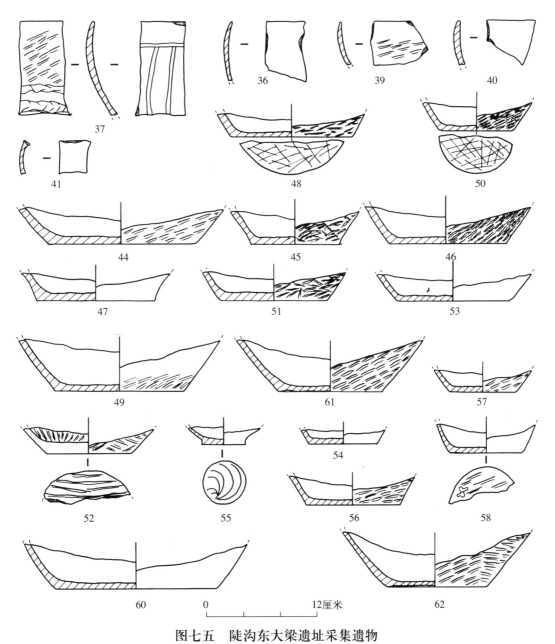

图七五　陡沟东大梁遗址采集遗物

36、39、40.陶钵　37.刻槽盆　41.罐耳　44～51、53、54、56～58、60～62.罐腹底　52.刻槽盆腹底　55.盆腹底

标本陡沟东大梁：51，罐腹底，泥质橙黄陶。上腹残，下腹斜直，平底，下腹饰交错绳纹。底径11.6、残高3厘米（图七五，51）。

标本陡沟东大梁：52，刻槽盆腹底，夹砂橙黄陶。上腹残，下腹斜直，平底，下腹饰交错篮纹，底面饰交错篮纹，内壁有数道凹槽。底径9.2、残高2.6厘米（图七五，52）。

标本陡沟东大梁：53，罐腹底，泥质灰陶。上腹残，下腹斜直，平底，素面。底径12.4、残高2.8厘米（图七五，53）。

标本陡沟东大梁：54，罐腹底，夹砂橙黄陶。上腹残，下腹斜直，平底，素面。底径7.6、残高1.5厘米（图七五，54）。

标本陡沟东大梁：55，盆腹底，泥质灰陶。上腹残，下腹斜直，平底，下腹素面，底部有漩涡痕迹。底径4.8、残高1.8厘米（图七五，55）。

标本陡沟东大梁：56，罐腹底，泥质橙黄陶。上腹残，下腹斜直，平底，下腹饰斜向篮纹。底径10.4、残高3厘米（图七五，56）。

标本陡沟东大梁：57，罐腹底，夹砂灰陶。上腹残，下腹斜直，平底，下腹饰斜向篮纹，底部饰交错篮纹。底径7.2、残高2.4厘米（图七五，57）。

标本陡沟东大梁：58，罐腹底，夹砂橙黄陶。上腹残，下腹斜直，平底，底部饰斜向篮纹。底径7.8、残高3.2厘米（图七五，58）。

标本陡沟东大梁：59，罐腹底，夹砂橙黄陶。上腹残，下腹斜直，假圈足，下腹饰横向篮纹。底径8.8、残高3.6厘米（图七六，59）。

标本陡沟东大梁：60，罐腹底，泥质橙黄陶。上腹残，下腹斜弧，平底，素面。底径17.2、残高4.8厘米（图七五，60）。

标本陡沟东大梁：61，罐腹底，夹砂橙黄陶。上腹残，下腹斜直，平底微凹，下腹饰斜向篮纹。底径11.6、残高5.5厘米（图七五，61）。

标本陡沟东大梁：62，罐腹底，泥质橙黄陶。上腹残，下腹斜直，假圈足，下腹饰交错篮纹。底径11.2、残高5.9厘米（图七五，62）。

标本陡沟东大梁：63，彩陶片，泥质橙黄陶。外壁施黑彩和紫彩，紫彩呈条带状，黑彩呈条带状及菱形格状，菱形格状间有圆弧形纹饰。残长9.6、残宽5.2厘米（图七六，63；彩版三一，5）。

标本陡沟东大梁：64，彩陶片，泥质橙黄陶。紫彩与黑彩相间分布，均已模糊不清。残长7、残宽4.4厘米（图七六，64；彩版三二，1）。

标本陡沟东大梁：65，彩陶罐，夹砂橙黄陶。侈口，折沿，圆唇，直腹，底残，器身饰条形黑彩。残宽7.8、残高3.6厘米（图七六，65；彩版三二，2）。

标本陡沟东大梁：66，彩陶罐，仅余耳部分，环形耳，泥质橙黄陶。器身残存部分黑彩绘。残长8.2、残宽8.3厘米（图七六，66；彩版三二，3）。

标本陡沟东大梁：67，彩陶片，泥质橙黄陶。饰条带状和水波纹状黑彩。残长6.2、残宽6.8厘米（图七六，67；彩版三二，4）。

标本陡沟东大梁：68，彩陶片，泥质橙黄陶。紫彩与黑彩相间分布，紫彩呈条带状，黑彩

图七六　陡沟东大梁遗址采集遗物

59.罐腹底　63、64、67～80、82～87、89～103、105、111～114.彩陶片　65、66.彩陶罐　81.彩陶罐耳　88.彩陶盆

呈条带和锯齿状。残长2.6、残宽3.6厘米（图七六，68；彩版三二，5）。

标本陡沟东大梁:69，彩陶片，泥质橙黄陶。饰条带状环形和圆点状黑彩。残长4.6、残宽4.4厘米（图七六，69；彩版三二，6）。

标本陡沟东大梁:70，彩陶片，泥质橙黄陶。饰条带状、锯齿状和菱形网格状黑彩。残长7.5、残宽6厘米（图七六，70；彩版三三，1）。

标本陡沟东大梁:71，彩陶片，泥质橙黄陶。器表饰黑彩。残长4.6、残宽5厘米（图七六，71；彩版三三，2）。

标本陡沟东大梁:72，彩陶片，泥质橙黄陶。饰窄条带状红彩。残长6.4、残宽6.6厘米（图七六，72；彩版三三，3）。

标本陡沟东大梁：73，彩陶片，泥质橙黄陶。紫彩与黑彩相间分布，紫彩已模糊不清，黑彩隐约呈条带状。残长4.1、残宽5.8厘米（图七六，73；彩版三三，4）。

标本陡沟东大梁：74，彩陶片，泥质橙黄陶。紫彩与黑彩相间分布，紫彩呈条带状，黑彩呈条带和锯齿状。残长4.6、残宽4厘米（图七六，74；彩版三三，5）。

标本陡沟东大梁：75，彩陶片，泥质橙黄陶。饰条带状紫彩与黑彩。残长3.2、残宽6厘米（图七六，75；彩版三三，6）。

标本陡沟东大梁：76，彩陶片，泥质橙黄陶。饰黑彩，钻有一孔。残长3.2、残宽4.8厘米（图七六，76；彩版三四，1）。

标本陡沟东大梁：77，彩陶片，泥质橙黄陶。紫彩与黑彩相间分布，黑彩呈条带和锯齿状，紫彩呈条带状。残长4.2、残宽3.8厘米（图七六，77；彩版三四，2）。

标本陡沟东大梁：78，彩陶片，泥质橙黄陶。饰菱形方块和圆点状黑彩。残长3.2、残宽6厘米（图七六，78；彩版三四，3）。

标本陡沟东大梁：79，彩陶片，泥质橙黄陶。饰菱形方块和弧线状黑彩。残长5.6、残宽5.4厘米（图七六，79；彩版三四，4）。

标本陡沟东大梁：80，彩陶片，泥质橙黄陶。饰交错条带状黑彩。残长5.8、残宽4.4厘米（图七六，80）。

标本陡沟东大梁：81，彩陶罐耳，泥质橙黄陶。环形耳，腹部残存黑彩。残长8.2、残宽6.2厘米（图七六，81；彩版三四，5）。

标本陡沟东大梁：82，彩陶片，泥质橙黄陶。饰弧形条带状黑彩。残长4、残宽3.8厘米（图七六，82；彩版三四，6）。

标本陡沟东大梁：83，彩陶片，泥质橙黄陶。饰紫彩与黑彩，相间分布，紫彩呈条带状，黑彩呈条带锯齿状。残长4.6、残宽5.6厘米（图七六，83；彩版三五，1）。

标本陡沟东大梁：84，彩陶片，泥质橙黄陶。紫彩与黑彩相间分布，紫彩呈条带状，黑彩呈条带锯齿状。残长3.4、残宽4.7厘米（图七六，84；彩版三五，2）。

标本陡沟东大梁：85，彩陶片，泥质橙黄陶。饰菱形网格状黑彩。残长3、残宽3.8厘米（图七六，85；彩版三一，4）。

标本陡沟东大梁：86，彩陶片，泥质橙黄陶。饰菱形网格状黑彩。残长3.2、残宽6.4厘米（图七六，86；彩版三五，3）。

标本陡沟东大梁：87，彩陶片，泥质橙黄陶。饰条带状黑彩。残长4.2、残宽3.8厘米（图七六，87；彩版三五，4）。

标本陡沟东大梁：88，彩陶盆，泥质橙黄陶。敞口，圆唇，斜直腹，底残，素面磨光，器表饰条带状黑彩。内壁饰横向和斜向的条带黑彩。残宽7、残高4厘米（图七六，88；彩版三五，5）。

标本陡沟东大梁：89，彩陶片，泥质橙黄陶。饰宽条带状黑彩。残长5、残宽4.6厘米（图七六，89；彩版三五，6）。

标本陡沟东大梁：90，彩陶片，泥质橙黄陶。饰三角形红彩。残长4.1、残宽4.6厘米（图七六，90；彩版三六，1）。

标本陡沟东大梁：91，彩陶片，泥质橙黄陶。饰条带状黑彩。残长1.8、残宽4.4厘米（图七六，91；彩版三六，2）。

标本陡沟东大梁：92，彩陶片，泥质橙黄陶。器表饰黑彩。残长3、残宽3.2厘米（图七六，92；彩版三六，3）。

标本陡沟东大梁：93，彩陶片，泥质红褐陶。饰宽条带状黑彩。残长2.3、残宽3.8厘米（图七六，93；彩版三六，4）。

标本陡沟东大梁：94，彩陶片，泥质橙黄陶。器表饰黑彩。残长2、残宽3.6厘米（图七六，94；彩版三六，5）。

标本陡沟东大梁：95，彩陶片，泥质橙黄陶。饰菱形网格状黑彩。残长2.5、残宽2.7厘米（图七六，95；彩版三六，6）。

标本陡沟东大梁：96，彩陶片，泥质红褐陶。饰条带状黑彩。残长2.5、残宽3.9厘米（图七六，96；彩版三七，1）。

标本陡沟东大梁：97，彩陶片，泥质橙黄陶。紫彩呈条带状，黑彩呈菱形网格状。残长3.3、残宽2.9厘米（图七六，97；彩版三七，2）。

标本陡沟东大梁：98，彩陶片，泥质橙黄陶。饰宽条带状黑彩。残长2.6、残宽3.4厘米（图七六，98；彩版三七，3）。

标本陡沟东大梁：99，彩陶片，泥质橙黄陶。饰两条黑彩，中间呈锯齿状。残长3.6、残宽4.6厘米（图七六，99；彩版三七，4）。

标本陡沟东大梁：100，彩陶片，泥质橙黄陶。饰条形锯齿状黑彩，中间为条带红彩。残长4.6、残宽4.5厘米（图七六，100；彩版三七，5）。

标本陡沟东大梁：101，彩陶片，泥质橙黄陶。饰紫彩与黑彩，均已模糊不清。残长4.7、残宽7.6厘米（图七六，101；彩版三七，6）。

标本陡沟东大梁：102，彩陶片，泥质橙黄陶。饰条带状黑彩。残长3.7、残宽5.2厘米（图七六，102；彩版三八，1）。

标本陡沟东大梁：103，彩陶片，泥质橙黄陶。黑彩与紫彩相间分布，均呈条带状。残长4.2、残宽6.6厘米（图七六，103；彩版三八，2）。

标本陡沟东大梁：104，彩陶罐，泥质橙黄陶。侈口，圆唇，直腹，底残，饰火焰状黑彩。残宽2.4、残高3.3厘米（图七七，104；彩版三八，3）。

标本陡沟东大梁：105，彩陶片，泥质橙黄陶。饰条带状黑彩。残长3.2、残宽5.4厘米（图七六，105；彩版三八，4）。

标本陡沟东大梁：106，彩陶片，泥质橙黄陶。紫彩与黑彩相间分布，紫彩呈条带状，黑彩呈条带锯齿状。残长5.6、残宽4.2厘米（图七七，106；彩版三八，5）。

标本陡沟东大梁：107，彩陶片，泥质橙黄陶。紫彩与黑彩相间分布，紫彩呈条带状，黑彩呈条带锯齿状。残长4.4、残宽6.2厘米（图七七，107；彩版三八，6）。

标本陡沟东大梁：108，彩陶片，泥质橙黄陶。饰黑彩，模糊，略成条带状。残长8.2、残宽5.6厘米（图七七，108）。

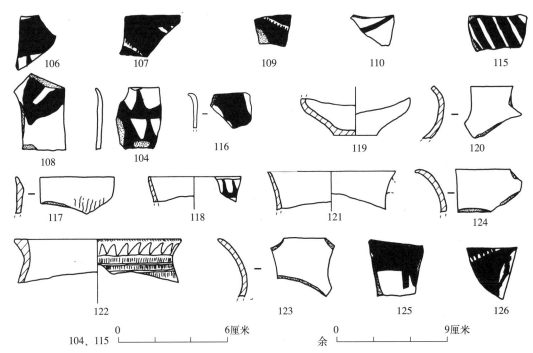

图七七　陡沟东大梁遗址采集遗物

104、116、118.彩陶罐　106~110、115、125、126.彩陶片　117.陶罐　119.罐腹底　120.圆腹罐　121.单耳罐　122.大口罐　123、124.高领罐

　　标本陡沟东大梁：109，彩陶片，泥质橙黄陶。红彩与黑彩相间分布，红彩呈条带状，黑彩呈条带锯齿状。残长3.3、残宽4厘米（图七七，109；彩版三九，1）。

　　标本陡沟东大梁：110，彩陶片，泥质橙黄陶。饰弧形条带状红彩。残长3.3、残宽4.8厘米（图七七，110；彩版三九，2）。

　　标本陡沟东大梁：111，彩陶片，泥质橙黄陶。紫彩与黑彩相间分布，紫彩呈条带状，黑彩呈条带锯齿状。残长4、残宽3.2厘米（图七六，111；彩版三九，3）。

　　标本陡沟东大梁：112，彩陶片，泥质橙黄陶。紫彩与黑彩相间分布，紫彩呈条带状，黑彩呈条带锯齿状。残长4、残宽4厘米（图七六，112；彩版三九，4）。

　　标本陡沟东大梁：113，彩陶片，泥质灰陶。饰条带状黑彩。残长2.2、残宽4.6厘米（图七六，113；彩版三九，5）。

　　标本陡沟东大梁：114，彩陶片，泥质橙黄陶。饰弧形条带状黑彩。残长1.5、残宽2.4厘米（图七六，114）。

　　标本陡沟东大梁：115，彩陶片，泥质橙黄陶。饰多道条带状黑彩。残长1.9、残宽3.2厘米（图七七，115；彩版三九，6）。

　　标本陡沟东大梁：116，彩陶罐，泥质红陶。侈口，微卷沿，尖唇，直腹，底残，器表饰黑彩。残宽3、残高2.5厘米（图七七，116；彩版四〇，1）。

　　标本陡沟东大梁：117，陶罐，夹砂灰陶。侈口，圆唇，腹、底残，内壁有一道折棱，腹部饰竖向绳纹。残宽8.2、残高4厘米（图七七，117）。

　　标本陡沟东大梁：118，彩陶罐，泥质橙黄陶。侈口，圆唇，口沿以下残，器身饰锯齿状黑彩。口径10.4、残高2.7厘米（图七七，118）。

标本陡沟东大梁：119，罐腹底，泥质橙黄陶。上腹残，下腹斜弧，平底，素面。底径4.8、残高4厘米（图七七，119）。

标本陡沟东大梁：120，圆腹罐，泥质橙黄陶。侈口，方唇，束颈，颈部以下残，素面。残宽6.1、残高5.6厘米（图七七，120）。

标本陡沟东大梁：121，单耳罐，泥质灰陶。侈口，尖唇，束颈，颈部以下残，口沿下方有耳脱落痕迹，素面。口径14、残高4.2厘米（图七七，121）。

标本陡沟东大梁：122，大口罐，夹砂橙黄陶。侈口，窄平沿，锯齿状方唇，束颈，颈部以下残，沿下饰一周戳印纹，颈部饰竖向绳纹，绳纹被抹断。口径18.4、残高4.6厘米（图七七，122）。

标本陡沟东大梁：123，高领罐，夹砂红陶。喇叭口，圆唇，高领，束颈，颈部以下残，素面。残宽6.8、残高6.2厘米（图七七，123）。

标本陡沟东大梁：124，高领罐，夹砂橙黄陶。喇叭口，圆唇，高领，束颈，颈部以下残，素面。残宽7.1、残高4.6厘米（图七七，124）。

标本陡沟东大梁：125，彩陶片，泥质橙黄陶。饰条带状黑彩。残长6、残宽5.8厘米（图七七，125）。

标本陡沟东大梁：126，彩陶片，泥质橙黄陶。饰锯齿状黑彩。残长5.4、残宽5.4厘米（图七七，126）。

48. 党家河坟园梁遗址

遗址位于海原县海城镇野狐坡村党家河口南侧山梁上，山梁当地人称党家河坟园梁。地理坐标为北纬36°32'28.94"，东经105°34'19.10"，海拔高度为1948米。党家河坟园梁地势南高北低，山梁东侧较为平缓的坡地地表发现数个盗坑，盗坑周围散落有陶片、人骨等遗物。因没有暴露的断面，在遗址区未发现有地层堆积和遗迹现象。从陶片分布范围看，遗址面积小，南北长约200、东西宽约100米，面积约为2万平方米。遗址文化属性为菜园文化。

遗址地表采集陶片有泥质和夹砂两类，夹砂陶稍多；陶色以橙黄陶为主，还有红陶、灰陶；除素面外纹饰有篮纹、附加堆纹、席纹、绳纹、麻点纹、刻划纹；可辨器形有圆腹罐、单耳罐和花边罐等（表98、99）。

标本党家河坟园梁：1，花边罐，夹砂橙黄陶。侈口，尖唇，矮领，束颈，下腹残，口沿外侧饰一周附加泥条呈斜凸棱状，颈部饰竖向绳纹，绳纹之上饰附加泥条，上腹部饰麻点纹。口径14.4、残高8.4厘米（图七八，1；彩版四〇，2）。

标本党家河坟园梁：2，圆腹罐，夹砂橙黄陶。侈口，圆唇，束颈，颈部以下残，素面。残宽9、残高4厘米（图七八，2）。

标本党家河坟园梁：3，圆腹罐，夹砂橙黄陶。侈口，圆唇，束颈，颈部以下残，素面。残宽6.4、残高5厘米（图七八，3）。

标本党家河坟园梁：4，花边罐，夹砂橙黄陶。侈口，尖唇，矮领，束颈，下腹残，口沿外侧饰一周附加泥条呈斜凸棱状，颈部饰竖向绳纹，绳纹之上饰附加泥条，上腹部饰麻点纹。残

表 98　党家河坟园梁遗址陶片数量统计表

陶质	泥 质						夹 砂			
纹饰　　　　陶色	橙黄	灰	红	红底黑彩	橙黄底黑彩	橙黄底红彩	橙黄	灰	红	橙黄底红彩
素面	10	1	4		1		5	12	1	1
绳纹			4					10		
篮纹	3						12	5	4	
席纹							1			
附加堆纹+绳纹									2	
附加堆纹+麻点纹		2					2			
篮纹+刻划纹							1	1		
合计	13	3	8		1		21	28	7	1

表 99　党家河坟园梁遗址器形数量统计表

陶质	泥 质				夹 砂				总 计
器形　　　　陶色	红	橙黄	灰	黑	红	橙黄	灰	黑	
圆腹罐						2			2
单耳罐					1				1
花边罐						2			2
陶罐					1				1

宽 7.4、残高 6.3 厘米（图七八，4）。

　　标本党家河坟园梁：5，单耳罐，夹砂红陶。桥形残耳，侈口，方唇，口沿以下残，耳面饰竖向宽篮纹。残宽 5.3、残高 2.9 厘米（图七八，5）。

　　标本党家河坟园梁：6，彩陶片，泥质红陶。素面，器表饰横向条带黑彩，下方饰菱形黑彩及圆点彩。残宽 9.8、残高 5.7 厘米（图七八，6）。

　　标本党家河坟园梁：7，彩陶片，泥质红陶。素面，器表饰菱形网格纹黑彩。残宽 7.8、残高 7.5 厘米（图七八，7；彩版四〇，3）。

　　标本党家河坟园梁：8，陶罐，夹砂红陶。侈口，折沿，圆唇，圆腹，平底，素面。口径 15.4、底径 9.4、高 19 厘米（图七八，8；彩版四〇，4）。

49. 蚰蜒梁（西塘村）遗址

　　遗址位于海原县西安镇西塘村西侧山梁上，山梁当地人称为蚰蜒梁。地理坐标为北纬 36°33'1.99"，东经 105°31'44.22"，海拔高度为 1909 米。蚰蜒梁地势南高北低，山梁东侧较为平缓的坡地地表散落陶片，在水冲沟暴露的断面上发现有红烧土堆积和灰坑等遗迹。遗址南北长

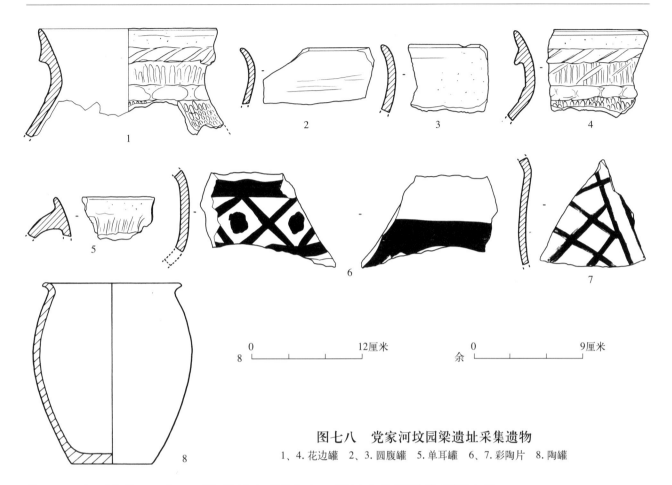

图七八　党家河坟园梁遗址采集遗物

1、4.花边罐　2、3.圆腹罐　5.单耳罐　6、7.彩陶片　8.陶罐

约300、东西宽约200米，面积约为6万平方米。遗址文化属性为菜园文化。

　　遗址地表采集陶片有泥质和夹砂两类，夹砂陶占绝大多数；陶色以橙黄陶为主，还有一定量的红陶、灰陶；除素面外纹饰以篮纹为主，还有绳纹和刻划纹；可辨器形有圆腹罐、高领罐等（表100、101）。

　　标本蚰蜒梁（西塘村）：1，圆腹罐，夹砂橙黄陶。侈口，圆唇，矮领，束颈，圆腹，底残，颈部素面，腹部饰斜向篮纹。残宽10.8、残高10.8厘米（图七九，1）。

　　标本蚰蜒梁（西塘村）：2，圆腹罐，夹砂橙黄陶。侈口，圆唇，矮领，束颈，颈部以下

表 100　蚰蜒梁（西塘村）遗址陶片数量统计表

陶质 陶色 纹饰	泥　质						夹　砂			
	橙黄	灰	红	红底 黑彩	橙黄底 黑彩	橙黄底 红彩	橙黄	灰	红	红褐
素面							5	2		
绳纹							2			
篮纹			1				22	2	3	
刻划纹								3		
合计			1				29	7	3	

表101　蚰蜒梁（西塘村）遗址器形数量统计表

器形 \ 陶色 陶质	泥 质				夹 砂				总 计
	红	橙黄	灰	黑	红	橙黄	灰	黑	
高领罐	1								1
圆腹罐						2			2

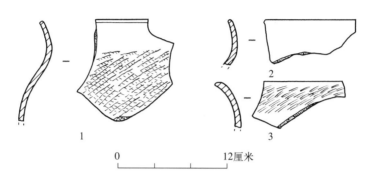

图七九　蚰蜒梁（西塘村）遗址采集遗物
1、2.圆腹罐　3.高领罐

残。素面且有刮抹痕迹。残宽10、残高4.8厘米（图七九，2）。

标本蚰蜒梁（西塘村）：3，高领罐，泥质红陶。喇叭口，尖唇，高领，束颈，颈部以下残。口沿下饰篮纹，颈部素面。残宽10、残高5厘米（图七九，3）。

50. 党家河西梁遗址

遗址位于海原县海城镇党家河口村西南侧山梁上，山梁当地人称为党家河西梁。地理坐标为北纬36°32′33.25″，东经105°33′47.78″，海拔高度为1965米。党家河西梁地势南高北低，山梁东侧较为平缓的坡地上散落一定数量陶片，同时还发现有数个盗坑，盗坑周围散落有陶片、人骨等遗物。因没有暴露的断面，在遗址区未发现有地层堆积和遗迹现象。遗址南北长约100、东西宽约70米，面积约为0.7万平方米。遗址文化属性为菜园文化。

遗址地表采集陶片有泥质和夹砂两类，泥质陶稍多；陶色以橙黄陶为主，还有红陶、灰陶；除素面外纹饰有篮纹、绳纹、附加堆纹、麻点纹和戳印纹，还有少量彩陶；可辨器形有圆腹罐、花边罐等（表102、103）。

标本党家河西梁：1，花边罐，夹砂橙黄陶。侈口，圆唇，矮领，束颈，颈部以下残。颈部饰一周附加泥条被按压呈波状，素面。残宽8.2、残高6厘米（图八〇，1）。

标本党家河西梁：2，圆腹罐，夹砂橙黄陶。侈口，圆唇，矮领，束颈，圆腹，底残，器表饰麻点纹，颈部有两个附加泥饼。残宽5.4、残高5.4厘米（图八〇，2）。

标本党家河西梁：3，花边罐，夹砂红陶。侈口，圆唇，矮领，束颈，颈部以下残，口沿下方饰一周附加泥条，被按压呈斜凸棱状，颈部饰麻点纹。残宽5.9、残高4.5厘米（图八〇，3）。

标本党家河西梁：4，罐腹底，泥质红陶。上腹残，下腹斜直，平底，素面。残宽5.2、残高

表 102　党家河西梁遗址陶片数量统计表

纹饰 ＼ 陶质／陶色	泥 质						夹 砂			
	橙黄	灰	红	红底黑彩	橙黄底黑彩	橙黄底红彩	橙黄	灰	红	红褐
素面	12	3	3		2		5	1	1	
绳纹	1	2					6	2		
篮纹	4						4			
戳印纹							1			
附加堆纹+绳纹			1				2			
合计	17	5	4		2		18	3	1	

表 103　党家河西梁遗址器形数量统计表

器形 ＼ 陶质／陶色	泥 质				夹 砂				总 计
	红	橙黄	灰	黑	红	橙黄	灰	黑	
圆腹罐						1			1
花边罐					1	1			2
罐腹底	1								1

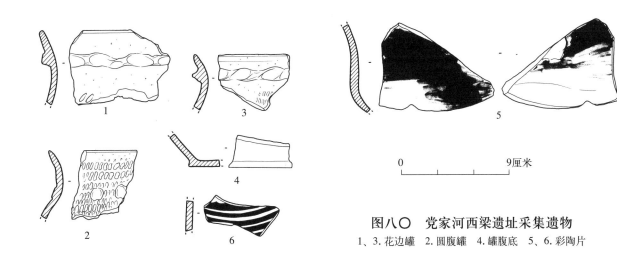

图八〇　党家河西梁遗址采集遗物

1、3. 花边罐　2. 圆腹罐　4. 罐腹底　5、6. 彩陶片

2.6厘米（图八〇，4）。

标本党家河西梁：5，彩陶片，泥质橙黄陶。器表内外饰横向条带状黑彩。残长7、残宽9.6厘米（图八〇，5）。

标本党家河西梁：6，彩陶片，泥质橙黄陶。器表饰四道弧形条带黑彩。残长3.2、残宽6.1厘米（图八〇，6）。

51. 陈家庄北山梁遗址

遗址位于海原县李俊乡团结村西侧山梁上，山梁当地人称为陈家庄北山梁。地理坐标为北纬36°12′13.06″，东经105°47′35.95″，海拔高度为2077米。陈家庄北山梁地势北高南低，山梁东侧较为平缓的坡地上发现较多陶片，地表有一定数量的盗坑，盗坑周边散落有陶片、人骨等遗物。因没有暴露的断面，在遗址区未发现有地层堆积和遗迹现象。遗址南北长约120、东西宽约90米，面积约为1.08万平方米。

遗址地表采集陶片有泥质和夹砂两类，夹砂陶稍多；陶色以橙黄陶为主，还有少量红陶；除素面外纹饰主要有绳纹、篮纹、刻划纹、附加堆纹；可辨器形有高领罐、圆腹罐、单耳罐、盆等（表104、105）。

标本陈家庄北山梁：1，高领罐，泥质橙黄陶。喇叭口，圆唇，高领，束颈，颈部以下残，沿下饰斜向绳纹，下颈部饰一周戳印纹。口径17.6、残高8.5厘米（图八一，1）。

标本陈家庄北山梁：2，罐腹底，夹砂橙黄陶。斜腹，平底内凹。腹部饰斜向绳纹，底部饰交错绳纹。底径10.5、残高6.8厘米（图八一，2）。

标本陈家庄北山梁：3，单耳罐，夹砂红陶。桥形单耳，侈口，圆唇，矮领，束颈，圆腹，

表 104　陈家庄北山梁遗址陶片数量统计表

纹饰＼陶质陶色	泥 质						夹 砂			
	橙黄	灰	红	红底黑彩	橙黄底黑彩	橙黄底红彩	橙黄	灰	红	红褐
素面			1				2			
绳纹	8						7			
篮纹							2			
戳印纹	1									
附加堆纹+绳纹							1			
绳纹+刻划纹							4		1	
合计	9		1				16		1	

表 105　陈家庄北山梁遗址器形数量统计表

器形＼陶质陶色	泥 质				夹 砂				总 计
	红	橙黄	灰	黑	红	橙黄	灰	黑	
高领罐		1							1
圆腹罐						2			2
单耳罐					1	1			2
陶盆	1								1
罐腹底						1			1

底残，耳面饰竖向刻划纹。口沿外侧饰斜向绳纹。腹部饰斜向绳纹，绳纹上饰刻划纹。残宽11.5、残高8.4厘米（图八二，3）。

标本陈家庄北山梁：4，单耳罐，夹砂橙黄陶。侈口，尖唇，矮领，束颈，圆腹。桥形拱耳，耳面饰竖向绳纹且有一条斜向附加泥条。颈部素面，颈腹间饰一周附加泥条。腹部饰斜向绳纹，绳纹上饰刻划纹。残宽8.6、残高8.8厘米（图八二，4）。

标本陈家庄北山梁：5，圆腹罐，夹砂橙黄陶。侈口，圆唇，束颈，颈部下残，素面。残宽5.6、残高3.6厘米（图八二，5）。

标本陈家庄北山梁：6，陶盆，泥质红陶。敞口，折沿，圆唇，斜直腹，素面。残宽7.2、残高2.8厘米（图八二，6）。

标本陈家庄北山梁：7，圆腹罐，夹砂橙黄陶。侈口，圆唇，矮领，束颈，圆腹，器表饰横向绳纹。残宽5.4、残高4厘米（图八二，7）。

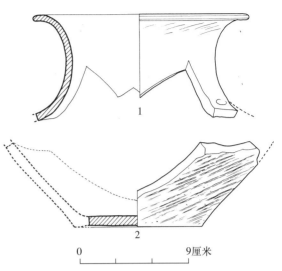

图八一　陈家庄北山梁遗址采集遗物
1. 高领罐　2. 罐腹底

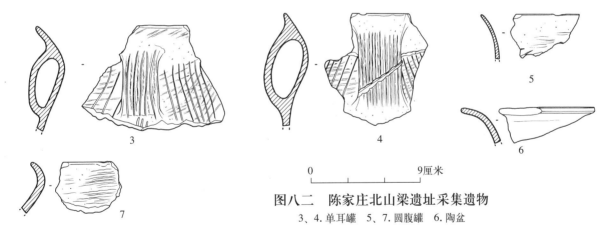

图八二　陈家庄北山梁遗址采集遗物
3、4. 单耳罐　5、7. 圆腹罐　6. 陶盆

52.黑子梁遗址

遗址位于海原县史店乡方家庄村东侧山梁上，山梁当地人称为黑子梁。地理坐标为北纬36°28'15.70"，东经105°41'32.19"，海拔高度为2155米。黑子梁地势西高东低，山梁东侧坡地小片区域发现少量陶片。同时还发现有数个盗坑，盗坑周围散落有陶片、人骨等遗物。因没有暴露的断面，在遗址区未发现有地层堆积和遗迹现象。从陶片分布范围看，遗址的面积相对较小，遗址南北长约50、东西宽约100米，面积约为0.5万平方米。遗址文化属性为菜园文化。

遗址地表采集陶片有泥质和夹砂两类，夹砂陶稍多；陶色以橙黄陶为主，还有少量红陶、灰陶；除素面外纹饰有绳纹、篮纹、附加堆纹、刻划纹和弦纹；可辨器形有单耳罐、圆腹罐等（表106、107）。

表106　黑子梁遗址陶片数量统计表

陶质	泥　质						夹　砂			
纹饰　　　陶色	橙黄	灰	红	红底黑彩	橙黄底黑彩	橙黄底红彩	橙黄	灰	红	红褐
素面	1						1	1	1	
绳纹							3			
合计	1						4	1	1	

表107　黑子梁遗址器形数量统计表

陶质	泥　质				夹　砂				总　计
器形　　　陶色	红	橙黄	灰	黑	红	橙黄	灰	黑	
圆腹罐						1			1
单耳罐							1		1
罐腹底		1			1	1			3

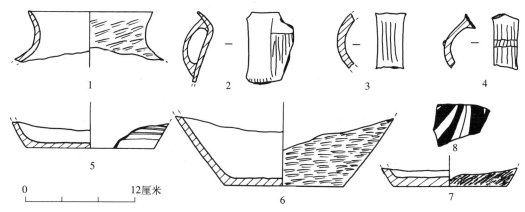

图八三　黑子梁遗址采集遗物
1.圆腹罐　2.单耳罐　3、4.罐耳　5～7.罐腹底　8.彩陶片

标本黑子梁：1，圆腹罐，夹砂橙黄陶。侈口，圆唇，束颈，颈部以下残，颈部饰斜向篮纹。口径13.6、残高5.4厘米（图八三，1）。

标本黑子梁：2，单耳罐，夹砂灰陶。桥形拱耳，侈口，圆唇，束颈，弧腹，底残，颈部饰竖向刻划纹。残宽5.2、残高7.6厘米（图八三，2）。

标本黑子梁：3，罐耳，夹砂橙黄陶。仅余耳的一部分，耳部饰竖向篮纹。残长6、宽3.4厘米（图八三，3）。

标本黑子梁：4，罐耳，夹砂橙黄陶。仅余耳的一部分，桥形拱耳，耳面饰竖向篮纹，篮纹之上饰横向附加泥条。残长6、宽3厘米（图八三，4）。

标本黑子梁：5，罐腹底，泥质橙黄陶。上腹残，下腹斜直，平底，腹部饰横向弦纹。底径14、残高2.7厘米（图八三，5）。

标本黑子梁：6，罐腹底，夹砂橙黄陶。上腹残，下腹斜直，平底，下腹饰横向篮纹。底径

12.8、残高7.4厘米（图八三，6）。

标本黑子梁：7，罐腹底，夹砂红陶。上腹残，下腹斜直，平底，下腹饰斜向绳纹。底径12.4、残高2厘米（图八三，7）。

标本黑子梁：8，彩陶片，泥质橙黄陶。素面，器表饰弧形条带状黑彩。残长4.4、残宽6厘米（图八三，8）。

53. 拐匹北遗址

遗址位于海原县李俊乡拐匹村北侧山梁上，山梁当地人称为拐匹梁。地理坐标为北纬36°30'29.74"，东经105°29'52.61"，海拔高度为1989米。拐匹梁地势南高北低。北侧坡地地表发现大量盗坑，盗坑周围散落一定数量陶片等遗物。在遗址区断面上发现有人骨、碳屑、灰坑等遗迹现象。从盗坑的分布看，遗址遭盗扰破坏比较严重。从陶片分布范围来看，遗址的面积相对较小，但遗物发现丰富，遗址南北长约50、东西宽约100米，面积约为0.5万平方米。遗址文化属性为菜园文化。

遗址地表采集陶片有泥质和夹砂两类，夹砂陶占绝大多数；陶色以橙黄陶为主，还有一定量灰陶、红陶；除素面外纹饰主要以篮纹为主，还有绳纹、附加堆纹、麻点纹和戳印纹；可辨器形有大口圆腹罐、圆腹罐、单耳罐、双耳罐、花边罐、高领罐、盆等（表108、109）。

标本拐匹北：1，花边罐，夹砂橙黄陶。侈口，方唇，矮领，束颈，圆腹，底残，颈部饰两周附加泥条呈波状。口径25、残高16厘米（图八四，1；彩版四一，3）。

标本拐匹北：2，花边罐，夹砂橙黄陶。侈口，圆唇，矮领，束颈，圆腹，底残，颈腹之间饰一周附加泥条呈波状。腹部饰斜向篮纹。口径16、残高16厘米（图八四，2）。

标本拐匹北：3，圆腹罐，夹砂橙黄陶。侈口，圆唇，圆腹，底残，沿下饰一周附加泥条呈波状。残宽21.6、残高12厘米（图八六，3）。

标本拐匹北：4，圆腹罐，夹砂橙黄陶。直口，方唇，圆腹，底残，颈腹饰竖向绳纹。口径

表 108　拐匹北遗址陶片数量统计表

纹饰＼陶质陶色	泥　质						夹　砂			
	橙黄	灰	红	红底黑彩	橙黄底黑彩	橙黄底红彩	橙黄	灰	红	红褐
素面	5	4	2				84	8	2	
绳纹							18	5	3	
篮纹	3	1	1				122	12		
附加堆纹	1						8		2	
麻点纹							12	1		
附加堆纹+篮纹							2			
附加堆纹+绳纹							3	1		
合计	9	5	3				249	27	7	

表 109　拐峁北遗址器形数量统计表

器形 ＼ 陶色 ＼ 陶质	泥 质				夹 砂				总　计
	红	橙黄	灰	黑	红	橙黄	灰	红褐	
高领罐		4				5	3		12
大口圆腹罐						1			1
圆腹罐		6	2		5	15	1		29
单耳罐		1	1		1	1			4
双耳罐	1	1							2
花边罐						4	1		5
陶盆							1		1
罐腹底		2	1			11	2		16

11.6、残高10厘米（图八四，4；彩版四一，2）。

标本拐峁北：5，高领罐，夹砂橙黄陶。侈口，圆唇，束颈，溜肩，腹部残，素面。口径16、残高10厘米（图八四，5）。

标本拐峁北：6，圆腹罐，夹砂橙黄陶。侈口，圆唇，束颈，颈部以下残，唇下有一道折棱，颈下饰戳印纹。口径16.8、残高8厘米（图八四，6；彩版四一，1）。

标本拐峁北：7，圆腹罐，泥质橙黄陶。侈口，圆唇，高领，束颈，弧腹，底残，素面。口径15.6、残高10.8厘米（图八四，7）。

标本拐峁北：8，圆腹罐，夹砂橙黄陶。侈口，圆唇，束颈，颈部以下残，下颈部饰一周附加泥条呈波状。口径20、残高8厘米（图八四，8）。

标本拐峁北：9，高领罐，泥质橙黄陶。侈口，尖圆唇，高领，束颈，颈部以下残，颈部有两道折棱。口径16、残高8.8厘米（图八四，9）。

标本拐峁北：10，陶盆，夹砂灰陶。敞口，方唇，斜弧腹，底残，素面。残宽7.6、残高3.8厘米（图八五，10）。

标本拐峁北：11，高领罐，夹砂橙黄陶。侈口，圆唇，矮领，束颈，圆腹，底残，上腹部饰戳印纹。口径16、残高9.2厘米（图八四，11）。

标本拐峁北：12，圆腹罐，泥质橙黄陶。侈口，圆唇，高领，束颈，弧腹，底残。口径14.4、残高12厘米（图八四，12；彩版四一，4）。

标本拐峁北：13，圆腹罐，夹砂橙黄陶。侈口，圆唇，高领，圆腹，底残，素面，颈腹之间有一道凹槽。残宽15.2、残高11.4厘米（图八六，13）。

标本拐峁北：14，高领罐，夹砂橙黄陶。侈口，圆唇，高领，束颈，颈部以下残，沿下饰斜向篮纹，颈部素面。口径17、残高8.4厘米（图八四，14）。

标本拐峁北：15，圆腹罐，夹砂橙黄陶。侈口，圆唇，束颈，颈部以下残，素面。口径14、残高7.2厘米（图八五，15）。

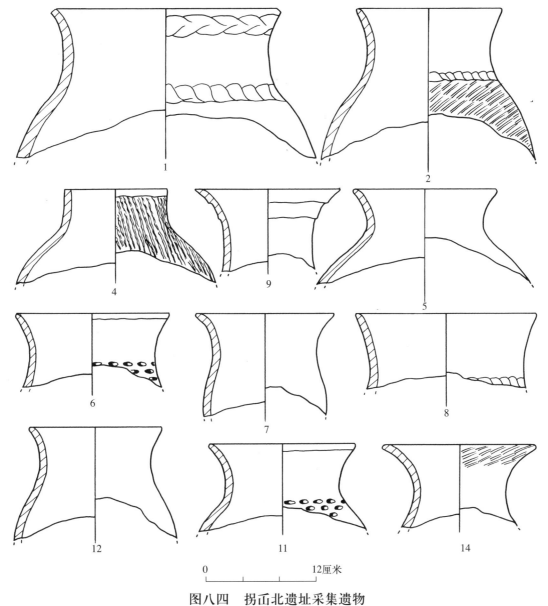

图八四　拐疋北遗址采集遗物

1、2.花边罐　4.圆腹罐　5、9、11、14.高领罐　6～8、12.圆腹罐

标本拐疋北：16，圆腹罐，夹砂橙黄陶。侈口，圆唇，束颈，颈部以下残，素面。口径14、残高7.1厘米（图八五，16）。

标本拐疋北：17，圆腹罐，夹砂红陶。侈口，圆唇，束颈，圆腹，底残，器表通体饰斜向绳纹。口径10.4、残高7.2厘米（图八五，17）。

标本拐疋北：18，圆腹罐，夹砂橙黄陶。侈口，方唇，束颈，颈部以下残，颈部饰斜向绳纹。口径14、残高4.8厘米（图八五，18）。

标本拐疋北：19，双耳罐，泥质红陶。桥形双耳，侈口，尖唇，高领，束颈，扁鼓腹，底残，耳面饰竖向篮纹，器身素面。口径9.6、残高11.2厘米（图八五，19）。

标本拐疋北：20，圆腹罐，夹砂红陶。侈口，圆唇，束颈，圆腹，底残，器表通体饰斜向绳纹。口径9.6、残高8厘米（图八五，20）。

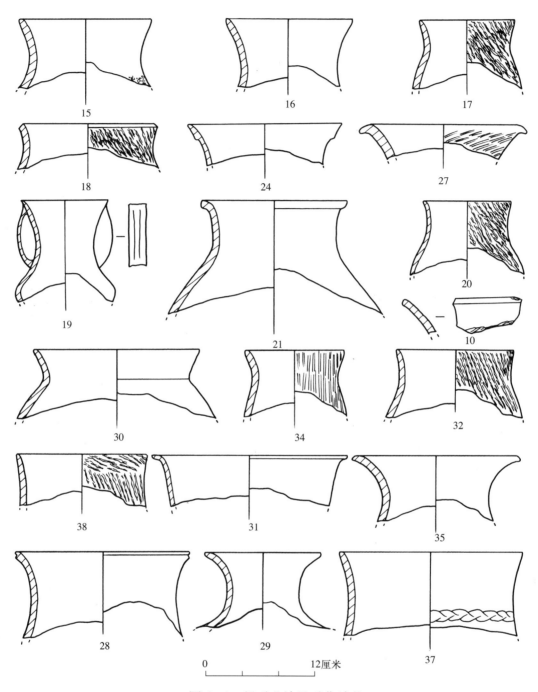

图八五　拐卯北遗址采集遗物

10、31.陶盆　15~18、20、24、28、32、34、38.圆腹罐　19、30.双耳罐　21、27、29、35.高领罐　37.花边罐

　　标本拐卯北：21，高领罐，夹砂灰陶。喇叭口，平折沿，圆唇，高领，束颈，溜肩，腹部残，素面。口径16、残高12.2厘米（图八五，21）。

　　标本拐卯北：22，高领罐，夹砂灰陶。喇叭口，平折沿，圆唇，高领，束颈，溜肩，腹部残，素面。残长14、残宽6.8厘米（图八六，22）。

　　标本拐卯北：23，圆腹罐，夹砂橙黄陶。侈口，圆唇，束颈，颈部以下残，颈部饰竖向刻划纹。残宽8.4、残高6厘米（图八六，23）。

标本拐乢北：24，圆腹罐，夹砂橙黄陶。侈口，圆唇，束颈，颈部以下残，唇下有一道折痕。口径16.8、残高4.4厘米（图八五，24）。

标本拐乢北：25，高领罐，泥质橙黄陶。喇叭口，圆唇，高领，束颈，颈部以下残，颈部饰横向篮纹。残宽10.6、残高8厘米（图八六，25）。

标本拐乢北：26，单耳罐，泥质橙黄陶。残存一耳，侈口，尖唇，束颈，腹残，下颈部有戳印纹。残宽8、残高6厘米（图八六，26）。

标本拐乢北：27，高领罐，夹砂橙黄陶。喇叭口，圆唇，束颈，颈部以下残，颈部饰横向

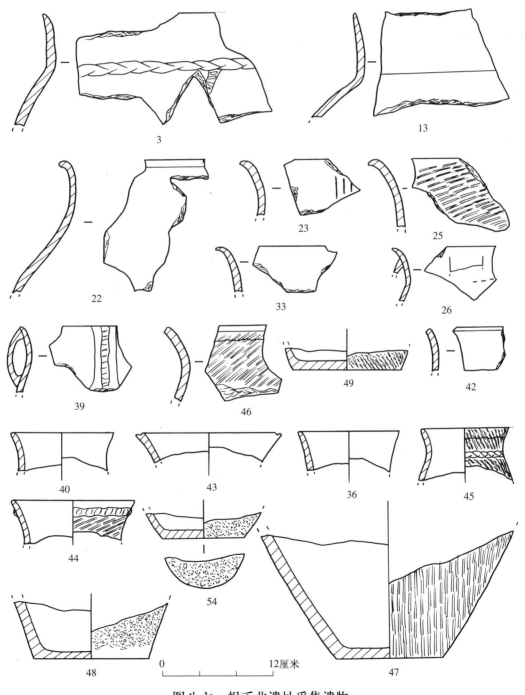

图八六　拐乢北遗址采集遗物

3、13、23、33、36、40、42、46.圆腹罐　22、25、43.高领罐　26、39.单耳罐　44、45.花边罐　47～49、54.罐腹底

篮纹。口径18、残高3.8厘米（图八五，27）。

标本拐峁北：28，圆腹罐，泥质橙黄陶。侈口，方唇，高领，束颈，颈部以下残，唇部呈凹槽状，素面。口径19.2、残高9.2厘米（图八五，28）。

标本拐峁北：29，高领罐，泥质橙黄陶。喇叭口，圆唇，高领，束颈，颈部以下残，素面。口径13.2、残高8厘米（图八五，29；彩版四二，1）。

标本拐峁北：30，双耳罐，泥质橙黄陶。侈口，圆唇，束颈，溜肩，腹部残，沿下与肩部有耳脱落痕迹，素面。口径18、残高7.2厘米（图八五，30）。

标本拐峁北：31，盆，夹砂灰陶。敞口，平沿，圆唇，斜腹，底残，素面。口径21.6、残高5.6厘米（图八五，31）。

标本拐峁北：32，圆腹罐，夹砂红陶。侈口，圆唇，束颈，圆腹，底残，器表通体饰斜向绳纹。口径12.3、残高7.2厘米（图八五，32）。

标本拐峁北：33，圆腹罐，夹砂橙黄陶。侈口，圆唇，束颈，颈部以下残，素面。残宽9.2、残高4.8厘米（图八六，33）。

标本拐峁北：34，圆腹罐，夹砂橙黄陶。侈口，圆唇，束颈，弧腹，底残，腹部饰竖向篮纹。口径10.8、残高7.2厘米（图八五，34）。

标本拐峁北：35，高领罐，夹砂橙黄陶。喇叭口，圆唇，高领，束颈，颈部以下残，素面。口径18、残高7厘米（图八五，35）。

标本拐峁北：36，圆腹罐，夹砂红陶。侈口，圆唇，束颈，颈部以下残，素面。口径11.2、残高4.2厘米（图八六，36）。

标本拐峁北：37，花边罐，夹砂橙黄陶。侈口，圆唇，束颈，颈部以下残，颈部饰一周附加泥条呈波状。口径20、残高8.8厘米（图八五，37）。

标本拐峁北：38，圆腹罐，夹砂灰陶。侈口，圆唇，微束颈，颈部以下残，颈部饰斜向绳纹。口径14.4、残高5.6厘米（图八五，38）。

标本拐峁北：39，单耳罐，夹砂红陶。连口桥形耳，侈口，圆唇，高领，束颈，圆腹，底残，耳面饰一条附加泥条呈波状。残宽9、残高7.2厘米（图八六，39）。

标本拐峁北：40，圆腹罐，泥质灰陶。侈口，圆唇，束颈，颈部以下残，素面。口径10.8、残高3.8厘米（图八六，40）。

标本拐峁北：41，圆腹罐，泥质灰陶。侈口，圆唇，束颈，颈部以下残，素面。口径14.8、残高5厘米（图八七，41）。

标本拐峁北：42，圆腹罐，夹砂红陶。侈口，方唇，束颈，颈部以下残，素面。残长5.6、残宽4.6厘米（图八六，42）。

标本拐峁北：43，高领罐，泥质橙黄陶。喇叭口，重唇，唇面有一道凹槽，颈部残，素面。口径16、残高3.2厘米（图八六，43）。

标本拐峁北：44，花边罐，夹砂橙黄陶。侈口，圆唇，束颈，颈部以下残，沿下饰一周附加泥条呈波状，颈部饰横向篮纹。口径13.2、残高4.4厘米（图八六，44）。

标本拐峁北：45，花边罐，夹砂灰陶。侈口，圆唇，束颈，腹部残，颈部饰斜向绳纹，绳纹之上饰两周附加泥条呈波状。口径9.6、残高5.6厘米（图八六，45）。

　　标本拐卫北：46，圆腹罐，夹砂橙黄陶。侈口，方唇，束颈，颈部以下残，颈部饰斜向篮纹。残宽8.4、残高8厘米（图八六，46）。

　　标本拐卫北：47，罐腹底，泥质灰陶。上腹残，下腹斜直，平底，下腹饰竖向篮纹。底径12、残高13.4厘米（图八六，47）。

　　标本拐卫北：48，罐腹底，夹砂灰陶。上腹残，下腹斜直，平底，器身饰麻点纹。底径12.8、残高6厘米（图八六，48）。

　　标本拐卫北：49，罐腹底，夹砂橙黄陶。上腹残，下腹斜直，平底，下腹饰斜向绳纹。底径12、残高2.8厘米（图八六，49）。

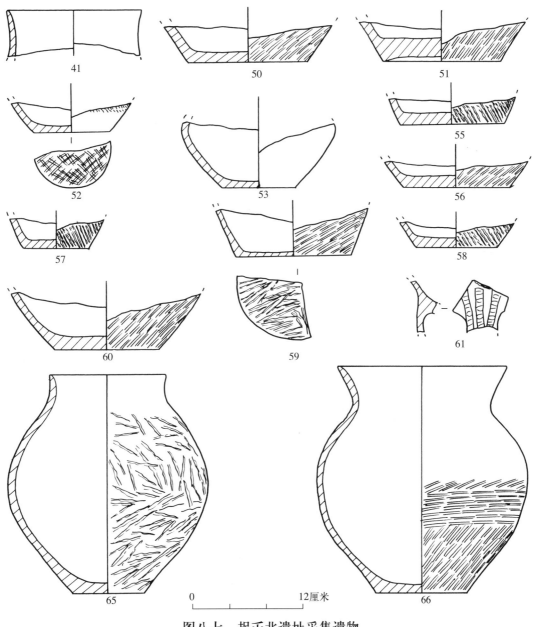

图八七　拐卫北遗址采集遗物

41、65、66. 圆腹罐　　50～53、55～60. 罐腹底　　61. 罐耳

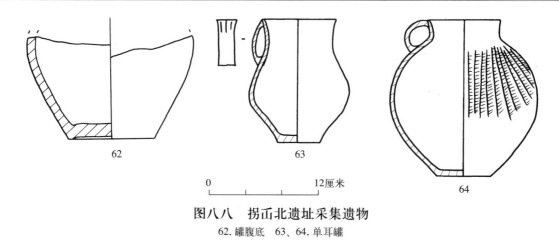

图八八　拐圃北遗址采集遗物
62. 罐腹底　63、64. 单耳罐

标本拐圃北：50，罐腹底，夹砂橙黄陶。上腹残，下腹斜直，平底，下腹饰斜向篮纹。底径13、残高4厘米（图八七，50）。

标本拐圃北：51，罐腹底，夹砂橙黄陶。上腹残，下腹斜直，平底微凹，下腹饰斜向篮纹。底径13.2、残高4.6厘米（图八七，51）。

标本拐圃北：52，罐腹底，泥质橙黄陶。上腹残，下腹斜微弧，平底，下腹饰麻点纹，底部饰交错篮纹。底径8、残高3.2厘米（图八七，52）。

标本拐圃北：53，罐腹底，泥质橙黄陶。上腹残，下腹斜弧，平底，素面。底径8.3、残高7.2厘米（图八七，53）。

标本拐圃北：54，罐腹底，夹砂橙黄陶。上腹残，下腹斜直，平底，下腹饰麻点纹，底部饰麻点纹。底径9、残高2.8厘米（图八六，54）。

标本拐圃北：55，罐腹底，夹砂橙黄陶。上腹残，下腹斜直，平底，下腹饰斜向绳纹。底径11.6、残高2.8厘米（图八七，55）。

标本拐圃北：56，罐腹底，夹砂橙黄陶。上腹残，下腹斜直，平底，下腹饰斜向篮纹。底径12、残高3厘米（图八七，56）。

标本拐圃北：57，罐腹底，夹砂橙黄陶。上腹残，下腹斜直，平底，下腹饰斜向绳纹。底径7.2、残高3.2厘米（图八七，57）。

标本拐圃北：58，罐腹底，夹砂橙黄陶。上腹残，下腹斜直，平底，下腹饰斜向绳纹。底径9、残高2.6厘米（图八七，58）。

标本拐圃北：59，罐腹底，夹砂灰陶。上腹残，下腹斜直，平底，腹部饰斜向绳纹，底部饰交错绳纹。底径12.8、残高5厘米（图八七，59）。

标本拐圃北：60，罐腹底，夹砂橙黄陶。上腹残，下腹斜直，平底，下腹饰斜向篮纹。底径11.6、残高6厘米（图八七，60）。

标本拐圃北：61，罐耳，夹砂橙黄陶。桥形耳，耳面饰三道附加泥条呈波状。残长5.8、残宽6厘米（图八七，61）。

标本拐圃北：62，罐腹底，夹砂橙黄陶。上腹残，下腹圆弧，平底微凹，素面。底径9.8、残高10.8厘米（图八八，62）。

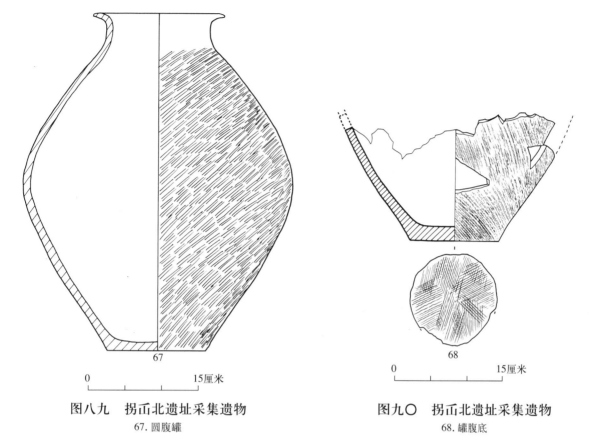

图八九　拐圙北遗址采集遗物
67. 圆腹罐

图九〇　拐圙北遗址采集遗物
68. 罐腹底

　　标本拐圙北：63，单耳罐，泥质灰陶。连口桥形单耳，高领，束颈，鼓腹，平底。耳面上部饰三道竖向刻划纹，器表素面。口径8、底径4.4、高13厘米（图八八，63；彩版四二，2）。

　　标本拐圙北：64，单耳罐，夹砂橙黄陶。连口环形耳，侈口，尖唇，束颈，圆腹，平底，上腹部饰斜向绳纹，绳纹之上饰刻划纹，器表有烟炱。口径8、底径6、高16.6厘米（图八八，64；彩版四二，3）。

　　标本拐圙北：65，圆腹罐，夹砂橙黄陶。侈口，圆唇，束颈，圆腹，平底，腹部饰绳纹。口径12.8、底径8、高23.2厘米（图八七，65；彩版四三，1）。

　　标本拐圙北：66，圆腹罐，泥质橙黄陶。侈口，圆唇，束颈，圆腹，平底，颈、上腹部素面，下腹饰篮纹。口径18.8、底径10.4、高24厘米（图八七，66；彩版四三，2）。

　　标本拐圙北：67，圆腹罐，泥质橙黄陶。侈口，尖唇，矮领，束颈，圆腹，平底，腹部饰斜向篮纹。口径18、底径13.6、高45厘米（图八九，67；彩版四三，3）。

　　标本拐圙北：68，罐腹底，夹砂橙黄陶。上腹残，下腹斜弧，平底，腹部饰斜向绳纹，底部饰交错绳纹，器表有烟炱痕迹。底径12.6、残高17.4厘米（图

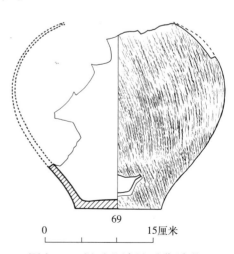

图九一　拐圙北遗址采集遗物
69. 圆腹罐

九○，68）。

标本拐疪北：69，圆腹罐，夹砂橙黄陶。口残，圆腹，平底，腹部饰斜向绳纹，底部饰交错绳纹。底径12.2、残高25厘米（图九一，69）。

标本拐疪北：70，大口圆腹罐，夹砂橙黄陶。侈口，方唇，高领，束颈，圆腹，底残，腹部饰斜向绳纹，器表有烟炱痕迹。口径26、残高27厘米（图九二，70；彩版四三，4）。

标本拐疪北：71，圆腹罐，泥质橙黄陶。侈口，圆唇，矮领，束颈，圆腹，平底，素面。口径21、底径11、高47厘米（图九三，71）。

54. 薛家沟梁遗址

遗址位于海原县史店乡薛家沟南侧山梁上，山梁当地人称为薛家沟梁。地理坐标为北纬36°29'51.85"，东经105°39'16.46"，海拔高度为2081米。薛家沟梁地势北高南低，山梁南侧坡地地表发现少数几处盗坑，盗坑周边散落少量陶片、炭屑等遗物。因没有暴露的断面，在遗址区未发现有地层堆积和遗迹现象。遗址南北长约100、东西宽约150米，面积约为1.5万平方米。遗址文化属性为菜园文化。

遗址地表采集陶片有泥质和夹砂两类多；陶色有橙黄陶、红陶、灰陶；除素面外纹饰有绳纹、附加堆纹，还有少量彩陶（表110、111）。

标本薛家沟梁：1，彩陶片，泥质橙黄陶。素面，器表饰横向条带状黑彩。残宽5.5、残高3.4厘米（图九四，1）。

55. 草疤湾遗址

遗址位于海原县树台乡王家坡村西北侧山梁上，山梁当地人称为草疤湾梁（彩版四四，1）。地理坐标为北纬36°30'27.27"，东经105°30'8.18"，海拔高度为2124米。草疤湾梁地势南高北低，山梁北侧梯田耕地发现少量陶片，梯田暴露断面有红烧土、零星陶片和炭屑。遗址南北长约100、东西宽约190米，面积约为1.9万平方米。遗址文化属性为菜园文化。

遗址地表采集陶片有泥质和夹砂两类，夹砂陶稍多；陶色有橙黄陶；除素面外纹饰有绳纹、刻划纹、篮纹和附加堆纹；可辨器形有刻槽盆、罐等（表112、113）。

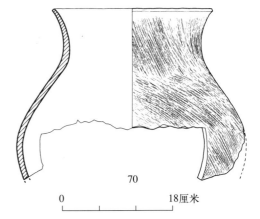

图九二　拐疪北遗址采集遗物
70. 大口圆腹罐

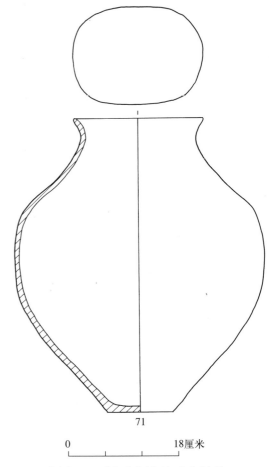

图九三　拐疪北遗址采集遗物
71. 圆腹罐

表 110　薛家沟梁遗址陶片数量统计表

陶质 纹饰　　　陶色	泥　　质						夹　　砂			
	橙黄	灰	红	红底 黑彩	橙黄底 黑彩	橙黄底 红彩	橙黄	灰	红	红褐
素面	7				1					
绳纹								2	1	
附加堆纹 +绳纹							2			
合　计	7				1		2	2	1	

表 111　薛家沟梁遗址器形数量统计表

陶质 器形　　　陶色	泥　　质				夹　　砂				总计
	红	橙黄	灰	黑	红	橙黄	灰	黑	
彩陶片		1							1

　　标本草疤湾：1，刻槽盆，夹砂橙黄陶。敞口，方唇，弧腹，底残，腹部饰斜向篮纹，篮纹之上饰三周附加泥条呈波状，内壁饰刻槽纹。残宽12.2、残高6.8厘米（图九五，1）。

　　标本草疤湾：2，罐腹底，夹砂橙黄陶。上腹残，下腹斜直，平底，下腹饰横向篮纹。底径16.8、残高4厘米（图九五，2）。

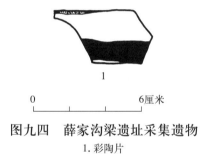

1

0　　　　　　　　6厘米

图九四　薛家沟梁遗址采集遗物

1. 彩陶片

表 112　草疤湾遗址陶片数量统计表

陶质 纹饰　　　陶色	泥　　质						夹　　砂			
	橙黄	灰	红	红底 黑彩	橙黄底 黑彩	橙黄底 红彩	橙黄	灰	红	红褐
绳纹							2			
篮纹	1						2			
附加堆纹 +篮纹							1			
合　计	1						5			

表 113　草疤湾遗址器形数量统计表

陶质 器形　　　陶色	泥　　质				夹　　砂				总　计
	红	橙黄	灰	黑	红	橙黄	灰	黑	
刻槽盆						1			1
罐腹底						1			1

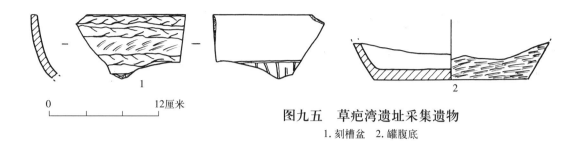

图九五　草疤湾遗址采集遗物

1.刻槽盆　2.罐腹底

56. 二岔梁遗址

遗址位于海原县树台乡二岔村西北侧山梁上，山梁当地人称二岔梁。地理坐标为北纬36°28'21.61"，东经105°33'6.66"，海拔高度为2295米。二岔梁地势东高西低，山梁西侧平缓的坡发现有少量盗坑，盗坑内及其周边散落有陶片、人骨等遗物。因没有暴露的断面，在遗址区未发现有地层堆积和遗迹现象。遗址南北长约100、东西宽约200米，面积约为2万平方米。遗址文化属性为菜园文化。

遗址地表采集陶片有泥质和夹砂两类，夹砂陶稍多；陶色以橙黄陶和灰陶为主，还零星红陶；除素面外纹饰有篮纹和附加堆纹；可辨器形有罐、盆等（表114、115）。

标本二岔梁：1，陶盆，泥质灰陶。敞口，卷沿，尖圆唇，沿以下残，素面。残宽2、残宽8.4厘米（图九六，1）。

标本二岔梁：2，罐腹底，夹砂灰陶。上腹残，下腹斜直，平底，下腹饰斜向篮纹。底径8.4、残高3厘米（图九六，2）。

标本二岔梁：3，罐腹底，泥质橙黄陶。上腹残，下腹斜弧，平底，素面。底径7.2、残高2

表114　二岔梁遗址陶片数量统计表

纹饰＼陶质陶色	泥　质						夹　砂			
	橙黄	灰	红	红底黑彩	橙黄底黑彩	橙黄底红彩	橙黄	灰	红	红褐
素面	9	3					4	4		
篮纹							12	5	1	
附加堆纹								1		
附加堆纹+篮纹										1
合计	9	3					16	10	2	

表115　二岔梁遗址器形数量统计表

器形＼陶质陶色	泥　质				夹　砂				总　计
	红	橙黄	灰	黑	红	橙黄	灰	黑	
陶盆		1							1
罐腹底		2					1		3

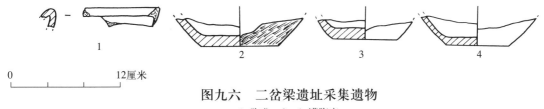

图九六　二岔梁遗址采集遗物
1. 陶盆　2～4.罐腹底

厘米（图九六，3）。

标本二岔梁：4，罐腹底，泥质橙黄陶。上腹残，下腹斜弧，平底，素面。底径7、残高3厘米（图九六，4）。

57. 猫耳沟中间梁遗址

遗址位于海原县树台乡龚湾村南侧山梁上，山梁当地人称为猫耳沟中间梁。地理坐标为北纬36° 33′24.23″，东经105° 26′18.61″，海拔高度为1852米。猫耳沟中间梁地势西高东低，山梁东侧较为陡峭坡地上发现有一定数量盗坑，盗坑内及周边散落有陶片和人骨。因没有暴露的断面，在遗址区未发现有地层堆积和遗迹现象。从遗址发现陶片看，遗址面积较小，遗址南北长约50、东西宽约100米，面积约为0.5万平方米。遗址文化属性为菜园文化。

遗址地表采集陶片有泥质和夹砂两类，夹砂陶居多；陶色有橙陶、灰陶、红陶；除素面外纹饰有篮纹、绳纹、刻划纹、席纹和附加堆纹；可辨器形有圆腹罐、钵等（表116、117）。

标本猫耳沟中间梁：1，陶钵，泥质橙黄陶。敛口，圆唇，鼓腹，底残，唇部有凹槽，腹部饰一周附加泥条呈波状。口径16.4、残高6.2厘米（图九七，1）。

标本猫耳沟中间梁：2，罐腹底，夹砂橙黄陶。上腹残，下腹斜弧，平底，素面。底径9.2、残高4.4厘米（图九七，2）。

标本猫耳沟中间梁：3，罐腹底，夹砂红陶。上腹残，下腹弧，平底，素面。底径9.2、残高2.8厘米（图九七，3）。

表116　猫儿沟中间梁遗址陶片数量统计表

纹饰＼陶色（陶质）	泥质						夹砂			
	橙黄	灰	红	红底黑彩	橙黄底黑彩	橙黄底红彩	橙黄	灰	红	红褐
素面							3	13	3	
绳纹							2		2	
篮纹	1	4					6			
刻划纹	1									
席纹		1								
附加堆纹+篮纹		1								
合计	2	6					11	13	5	

表 117　猫耳沟中间梁遗址器形数量统计表

陶质 器形	泥 质				夹 砂				总 计
	红	橙黄	灰	黑	红	橙黄	灰	红褐	
圆腹罐					1	1			2
陶钵		1							1
罐腹底					1	1	1		3

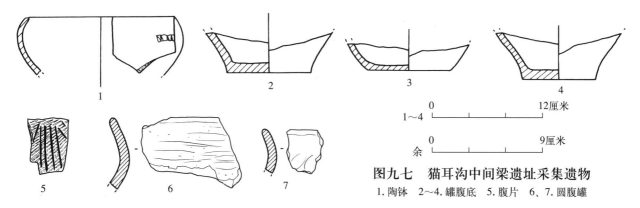

0　　　　　　12厘米
1~4

0　　　　　　9厘米
余

图九七　猫耳沟中间梁遗址采集遗物
1.陶钵　2~4.罐腹底　5.腹片　6、7.圆腹罐

标本猫耳沟中间梁：4，罐腹底，夹砂灰陶。上腹残，下腹斜弧，平底，素面。底径8、残高5厘米（图九七，4）。

标本猫耳沟中间梁：5，腹片，夹砂灰陶。器身饰绳纹，绳纹之上饰刻划纹。残长4、残宽3厘米（图九七，5）。

标本猫耳沟中间梁：6，圆腹罐，夹砂红陶。侈口，圆唇，束颈，腹部残，素面且刮抹痕迹明显。残宽8.4、残高5.7厘米（图九七，6）。

标本猫耳沟中间梁：7，圆腹罐，夹砂橙黄陶。侈口，圆唇，束颈，腹部残，素面。残宽2.7、残高3.1厘米（图九七，7）。

58. 铁疙瘩梁遗址

遗址位于海原县西安镇鸠子滩村东南侧山梁上，山梁当地人称为铁疙瘩梁。地理坐标为北纬36° 32'2.96"，东经105° 31'32.74"，海拔高度为1999米。铁疙瘩梁地势东高西低，西侧坡地地表发现大量陶片，同时发现大量盗坑，盗坑周围散落有陶片、人骨等遗物。在遗址区断面上发现有人骨、炭粒、灰坑等遗迹现象。从盗坑的分布看，遗址遭盗扰破坏比较严重。遗址南北长约100、东西宽约120米，面积约为1.2万平方米。遗址文化属性为菜园文化。

遗址地表采集陶片有泥质和夹砂两类，夹砂陶居多；陶色以橙黄陶为主，还有一定数量红陶、灰陶；除素面外纹饰主要以篮纹为主，还有绳纹、席纹、戳印纹和附加堆纹，还有少量彩陶；可辨器形有高领罐、大口圆腹罐、圆腹罐、单耳罐、花边罐、彩陶罐、钵、刻槽盆等（表118、119）。

标本铁疙瘩梁：1，高领罐，夹砂红陶。侈口，尖圆唇，高领，束颈，颈部以下残，素面。残宽7.8、高4.3厘米（图九八，1）。

表 118　铁疙瘩梁遗址陶片数量统计表

陶质 陶色 纹饰	泥　质						夹　砂			
	橙黄	灰	红	红底 黑彩	橙黄底 黑彩	橙黄底 红彩	橙黄	灰	红	红褐
素面	13		1		3	1	23	5	9	
绳纹	3		1				6			
篮纹	6		1				38	2	3	
席纹	1									
附加堆纹							4		3	
戳印纹		2					4			
附加堆纹 +篮纹							7			
合计	23		5		3	1	82	7	15	

表 119　铁疙瘩梁遗址器形数量统计表

陶质 陶色 器形	泥　质				夹　砂				总　计
	红	橙黄	灰	黑	红	橙黄	灰	黑	
高领罐		5			1	5			11
大口圆腹罐		1							1
圆腹罐	1	2			3	14	2		22
单耳罐		2				3			7
花边罐						1			1
陶盆		1			1				2
刻槽盆						2			2
陶钵						1			1
彩陶罐		1							1
罐腹底	1	8			2	11	1		23

　　标本铁疙瘩梁：2，单耳罐，夹砂橙黄陶。仅存一桥形拱耳，素面磨光。残宽9.8、残高8厘米（图九八，2）。

　　标本铁疙瘩梁：3，单耳罐，泥质橙黄陶。侈口，尖唇，高领，束颈，鼓腹，底残，素面。颈部有耳脱落痕迹，颈腹之间有一道横向凹槽。残宽10.4、残高9.4厘米（图九八，3）。

　　标本铁疙瘩梁：4，高领罐，泥质橙黄陶。喇叭口，尖唇，高领，束颈，颈部以下残，沿下饰横向篮纹。残宽11.1、残高4.8厘米（图九八，4）。

　　标本铁疙瘩梁：5，高领罐，泥质橙黄陶。喇叭口，尖唇，高领，束颈，颈部以下残，素面。残宽9.8、残高7.6厘米（图九八，5）。

标本铁疙瘩梁：6，高领罐，泥质橙黄陶。侈口，圆唇，高领，束颈，颈部以下残，素面。口径14.8、残高3.6厘米（图九八，6）。

标本铁疙瘩梁：7，圆腹罐，泥质红陶。侈口，圆唇，高领，束颈，颈部以下残，素面。口沿内部有一道折棱，内壁有刮抹的痕迹。残宽7.6、残高7厘米（图九八，7）。

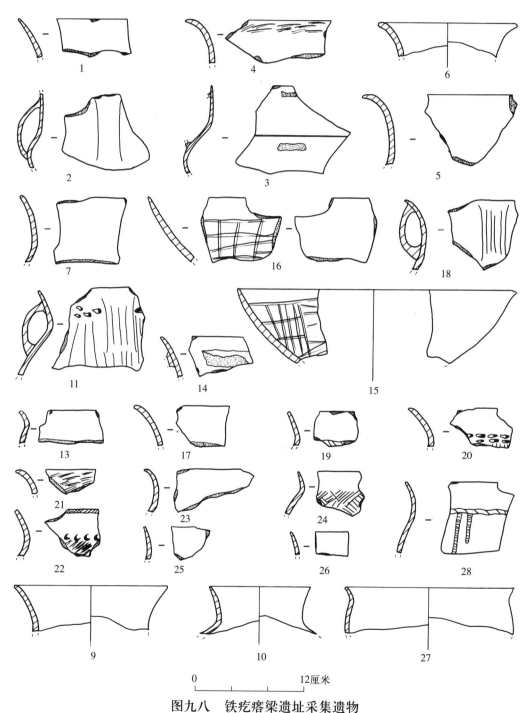

0　　　　　　　　12厘米

图九八　铁疙瘩梁遗址采集遗物

1、4～6、9、17、21、23.高领罐　2、3、11、18.单耳罐　7、10、19、20、22、24～26.圆腹罐　13、14.陶盆　15、16.刻槽盆　27.大口圆腹罐　28.花边罐

标本铁疙瘩梁：8，圆腹罐，夹砂橙黄陶。侈口，尖唇，矮领，束颈，圆腹，底残，颈部饰横向篮纹，颈腹之间饰附加泥条，腹部饰斜向篮纹。口径13.6、残高7.2厘米（图九九，8）。

标本铁疙瘩梁：9，高领罐，夹砂橙黄陶。侈口，圆唇，高领，束颈，颈部以下残，素面。口径16.8、残高5厘米（图九八，9）。

标本铁疙瘩梁：10，圆腹罐，夹砂橙黄陶。侈口，尖唇，腹部残，素面。口径11.2、残高5厘米（图九八，10）。

标本铁疙瘩梁：11，单耳罐，夹砂橙黄陶。桥形拱耳，侈口，圆唇，高领，束颈，腹部残，颈部饰两周戳印纹，耳面及腹部饰竖向刻划纹。残宽10.1、残高9厘米（图九八，11）。

标本铁疙瘩梁：12，圆腹罐，夹砂红陶。侈口，圆唇，矮领，束颈，颈部以下残，素面。口径11.6、残高3.6厘米（图九九，12）。

标本铁疙瘩梁：13，陶盆，夹砂红陶。敞口，折沿，方唇，斜腹，底残，素面。残宽7、残高3.6厘米（图九八，13）。

标本铁疙瘩梁：14，陶盆，泥质橙黄陶。敞口，圆唇，斜腹，底残，腹部有一残錾，素面磨光。残宽6.8、残高4.4厘米（图九八，14）。

标本铁疙瘩梁：15，刻槽盆，夹砂灰陶。敞口，尖唇，弧腹，底残，外表素面磨光，内壁饰横竖交错刻槽纹。口径30、残高8厘米（图九八，15）。

标本铁疙瘩梁：16，刻槽盆，夹砂灰陶。敞口，尖唇，弧腹，底残，外表素面磨光，内壁饰横竖交错刻槽纹。残宽8.8、残高7厘米（图九八，16）。

标本铁疙瘩梁：17，高领罐，夹砂橙黄陶。侈口，圆唇，束颈，颈部以下残，素面。残宽5.4、残高4.3厘米（图九八，17）。

标本铁疙瘩梁：18，单耳罐，泥质橙黄陶。桥形拱耳，侈口，尖唇，束颈，颈部以下残，耳面饰竖向刻槽纹，颈部素面。残宽7.3、残高7.4厘米（图九八，18）。

标本铁疙瘩梁：19，圆腹罐，夹砂橙黄陶。侈口，方唇，束颈，颈部以下残，颈部素面。颈腹之间饰一周附加泥条呈波状。残宽4.8、残高3.7厘米（图九八，19）。

标本铁疙瘩梁：20，圆腹罐，夹砂橙黄陶。侈口，尖唇，束颈，颈部以下残，颈腹之间饰两周戳印纹，戳印纹之下饰竖向刻划纹。残宽6.8、残高4.2厘米（图九八，20）。

标本铁疙瘩梁：21，高领罐，夹砂橙黄陶。侈口，圆唇，高领，束颈，颈部以下残，沿下饰斜向篮纹。残宽5.5、残高2.6厘米（图九八，21）。

标本铁疙瘩梁：22，圆腹罐，夹砂橙黄陶。侈口，方唇，束颈，颈部以下残，唇面有数道凹槽，颈部饰一周戳印纹，上腹部饰斜向绳纹。残宽6.1、残高5厘米（图九八，22）。

标本铁疙瘩梁：23，高领罐，泥质橙黄陶。侈口，尖唇，高领，束颈，颈部以下残，素面。残宽8.6、残高4.6厘米（图九八，23）。

标本铁疙瘩梁：24，圆腹罐，夹砂灰陶。侈口，尖唇，束颈，上圆腹，下腹残，颈部素面，腹部饰交错刻划纹。残宽5.2、残高4.6厘米（图九八，24）。

标本铁疙瘩梁：25，圆腹罐，夹砂红陶。侈口，方唇，束颈，颈部以下残，素面。残宽4.3、残高3.6厘米（图九八，25）。

标本铁疙瘩梁：26，圆腹罐，泥质橙黄陶。侈口，圆唇，颈部残，素面。残宽3.6、残高2.6厘米（图九八，26）。

标本铁疙瘩梁：27，大口圆腹罐，泥质橙黄陶。侈口，圆唇，束颈，上腹弧，下腹残，素面。口径18.4、残高5厘米（图九八，27）。

标本铁疙瘩梁：28，花边罐，夹砂红陶。侈口，圆唇，束颈，圆腹，底残，颈腹之间饰一周附加泥条呈波状，腹部饰两条竖向附加泥条呈波状。残宽6.7、残高7.6厘米（图九八，28）。

标本铁疙瘩梁：29，罐腹底，泥质红陶。上腹残，下腹斜弧，平底，腹部饰斜向绳纹。底径5.6、残高3.6厘米（图九九，29）。

标本铁疙瘩梁：30，罐腹底，夹砂橙黄陶。上腹残，下腹斜直，平底内凹，腹部饰斜向篮纹。底径10.4、残高5.6厘米（图九九，30）。

标本铁疙瘩梁：31，罐腹底，夹砂橙黄陶。上腹残，下腹斜直，平底，素面。底径8、残高3厘米（图九九，31）。

标本铁疙瘩梁：32，罐腹底，泥质橙黄陶。上腹残，下腹斜直，平底，腹部饰横向篮纹。底径13.2、残高4.7厘米（图九九，32）。

标本铁疙瘩梁：33，罐腹底，夹砂橙黄陶。上腹残，下腹斜弧，平底微凹，腹部素面，底部饰席纹。底径7.8、残高3厘米（图九九，33）。

标本铁疙瘩梁：34，罐腹底，夹砂橙黄陶。上腹残，下腹微弧，平底微凹，腹部饰斜向篮纹。底径12、残高4.2厘米（图九九，34）。

标本铁疙瘩梁：35，罐腹底，夹砂橙黄陶。上腹残，下腹斜弧，平底，腹部饰斜向篮纹。底径9.6、残高5厘米（图九九，35）。

标本铁疙瘩梁：36，罐腹底，夹砂橙黄陶。上腹残，下腹斜弧，平底，腹部饰横向绳纹，近底部饰斜向绳纹。底径12、残高6.6厘米（图九九，36）。

标本铁疙瘩梁：37，彩陶片，泥质橙黄陶。器表饰网格纹黑彩。残长3.2、残宽6.8厘米（图九九，37）。

标本铁疙瘩梁：38，罐腹底，泥质橙黄陶。上腹残，下腹斜直，假圈足，腹部饰横向绳纹。底径10.4、残高3厘米（图九九，38）。

标本铁疙瘩梁：39，罐腹底，泥质橙黄陶。上腹残，下腹弧，平底，腹部饰斜向绳纹。底径5.6、残高4.4厘米（图九九，39）。

标本铁疙瘩梁：40，罐腹底，夹砂橙黄陶。上腹残，下腹斜弧，平底，腹部饰斜向篮纹。底径8.4、残高4.6厘米（图九九，40）。

标本铁疙瘩梁：41，罐腹底，泥质橙黄陶。上腹残，下腹斜直，假圈足，腹部饰斜向篮纹。底径8.4、残高2.6厘米（图九九，41）。

标本铁疙瘩梁：42，罐腹底，泥质橙黄陶。上腹残，下腹斜直，平底，腹部饰斜向篮纹。底径8.8、残高1.8厘米（图九九，42）。

标本铁疙瘩梁：43，罐腹底，夹砂橙黄陶。上腹残，下腹斜直，平底，腹部饰斜向绳纹。底径7、残高1.4厘米（图九九，43）。

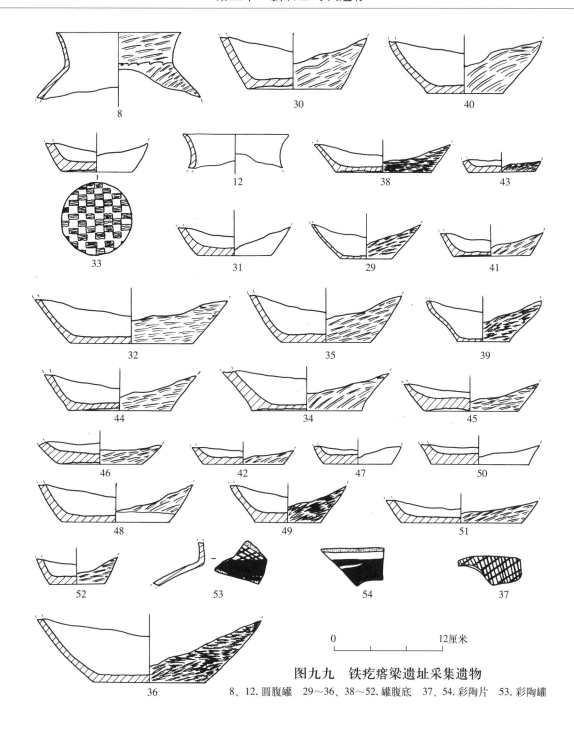

图九九　铁疙瘩梁遗址采集遗物

8、12.圆腹罐　29～36、38～52.罐腹底　37、54.彩陶片　53.彩陶罐

　　标本铁疙瘩梁：44，罐腹底，夹砂橙黄陶。上腹残，下腹斜直，平底微凹，腹部饰斜向篮纹。底径11.2、残高3.8厘米（图九九，44）。

　　标本铁疙瘩梁：45，罐腹底，夹砂橙黄陶。上腹残，下腹斜直，平底微凹，腹部饰斜向篮纹。底径10.4、残高3厘米（图九九，45）。

　　标本铁疙瘩梁：46，罐腹底，夹砂橙黄陶。上腹残，下腹斜直，平底微凹，腹部饰斜向篮纹。底径9.2、残高2.4厘米（图九九，46）。

　　标本铁疙瘩梁：47，罐腹底，夹砂橙黄陶。上腹残，下腹斜弧，平底，素面。底径7.4、残高1.9厘米（图九九，47）。

标本铁疙瘩梁：48，罐腹底，夹砂红陶。上腹残，下腹微弧，平底，腹部饰斜向篮纹。底径11.6、残高4厘米（图九九，48）。

标本铁疙瘩梁：49，罐腹底，泥质橙黄陶。上腹残，下腹斜弧，平底，腹部饰斜向绳纹。底径7.2、残高4厘米（图九九，49）。

标本铁疙瘩梁：50，罐腹底，夹砂橙黄陶。上腹残，下腹斜直，平底，素面。底径10.8、残高2.1厘米（图九九，50）。

标本铁疙瘩梁：51，罐腹底，夹砂红陶。上腹残，下腹斜直，平底，腹部饰斜向篮纹。底径13.2、残高2.4厘米（图九九，51）。

标本铁疙瘩梁：52，罐腹底，夹砂橙黄陶。上腹残，下腹斜直，平底，腹部饰斜向篮纹。底径6、残高2.8厘米（图九九，52）。

标本铁疙瘩梁：53，彩陶罐，泥质橙黄陶。唇部残，束颈，溜肩，腹部残，颈部饰网格纹黑彩，腹部饰宽条带状黑彩呈锯齿状，中间为窄条带黑彩。残宽5.4、残高4.6厘米（图九九，53）。

标本铁疙瘩梁：54，彩陶片，泥质橙黄陶。饰条带状黑彩。残长4、残宽7厘米（图九九，54）。

标本铁疙瘩梁：55，圆腹罐，夹砂红陶。颈部以上残，圆腹，平底微凹，腹部素面，底部

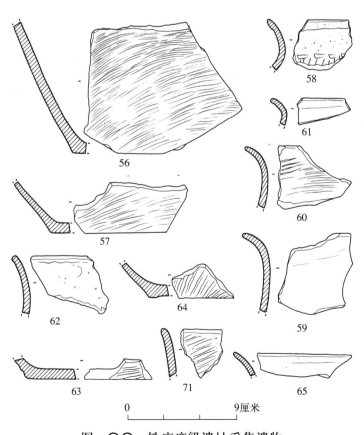

图一〇〇　铁疙瘩梁遗址采集遗物

56、57、63、64.罐腹底　58、61、62、71.圆腹罐　59、60、65.高领罐

饰交错篮纹。底径10.2、残高22.4厘米（图一〇一，55；彩版四四，2）。

　　标本铁疙瘩梁：56，罐腹底，夹砂灰陶。上腹残，下腹斜弧，平底，腹部饰斜向篮纹。残宽13、残高10.3厘米（图一〇〇，56）。

　　标本铁疙瘩梁：57，罐腹底，夹砂红陶。上腹残，下腹斜弧，平底，腹部饰斜向篮纹。残宽9.6、残高4.1厘米（图一〇〇，57）。

　　标本铁疙瘩梁：58，圆腹罐，夹砂灰陶。侈口，圆唇，矮领，束颈，颈部以下残，颈部饰一周戳印纹，戳印纹下饰竖向刻划纹。残宽4.8、残高4厘米（图一〇〇，58）。

　　标本铁疙瘩梁：59，高领罐，泥质橙黄陶。喇叭口，圆唇，高领，束颈，颈部以下残，素面。残宽6.1、残高6.4厘米（图一〇〇，59）。

　　标本铁疙瘩梁：60，高领罐，夹砂橙黄陶。喇叭口，圆唇，高领，束颈，颈部以下残，颈部饰斜向篮纹。残宽6.1、残高5.1厘米（图一〇〇，60）。

　　标本铁疙瘩梁：61，圆腹罐，泥质橙黄陶。侈口，圆唇，颈部残，素面。残宽4.4、残高2.1厘米（图一〇〇，61）。

　　标本铁疙瘩梁：62，圆腹罐，夹砂橙黄陶。侈口，方唇，高领，束颈，颈部以下残，素面。残长6.4、残宽4.7厘米（图一〇〇，62）。

　　标本铁疙瘩梁：63，罐腹底，泥质橙黄陶。上腹残，近底部斜直，平底，饰横向篮纹。残宽5.7、残高1.6厘米（图一〇〇，63）。

　　标本铁疙瘩梁：64，罐腹底，夹砂橙黄陶。上腹残，下腹斜直，假圈足，腹部饰斜向篮纹。残宽5、残高2.7厘米（图一〇〇，64）。

　　标本铁疙瘩梁：65，高领罐，夹砂橙黄陶。喇叭口，圆唇，颈部残，素面。残宽7.7、残高1.9厘米（图一〇〇，65）。

　　标本铁疙瘩梁：66，圆腹罐，夹砂橙黄陶。侈口，圆唇，束颈，颈部以下残，饰斜向绳纹。残宽5.4、残高4.2厘米（图一〇一，66）。

　　标本铁疙瘩梁：67，陶钵，夹砂橙黄陶。敛口，尖唇，弧腹，底残，素面。残宽3.6、残高6.3厘米（图一〇一，67）。

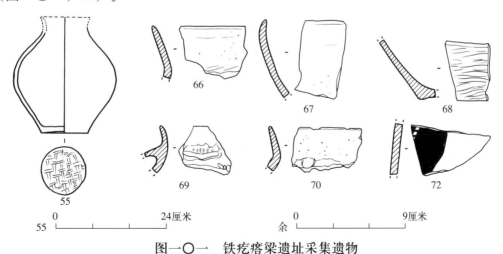

图一〇一　铁疙瘩梁遗址采集遗物

55、66.圆腹罐　67.陶钵　68.罐腹底　69.单耳罐　70.花边罐　72.彩陶片

标本铁疙瘩梁：68，罐腹底，泥质橙黄陶。上腹残，下腹斜直，假圈足，腹部饰横向篮纹。残宽3.2、残高4.2厘米（图一〇一，68）。

标本铁疙瘩梁：69，单耳罐，夹砂橙黄陶。沿下残耳，侈口，尖唇，口沿下残，耳面饰竖向绳纹。残宽3.6、残高3.3厘米（图一〇一，69）。

标本铁疙瘩梁：70，花边罐，夹砂橙黄陶。侈口，圆唇，束颈，颈部以下残，颈部饰一周附加泥条呈波状。残宽5.2、残高3.1厘米（图一〇一，70）。

标本铁疙瘩梁：71，圆腹罐，夹砂橙黄陶。侈口，圆唇，口沿以下残，饰斜向篮纹。残宽3.5、残高3.8厘米（图一〇〇，71）。

标本铁疙瘩梁：72，彩陶片，泥质橙黄陶。素面磨光，器表饰斜向条形红彩。残长6.3、残宽3.5厘米（图一〇一，72）。

59. 韭菜岭（蒿内）遗址

遗址位于海原县李俊乡海子水库西侧山梁上，山梁当地人称为韭菜岭。地理坐标为北纬36°11'16.14"，东经105°50'40.87"，海拔高度为1922米。韭菜岭地势南高北低，山梁梁顶和北侧梯田台地上发现一定数量盗坑，盗坑周边散落零星陶片，同时梯田断面上发现有人骨、炭粒、灰坑等遗迹现象。从盗坑的分布来看，遗址遭盗扰破坏严重。从陶片分布范围看遗址面积不大，遗址南北长约100、东西宽约90米，面积约为0.9万平方米。遗址文化属性为菜园文化。

遗址地表采集陶片有泥质和夹砂两类；陶色以橙黄陶为主，还有少量灰陶、红陶；除素面外纹饰有绳纹、篮纹、附加堆纹、席纹、刻划纹和戳印纹；可辨器形有高领罐、大口圆腹罐、单耳罐、刻槽盆等（表120、121）。

标本韭菜岭（蒿内）遗址：1，高领罐，泥质灰陶。喇叭口，尖唇，高领，束颈，腹部残，素面，颈部有折棱。口径14、残高7.4厘米（图一〇二，1）。

表120　韭菜岭（蒿内）遗址陶片数量统计表

纹饰＼陶色（陶质）	泥 质						夹 砂			
	橙黄	灰	红	红底黑彩	橙黄底黑彩	橙黄底红彩	橙黄	灰	红	红褐
素面	5	1								
绳纹	4	1					4			
篮纹	3		2				3	1	1	
附加堆纹							2		1	
席纹							1			
戳印纹+篮纹	1									
附加堆纹+绳纹							2			
合计	13	2	2				12	1	2	

表 121　韭菜岭（蒿内）遗址器形数量统计表

陶质　　　　陶色 器形	泥　质				夹　砂				总　计
	红	橙黄	灰	黑	红	橙黄	灰	黑	
高领罐	1	2	2				1		6
大口圆腹罐		1							1
单耳罐						1			1
陶盆						1			1
刻槽盆						1			1
罐腹底	1	1			1		1		4

标本韭菜岭（蒿内）遗址：2，大口圆腹罐，泥质橙黄陶。侈口，尖唇，颈部残，素面。口径25.6、残高6厘米（图一〇二，2）。

标本韭菜岭（蒿内）遗址：3，罐腹底，泥质橙黄陶。上腹残，下腹斜直，平底微凹，腹部饰斜向篮纹。底径11.6、残高8厘米（图一〇二，3）。

标本韭菜岭（蒿内）遗址：4，高领罐，夹砂灰陶。喇叭口，圆唇，高领，束颈，颈部以下残，颈部饰斜向篮纹。口径16.4、残高4.4厘米（图一〇二，4）。

标本韭菜岭（蒿内）遗址：5，高领罐，泥质灰陶。喇叭口，圆唇，高领，束颈，颈部以下残，颈部饰一周戳印纹。口径16.4、残高5厘米（图一〇二，5）。

标本韭菜岭（蒿内）遗址：6，高领罐，泥质橙黄陶。喇叭口，圆唇，高领，束颈，颈部以下残，素面。残宽5、残高3.6厘米（图一〇二，6）。

标本韭菜岭（蒿内）遗址：7，单耳罐，夹砂橙黄陶。桥形拱耳，侈口，尖唇，高领，束颈，弧腹，底残，耳面饰交错刻划纹，颈部饰斜向绳纹，绳纹之上饰竖向刻划纹。残宽5.6、残高8厘米（图一〇二，7）。

标本韭菜岭（蒿内）遗址：8，罐腹底，夹砂灰陶。上腹残，下腹斜直，假圈足，底部饰席纹。底径12、残高6.4厘米（图一〇二，8）。

标本韭菜岭（蒿内）遗址：9，罐腹底，夹砂红陶。上腹残，下腹斜直，假圈足，腹部饰斜向篮纹。底径10、残高1.8厘米（图一〇二，9）。

标本韭菜岭（蒿内）遗址：10，罐腹底，泥质红陶。上腹残，下腹斜直，平底，下腹饰横向篮纹。残宽11.2、残高5.7厘米（图一〇三，10）。

标本韭菜岭（蒿内）遗址：11，刻槽盆，夹砂橙黄陶。敞口，圆唇，弧腹，底残，腹部饰横向绳纹，内壁刻槽。残宽4.5、残高4.8厘米（图一〇二，11）。

标本韭菜岭（蒿内）遗址：12，陶盆，夹砂橙黄陶。敞口，圆唇，斜直腹，底残，腹部饰横向篮纹。残长6.4、残高4.6厘米（图一〇二，12；彩版四四，3）。

标本韭菜岭（蒿内）遗址：13，高领罐，泥质橙黄陶。喇叭口，圆唇，高领，束颈，颈部以下残，素面。残宽4.6、残高4.8厘米（图一〇二，13）。

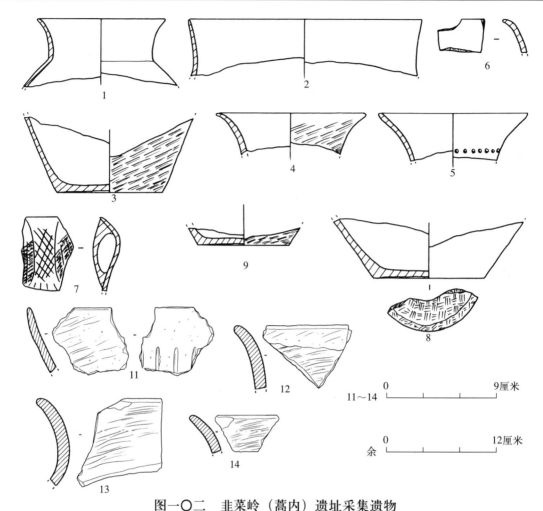

图一〇二　韭菜岭（蒿内）遗址采集遗物

1、4~6、13、14.高领罐　2.大口圆腹罐　3、8、9.罐腹底　7.单耳罐　11.刻槽盆　12.陶盆

标本韭菜岭（蒿内）遗址：14，高领罐，泥质红陶。喇叭口，圆唇，唇下残，饰横向篮纹。残宽5.1、残高2.7厘米（图一〇二，14）。

60. 山门遗址

遗址位于海原县海城镇山门村南侧山梁上（彩版四五，1）。地理坐标为北纬36°29'57.86"，东经105°37'19.66"，海拔高度为2197米。山梁地势南高北低，山梁西侧取土破坏严重，东侧坡地地表采集较多陶片，取土断面暴露出房址白灰面和红烧土。从陶片分布范围来看，遗址面积较大，遗址南北长约400、东西宽约250米，面积约为10万平方米。遗址文化属性为菜园文化。

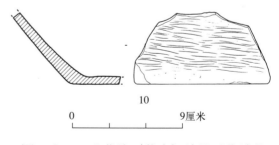

图一〇三　韭菜岭（蒿内）遗址采集遗物

10.罐腹底

遗址地表采集陶片有泥质和夹砂两类，泥质陶稍多；陶色有橙黄陶、灰陶、红陶；除素面外纹饰有绳纹和篮纹，还有一定量的彩陶；可辨器形有圆腹罐、高领罐、盆等（表122、123）。

表 122　山门遗址陶片数量统计表

纹饰 ＼ 陶质/陶色	泥 质						夹 砂			
	橙黄	灰	红	红底黑彩	橙黄底黑彩	橙黄底红彩	橙黄	灰	红	红褐
素面	1	2	1	2		2	2			
绳纹		1							1	
篮纹	1								1	
合计	2	3	1	2		2	2		2	

表 123　山门遗址器形数量统计表

器形 ＼ 陶质/陶色	泥 质				夹 砂				总 计
	红	橙黄	灰	黑	红	橙黄	灰	红褐	
高领罐			1						1
圆腹罐			1						1
陶盆					1				1
罐腹底					1				1

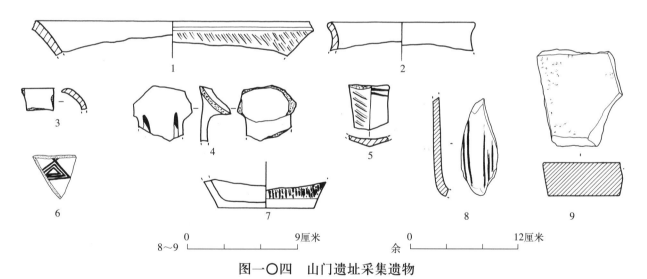

图一〇四　山门遗址采集遗物

1.陶盆　2.圆腹罐　3.高领罐　4.腹耳　5、6、8.彩陶片　7.罐腹底　9.磨石

标本山门：1，陶盆，夹砂红陶。敞口，方唇，斜直腹，底残，唇面有一道凹槽，腹部饰斜向篮纹。口径30、残高3.8厘米（图一〇四，1）。

标本山门：2，圆腹罐，泥质灰陶。侈口，圆唇，矮领，束颈，颈部以下残，素面。口径16、残高3.2厘米（图一〇四，2）。

标本山门：3，高领罐，泥质灰陶。喇叭口，尖唇，颈部残，素面。残宽3.4、残高2.4厘米（图一〇四，3）。

标本山门：4，腹耳，夹砂橙黄陶。桥形拱耳，一端残，耳面有两道凹槽。残长6、残宽6.4厘米（图一〇四，4）。

标本山门：5，彩陶片，泥质橙黄陶。有一道折棱，饰窄条带状红彩。残长4.8、残宽4.4厘米（图一〇四，5）。

标本山门：6，彩陶片，泥质红陶。素面，饰多重三角形黑彩。残长4.6、残宽4.7厘米（图一〇四，6）。

标本山门：7，罐腹底，夹砂红褐陶。上腹残，下腹斜直，平底，器身饰竖向绳纹。底径10.4、残高3厘米（图一〇四，7）。

标本山门：8，彩陶片，泥质红陶。素面，器表饰五道竖向细条状黑彩。残长7.7、残宽3.1厘米（图一〇四，8）。

标本山门：9，磨石，磨制，仅存一角，一面光滑，另一面粗糙。残长7.7、残宽7、厚2.7厘米（图一〇四，9）。

61. 雨须梁遗址

遗址位于海原县史店乡芦子沟村西南侧山梁上，山梁当地人称为雨须梁（彩版四五，2）。地理坐标为北纬36°28'56.88"，东经105°38'57.38"，海拔高度为2260米。雨须梁地势稍平缓南高北低。山梁被开垦为梯田耕地。山梁东侧坡地梯田地表发现较多陶片。在遗址区梯田暴露的断面发现陶片、炭屑和红烧土。遗址面积较小，遗址南北长约100、东西宽约50米，面积约为0.5万平方米。遗址文化属性为菜园文化。

遗址地表采集陶片有泥质和夹砂两类，泥质陶稍多；陶色有橙黄陶、红陶、灰陶；纹饰除素面外有篮纹、附加堆纹和绳纹，还有数量较多的彩陶；可辨器形有单耳罐、花边罐、圆腹罐、彩陶罐、盆等（表124、125）。

标本雨须梁：1，单耳罐，泥质橙黄陶。连口环桥形耳，侈口，圆唇，高领，束颈，圆腹，底残，素面。残宽11、残高10.8厘米（图一〇五，1；彩版四六，1）。

标本雨须梁：2，花边罐，夹砂灰陶。侈口，方唇，上腹微弧，底残，唇下饰一周附加泥条呈波状，腹部饰斜向篮纹。口径24.4、残高6厘米（图一〇五，2）。

标本雨须梁：3，花边罐，夹砂橙黄陶。侈口，折沿，方唇，高领，束颈，颈部以下残，颈部饰一周附加泥条呈波状，泥条下饰竖向篮纹。残宽5.6、残高4厘米（图一〇五，3）。

标本雨须梁：4，陶盆，泥质橙黄陶。敞口，方唇，斜弧腹，底残，素面。口径20、残高2.8厘米（图一〇五，4）。

标本雨须梁：5，花边罐，夹砂橙黄陶。侈口，方唇，矮领，束颈，颈部以下残，沿部饰一周附加泥条呈波状。残宽5.6、残高2.6厘米（图一〇五，5）。

标本雨须梁：6，花边罐，夹砂红陶。侈口，折沿，圆唇，矮领，束颈，颈部以下残，沿下饰一周附加泥条呈波状，泥条下饰斜向篮纹，篮纹下有一道凹槽。残宽5.6、残高4.2厘米（图一〇五，6）。

标本雨须梁：7，圆腹罐，泥质灰陶。侈口，方唇，颈部残，素面。残宽5.6、残高2.8厘米

表 124　雨须梁遗址陶片数量统计表

纹饰 \ 陶色 \ 陶质	泥　质						夹　砂			
	橙黄	灰	红	红底黑彩	橙黄底黑彩	橙黄底红彩	橙黄	灰	红	红褐
素面	6	3		1	8					
绳纹	1						1		2	
附加堆纹+绳纹							2	1	1	
合计	7	3		1	8		3	1	3	

表 125　雨须梁遗址器形数量统计表

器形 \ 陶色 \ 陶质	泥　质				夹　砂				总　计
	红	橙黄	灰	黑	红	橙黄	灰	红褐	
圆腹罐			1						1
单耳罐		1							1
花边罐					2	3	2		7
陶盆		1							1
彩陶罐		1							1

（图一〇五，7）。

标本雨须梁：8，花边罐，夹砂红陶。侈口，方唇，矮领，束颈，颈部以下残，颈部饰斜向附加绳纹，绳纹之上饰一周附加泥条呈波状。残宽3.2、残高3.6厘米（图一〇五，8）。

标本雨须梁：9，彩陶罐，泥质橙黄陶。侈口，折沿，圆唇，高领，束颈，颈部以下残，颈部有模糊不清的彩绘。口径6.8、残高3.2厘米（图一〇五，9；彩版四六，2）。

标本雨须梁：10，花边罐，夹砂橙黄陶。侈口，折沿，尖唇，束颈，弧腹，底残，唇下饰一周附加泥条呈波状，腹部饰竖向绳纹。残宽4.8、残高4.2厘米（图一〇五，10）。

标本雨须梁：11，腹耳，泥质橙黄陶。仅余一耳，环形耳，素面。残长5.8、残宽6.2厘米（图一〇五，11）。

标本雨须梁：12，花边罐，夹砂灰陶。侈口，折沿，方唇，弧腹，底残，沿下饰一周附加泥条呈波状，腹部饰竖向绳纹。残宽5.4、残高3.8厘米（图一〇五，12）。

标本雨须梁：13，彩陶片，泥质橙黄陶。素面，饰弧形条带状黑彩。残长4.8、残宽8.4厘米（图一〇五，13）。

标本雨须梁：14，彩陶片，泥质橙黄陶。素面，饰宽条带状黑彩。残长3、残宽3.7厘米（图一〇五，14；彩版四六，3）。

标本雨须梁：15，彩陶片，泥质橙黄陶。素面，饰窄宽条状三角形黑彩。残长3.7、残宽6厘米（图一〇五，15；彩版四六，4）。

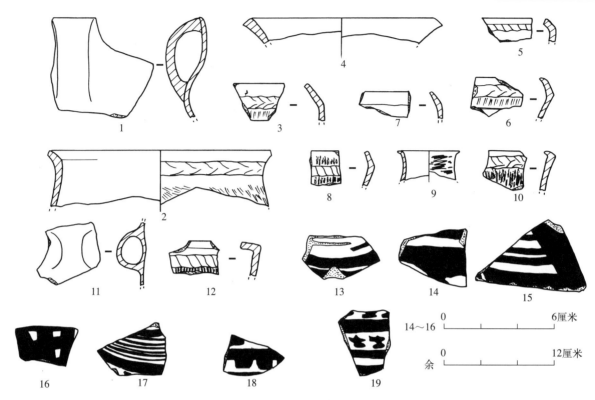

图一〇五　雨须梁遗址采集遗物

1. 单耳罐　2、3、5、6、8、10、12. 花边罐　4. 陶盆　7. 圆腹罐　9. 彩陶罐　11. 腹耳　13~19. 彩陶片

标本雨须梁：16，彩陶片，泥质橙黄陶。素面，饰宽条网格状黑彩。残长2.1、残宽3.4厘米（图一〇五，16；彩版四七，1）。

标本雨须梁：17，彩陶片，泥质橙黄陶。素面，饰宽窄弧形状黑彩。残长5.6、残宽7.6厘米（图一〇五，17；彩版四七，2）。

标本雨须梁：18，彩陶片，泥质橙黄陶。素面，饰条带状黑彩，中间方块状。残长4.4、残宽6.4厘米（图一〇五，18；彩版四七，3）。

标本雨须梁：19，彩陶片，泥质橙黄陶。素面，饰三周条带状黑彩，中间小鸟状黑彩。残长7、残宽5.4厘米（图一〇五，19；彩版四七，4）。

62. 头道梁遗址

遗址位于宁夏海原史店乡杨家套子村南侧山梁上，山梁当地人称为头道梁（彩版四八，1）。地理坐标为北纬36°27′53.59″，东经105°42′17.25″，海拔高度为2126米。头道梁地势南高北低，山梁东侧较为平缓的坡地上发现大量盗坑，盗坑内及其周边散落有陶片和人骨等遗物。省道202从遗址区南侧穿过，因没有暴露的断面，在遗址区未发现有地层堆积和遗迹现象。从盗坑的分布看，遗址遭盗扰破坏严重。遗址南北长约150、东西宽约150米，面积约为2.25万平方米。遗址文化属性为菜园文化。

遗址地表采集陶片有泥质和夹砂两类，以夹砂陶居多；陶色以橙黄陶占绝大多数，还有红陶、灰陶；除素面外纹饰以篮纹为主，还有附加堆纹、刻划纹、戳印纹、绳纹；可辨器形有高领罐、花边罐、圆腹罐、单耳罐、刻槽盆、盆、钵等（表126、127）。

标本头道梁：1，高领罐，泥质橙黄陶。喇叭口，圆唇，高领，束颈，颈部以下残，口沿外侧饰斜向篮纹，颈部素面，内壁泥片贴筑痕迹明显。口径15.6、残高8.6厘米（图一〇六，1）。

标本头道梁：2，高领罐，泥质橙黄陶。喇叭口，圆唇，高领，束颈，颈部以下残，素面。残宽8.9、残高7厘米（图一〇六，2）。

标本头道梁：3，高领罐，夹砂橙黄陶。喇叭口，方唇，高领，束颈，颈部以下残，口沿外侧饰斜向篮纹。残宽6、残高5.2厘米（图一〇六，3）。

标本头道梁：4，花边罐，夹砂橙黄陶。侈口，圆唇，矮领，束颈，腹残，器表饰斜向篮

表126　头道梁遗址陶片数量统计表

纹饰 \ 陶色 \ 陶质	泥　质						夹　砂			
	橙黄	灰	红	红底黑彩	橙黄底黑彩	橙黄底红彩	橙黄	灰	红	红褐
素面	8		4				10	2	1	
绳纹	2		1						2	
篮纹	13		3				22		5	
刻划纹								3	2	
附加堆纹	2						1			
戳印纹	1						2			
附加堆纹+篮纹	3						5	2		
篮纹+刻划纹							2			
合计	29		8				45	7	10	

表127　头道梁遗址器形数量统计表

器形 \ 陶色 \ 陶质	泥　质				夹　砂				总　计
	红	橙黄	灰	黑	红	橙黄	灰	红褐	
高领罐		11				4	1		16
圆腹罐	1				2	3			6
单耳罐					1	1	1		3
花边罐		2				3	1		6
陶盆		1			1	1			3
刻槽盆					1	1	1		3
陶钵						1			1
罐腹底	1	1			2	2			6

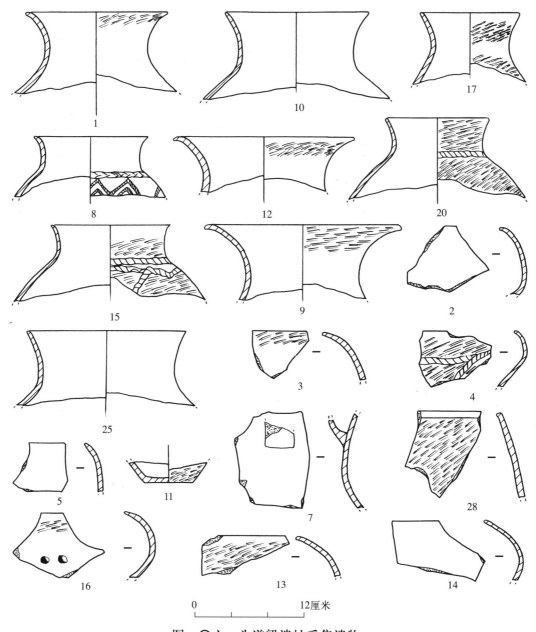

图一〇六　头道梁遗址采集遗物

1～3、5、9、10、12～14、16.高领罐　4、8、15、20.花边罐　7.腹耳　11.罐腹底　17、25.圆腹罐　28.陶盆

纹，篮纹之上饰横竖两道附加泥条呈波状。残宽7.8、残高6厘米（图一〇六，4）。

　　标本头道梁：5，高领罐，夹砂灰陶。喇叭口，尖唇，高领，束颈，颈部以下残，素面。残宽6.2、残高5.2厘米（图一〇六，5）。

　　标本头道梁：6，罐腹底，泥质橙黄陶。上腹残，下腹斜弧，平底，腹部饰斜向篮纹。底径14.4、残高11.2厘米（图一〇七，6）。

　　标本头道梁：7，腹耳，泥质橙黄陶。有一残腹耳，素面。残长10.2、残宽8.2厘米（图一〇六，7）。

　　标本头道梁：8，花边罐，夹砂橙黄陶。侈口，尖唇，高领，束颈，上腹弧，底残，颈腹之间饰一周附加泥条呈波状，上腹部饰三角形附加泥条。口径12.4、残高6.4厘米（图一〇六，8）。

标本头道梁：9，高领罐，泥质橙黄陶。喇叭口，圆唇，高领，束颈，颈部以下残，口沿外侧饰斜向篮纹，颈部素面。口径20.8、残高8厘米（图一〇六，9）。

标本头道梁：10，高领罐，泥质橙黄陶。喇叭口，圆唇，高领，束颈，腹残，素面。口径15.6、残高9.2厘米（图一〇六，10）。

标本头道梁：11，罐腹底，夹砂红陶。上腹残，下腹斜直，平底，腹部饰斜向篮纹。底径5.6、残高2.2厘米（图一〇六，11）。

标本头道梁：12，高领罐，泥质橙黄陶。喇叭口，尖唇，高领，束颈，颈部以下残，口沿外侧饰斜向篮纹，颈部素面。口径20、残高6厘米（图一〇六，12）。

标本头道梁：13，高领罐，夹砂橙黄陶。喇叭口，圆唇，颈部残，口沿外侧饰斜向篮纹。残宽9.6、残高4.4厘米（图一〇六，13）。

标本头道梁：14，高领罐，泥质橙黄陶。喇叭口，圆唇，高领，束颈，颈部以下残，素面。残宽9.4、残高6.4厘米（图一〇六，14）。

标本头道梁：15，花边罐，泥质橙黄陶。侈口，尖唇，高领，束颈，上腹弧，下腹残，器表饰斜向篮纹，颈、腹饰三道附加泥条呈波状。口径13.2、残宽8厘米（图一〇六，15）。

标本头道梁：16，高领罐，泥质橙黄陶。喇叭口，尖唇，高领，束颈，颈部以下残，口沿外侧饰横向篮纹，颈部饰戳印纹。残宽10.3、残高7厘米（图一〇六，16）。

标本头道梁：17，圆腹罐，夹砂红陶。侈口，圆唇，矮领，束颈，上腹弧，下腹残，颈、腹饰斜向绳纹。口径10.8、残高7.6厘米（图一〇六，17）。

标本头道梁：18，高领罐，夹砂橙黄陶。喇叭口，尖唇，高领，束颈，颈部残，口沿外侧饰斜向篮纹。残宽13、残高5.4厘米（图一〇七，18）。

标本头道梁：19，高领罐，泥质橙黄陶。喇叭口，尖唇，高领，束颈，颈部残，口沿外侧饰斜向篮纹。残宽7、残高6.6厘米（图一〇七，19）。

标本头道梁：20，花边罐，夹砂橙黄陶。侈口，方唇，束颈，溜肩，腹残，器表通体饰斜向篮纹，颈肩交界处饰一周附加泥条呈波状。口径11.2、残高8.6厘米（图一〇六，20）。

标本头道梁：21，单耳罐，夹砂灰陶。桥形单耳，侈口，尖唇，束颈，颈部以下残，耳面饰竖向刻划纹，刻划纹之上饰两道附加泥条呈交错状，颈部饰一周附加泥条呈波状，泥条下方饰斜向篮纹及竖向刻划纹。残宽6.3、残高8.3厘米（图一〇七，21）。

标本头道梁：22，单耳罐，夹砂红陶。桥形拱耳，侈口，尖唇，束颈，颈部以下残，耳面饰竖向刻划纹，颈部饰斜向篮纹及刻划纹。残宽7.6、残高6.8厘米（图一〇七，22）。

标本头道梁：23，陶盆，夹砂红陶。敞口，方唇，上腹弧，下腹斜直，底残，腹部饰横向绳纹。残宽5.6、残高5厘米（图一〇七，23）。

标本头道梁：24，花边罐，夹砂灰陶。侈口，圆唇，束颈，颈部以下残，颈部饰竖向绳纹，绳纹之下饰一周附加泥条呈波状。残宽6.4、残高4厘米（图一〇七，24）。

标本头道梁：25，圆腹罐，夹砂橙黄陶。侈口，圆唇，高领，束颈，颈部以下残，素面磨光。口径17.6、残高8厘米（图一○六，25）。

标本头道梁：26，高领罐，夹砂橙黄陶。喇叭口，尖唇，颈部残，素面。残宽7.8、残高2.4厘米（图一○七，26）。

标本头道梁：27，腹耳，夹砂灰陶。耳部一端残，耳面及腹部均饰刻划纹。残长5.2、残宽6.2厘米（图一○七，27）。

标本头道梁：28，陶盆，夹砂橙黄陶。敞口，方唇，斜直腹，底残，腹部饰斜向篮纹。残宽6.6、残高9.2厘米（图一○六，28）。

标本头道梁：29，高领罐，泥质橙黄陶。喇叭口，圆唇，颈部残，素面。残宽7.8、残高3厘米（图一○七，29）。

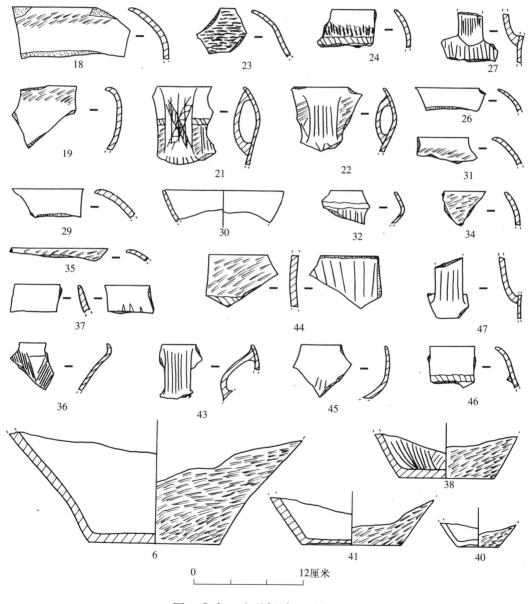

图一○七　头道梁遗址采集遗物

6、40、41.罐腹底　18、19、26、29、31、35.高领罐　21、22、43.单耳罐　23、46.陶盆　24、32.花边罐　27.腹耳　30.陶钵　34、36、45.圆腹罐　37、38.刻槽盆　44.刻槽盆腹片　47.器耳

标本头道梁：30，陶钵，夹砂橙黄陶。敛口，圆唇，弧腹，底残，素面。口径13.6、残高3.4厘米（图一〇七，30）。

标本头道梁：31，高领罐，泥质橙黄陶。喇叭口，尖唇，颈部残，唇下饰斜向篮纹。残宽6.6、残高2.8厘米（图一〇七，31）。

标本头道梁：32，花边罐，泥质橙黄陶。侈口，圆唇，束颈，腹残，颈部饰一周附加泥条，泥条下饰刻划纹。残宽5.4、残高3.4厘米（图一〇七，32）。

标本头道梁：33，罐腹底，夹砂红陶。圆腹，平底微凹，腹部饰横向篮纹。底径12.2、残高18.8厘米（图一〇八，33）。

标本头道梁：34，圆腹罐，夹砂红陶。侈口，圆唇，颈部残，沿下饰横向篮纹。残宽4.8、残高3.6厘米（图一〇七，34）。

标本头道梁：35，高领罐，泥质橙黄陶。喇叭口，圆唇，颈部残，沿下饰斜向篮纹。残宽10.6、残高1.2厘米（图一〇七，35）。

标本头道梁：36，圆腹罐，夹砂橙黄陶。侈口，尖唇，束颈，溜肩，腹残，颈部素面，肩部饰交错刻划纹。残宽4.2、残高5厘米（图一〇七，36）。

标本头道梁：37，刻槽盆，夹砂灰陶。敛口，圆唇，弧腹，底残，素面，内壁有刻槽。残宽5.4、残高3厘米（图一〇七，37）。

标本头道梁：38，刻槽盆，夹砂红陶。上腹残，下腹斜直，平底，腹部饰斜向篮纹，内壁有刻槽。底径11.2、残高4.6厘米（图一〇七，38）。

标本头道梁：39，刻槽盆，夹砂橙黄陶。上腹残，下腹斜直，平底，素面，器底内壁饰数道刻槽。底径8.8、残高1.2厘米（图一〇八，39）。

标本头道梁：40，罐腹底，夹砂橙黄陶。上腹残，下腹斜直，假圈足，腹部饰斜向篮纹。底径4.4、残高2.6厘米（图一〇七，40）。

标本头道梁：41，罐腹底，夹砂橙黄陶。上腹残，下腹斜直，假圈足，腹部饰斜向篮纹。底径11.2、残高5厘米（图一〇七，41）。

标本头道梁：42，罐腹底，泥质红陶。上腹残，下腹斜直，平底，腹部素面，底部饰交错篮纹。底径8.8、残高5.8厘米（图一〇八，42）。

标本头道梁：43，单耳罐，夹砂橙黄陶。连口耳，侈口，尖唇，唇部以下残，耳面饰竖向刻划纹。残长5.8、残宽4.8厘米（图一〇七，43）。

标本头道梁：44，刻槽盆腹片，夹砂橙黄陶。表面饰篮纹，内壁饰刻纹。残长5.6、残宽7.8厘米（图一〇七，44）。

标本头道梁：45，圆腹罐，夹砂红陶。侈口，尖圆唇，束颈，颈部以下残，素面。残长5.6、残宽6.4厘米（图一〇七，45）。

标本头道梁：46，陶盆，泥质橙黄陶。敞口，圆唇，弧腹，底残，腹部饰一周附加泥条呈波状。残宽5.1、残高4.4厘米（图一〇七，46）。

标本头道梁：47，器耳，泥质橙黄陶。桥形拱耳，一端残，耳面饰竖向刻划纹。残长6.5、残宽4.5厘米（图一〇七，47）。

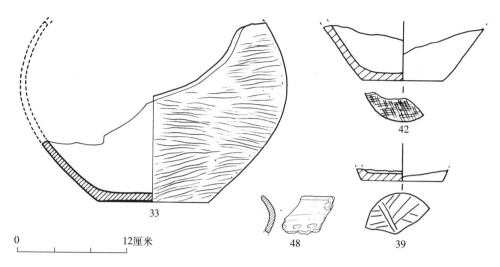

图一○八　头道梁遗址采集遗物

33、42.罐腹底　39.刻槽盆　48.圆腹罐

标本头道梁：48，圆腹罐，夹砂橙黄陶。侈口，圆唇，束颈，颈部以下残，器表素面，颈部饰一周戳印纹。残宽3.6、残高4厘米（图一○八，48）。

63. 野狐坡韭菜岭遗址

遗址位于海原县海城镇野狐坡村南侧山梁上，山梁当地人称为韭菜岭。地理坐标为北纬36°31′4.42″，东经105°34′20.29″，海拔高度为2159米。韭菜岭地势西高东低，山梁东侧较为陡峭坡地地表散落较多陶片，在水冲沟暴露的断面上发现有陶片、炭屑、红烧土堆积和灰坑等遗存。遗址南北长约400、东西宽约250米，面积约为10万平方米。遗址文化属性为菜园文化。

遗址地表采集陶片有泥质和夹砂两类，泥质陶稍多；陶色有橙黄陶、红陶、灰陶；纹饰有附加堆纹、篮纹，还有少量彩陶；可辨器形有大口圆腹罐、花边罐、圆腹罐、彩陶罐、盆、钵、匜等（表128、129）。

标本野狐坡韭菜岭：1，圆腹罐，泥质灰陶。侈口，方唇，束颈，颈部以下残，素面磨光。口径16.2、残高5.8厘米（图一○九，1）。

标本野狐坡韭菜岭：2，陶钵，泥质灰陶。敛口，尖唇，弧腹，底残，器表饰斜向篮纹。残长8、残宽6.8厘米（图一○九，2）。

标本野狐坡韭菜岭：3，圆腹罐，泥质橙黄陶。侈口，方唇，唇面有一道凹槽，束颈，颈部以下残，颈部饰斜向篮纹。口径21.2、残高3.8厘米（图一○九，3）。

标本野狐坡韭菜岭：4，大口圆腹罐，夹砂橙黄陶。侈口，尖唇，束颈，颈部以下残，颈部饰斜向篮纹。口径27.2、残高4.4厘米（图一○九，4）。

标本野狐坡韭菜岭：5，花边罐，夹砂橙黄陶。侈口，方唇，束颈，颈部以下残，上颈部饰斜向篮纹，下颈部饰一周附加泥条呈波状。口径20.4、残高5.6厘米（图一○九，5）。

标本野狐坡韭菜岭：6，陶盆，泥质灰陶。敞口，圆唇，斜腹微弧，底残，素面，内壁有泥

表128　野狐坡韭菜岭遗址陶片数量统计表

陶质 纹饰 陶色	泥　质						夹　砂			
	橙黄	灰	红	红底黑彩	橙黄底黑彩	橙黄底红彩	橙黄	灰	红	红褐
素面	3	2	1	2	2					
绳纹	1							1	1	
篮纹	3	1					4	1		
刻划纹										
附加堆纹										
戳印纹										
附加堆纹+篮纹							2			
附加堆纹+绳纹										
绳纹+刻划纹										
合计	7	3	1	2	2		6	2	1	

表129　野狐坡韭菜岭遗址器形数量统计表

陶质 器形 陶色	泥　质				夹　砂				总　计
	红	橙黄	灰	黑	红	橙黄	灰	黑	
大口圆腹罐						1			1
圆腹罐		2	1			1	1		5
花边罐						3			3
陶盆		1	1						2
陶钵	1	1	1						3
彩陶罐	1								1
匜腹底						1			1

片贴筑的痕迹。口径18.4、残高4.4厘米（图一〇九，6）。

标本野狐坡韭菜岭：7，花边罐，夹砂橙黄陶。侈口，尖唇，束颈，颈部以下残，颈部饰一周附加泥条呈波状，泥条下方饰斜向篮纹。口径20.6、残高4厘米（图一〇九，7）。

标本野狐坡韭菜岭：8，圆腹罐，夹砂灰陶。侈口，方唇，束颈，颈部以下残，颈部饰斜向篮纹。口径12、残高5.1厘米（图一〇九，8）。

标本野狐坡韭菜岭：9，陶钵，泥质橙黄陶。敛口，方唇，弧腹，底残，素面。残长3.7、残宽5厘米（图一〇九，9）。

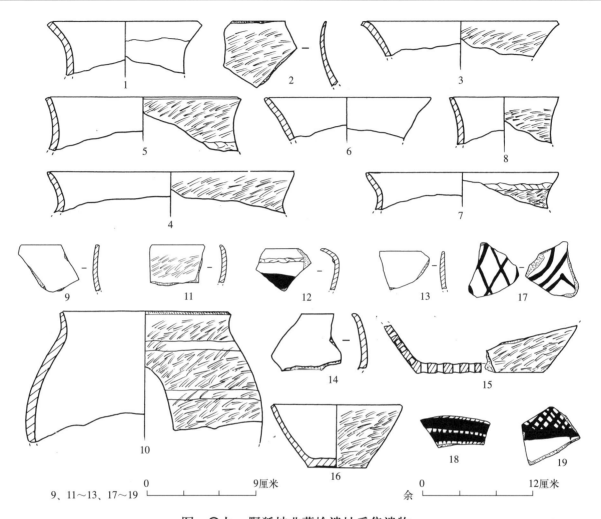

图一〇九　野狐坡韭菜岭遗址采集遗物

1、3、8、11、14.圆腹罐　2、9、13.陶钵　4.大口圆腹罐　5、7、10.花边罐　6、16.陶盆　12.彩陶罐　15.匜腹底　17～19.彩陶片

标本野狐坡韭菜岭：10，花边罐，夹砂橙黄陶。侈口，方唇，圆腹，底残，唇面饰戳印纹，器表饰斜向篮纹，沿部发现指纹，器身有泥片贴筑的痕迹。口径18.4、残高15厘米（图一〇九，10）。

标本野狐坡韭菜岭：11，圆腹罐，夹砂橙黄陶。侈口，圆唇，束颈，颈部以下残，颈部饰斜向篮纹。残长3.2、残宽4.5厘米（图一〇九，11）。

标本野狐坡韭菜岭：12，彩陶罐，泥质红陶。侈口，圆唇，束颈，颈部以下残，沿下饰一周附加泥条呈波状，下颈部饰条带状黑彩。残长3.3、残宽4.4厘米（图一〇九，12）。

标本野狐坡韭菜岭：13，陶钵，泥质红陶。敛口，圆唇，弧腹，底残，素面磨光。残长3.1、残宽4厘米（图一〇九，13）。

标本野狐坡韭菜岭：14，圆腹罐，泥质橙黄陶。侈口，圆唇，束颈，颈部以下残，素面。残长6.1、残宽7.6厘米（图一〇九，14）。

标本野狐坡韭菜岭：15，匜腹底，夹砂橙黄陶。器表饰斜向篮纹，断裂面有圆形钻孔，底部有数个长方形孔，器底内外壁均饰交错篮纹。残宽7.2、残高4.8厘米（图一〇九，15）。

标本野狐坡韭菜岭：16，陶盆，泥质橙黄陶。敞口，圆唇，斜腹微弧，假圈足，器表饰斜向篮纹，内壁有刮抹痕迹。口径13.6、底径6.4、高6.6厘米（图一〇九，16）。

标本野狐坡韭菜岭：17，彩陶片，泥质橙黄陶。素面，器表饰网格纹红彩，内壁饰弧形条带红彩。残长4.4、残宽4.1厘米（图一〇九，17）。

标本野狐坡韭菜岭：18，彩陶片，泥质橙黄陶。素面，器表饰两道条形黑彩呈锯齿状。残长2.6、残宽5.7厘米（图一〇九，18）。

标本野狐坡韭菜岭：19，彩陶片，泥质橙黄陶。素面磨光，器表饰条带及网格纹黑彩。残长4.8、残宽4.7厘米（图一〇九，19）。

64. 山头梁二号点遗址

遗址位于海原县原县树台乡龚湾村北侧山梁上，山梁当地人称山头梁。地理坐标为北纬36°28'56.96"，东经105°32'1.17"，海拔高度为2202米。山头梁地势南高北低，山梁北侧坡地地表散落较多陶片，同时还发现一定数量盗坑，盗坑周围散落有陶片、人骨等遗物。因没有暴露的断面，在遗址区未发现有地层堆积和遗迹现象。在遗址区采集石锛2件、石刀1件。遗址址南北长260、东西宽230米。面积约5.98万平方米。遗址文化属性为菜园文化。

遗址地表采集陶片有泥质和夹砂两类，以夹砂陶居多；陶色以橙黄陶为主，还有一定数量灰陶、红陶；除素面外纹饰以篮纹和绳纹为主，有刻划纹和附加堆纹，还有少量彩陶；可辨器形有花边罐、圆腹罐、高领罐、双鋬罐、盆、钵等；石器有石刀和石锛（表130、131）。

标本山头梁二号点：1，花边罐，夹砂灰陶。侈口，方唇，束颈，颈部以下残，沿下及颈部各饰一道附加泥条呈波状。残宽6、残高5厘米（图一一〇，1）。

标本山头梁二号点：2，高领罐，泥质灰陶。喇叭口，尖唇，束颈，颈部以下残，素面。残宽6.6、残高4厘米（图一一〇，2）。

标本山头梁二号点：3，花边罐，夹砂红陶。侈口，圆唇，高领，束颈，颈部以下残，颈部饰斜向篮纹，篮纹下方饰附加泥条呈波状。口径10.4、残高7厘米（图一一〇，3）。

表130　山头梁二号点遗址陶片数量统计表

纹饰＼陶色＼陶质	泥　质						夹　砂			
	橙黄	灰	红	红底黑彩	橙黄底黑彩	橙黄底红彩	橙黄	灰	红	红褐
素面	7	4	1		2		4	4	1	
绳纹	2						12	1		
篮纹	3	1					14	5		
刻划纹							2			
附加堆纹		1					2	2	1	
附加堆纹+篮纹							2	1	1	
合计	12	6	1		2		36	13	3	

表 131　山头梁二号点遗址器形数量统计表

陶色 陶质 器形	泥　质				夹　砂				总　计
	红	橙黄	灰	黑	红	橙黄	灰	红褐	
高领罐			2						2
圆腹罐					1		2		3
花边罐			1		2		2		5
陶盆	1	2	1						4
陶钵		1							1
双錾罐							1		1
罐腹底		2				2	1		5

标本山头梁二号点：4，花边罐，夹砂红陶。侈口，圆唇，束颈，颈部以下残，颈部素面，颈腹之间饰一周附加泥条呈波状。残宽9.8、残高6厘米（图一一〇，4）。

标本山头梁二号点：5，花边罐，泥质灰陶。侈口，尖唇，束颈，颈部以下残，口沿下侧饰一周附加泥条呈凸棱状。残长4.6、残宽3.8厘米（图一一〇，5）。

标本山头梁二号点：6，陶盆，泥质红陶。敞口，尖唇，斜腹，底残，素面。残宽3.8、残高2.6厘米（图一一〇，6）。

标本山头梁二号点：7，圆腹罐，夹砂灰陶。侈口，圆唇，颈部残，口沿外侧饰斜向篮纹。残宽6.6、残高4.6厘米（图一一〇，7）。

标本山头梁二号点：8，高领罐，泥质灰陶。喇叭口，圆唇，颈部残，口沿外侧饰斜向篮纹。残宽5.6、残高3.6厘米（图一一〇，8）。

标本山头梁二号点：9，陶盆，泥质灰陶。敞口，方唇，上腹弧，下腹斜直，底残，素面，唇下有一道凹槽。残宽5.7、残高5.6厘米（图一一〇，9）。

标本山头梁二号点：10，陶盆，泥质橙黄陶。敞口，圆唇，弧腹，底残，素面。残宽4.4、残高3厘米（图一一〇，10）。

标本山头梁二号点：11，双錾罐，夹砂灰陶。连口錾，侈口，圆唇，束颈，颈部以下残，素面。口径10.8、残高4厘米（图一一〇，11）。

标本山头梁二号点：12，花边罐，夹砂灰陶。侈口，圆唇，颈部残，口沿外侧饰两周附加泥条呈波状。残宽4.5、残高4.8厘米（图一一〇，12）。

标本山头梁二号点：13，陶盆，泥质橙黄陶。敞口，圆唇，斜腹微弧，底残，素面，唇下有一道凹槽。残宽3.6、残高4.4厘米（图一一〇，13）。

标本山头梁二号点：14，圆腹罐，夹砂红陶。侈口，方唇，颈部残，素面。残宽6.2、残高3.6厘米（图一一〇，14）。

标本山头梁二号点：15，陶钵，泥质橙黄陶。敛口，圆唇，弧腹，底残，素面。残宽4.2、残高3.6厘米（图一一〇，15）。

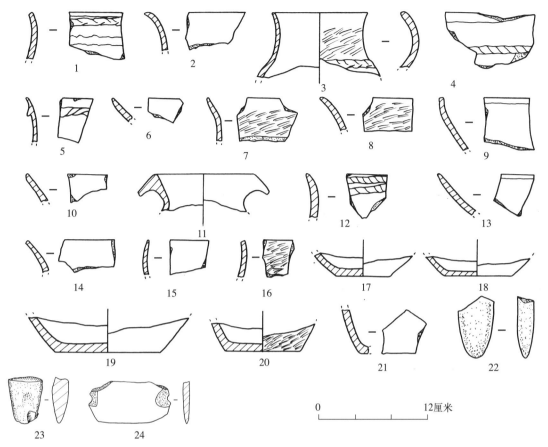

图一一〇　山头梁二号点遗址采集遗物

1、3～5、12.花边罐　2、8.高领罐　6、9、10、13.陶盆　7、14、16.圆腹罐　11.双鋬罐　15.陶钵　17～21.罐腹底　22、23.石锛　24.石刀

标本山头梁二号点：16，圆腹罐，夹砂灰陶。侈口，方唇，束颈，颈部以下残，颈部饰斜向篮纹。残宽3.2、残高4厘米（图一一〇，16）。

标本山头梁二号点：17，罐腹底，泥质橙黄陶。上腹残，下腹微弧，平底，素面。底径6、残高2.4厘米（图一一〇，17）。

标本山头梁二号点：18，罐腹底，泥质橙黄陶。上腹残，下腹斜直，平底，素面。底径7.2、残高2厘米（图一一〇，18）。

标本山头梁二号点：19，罐腹底，夹砂橙黄陶。上腹残，下腹斜直，平底，素面。底径11.6、残高3.6厘米（图一一〇，19）。

标本山头梁二号点：20，罐腹底，夹砂橙黄陶。上腹残，下腹斜弧，平底，腹部饰斜向篮纹。底径8、残高3厘米（图一一〇，20）。

标本山头梁二号点：21，罐腹底，夹砂灰陶。上腹残，下腹斜弧，平底微凹，素面。残宽4.8、残高4.7厘米（图一一〇，21）。

标本山头梁二号点：22，石锛，磨制一端残，另一端尖锐。残长6.5、厚1.8厘米（图一一〇，22）。

标本山头梁二号点：23，石锛，花岗岩，磨制，一端残，双面刃，尖端较锐利。残长4.9、残宽2.4～3.7厘米（图一一〇，23）。

标本山头梁二号点：24，石刀，花岗岩，磨石，背部略残，两侧有脱落痕迹，双面刃，较锐利。长8.9、宽4.5厘米（图一一〇，24）。

65. 转头梁遗址

遗址位于海原县树台乡王家坡村南侧山梁上，山梁当地人称为转头梁（彩版四八，2）。地理坐标为北纬36°29'52.42"，东经105°30'30.04"，海拔高度为2147米。转头梁地势南高北低，山梁北侧坡地发现有少量盗坑，盗坑周边散落有陶片和人骨。因没有暴露的断面，在遗址区未发现有地层堆积和遗迹现象。遗址南北长约100、东西宽约200米，面积约为2万平方米。遗址文化属性为菜园文化。

遗址地表采集陶片有泥质和夹砂两类夹砂陶稍多；陶色以橙黄陶为主，还有一定量的灰

表 132　转头梁遗址陶片数量统计表

纹饰＼陶质＼陶色	泥 质						夹 砂			
	橙黄	灰	红	红底黑彩	橙黄底黑彩	橙黄底红彩	橙黄	灰	红	红褐
素面	11	1					2	3	1	
绳纹	2						4		2	
篮纹	7	2					7	10	2	
刻划纹	3						1			
附加堆纹		1					2			
戳印纹							2			
附加堆纹+篮纹	1	1					2			
附加堆纹+绳纹							1			
绳纹+刻划纹								1		
合计	24	5					21	14		

表 133　转头梁遗址器形数量统计表

器形＼陶质＼陶色	泥 质				夹 砂				总 计
	红	橙黄	灰	黑	红	橙黄	灰	黑	
高领罐					1				1
圆腹罐					1		1		2
器盖		1							1
罐腹底		1			3	1	1		6

陶、红陶；除素面外纹饰以篮纹为主，还有附加堆纹、绳纹、刻划纹和戳印纹；可辨器形有高领罐、圆腹罐、器盖等（表131、132）。

标本转头梁：1，器盖，泥质灰陶。敞口，圆唇，顶部残，盖面饰横向篮纹，顶部饰一周附加泥条呈波状。口径11.6、残高3厘米（图一一一，1）。

标本转头梁：2，高领罐，夹砂红陶。喇叭口，圆唇，颈部残，口沿外侧饰斜向篮纹。残宽5.4、残高3.8厘米（图一一一，2）。

标本转头梁：3，罐腹底，夹砂红陶。上腹残，下腹斜直，平底，腹部饰斜向篮纹，底部饰交错篮纹。底径8.8、残高2.7厘米（图一一一，3）。

标本转头梁：4，罐腹底，夹砂灰陶。上腹残，下腹斜直，平底，腹部饰斜向篮纹。底径8、残高2.2厘米（图一一一，4）。

标本转头梁：5，罐腹底，泥质橙黄陶。上腹残，下腹斜直，平底，假圈足，腹部饰斜向篮纹。底径9.6、残高2.4厘米（图一一一，5）。

标本转头梁：6，罐腹底，夹砂红陶。上腹残，下腹斜弧，平底，腹部饰斜向绳纹。底径9.2、残高2.4厘米（图一一一，6）。

标本转头梁：7，罐腹底，夹砂红陶。上腹残，下腹斜弧，平底微凹，素面。底径8.8、残高4.3厘米（图一一一，7）。

标本转头梁：8，罐腹底，夹砂橙黄陶。上腹残，下腹斜弧，平底微凹，素面。底径9、残高8厘米（图一一一，8）。

标本转头梁：9，圆腹罐，夹砂灰陶。侈口，圆唇，高领，束颈，溜肩，肩部以下残，锯齿唇，肩部饰斜向篮纹，篮纹之上饰斜向刻划纹。残宽5.2、残高6厘米（图一一一，9）。

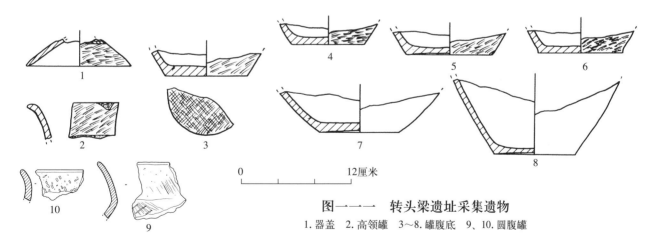

图一一一　转头梁遗址采集遗物

1. 器盖　2. 高领罐　3~8. 罐腹底　9、10. 圆腹罐

标本转头梁：10，圆腹罐，夹砂红陶。侈口，圆唇，微束颈，腹部残，颈部饰竖向绳纹。残宽5.1、残高3.3厘米（图一一一，10）。

66. 大湾梁遗址

遗址位于海原县树台乡销（索）黄川村南侧东西走向山梁上（彩版四九，1），该山梁当地人称大湾梁。地理坐标为北纬36°29'40.30"，东经105°27'3.04"，海拔高度为2009米。大湾梁地势南高北低，山梁北侧坡地发现一定数量陶片，同时发现有少量盗坑，盗坑周边散落有陶片和人骨。因没有暴露的断面，在遗址区未发现有地层堆积和遗迹现象。遗址南北长约300、东西宽约200米，面积约为6万平方米。遗址文化属性为菜园文化。

遗址地表采集陶片有泥质和夹砂两类，夹砂陶稍多；陶色以橙黄陶占绝大多数，还有一定数量的红陶、灰陶；除素面外纹饰以篮纹为主，还有绳纹、刻划纹和附加堆纹，还有少量彩陶；可辨器形有圆腹罐、刻槽盆等（表134、135）。

标本大湾梁：1，罐腹底，夹砂红陶。口部残，弧腹，平底，器身饰横向绳纹。底径3.4、残高6厘米（图一一二，1）。

标本大湾梁：2，刻槽盆，夹砂橙黄陶。敞口，方唇，弧腹，底残，腹部饰横向绳纹，内壁

表 134　大湾梁遗址陶片数量统计表

陶质 陶色 纹饰	泥　　质						夹　　砂			
	橙黄	灰	红	红底 黑彩	橙黄底 黑彩	橙黄底 红彩	橙黄	灰	红	橙黄底 红彩
素面	3	8					2			
绳纹		1					3		1	
篮纹	17		1				17		7	1
刻划纹		1								
附加堆纹 +篮纹	4						7		1	
附加堆纹 +绳纹							6			
合计	24	2	9				29	6	9	1

表 135　大湾梁遗址器形数量统计表

陶质 陶色 器形	泥　　质				夹　　砂				总　计
	红	橙黄	灰	黑	红	橙黄	灰	红褐	
圆腹罐						1			1
刻槽盆						1			1
罐腹底					1				1

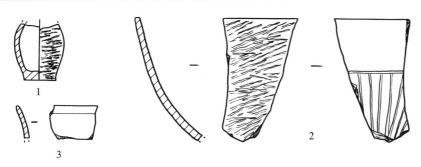

0　　　　　　　　　　　12厘米

图一一二　大湾梁遗址采集遗物
1.罐腹底　2.刻槽盆　3.圆腹罐

刻槽。残宽8.2、残高13厘米（图一一二，2）。

标本大湾梁：3，圆腹罐，夹砂橙黄陶。侈口，圆唇，束颈，颈部以下残，素面。残宽5.1、残高3.6厘米（图一一二，3）。

67. 黑角湾北山坡遗址

遗址位于海原县红羊乡上甘岔村东侧山梁上。地理坐标为北纬36°13'49.66"，东经105°40'49.39"，海拔高度为2010米。山梁地势东高西低，山梁西侧的坡地地表发现较多盗坑和大量陶片，在水冲沟暴露的断面上发现灰坑等遗迹，遗迹内包含陶片、红烧土和炭屑。从盗坑的分布来看，遗址遭盗扰破坏严重。遗址南北长约100、东西宽约200米，面积约为2万平方米。遗址文化属性为菜园文化。

表 136　黑角湾北山坡遗址陶片数量统计表

陶质 纹饰 陶色	泥　质						夹　砂			
	橙黄	灰	红	红底黑彩	橙黄底黑彩	橙黄底红彩	橙黄	灰	红	红褐
素面	6		1				9			
绳纹	11						5	6		
篮纹							5			
刻划纹							7			
戳印纹	2						1			
附加堆纹+篮纹							1			
附加堆纹+绳纹							1			
合计	19		1				29	6		

表 137　黑角湾北山坡遗址器形数量统计表

陶质 器形 陶色	泥　质				夹　砂				总计
	红	橙黄	灰	黑	红	橙黄	灰	黑	
高领罐						2			2
大口圆腹罐						2			2
圆腹罐		1				4			5
单耳罐	1	1				3			5
陶盆						2			2
陶钵							1		1
罐腹底		1							1

　　遗址地表采集陶片有泥质和夹砂两类，夹砂陶稍多；陶色以橙黄陶占绝大多数，还有红陶、灰陶；出素面外纹饰以绳纹为主，还有篮纹、附加堆纹、刻划纹和戳印纹；可辨器形有大口圆腹罐、圆腹罐、高领罐、单耳罐、盆、钵等（表136、137）。

　　标本黑角湾北山坡：1，高领罐，夹砂橙黄陶。喇叭口，圆唇，高领，颈残，素面，沿下刮抹痕迹明显。残宽16、残高3.2厘米（图一一三，1）。

　　标本黑角湾北山坡：2，圆腹罐，泥质橙黄陶。侈口，尖唇，束颈，颈部以下残，素面。残宽7、残高3厘米（图一一三，2）。

　　标本黑角湾北山坡：3，单耳罐，夹砂橙黄陶。桥形拱耳，耳部脱落，侈口，尖唇，束颈，腹部残，颈部饰横向绳纹，腹部饰交错刻划纹。残宽7.4、残高6厘米（图一一三，3）。

　　标本黑角湾北山坡：4，单耳罐，夹砂橙黄陶。桥形拱耳，侈口，尖唇，圆腹，下腹残，耳面饰竖向绳纹，颈部饰横向绳纹，腹部饰横向绳纹，绳纹之上饰斜向刻划纹。残宽10.8、残高8.4厘米（图一一三，4；彩版四九，2）。

　　标本黑角湾北山坡：5，单耳罐，夹砂橙黄陶。桥形拱耳，侈口，尖唇，圆腹，下腹残，耳部上端口沿呈锯齿状，耳面素面，颈部素面，腹部饰竖向刻划纹。残宽6.4、残高7.2厘米（图

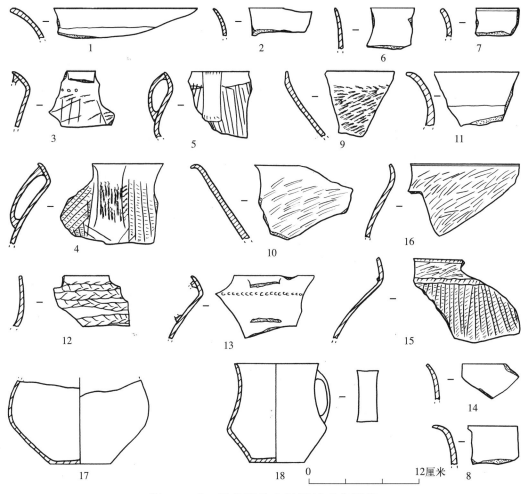

图一一三　黑角湾北山坡遗址采集遗物

1、11.高领罐　2、6、7、14、15.圆腹罐　3～5、13、18.单耳罐　8、10.陶盆　9.陶钵　12、16.大口圆腹罐　17.罐腹底

一一三，5；彩版四九，3）。

标本黑角湾北山坡：6，圆腹罐，夹砂橙黄陶。侈口，圆唇，高领，颈部残，素面。残宽4.6、残高4.4厘米（图一一三，6）。

标本黑角湾北山坡：7，圆腹罐，夹砂橙黄陶。侈口，圆唇，高领，颈部残，素面。残宽4.6、残高3厘米（图一一三，7）。

标本黑角湾北山坡：8，陶盆，夹砂橙黄陶。敞口，折沿，圆唇，直腹微弧，底残，素面磨光。残宽5.6、残高4厘米（图一一三，8）。

标本黑角湾北山坡：9，陶钵，夹砂灰陶。敛口，圆唇，上腹鼓，下腹斜直，底残，腹部饰交错绳纹。残宽7.6、残高7厘米（图一一三，9）。

标本黑角湾北山坡：10，陶盆，夹砂橙黄陶。敞口，微折沿，尖唇，斜弧腹，底残，腹部饰横向宽篮纹。残宽10.6、残高8厘米（图一一三，10）。

标本黑角湾北山坡：11，高领罐，夹砂橙黄陶。喇叭口，圆唇，高领，束颈，颈部以下残，颈部有一道折棱，素面。残宽9.6、残高5.8厘米（图一一三，11）。

标本黑角湾北山坡：12，大口圆腹罐，夹砂橙黄陶。侈口，锯齿唇，高领，颈部以下残，颈部饰四周附加泥条呈波状。残宽8.2、残高5.4厘米（图一一三，12；彩版四九，4）。

标本黑角湾北山坡：13，单耳罐，泥质橙黄陶。环形耳，侈口，尖唇，矮领，束颈，溜肩，腹部残，颈部饰一周戳印纹，素面磨光。残宽8.8、残高6.6厘米（图一一三，13；彩版四九，5）。

标本黑角湾北山坡：14，圆腹罐，夹砂橙黄陶。侈口，圆唇，束颈，颈部以下残，素面。残宽6.2、残高3.8厘米（图一一三，14）。

标本黑角湾北山坡：15，圆腹罐，夹砂橙黄陶。侈口，锯齿状圆唇，矮领，束颈，溜肩，下腹残，颈部饰绳纹，颈肩之间饰一周附加泥条，泥条饰斜向刻划纹，肩部饰斜向绳纹，绳纹之上饰竖向刻划纹。残宽6.8、残高8.8厘米（图一一三，15）。

标本黑角湾北山坡：16，大口圆腹罐，夹砂橙黄陶。侈口，方唇，矮领，束颈，上腹弧，下腹残，器表饰刻划纹。残宽12.2、残高7.8厘米（图一一三，16）。

标本黑角湾北山坡：17，罐腹底，泥质橙黄陶。上腹鼓，下腹微弧，小平底，素面。底径6.8、残高9厘米（图一一三，17）。

标本黑角湾北山坡：18，单耳罐，泥质红褐陶。桥形拱耳，侈口，尖唇，束颈，折腹，平底，素面。口径9.2、底径6、高10.6厘米（图一一三，18）。

68. 中嘴岗梁遗址

遗址位于海原县树台乡龚湾村西北侧山梁上，山梁当地人称为中嘴岗梁。地理坐标为北纬36°29'27.09"，东经105°31'57.33"，海拔高度为2220米。中嘴岗梁地势东高西低，山梁西侧的坡地地表发现较多陶片。遗址区两侧的水冲沟暴露的断面上发现有红烧土堆积和灰坑等遗迹，遗迹内包含有新石器时代陶片和炭屑。遗址南北长约80、东西宽约100米，面积约为0.8万平方米。遗址文化属性为菜园文化。

遗址地表采集陶片有泥质和夹砂两类，夹砂陶稍多；陶色以橙黄陶为主，还有一定数量红陶、灰陶；除素面外纹饰以篮纹为主，还有附加堆纹、麻点纹、绳纹；可辨器形有圆腹罐、高领罐、直口罐、花边罐、盆、钵、器盖等（表138、139）。

标本中嘴岗梁：1，陶盆，泥质橙黄陶。敞口，尖唇，斜直腹，底残，素面。残宽4.6、残高3.6厘米（图一一四，1）。

标本中嘴岗梁：2，器盖，夹砂灰陶。敞口，圆唇，顶部残，素面。口径9.6、残高4.4厘米（图一一四，2）。

标本中嘴岗梁：3，高领罐，夹砂灰陶。侈口，圆唇，高领，束颈，颈部以下残，素面。残宽6、残高5.8厘米（图一一四，3）。

标本中嘴岗梁：4，高领罐，泥质灰陶。侈口，尖唇，束颈，颈部以下残，颈部一周饰附加

表 138　中嘴岗梁遗址陶片数量统计表

纹饰 ＼ 陶质 陶色	泥　质						夹　砂			
	橙黄	灰	红	红底黑彩	橙黄底黑彩	橙黄底红彩	橙黄	灰	红	红褐
素面	13	1	4				2	8	1	
绳纹	1						8		1	
篮纹	2						11	10	1	
麻点纹	1									
附加堆纹+篮纹							4	1		
附加堆纹+绳纹							1			
合计	17	1	4				26	19	3	

表 139　中嘴岗梁遗址器形数量统计表

器形 ＼ 陶质 陶色	泥　质				夹　砂				总　计
	红	橙黄	灰	黑	红	橙黄	灰	黑	
高领罐			1				1		2
圆腹罐	2	2					1		5
花边罐							1		1
直口罐	1								1
陶盆		1							1
陶钵		1							1
器盖							1		1
罐腹底	1	1	1			1			4
罐底					1				1

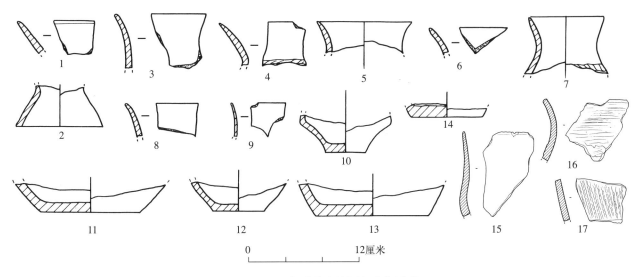

图一一四　中嘴岗梁遗址采集遗物

1.陶盆　2.器盖　3、4.高领罐　5、6、8、9、16.圆腹罐　7.花边罐　10～13.罐腹底　14.罐底　15.直口罐　17.陶钵

泥条呈水波状。残宽4.8、残高4.6厘米（图一一四，4）。

标本中嘴岗梁：5，圆腹罐，泥质橙黄陶。侈口，尖唇，高领，束颈，颈部以下残，素面。口径10.4、残高3.4厘米（图一一四，5）。

标本中嘴岗梁：6，圆腹罐，泥质橙黄陶。侈口，圆唇，束颈，颈部以下残。残宽5.4、残高2.8厘米（图一一四，6）。

标本中嘴岗梁：7，花边罐，夹砂灰陶。侈口，尖唇，高领，束颈，颈部以下残，下颈部饰一周附加泥条呈波状。口径8.4、残高6厘米（图一一四，7）。

标本中嘴岗梁：8，圆腹罐，泥质红陶。侈口，圆唇，束颈，颈部以下残，素面。残宽4.6、残高3.6厘米（图一一四，8）。

标本中嘴岗梁：9，圆腹罐，泥质红陶。侈口，尖唇，高领，束颈，颈部以下残，素面。残宽3.8、残高3.6厘米（图一一四，9）。

标本中嘴岗梁：10，罐腹底，泥质灰陶。上腹鼓，下腹斜弧，平底，素面。底径4.4、残高4厘米（图一一四，10）。

标本中嘴岗梁：11，罐腹底，泥质红陶。上腹残，下腹斜直，平底，素面。底径10.8、残高3厘米（图一一四，11）。

标本中嘴岗梁：12，罐腹底，夹砂橙黄陶。上腹残，下腹斜弧，平底，素面。底径5.6、残高3.2厘米（图一一四，12）。

标本中嘴岗梁：13，罐腹底，泥质橙黄陶。上腹残，下腹斜直，平底，素面。底径12.4、残高3.4厘米（图一一四，13）。

标本中嘴岗梁：14，罐底，夹砂红陶。腹部残，平底，素面。底径8、残高1.4厘米（图一一四，14）。

标本中嘴岗梁：15，直口罐，泥质红陶。直口，尖唇，弧腹，底残，素面。残宽5.6、残高9厘米（图一一四，15）。

标本中嘴岗梁：16，圆腹罐，夹砂灰陶。侈口，方唇，束颈，腹残，颈部饰横向篮纹。残宽6.9、残高6.5厘米（图一一四，16）。

标本中嘴岗梁：17，陶钵，泥质橙黄陶。敛口，方唇，弧腹，底残，腹部饰竖向绳纹。残宽5.6、残高4.5厘米（图一一四，17）。

69. 白土崩子遗址

遗址位于海原县海城镇安桥堡村南侧山梁上，山梁当地人称为白土崩子梁（彩版五〇，1）。地理坐标为北纬36°30'46.76"，东经105°35'14.64"，海拔高度为2196米。白土崩子梁地势南高北低，山梁北侧的坡地发现大量盗坑，盗坑周边散落有陶片和人骨，因没有暴露的断面，在遗址区未发现有地层堆积和遗迹现象。从盗坑的分布来看遗址破坏较严重，从陶片分布范围看遗址面积较大，遗址南北长约500、东西宽约300米，面积约为15万平方米。遗址文化属性为菜园文化。

遗址地表采集陶片有泥质和夹砂两类，夹砂陶稍多；陶色以橙黄陶为主，还一定量的红陶、灰陶；除素面外纹饰以篮纹为主，有附加堆纹、绳纹和刻划纹，还有一定数量的彩陶；可辨器形有大口圆腹罐、花边罐、高领罐、圆腹罐、单耳罐、大口罐、小口罐、盆、钵、彩陶瓶、彩陶罐等（表140、141）。

标本白土崩子：1，大口圆腹罐，夹砂灰陶。侈口，方唇，束颈，颈部以下残，素面。口径30.8、残高5厘米（图一一五，1）。

标本白土崩子：2，花边罐，泥质橙黄陶。侈口，方唇，口沿以下残，唇面呈锯齿状，素面。口径20、残高2.2厘米（图一一五，2）。

标本白土崩子：3，单耳罐，夹砂红陶。连口环形耳，侈口，尖唇，矮领，束颈，圆腹，底残，腹部饰交错刻划纹。口径10、残高4.8厘米（图一一五，3）。

标本白土崩子：4，高领罐，泥质橙黄陶。喇叭口，圆唇，束颈，颈部以下残，素面。口径15.6、残高3.6厘米（图一一五，4）。

标本白土崩子：5，花边罐，夹砂橙黄陶。侈口，方唇，高领，束颈，颈部以下残，颈部饰一周附加泥条。残长5.6、残宽4厘米（图一一五，5）。

标本白土崩子：6，小陶罐，泥质红陶。侈口，尖唇，鼓腹，底残，素面。口径12、残高5.1厘米（图一一五，6）。

标本白土崩子：7，单耳罐，夹砂红陶。侈口，方唇，束颈，口沿外侧有一残耳根部，颈部饰一周附加泥条呈波状。残长5.2、残宽4.2厘米（图一一五，7）。

标本白土崩子：8，陶盆，泥质灰陶。敞口，尖唇，斜直腹，底残，腹部饰斜向篮纹。残长7.2、残宽4.4厘米（图一一五，8）。

标本白土崩子：9，高领罐，泥质橙黄陶。喇叭口，圆唇，高领，束颈，颈部以下残，素面。残长8、残宽9.8厘米（图一一五，9）。

标本白土崩子：10，圆腹罐，夹砂橙黄陶。侈口，圆唇，高领，束颈，颈部以下残，颈部饰斜向篮纹。残长3.4、残宽4厘米（图一一五，10）。

标本白土崩子：11，圆腹罐，泥质橙黄陶。侈口，方唇，高领，束颈，颈部以下残，颈部

表 140　白土崩子遗址陶片数量统计表

纹饰 \ 陶色	泥　质						夹　砂			
	橙黄	灰	红	红底黑彩	橙黄底黑彩	橙黄底红彩	橙黄	灰	红	红褐
素面	20	1	3		9		7	9	2	
绳纹	4						1		2	
篮纹	7	1					21			
刻划纹	1						1			
附加堆纹	3						4	4	2	
附加堆纹+篮纹							1		1	
合计	35	2	3		9		35	13	7	

表 141　白土崩子遗址器形数量统计表

器形 \ 陶色	泥　质				夹　砂				总　计
	红	橙黄	灰	黑	红	橙黄	灰	红褐	
高领罐		4				1			5
大口圆腹罐							1		1
圆腹罐		2				2	1		5
单耳罐					2		2		4
花边罐		1			1	3			5
大口罐							1		1
陶盆	1	1	1		1				4
陶钵		2							2
彩陶罐		1							1
彩陶瓶		1							1
小口罐	1								1
罐腹底	1	2							3

饰斜向篮纹。残长5.4、残宽3.4厘米（图一一五，11）。

标本白土崩子：12，大口罐，夹砂灰陶。直口，方唇，深直腹，底残，腹部饰三周附加泥条呈波状。残长7.6、残宽6.4厘米（图一一五，12）。

标本白土崩子：13，罐腹底，泥质橙黄陶。上腹残，下腹斜弧，平底微凹，素面。底径4.5、残高3.9厘米（图一一五，13）。

标本白土崩子：14，罐腹底，泥质红陶。上腹残，下腹斜直，平底，素面。底径10.8、残高

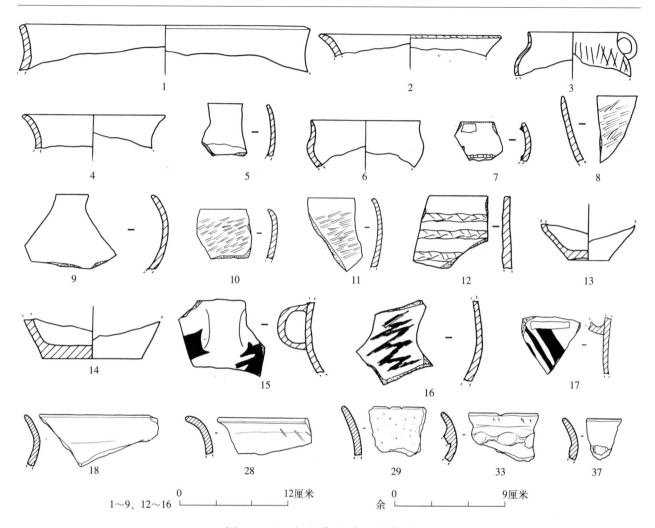

图一一五　白土崩子遗址采集遗物

1. 大口圆腹罐　2、5、33、37. 花边罐　3、7. 单耳罐　4、9、28. 高领罐　6. 小陶罐　8. 陶盆　10、11、18、29. 圆腹罐　12. 大口罐　13、14. 罐腹底　15. 彩陶罐　16、17. 彩陶片

4厘米（图一一五，14）。

　　标本白土崩子：15，彩陶罐，泥质橙黄陶。环形耳，圆腹，口与底均残，器表饰草叶状黑彩。残长7.8、残宽8.6厘米（图一一五，15）。

　　标本白土崩子：16，彩陶片，泥质橙黄陶。素面，器表饰条带状黑彩。残长8.9、残宽8.2厘米（图一一五，16）。

　　标本白土崩子：17，彩陶片，泥质橙黄陶。素面，有一残耳根部，器表饰条带状黑、红彩。残长4.6、残宽4.7厘米（图一一五，17）。

　　标本白土崩子：18，圆腹罐，泥质橙黄陶。侈口，圆唇，矮领，束颈，腹部残，素面。残宽9.7、残高4.1厘米（图一一五，18）。

　　标本白土崩子：19，花边罐，夹砂橙黄陶。侈口，圆唇，高领，束颈，颈部以下残，颈部饰一周附加泥条呈波状。残宽8.3、残高6.1厘米（图一一六，19）。

　　标本白土崩子：20，罐腹底，泥质橙黄陶。上腹残，下腹斜直，小平底，素面。底径4.9、残高2.9厘米（图一一六，20）。

标本白土崩子：21，高领罐，泥质橙黄陶。喇叭口，圆唇，高领，束颈，颈部以下残，颈部饰斜向篮纹。残宽5.6、残高6厘米（图一一六，21）。

标本白土崩子：22，陶钵，泥质橙黄陶。敛口，尖唇，折腹，底残，口沿外侧呈波状。残宽6.6、残高4.6厘米（图一一六，22）。

标本白土崩子：23，彩陶瓶，泥质橙黄陶。侈口，折沿，尖唇，高领，束颈，颈部以下残，素面磨光，器表饰横向宽条带状黑彩。残宽5.2、残高5厘米（图一一六，23；彩版五○，2）。

标本白土崩子：24，高领罐，泥质橙黄陶。喇叭口，圆唇，颈部残，素面。残宽9、残高5厘米（图一一六，24）。

标本白土崩子：25，陶钵，泥质橙黄陶。敛口，尖唇，鼓腹，底残，素面。残宽8.7、残高5.3厘米（图一一六，25）。

标本白土崩子：26，陶盆，泥质红陶。敞口，圆唇，斜弧腹，底残，素面。残宽5、残高5.5厘米（图一一六，26）。

标本白土崩子：27，陶盆，夹砂红陶。敞口，方唇，斜直腹，底残，素面且有刮抹痕迹。残宽5.1、残高4.6厘米（图一一六，27）。

标本白土崩子：28，高领罐，夹砂橙黄陶。喇叭口，圆唇，束颈，颈部以下残，素面且有刮抹痕迹。残宽7.9、残高3厘米（图一一五，28）。

标本白土崩子：29，圆腹罐，夹砂橙黄陶。侈口，圆唇，颈部残，器表素面且砂粒明显。残宽4.7、残高3.9厘米（图一一五，29）。

标本白土崩子：30，陶盆，泥质橙黄陶。敞口，圆唇，斜直腹，底残，素面且有刮抹痕迹。残宽5.6、残高3.7厘米（图一一六，30）。

标本白土崩子：31，圆腹罐，夹砂灰陶。侈口，方唇，束颈，颈部以下残，素面且砂粒明显。残宽5.5、残高4厘米（图一一六，31）。

标本白土崩子：32，彩陶片，泥质橙黄陶。素面，器表饰斜向宽条带黑彩。残长5.1、残宽4厘米（图一一六，32；彩版五○，3）。

标本白土崩子：33，花边罐，夹砂橙黄陶。侈口，圆唇，矮领，束颈，颈部以下残，颈部饰斜向绳纹，绳纹之上饰一周附加泥条呈波状。残宽5.7、残高3.9厘米（图一一五，33）。

标本白土崩子：34，彩陶片，泥质橙黄陶。素面磨光，器表通体黑彩。残长5.5、残宽3.9厘米（图一一六，34；彩版五○，4）。

标本白土崩子：35，单耳罐，夹砂灰陶。连口耳，已残，侈口，尖唇，腹部残，素面，唇部有刮抹折棱痕迹。残宽4.6、残高3厘米（图一一六，35）。

标本白土崩子：36，单耳罐，夹砂灰陶。连口耳，已残，侈口，尖唇，腹部残，素面。残宽4.9、残高3.5厘米（图一一六，36）。

标本白土崩子：37，花边罐，夹砂红陶。侈口，圆唇，束颈，颈部以下残，颈部饰一周附加泥条呈波状。残宽3、残高3.4厘米（图一一五，37）。

标本白土崩子：38，圆陶片，夹砂橙黄陶。近圆形，剖面弧形，边缘打磨痕迹明显，器表饰斜向篮纹。直径6.1厘米（图一一六，38）。

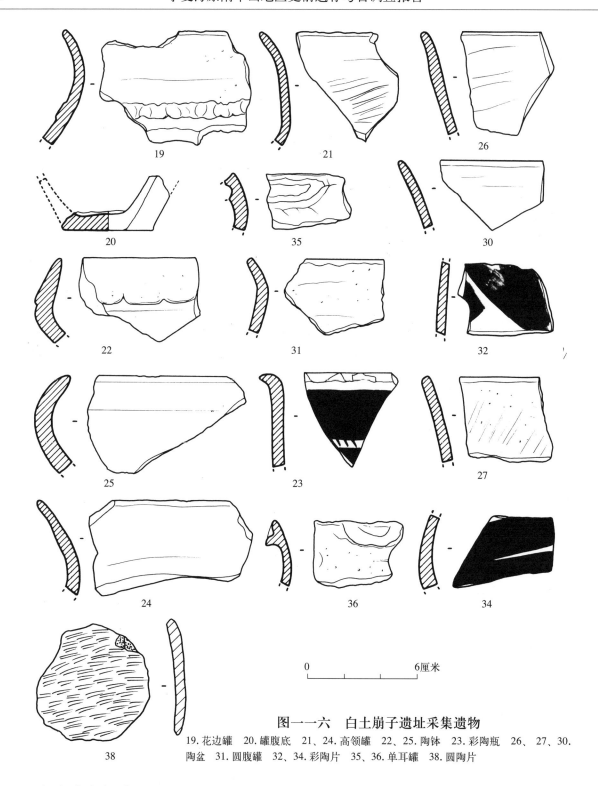

图一一六　白土崩子遗址采集遗物

19.花边罐　20.罐腹底　21、24.高领罐　22、25.陶钵　23.彩陶瓶　26、27、30.
陶盆　31.圆腹罐　32、34.彩陶片　35、36.单耳罐　38.圆陶片

70. 保家庄东侧遗址

遗址位于海原县史店乡保家庄村东侧的山梁上，山梁当地人称为保庄梁。地理坐标为北纬36°29′22.22″，东经105°40′42.25″，海拔高度为2117米。保庄梁地势南高北低，山梁北侧坡地地表发现一定数量的盗坑，盗坑周边散落陶片和人骨。因没有暴露的断面，在遗址区未发现有地层堆积和遗迹现象。从盗坑的分布来看遗址破坏较严重，遗址南北长约100、东西宽约100米，

面积约为1万平方米。遗址文化属性为菜园文化。

遗址地表采集陶片有泥质和夹砂两类；陶色多为橙黄陶；除素面外纹饰有篮纹和绳纹；可辨器形有罐等（表142、143）。

标本保家庄东侧：1，罐腹底，夹砂橙黄陶。上腹残，下腹斜弧，平底，腹部饰斜向绳纹，底部饰交错绳纹。底径9.6、残高1.6厘米（图一一七，1）。

表142　保家庄东侧遗址陶片数量统计表

陶质 纹饰	泥　质						夹　砂			
	橙黄	灰	红	红底黑彩	橙黄底黑彩	橙黄底红彩	橙黄	灰	红	红褐
素面	1						1			
篮纹							2			
合计	1						3			

表143　保家庄东侧遗址器形数量统计表

陶质 器形	泥　质				夹　砂				总　计
	红	橙黄	灰	黑	红	橙黄	灰	黑	
罐腹底						2			2

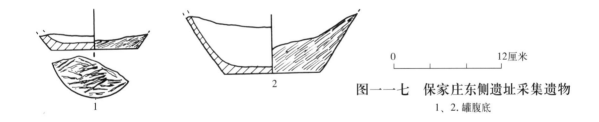

图一一七　保家庄东侧遗址采集遗物
1、2.罐腹底

标本保家庄东侧：2，罐腹底，夹砂橙黄陶。上腹残，下腹斜直，平底，腹部饰斜向篮纹。底径10.4、残高6.4厘米（图一一七，2）。

71. 曹洼遗址

遗址位于海原县曹洼乡洼里村南的冲积扇上（彩版五一，1）。地理坐标为北纬36°25'1.51"，东经105°43'33.67"，海拔高度为1970米。冲积扇地势南高北低，北侧较平缓地表散落零星陶片，因没有暴露的断面，在遗址区未发现有地层堆积和遗迹现象。遗址南北长约200、东西宽约200米，面积约为4万平方米。遗址文化属性为菜园文化。

遗址地表采集陶片有泥质和夹砂两类，泥质陶稍多；陶色有灰陶、橙黄陶和红陶；除素面外纹饰有篮纹、绳纹和附加堆纹，还有少量彩陶；可辨器形有罐、彩陶罐等（表144、145）。

标本曹洼：1，彩陶罐，泥质橙黄陶。侈口，折沿，圆唇，高领，束颈，颈部以下残，素面

表144　曹洼遗址陶片数量统计表

纹饰＼陶色＼陶质	泥　质						夹　砂			
	橙黄	灰	红	灰底黑彩	橙黄底黑彩	橙黄底红彩	橙黄	灰	红	红褐
素面	1	3		1	1		2		2	
绳纹		4								
篮纹		1								
附加堆纹								2		
合计	1	8		1	1		2	2	2	

表145　曹洼遗址器形数量统计表

器形＼陶色＼陶质	泥　质				夹　砂				总　计
	红	橙黄	灰	黑	红	橙黄	灰	黑	
彩陶罐		1							1
罐腹底		2							2

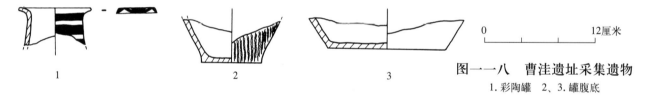

图一一八　曹洼遗址采集遗物
1. 彩陶罐　2、3. 罐腹底

磨光，颈部饰三道条带状黑彩。口径8、残高4厘米（图一一八，1）。

　　标本曹洼：2，罐腹底，泥质橙黄陶。上腹残，下腹斜直，近底部微凹，平底，腹部饰竖向绳纹。底径6.8、残高4.6厘米（图一一八，2）。

　　标本曹洼：3，罐腹底，泥质橙黄陶。上腹残，下腹斜直，平底，素面。底径12.8、残高3.2厘米（图一一八，3）。

72. 洞子梁遗址

　　遗址位于海原县海城镇陡沟村与薛家沟村之间的长梁上，长梁当地人称为洞子沟梁。地理坐标为北纬36°30'32.64"，东经105°39'19.94"，海拔高度为2050米。洞子梁地势南高北低，山梁东侧坡地地表发现一定数量的盗坑，盗坑周边散落陶片和人骨，因没有暴露的断面，在遗址区未发现有地层堆积和遗迹现象。遗址南北长约100、东西宽约90米，面积约为0.9万平方米。遗址文化属性为菜园文化。

　　遗址地表采集陶片有泥质和夹砂两类，夹砂陶居多；陶色以橙黄陶为主，还有一定量的红陶、灰陶，除素面外纹饰主要以篮纹为主，还有绳纹、戳印纹和附加堆纹，还有少量彩陶；可辨器形有圆腹罐、高领罐、大口罐、盆等（表146、147）。

　　标本洞子梁：1，圆腹罐，夹砂灰陶。侈口，圆唇，束颈，颈部以下残，颈部饰横向篮纹。

表 146　洞子梁遗址陶片数量统计表

纹饰 ＼ 陶质 陶色	泥　质						夹　砂			
	橙黄	灰	红	红底黑彩	橙黄底黑彩	橙黄底红彩	橙黄	灰	红	红褐
素面	2		5	1			1			
绳纹	1						2			
篮纹	1						20	13	1	
附加堆纹							1			
附加堆纹+绳纹							1			
合计	4		5	1			25	13	1	

表 147　洞子梁遗址器形数量统计表

器形 ＼ 陶质 陶色	泥　质				夹　砂				总　计
	红	橙黄	灰	黑	红	橙黄	灰	黑	
高领罐						1			1
圆腹罐						2	3		5
大口罐						1			1
陶盆						1			1
罐腹底						3			3

口径10.4、残高5.6厘米（图一一九，1）。

标本洞子梁：2，圆腹罐，夹砂灰陶。口部与底部残，微束颈，圆腹，腹部饰竖、斜向刻划纹。残宽5.8、残高5.6厘米（图一一九，2）。

标本洞子梁：3，高领罐，夹砂橙黄陶。喇叭口，圆唇，束颈，颈部以下残，颈部饰斜向篮纹。残宽9、残高3.8厘米（图一一九，3）。

标本洞子梁：4，圆腹罐，夹砂橙黄陶。侈口，圆唇，斜腹，底残，腹部饰横向绳纹。残宽6.8、残高7厘米（图一一九，4）。

标本洞子梁：5，圆腹罐，夹砂橙黄陶。侈口，方唇，矮领，束颈，圆腹，底残，颈、腹饰斜向绳纹，颈、腹之间饰一周戳印纹，腹部绳纹之上饰竖向刻划纹。残宽4.8、残高6厘米（图一一九，5）。

标本洞子梁：6，大口罐，夹砂橙黄陶。侈口，方唇，高领微束颈，腹部残，颈部饰四周附加泥条，泥条饰斜向篮纹。残宽6.2、残高6.7厘米（图一一九，6）。

标本洞子梁：7，圆腹罐，夹砂灰陶。侈口，圆唇，束颈，颈部以下残，颈部饰横向篮纹。残宽4.8、残高3.5厘米（图一一九，7）。

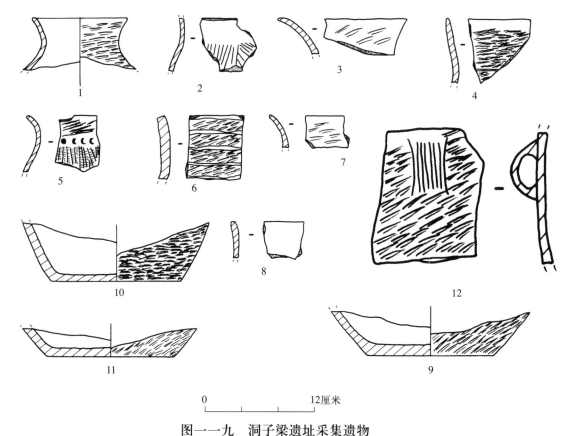

0　　　　　　　　　12厘米

图一一九　洞子梁遗址采集遗物

1、2、4、5、7、8.圆腹罐　3.高领罐　6.大口罐　9～10.罐腹底　12.罐腹耳

标本洞子梁：8，圆腹罐，夹砂橙黄陶。微侈口，方唇，微束颈，颈部以下残，素面。残宽4.4、残高4厘米（图一一九，8）。

标本洞子梁：9，罐腹底，夹砂橙黄陶。上腹残，下腹斜直，平底，下腹饰斜向篮纹。底径13.6、残高4.7厘米（图一一九，9）。

标本洞子梁：10，罐腹底，夹砂橙黄陶。上腹残，下腹斜弧，平底，下腹饰横向绳纹。底径14.4、残高6.3厘米（图一一九，10）。

标本洞子梁：11，罐腹底，夹砂橙黄陶。上腹残，下腹斜直，平底，下腹饰斜向篮纹。底径14、残高3厘米（图一一九，11）。

标本洞子梁：12，罐腹耳，夹砂橙黄陶。环形耳，弧腹，耳面饰竖向篮纹，腹部饰斜向篮纹。底径11.2、残高13.6厘米（图一一九，12）。

73. 陡沟梁遗址

遗址位于海原县海城镇陡沟村西南侧长梁上，长梁当地人称为陡沟梁。地理坐标为北纬36°30'19.72"，东经105°38'20.30"，海拔高度为2104米。陡沟梁地势南高北低，山梁东侧坡地地表散落较多陶片和彩陶片。在遗址区断面上发现有陶片、红烧土堆积、灰坑等遗迹现象。遗址南北长约600、东西宽约100米，面积约为6万平方米。遗址文化属性为菜园文化。

遗址地表采集陶片有泥质和夹砂两类，泥质陶占绝大多数；陶色以橙黄陶为主，还有一定量的灰陶、红陶；除素面外纹饰主要以篮纹为主，还有戳印纹、绳纹和附加堆纹，还有数量较多的彩陶；可辨器形有圆腹罐、花边罐、大口罐、陶盆、彩陶罐、彩陶瓶等（表148、149）。

标本陡沟梁：1，大口罐，夹砂橙黄陶。侈口，折沿，方唇，直腹，底残，口沿外侧饰一周附加泥条呈波状，腹部饰斜向篮纹，篮纹之上饰一周附加泥条呈波状。残宽7、残高4.3厘米（图一二〇，1；彩版五二，1）。

标本陡沟梁：2，大口罐，夹砂灰陶。敞口，折沿，方唇，直腹，底残，沿及唇部均饰斜向绳纹，沿下饰一周附加泥条，腹部饰斜向绳纹。残宽4.6、残高5.4厘米（图一二〇，2；彩版五二，2）。

标本陡沟梁：3，大口罐，夹砂橙黄陶。敞口，折沿，方唇，直腹，底残，唇部饰斜向绳纹，沿下饰两周附加泥条呈波状，腹部饰斜向绳纹。残宽5.6、残高3.6厘米（图一二〇，3；彩

表 148　陡沟梁遗址陶片数量统计表

陶质 陶色 纹饰	泥　质						夹　砂			
	橙黄	灰	红	红底黑彩	橙黄底黑彩	橙黄底红彩	橙黄	灰	红	红褐
素面	18	2		5	21	1	3	2		
绳纹	4	2					2	1		
篮纹	11	2					2			
附加堆纹	3	1					1			
戳印纹					1		2			
附加堆纹+篮纹	1									
附加堆纹+绳纹	1	3					3			
合计	38	10		5	21	2	13	3		

表 149　陡沟梁遗址器形数量统计表

陶质 陶色 器形	泥　质				夹　砂				总　计
	红	橙黄	灰	黑	红	橙黄	灰	黑	
圆腹罐		2							2
花边罐						2	1		3
大口罐						3	1		3
陶盆		1					1		2
彩陶罐		2							2
彩陶瓶	1								1
罐腹底		3							3

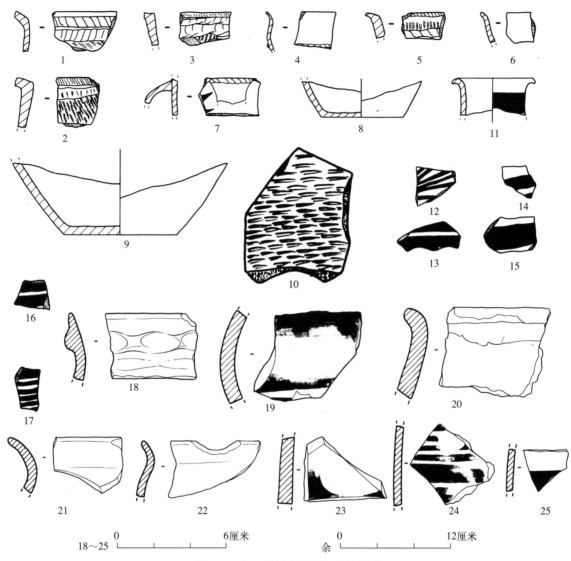

图一二〇　陡沟梁遗址采集遗物

1~3、5. 大口罐　4、6. 陶盆　7. 彩陶罐　8~10. 罐腹底　11. 彩陶瓶　12~17、19、23~25. 彩陶片　18、20. 花边罐　21、22. 圆腹罐

版五二，3）。

　　标本陡沟梁：4，陶盆，泥质橙黄陶。敞口，圆唇，弧腹，底残，腹部饰一周附加泥条，器表素面磨光。残宽4.2、残高4厘米（图一二〇，4）。

　　标本陡沟梁：5，大口罐，夹砂橙黄陶。敞口，折沿，方唇，斜直腹，底残，唇部呈锯齿状，腹部饰竖向绳纹，绳纹之上饰一周附加泥条呈波状。残宽4.6、残高2.8厘米（图一二〇，5）。

　　标本陡沟梁：6，陶盆，夹砂灰陶。敞口，圆唇，弧腹，底残，素面。残宽3、残高3.2厘米（图一二〇，6）。

　　标本陡沟梁：7，彩陶罐，腹片，泥质橙黄陶。桥形拱耳，耳上端饰一条附加泥条呈波状，腹部素面，饰三角形黑彩。残长4、残宽6.4厘米（图一二〇，7）。

　　标本陡沟梁：8，罐腹底，泥质橙黄陶。上腹残，下腹斜直，平底，素面。底径8.8、残高

3.8厘米（图一二〇，8）。

标本陡沟梁：9，罐腹底，泥质橙黄陶。上腹残，下腹斜直，平底，素面。底径12.4、残高7.8厘米（图一二〇，9）。

标本陡沟梁：10，罐腹底，泥质橙黄陶。上腹残，下腹斜直，平底，底部部分脱落，下腹部饰横向篮纹。残长14.4、残宽12厘米（图一二〇，10）。

标本陡沟梁：11，彩陶瓶，泥质红陶。素面磨光，侈口，卷沿，尖唇，高领，束颈，颈部以下残，颈部饰宽条带黑彩。口径8.1、残高4厘米（图一二〇，11；彩版五二，4）。

标本陡沟梁：12，彩陶片，泥质橙黄陶。素面，器表饰细条带黑彩。残长4.2、残宽4.2厘米（图一二〇，12）。

标本陡沟梁：13，彩陶片，泥质灰陶。素面，器表饰条带黑彩。残长3、残宽7厘米（图一二〇，13；彩版五二，5）。

标本陡沟梁：14，彩陶片，泥质橙黄陶。素面，器表饰条带黑彩。残长3.4、残宽2.6厘米（图一二〇，14）。

标本陡沟梁：15，彩陶片，泥质橙黄陶。素面，器表饰宽条带黑彩。残长3.8、残宽5.6厘米（图一二〇，15）。

标本陡沟梁：16，彩陶片，泥质橙黄陶。素面，器表饰宽条带黑彩。残长2.8、残宽3.4厘米（图一二〇，16）。

标本陡沟梁：17，彩陶片，泥质橙黄陶。素面，器表饰多重细条带黑彩。残长4.2、残宽2.4厘米（图一二〇，17）。

标本陡沟梁：18，花边罐，夹砂橙黄陶。侈口，尖唇，微束颈，颈部以下残，颈部饰一周附加泥条呈波状。残宽5、残高3.6厘米（图一二〇，18）。

标本陡沟梁：19，彩陶片，夹砂红陶。素面，器表饰横向条带黑彩。残长5.9、残宽5厘米（图一二〇，19）。

标本陡沟梁：20，花边罐，夹砂灰陶。侈口，微折沿，圆唇，腹部残，沿下饰一周附加泥条，腹部饰竖向绳纹。残宽6、残高4.8厘米（图一二〇，20）。

标本陡沟梁：21，圆腹罐，泥质橙黄陶。侈口，圆唇，矮领，束颈，腹部残，素面。残宽3.8、残高3厘米（图一二〇，21）。

标本陡沟梁：22，圆腹罐，泥质橙黄陶。侈口，圆唇，矮领，束颈，腹部残，素面。残宽5.1、残高3厘米（图一二〇，22）。

标本陡沟梁：23，彩陶片，泥质橙黄陶。素面，器表饰条带黑彩。残长4.5、残宽3.6厘米（图一二〇，23）。

标本陡沟梁：24，彩陶片，泥质红陶。素面，器表饰宽窄弧形条带状黑彩。残长4.5、残宽4.2厘米（图一二〇，24）。

标本陡沟梁：25，彩陶片，泥质橙黄陶。素面，器表饰条带状红彩与黑彩。残长2.5、残宽2.2厘米（图一二〇，25）。

标本陡沟梁：26，花边罐，夹砂橙黄陶。侈口，圆唇，束颈，腹部残，口沿外侧饰一周附

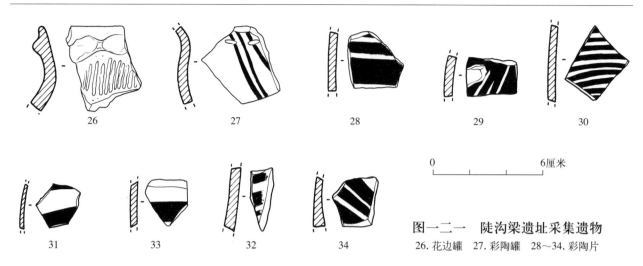

图一二一　陡沟梁遗址采集遗物

26.花边罐　27.彩陶罐　28～34.彩陶片

加泥条呈波状，颈部饰竖向绳纹。残长4.5、残宽2.8厘米（图一二一，26）。

　　标本陡沟梁：27，彩陶罐，泥质橙黄陶。口残，束颈，弧腹，底残，颈部饰戳印纹，腹部饰竖向条带红彩。残宽4.4、残高4.2厘米（图一二一，27）。

　　标本陡沟梁：28，彩陶片，泥质橙黄陶。素面磨光，器表饰宽窄条带状黑彩。残长3.1、残宽3厘米（图一二一，28）。

　　标本陡沟梁：29，彩陶片，泥质橙黄陶。素面，器表饰数道条带黑彩。残长2.8、残宽2.1厘米（图一二一，29）。

　　标本陡沟梁：30，彩陶片，泥质橙黄陶。素面，器表饰数道弧形条带状黑彩。残长4、残宽3.5厘米（图一二一，30）。

　　标本陡沟梁：31，彩陶片，泥质橙黄陶。素面，器表饰一道条带状黑彩。残长2.5、残宽2.3厘米（图一二一，31）。

　　标本陡沟梁：32，彩陶片，泥质橙黄陶。素面，器表饰两道条带状黑彩。残长3.4、残宽1.3厘米（图一二一，32）。

　　标本陡沟梁：33，彩陶片，泥质橙黄陶。素面，器表饰一道宽条带黑彩。残长2.4、残宽2.3厘米（图一二一，33）。

　　标本陡沟梁：34，彩陶片，泥质橙黄陶。素面，器表饰三道条带形黑彩。残长2.6、残宽2.6厘米（图一二一，34）。

74. 墩子梁遗址

　　遗址位于海原县海城镇山门村东南侧山梁上，山梁当地人称为墩子梁（彩版五一，2）。地理坐标为北纬36°30'20.87"，东经105°37'29.20"，海拔高度为2134米。墩子梁地势南高北低，山梁北侧坡地地表发现较多陶片，在遗址区断面上发现有红烧土堆积、灰坑等遗迹现象，灰坑内包含有陶片、红烧土和炭屑。遗址南北长约350、东西宽约250米，面积约为8.75万平方米。遗址文化属性为菜园文化。

　　遗址地表采集陶片有泥质和夹砂两类；陶色有橙黄陶、灰陶、红陶；除素面外纹饰还有绳纹和篮纹；可辨器形有豆、圆腹罐、单耳罐、盆等（表150、151）。

表 150　墩子梁遗址陶片数量统计表

纹饰 ＼ 陶质＼陶色	泥 质						夹 砂			
	橙黄	灰	红	红底黑彩	橙黄底黑彩	橙黄底红彩	橙黄	灰	红	红褐
素面	3						1	2	1	
绳纹							1	1		
篮纹	3									
合计	6						2	3	1	

表 151　墩子梁遗址器形数量统计表

器形 ＼ 陶质＼陶色	泥 质				夹 砂				总 计
	红	橙黄	灰	黑	红	橙黄	灰	黑	
圆腹罐							1		1
单耳罐					1				1
陶盆		2							2
豆座							1		1
罐腹底		1							1

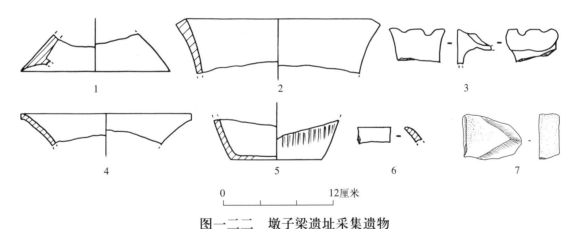

0　　　　　　　　　　　　12厘米

图一二二　墩子梁遗址采集遗物

1. 豆座　2. 圆腹罐　3. 单耳罐　4、6. 陶盆　5. 罐腹底　7. 磨石

　　标本墩子梁：1，豆座，夹砂灰陶。敞口，尖唇，斜直腹，盘残，素面。底径16.4、残高4厘米（图一二二，1）。

　　标本墩子梁：2，圆腹罐，夹砂橙黄陶。侈口，斜方唇，束颈，颈部以下残，素面。口径20.4、残高5.8厘米（图一二二，2）。

　　标本墩子梁：3，单耳罐，夹砂红陶。连口耳，沿下残，耳上端口部呈波状，素面。残宽5.6、残高3.6厘米（图一二二，3）。

　　标本墩子梁：4，陶盆，泥质橙黄陶。敞口，方唇，斜腹微弧，底残，素面。口径18.6、残高3.4厘米（图一二二，4）。

标本墩子梁：5，罐腹底，泥质橙黄陶。上腹残，下腹斜弧，平底，下腹饰竖向篮纹。底径10、残高4.2厘米（图一二二，5）。

标本墩子梁：6，陶盆，泥质橙黄陶。敞口，圆唇，腹部残，素面。残宽3.6、残高1.6厘米（图一二二，6）。

标本墩子梁：7，磨石，砂岩，仅剩残块，平面近三角形，表面光滑，器表磨痕较明显。残长6.6、残宽4.7、厚2.2厘米（图一二二，7）。

75. 老坟湾凸梁遗址

遗址位于海原县海城镇山门村东侧的山梁上，山梁当地称为老坟湾凸梁（彩版五三，1）。地理坐标为北纬36°30'46.76"，东经105°35'14.64"，海拔高度为2245米。老坟湾凸梁地势南高北低，山梁东侧坡地地表发现数量较多的盗坑，盗坑深浅不一，盗坑内及周边散落陶片和人骨，因没有暴露的断面，在遗址区未发现有地层堆积和遗迹现象。从盗坑的分布来看遗址破坏较严重，遗址南北长约400、东西宽约150米，面积约为6万平方米。遗址文化属性为菜园文化。

遗址地表采集陶片有泥质和夹砂两类，夹砂陶居多；陶色以橙黄色陶为主，还有一定数量的红陶、灰陶；除素面外纹饰以篮纹占绝大多数，还有附加堆纹、弦纹、绳纹和戳印纹等；可辨器形有大口圆腹罐、高领罐、圆腹罐等（表152、153）。

标本老坟湾凸梁：1，大口圆腹罐，夹砂橙黄陶。侈口，方唇，高领微束颈，颈部以下残，颈部饰横向篮纹。口径26.4、残高9.1厘米（图一二三，1；彩版五三，2）。

标本老坟湾凸梁：2，高领罐，夹砂灰陶。喇叭口，圆唇，高领，束颈，颈部以下残，素面。口径21.2、残高8.1厘米（图一二三，2）。

标本老坟湾凸梁：3，高领罐，泥质橙黄陶。喇叭口，方唇，高领，束颈，颈部以下残，素面。口径33.6、残高8.8厘米（图一二三，3）。

标本老坟湾凸梁：4，高领罐，泥质橙黄陶。喇叭口，方唇，高领，束颈，颈部以下残，素面。口径16.4、残高4.8厘米（图一二三，4）。

标本老坟湾凸梁：5，高领罐，泥质红陶。喇叭口，圆唇，高领，束颈，颈部以下残，素面磨光。口径26.8、残高4.1厘米（图一二三，5）。

标本老坟湾凸梁：6，圆腹罐，夹砂橙黄陶。侈口，方唇，束颈，圆腹，底残，素面，内外壁泥条盘筑痕迹明显，内壁凹凸不平。口径19.2、残高9.2厘米（图一二三，6）。

标本老坟湾凸梁：7，高领罐，夹砂红陶。喇叭口，圆唇，高领，束颈，颈部以下残，颈部饰斜向篮纹。口径19.8、残高5.6厘米（图一二三，7）。

标本老坟湾凸梁：8，高领罐，泥质橙黄陶。喇叭口，圆唇，高领，束颈，颈部以下残，素面。口径27.8、残高8.4厘米（图一二三，8）。

标本老坟湾凸梁：9，高领罐，夹砂橙黄陶。喇叭口，方唇，高领，束颈，颈部以下残，颈部饰横向弦纹。口径20.8、残高7.8厘米（图一二四，9）。

标本老坟湾凸梁：10，高领罐，泥质橙黄陶。喇叭口，尖唇，高领，束颈，颈部以下残，

表 152　老坟湾甴梁遗址陶片数量统计表

陶质 陶色 纹饰	泥　质						夹　砂			
	橙黄	灰	红	红底黑彩	橙黄底黑彩	橙黄底红彩	橙黄	灰	红	红褐
素面	75	1	12				89	20	15	
绳纹	12	1	1				13	1	6	
篮纹	29	2					163	20	26	
附加堆纹	1						4			
戳印纹	1									
附加堆纹+篮纹							3		3	
附加堆纹+绳纹	1								1	
合计	119	4	13				272	41	51	

表 153　老坟湾甴梁遗址器形数量统计表

陶质 陶色 器形	泥　质				夹　砂				总　计
	红	橙黄	灰	红褐	红	橙黄	灰	红褐	
高领罐	1	6			1	5	2		15
大口圆腹罐						1			1
圆腹罐		3	1			3	2		9
罐腹底						4	2		6

素面。口径34.2、残高15.1厘米（图一二三，10）。

标本老坟湾甴梁:11，高领罐，泥质橙黄陶。喇叭口，圆唇，高领，束颈，颈部以下残，素面。口径27.6、残高10.6厘米（图一二三，11）。

标本老坟湾甴梁:12，高领罐，泥质橙黄陶。喇叭口，圆唇，高领，束颈，颈部以下残，素面。口径14、残高6厘米（图一二四，12）。

标本老坟湾甴梁:13，圆腹罐，泥质橙黄陶。侈口，圆唇，束颈，颈部以下残，素面，口部有刮抹痕迹。口径22.4、残高6.4厘米（图一二三，13）。

标本老坟湾甴梁:14，圆腹罐，泥质橙黄陶。侈口，方唇，沿以下残，素面。残宽6.5、残高4.4厘米（图一二四，14）。

标本老坟湾甴梁:15，圆腹罐，夹砂灰陶。侈口，方唇，束颈，颈部以下残，素面。残宽5.6、残高4.3厘米（图一二四，15）。

标本老坟湾甴梁:16，圆腹罐，夹砂灰陶。侈口，圆唇，束颈，颈部以下残，素面。残宽5.2、残高3.6厘米（图一二四，16）。

图一二三　老坟湾峁梁遗址采集遗物
1. 大口圆腹罐　2～5、7、8、10、11. 高领罐　6、13. 圆腹罐

标本老坟湾峁梁：17，罐腹片，夹砂灰陶。桥形残耳，耳面饰交错刻划纹，腹片素面。残长5.8、残宽8.8厘米（图一二四，17）。

标本老坟湾峁梁：18，圆腹罐，泥质灰陶。侈口，方唇，微束颈，颈部以下残，颈部饰斜向篮纹。残宽5.1、残高4厘米（图一二四，18）。

标本老坟湾峁梁：19，罐腹底，夹砂橙黄陶。上腹残，下腹斜直，平底，下腹饰斜向篮纹。底径14.4、残高8.4厘米（图一二四，19）。

标本老坟湾峁梁：20，罐腹底，夹砂橙黄陶。上腹残，下腹斜直，平底，下腹饰斜向篮纹。底径10.4、残高8.9厘米（图一二四，20）。

　　标本老坟湾丄梁：21，罐腹底，夹砂橙黄陶。上腹残，下腹斜直，平底，下腹饰斜向篮纹。底径12、残高6.4厘米（图一二四，21）。

　　标本老坟湾丄梁：22，罐腹底，夹砂灰陶。上腹残，下腹斜直，平底，下腹饰斜向篮纹，底部饰交错篮纹。底径10.8、残高3.2厘米（图一二四，22）。

　　标本老坟湾丄梁：23，罐腹底，夹砂灰陶。上腹残，下腹斜直，假圈足，器表素面，底部饰交错篮纹。底径13.2、残高7.9厘米（图一二四，23）。

　　标本老坟湾丄梁：24，高领罐，夹砂橙黄陶。喇叭口，圆唇，高领，束颈，颈部以下残，素面。残宽10.8、残高6.8厘米（图一二四，24）。

　　标本老坟湾丄梁：25，高领罐，夹砂橙黄陶。喇叭口，圆唇，高领，束颈，颈部以下残，颈部饰横向篮纹。残宽9.6、残高10厘米（图一二五，25）。

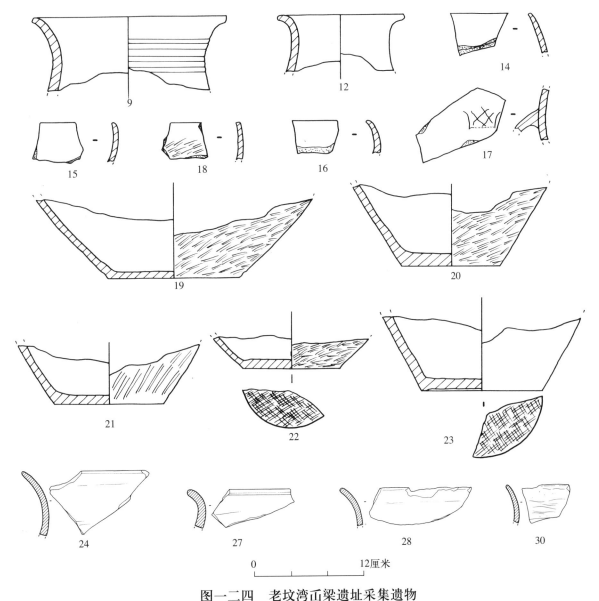

0　　　　　　　　　12厘米

图一二四　老坟湾丄梁遗址采集遗物

9、12、24、27、28.高领罐　14～16、18、30.圆腹罐　17.罐腹片　19～23.罐腹底

标本老坟湾𰿊梁：26，罐腹底，夹砂橙黄陶。上腹残，下腹斜直，平底，腹部饰斜线篮纹，底部饰交错篮纹。底径11.2、残高4.4厘米（图一二五，26）。

标本老坟湾𰿊梁：27，高领罐，夹砂橙黄陶。喇叭口，圆唇，束颈，颈部以下残，素面。残宽9、残高4.1厘米（图一二四，27）。

标本老坟湾𰿊梁：28，高领罐，夹砂橙黄陶。喇叭口，方唇，束颈，颈部以下残，素面。残宽11.3、残高4厘米（图一二四，28）。

标本老坟湾𰿊梁：29，圆腹罐，夹砂橙黄陶。侈口，圆唇，微束颈，颈部以下残，颈部饰斜向绳纹。残宽6.3、残高5.3厘米（图一二五，29）。

标本老坟湾𰿊梁：30，圆腹罐，泥质橙黄陶。侈口，圆唇，束颈，颈部以下残，颈部饰斜向篮纹。残宽5.3、残高4厘米（图一二四，30）。

标本老坟湾𰿊梁：31，高领罐，夹砂灰陶。喇叭口，圆唇，束颈，颈部以下残，素面且有刮抹痕迹。残宽6.6、残高3.7厘米（图一二五，31）。

标本老坟湾𰿊梁：32，圆腹罐，夹砂橙黄陶。侈口圆唇，束颈，颈部以下残，颈部饰横向篮纹。残宽6.5、残高3.8厘米（图一二五，32）。

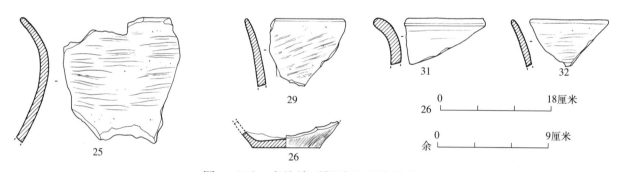

图一二五　老坟湾𰿊梁遗址采集遗物
25、31.高领罐　26.罐腹底　29、32.圆腹罐

76. 梁家庄西山𰿊遗址

遗址位于海原县李俊乡梁家庄村西北侧山梁上，山梁当地人称为梁家庄西山梁。地理坐标为北纬36°30′29.74″，东经105°29′52.61″，海拔高度为1936米。梁家庄西山梁地势西高东低，山梁梯田耕地已退耕种植柠条植被，山梁东侧较为平缓的坡地地表散落较多陶片。在遗址区断面上发现有红烧土堆积、灰坑等遗迹现象，灰坑包含有兽骨、陶片和炭屑。遗址南北长约100、东西宽约80米，面积约为0.8万平方米。遗址文化属性为菜园文化。

遗址地表采集陶片有泥质和夹砂两类，夹砂陶居多；陶色以橙黄陶为主，还有一定量的灰陶、红陶；除素面外纹饰以篮纹为主，还有戳印纹、绳纹和附加堆纹；可辨器形有高领罐、圆腹罐、单耳罐、花边罐、盆等（表154、155）。

标本梁家庄西山𰿊：1，花边罐，夹砂橙黄陶。侈口，圆唇，矮领，束颈，圆腹，底残，器表通体饰斜向篮纹，颈腹间饰一周附加泥条呈波状。口径11.6、残高10.8厘米（图一二六，1）。

标本梁家庄西山𰿊：2，罐腹底，夹砂橙黄陶。上腹残，下腹斜直，平底，下腹饰斜向篮纹。底径12、残高5.4厘米（图一二七，2）。

表 154　梁家庄西山亣遗址陶片数量统计表

纹饰 ＼ 陶质 陶色	泥　质						夹　砂			
	橙黄	灰	红	红底黑彩	橙黄底黑彩	橙黄底红彩	橙黄	灰	红	红褐
素面	9	2					7	13	1	
篮纹	25						52	3	4	
戳印纹	1							1		
附加堆纹 +篮纹							4	2	2	
合计	35		2				63	19	7	

表 155　梁家庄西山亣遗址器形数量统计表

器形 ＼ 陶质 陶色	泥　质				夹　砂				总　计
	红	橙黄	灰	黑	红	橙黄	灰	红褐	
高领罐						2			2
圆腹罐	1				1		2		4
单耳罐					1	1			2
花边罐					1	4	1		6
陶盆						3			3
罐腹底	1					4			5

标本梁家庄西山亣∶3，罐腹底，夹砂橙黄陶。上腹残，下腹斜直，平底，下腹饰斜向篮纹。底径13.6、残高7.2厘米（图一二七，3）。

标本梁家庄西山亣∶4，花边罐，夹砂橙黄陶。侈口，圆唇，高领，束颈，圆腹，底残，颈部素面，颈腹间饰一周附加泥条呈波状，腹部饰斜向篮纹。残宽7.4、残高9.8厘米（图一二七，4）。

标本梁家庄西山亣∶5，花边罐，夹砂橙黄陶。侈口，方唇，高领，束颈，圆腹，底残，唇面呈锯齿状，器表通体饰斜向绳纹。残宽6.4、残高8.5厘米（图一二七，5）。

标本梁家庄西山亣∶6，圆腹罐，夹砂灰陶。侈口，圆唇，束颈，颈部以下残，素面。残宽6.6、残高4.6厘米（图一二六，6）。

标本梁家庄西山亣∶7，花边罐，夹砂橙黄陶。侈口，圆唇，束颈，颈部以下残，颈部饰一周附加泥条呈波状。残宽6、残高2.6厘米（图一二七，7）。

标本梁家庄西山亣∶8，单耳罐，夹砂红陶。连口桥形耳，侈口，尖唇，口沿以下残，耳面饰交错附加泥条。残宽4.3、残高3厘米（图一二七，8）。

标本梁家庄西山亣∶9，圆腹罐，夹砂红陶。侈口，圆唇，高领，束颈，颈部以下残，颈部饰斜向篮纹。口径20.8、残高5.6厘米（图一二六，9）。

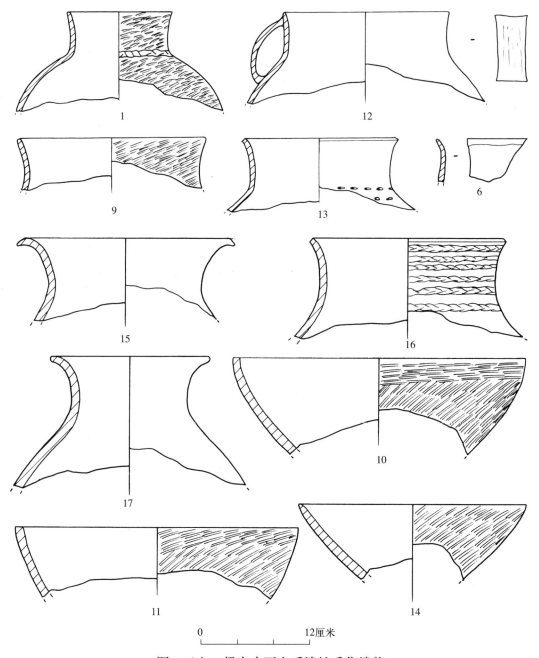

图一二六　梁家庄西山圸遗址采集遗物

1、16. 花边罐　6、9、13. 圆腹罐　10、11、14. 陶盆　12. 单耳罐　15、17. 高领罐

标本梁家庄西山圸：10，陶盆，夹砂橙黄陶。敞口，方唇，弧腹，底残，腹部饰斜向篮纹。口径31.6、残高10.4厘米（图一二六，10）。

标本梁家庄西山圸：11，陶盆，夹砂橙黄陶。敞口，方唇，弧腹，底残，腹部饰斜向篮纹。口径30.8、残高7.2厘米（图一二六，11）。

标本梁家庄西山圸：12，单耳罐，夹砂橙黄陶。桥形拱耳，侈口，圆唇，束颈，溜肩，腹部残，素面。口径18、残高9.6厘米（图一二六，12）。

标本梁家庄西山圸：13，圆腹罐，夹砂灰陶。侈口，方唇，高领，束颈，颈部以下残，颈部饰两周戳印纹。口径16.4、残高8厘米（图一二六，13）。

标本梁家庄西山而：14，陶盆，夹砂橙黄陶。敞口，圆唇，斜腹微弧，底残，腹部饰斜向篮纹。口径24.8、残高8厘米（图一二六，14）。

标本梁家庄西山而：15，高领罐，夹砂橙黄陶。喇叭口，尖唇，高领，束颈，颈部以下残，素面。口径24、残高9厘米（图一二六，15）。

标本梁家庄西山而：16，花边罐，夹砂灰陶。侈口，方唇，高领，束颈，颈部以下残，颈部饰数周横向附加泥条呈波状。口径20.8、残高10.4厘米（图一二六，16）。

标本梁家庄西山而：17，高领罐，夹砂橙黄陶。喇叭口，圆唇，高领，束颈，溜肩，肩部以下残，素面。口径17.6、残高13.6厘米（图一二六，17）。

标本梁家庄西山而：18，圆腹罐，泥质红陶。侈口，圆唇，高领，束颈，颈部以下残，素面。残宽7.4、残高6.8厘米（图一二七，18）。

标本梁家庄西山而：19，罐腹底，夹砂橙黄陶。上腹圆，下腹斜直，平底，腹部饰斜向篮纹。底径10.4、残高17.2厘米（图一二七，19）。

标本梁家庄西山而：20，罐腹底，夹砂橙黄陶。上腹残，下腹斜直，平底，下腹饰斜向篮纹。底径11.6、残高5.2厘米（图一二七，20）。

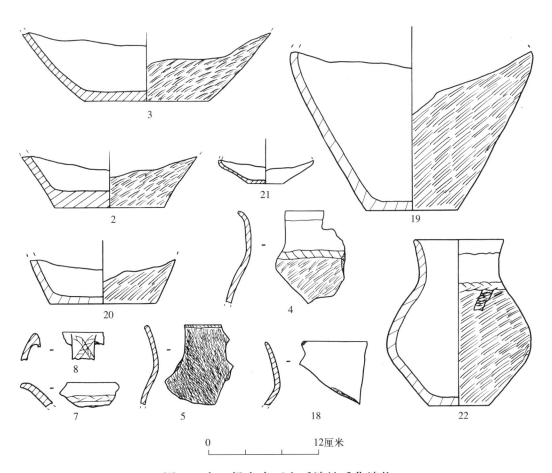

0   12厘米

图一二七　梁家庄西山而遗址采集遗物

2、3、19～21.罐腹底　4、5、7、22.花边罐　8.单耳罐　18.圆腹罐

标本梁家庄西山峁：21，罐腹底，泥质红陶。上腹鼓，下腹斜直，小平底，素面。底径4、残高2.5厘米（图一二七，21）。

标本梁家庄西山峁：22，花边罐，夹砂红陶。侈口，圆唇，高领，束颈，圆腹，平底，颈部素面，颈腹间饰一周附加泥条呈波状，腹部饰斜向篮纹。口径10、底径6.8、高17.6厘米（图一二七，22）。

77. 梁家庄崖背梁遗址

遗址位于海原县李俊乡梁家庄村东北侧山梁上，山梁当地人称为崖背梁。地理坐标为北纬36°13′1.09″，东经105°48′56.01″，海拔高度为1909米。崖背梁地势东高西低，山梁西侧较为平缓的坡地上发现较多盗坑，盗坑周边散落陶片和人骨。在遗址区断面上发现有红烧土堆积、灰坑等遗迹现象，灰坑包含有兽骨、陶片和炭屑。从盗坑的分布来看遗址破坏严重，遗址南北长约100、东西宽约100米，面积约为1万平方米。遗址文化属性为菜园文化。

遗址地表采集陶片有泥质和夹砂两类，泥质陶稍多；陶色以橙黄陶为主，还有一定量的红陶、灰陶；纹饰主要以篮纹为主，还有附加堆纹、刻划纹和绳纹，还有一定量的彩陶；可辨器形有花边罐、单耳罐、刻槽盆、圆腹罐、高领罐、钵、盆等（表156、157）。

标本梁家庄崖背梁：1，花边罐，泥质灰陶。侈口，圆唇，束颈，圆腹，底残。颈部饰一条竖向附加泥条呈波状。口径18.8、残高11厘米（图一二八，1）。

标本梁家庄崖背梁：2，刻槽盆，夹砂橙黄陶。敞口，圆唇，斜弧腹，底残。口部带一流，腹部饰横向篮纹，内壁饰竖向刻槽纹。残宽14、残高14.4厘米（图一二八，2）。

标本梁家庄崖背梁：3，单耳罐，泥质橙黄陶。桥形拱耳，侈口，尖唇，高领，束颈，鼓腹，底残。颈下有一道凹槽，颈部有一钻孔。残宽4.5、残高7.3厘米（图一二八，3）。

标本梁家庄崖背梁：4，陶盆，夹砂橙黄陶。敞口，尖唇，斜弧腹，底残。唇下有一道折痕，腹部饰斜向篮纹。残宽9.6、残高4厘米（图一二八，4）。

标本梁家庄崖背梁：5，刻槽盆，夹砂橙黄陶。敞口，圆唇，斜弧腹，底残。口部带一流，腹部饰横向篮纹，内壁饰竖向刻槽纹。残宽10、残高12.8厘米（图一二八，5）。

标本梁家庄崖背梁：6，圆腹罐，夹砂灰陶。侈口，尖唇，束颈，圆腹，底残。颈部素面，腹部横向绳纹。口径8、残高4.5厘米（图一二八，6）。

标本梁家庄崖背梁：7，刻槽盆，夹砂橙黄陶。敞口，圆唇，斜弧腹，底残。口部有一钻孔，腹部饰横向篮纹，内壁饰刻槽纹。残宽8.6、残高11.6厘米（图一二八，7）。

标本梁家庄崖背梁：8，高领罐，泥质橙黄陶。侈口，圆唇，束颈，颈部以下残，素面。残宽4.8、残高4.9厘米（图一二八，8）。

标本梁家庄崖背梁：9，彩陶盆，泥质橙黄陶。敞口，圆唇，斜弧腹，底残，素面磨光，唇下有一鋬，器表饰火焰状黑彩。残宽4、残高5厘米（图一二八，9）。

标本梁家庄崖背梁：10，高领罐，夹砂橙黄陶。喇叭口，尖唇，束颈，颈部以下残，素面。残宽6.6、残高3厘米（图一二八，10）。

标本梁家庄崖背梁：11，陶钵，夹砂橙黄陶。敛口，斜弧腹，底残。上腹有一鋬，腹部素

表 156 梁家庄崖背梁遗址陶片数量统计表

陶质	泥 质						夹 砂			
纹饰 　　陶色	橙黄	灰	红	红底黑彩	橙黄底黑彩	橙黄底红彩	橙黄	灰	红	红褐
素面	6	2	11		5	1	6	1		
绳纹								2		
篮纹	14		10				4	2		
附加堆纹		1					2			
绳纹+刻划纹							4			
合计	20	3	21		5	1	16	5		

表 157 梁家庄崖背梁遗址器形数量统计表

陶质	泥 质				夹 砂				总 计
器形 　　陶色	红	橙黄	灰	黑	红	橙黄	灰	黑	
高领罐		1				1			2
圆腹罐							1		1
单耳罐		1				1			2
花边罐			1						1
陶盆		1				2			3
刻槽盆		1				3			4
陶钵						1			1
陶罐	1								1
罐腹底		3				1	1		5
刻槽盆腹底						1			1

面。残宽5.2、残高5.4厘米（图一二八，11）。

标本梁家庄崖背梁：12，陶盆，夹砂橙黄陶。敞口，圆唇，斜弧腹，底残，素面。残宽5.6、残高2.5厘米（图一二八，12）。

标本梁家庄崖背梁：13，罐耳，泥质橙黄陶。桥形拱耳，耳面饰竖向宽篮纹。残长5.2、残宽4.8厘米（图一二八，13）。

标本梁家庄崖背梁：14，罐腹底，泥质橙黄陶。上腹残，下腹斜直，平底，下腹部饰斜向篮纹，底部饰交错篮纹。底径8.8、残高8.8厘米（图一二八，14）。

标本梁家庄崖背梁：15，刻槽盆腹底，夹砂橙黄陶。上腹残，下腹斜直，平底，下腹饰两条附加泥条呈波状，内壁饰竖向刻槽纹。底径9.2、残高4.6厘米（图一二八，15）。

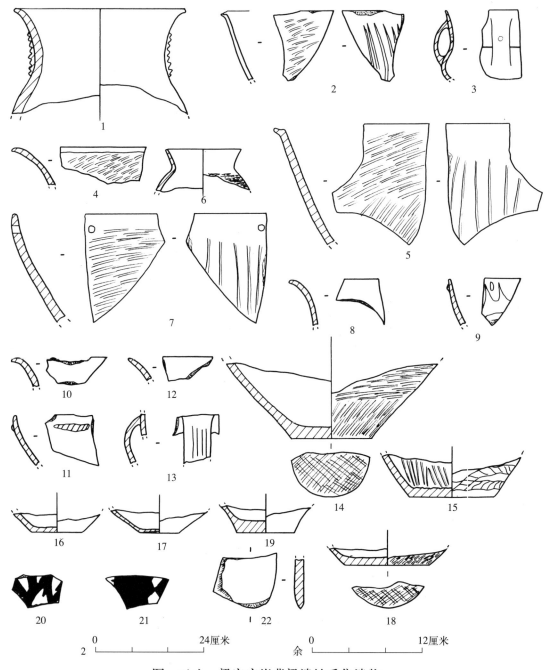

图一二八　梁家庄崖背梁遗址采集遗物

1. 花边罐　2、5、7. 刻槽盆　3. 单耳罐　4、12. 陶盆　6. 圆腹罐　8、10. 高领罐　9. 彩陶盆　11. 陶钵　13. 罐耳　14、16～19. 罐腹底　15. 刻槽盆腹底　20、21. 彩陶片　22. 石刀

　　标本梁家庄崖背梁:16,罐腹底,泥质橙黄陶。上腹残,下腹斜直,平底,素面。底径5.6、残高2厘米(图一二八,16)。

　　标本梁家庄崖背梁:17,罐腹底,泥质橙黄陶。上腹残,下腹斜直,平底微凹,素面。底径4.4、残高2.5厘米(图一二八,17)。

　　标本梁家庄崖背梁:18,罐腹底,夹砂灰陶。上腹残,下腹斜直,平底,腹部饰斜向篮纹,底部饰交错篮纹。底径9.2、残高1.8厘米(图一二八,18)。

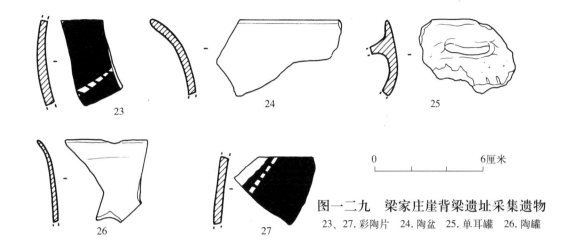

图一二九　梁家庄崖背梁遗址采集遗物

23、27.彩陶片　24.陶盆　25.单耳罐　26.陶罐

标本梁家庄崖背梁：19，罐腹底，夹砂橙黄陶。上腹残，下腹斜弧，平底，素面。底径6.4、残高2.8厘米（图一二八，19）。

标本梁家庄崖背梁：20，彩陶片，泥质橙黄陶。素面，器表饰条带状黑彩。残长3.6、残宽5.4厘米（图一二八，20）。

标本梁家庄崖背梁：21，彩陶片，泥质橙黄陶。素面磨光，器表饰黑彩。残长3.6、残高7厘米（图一二八，21）。

标本梁家庄崖背梁：22，石刀，残损，背部残缺，边缘残留部分双面磨刃。残长5.4、残宽7、厚1厘米（图一二八，22）。

标本梁家庄崖背梁：23，彩陶片，泥质橙黄陶。素面磨光，器表饰锯齿状条带黑彩及窄条带红彩。残长4.5、残宽2.3厘米（图一二九，23）。

标本梁家庄崖背梁：24，陶盆，泥质橙黄陶。敞口，圆唇，斜直腹，底残，内外壁素面磨光。残宽5.4、残高4厘米（图一二九，24）。

标本梁家庄崖背梁：25，单耳罐，夹砂橙黄陶。沿下有一残耳，侈口，尖唇，束颈，腹部残，素面。残宽5.2、残高4厘米（图一二九，25）。

标本梁家庄崖背梁：26，陶罐，泥质红陶。侈口，尖唇，高领，束颈，腹部残，素面磨光。残宽4.5、残高4.4厘米（图一二九，26）。

标本梁家庄崖背梁：27，彩陶片，泥质橙黄陶。素面磨光，器表饰宽条带状锯齿黑彩。残长3.6、残宽4.3厘米（图一二九，27）。

78. 石沟墓地

墓地位于海原海城镇野狐坡村西南侧山梁上。地理坐标为北纬36°30'56.50"，东经105°33'38.51"，海拔高度为2112米。山梁地势西高东低，山梁东侧较为陡峭坡地上发现数量较多的盗坑，盗坑内及周边散落一定数量陶片和人骨，因没有暴露的断面，在遗址区未发现有地层堆积和遗迹现象。从盗坑的分布来看该墓地破坏严重，墓地面积南北长约100、东西宽约200米，面积约为2万平方米。遗址文化属性为菜园文化。

遗址地表采集陶片有泥质和夹砂两类；陶色有橙黄陶；除素面外纹饰有戳印纹，还有一定

表158　石沟墓地遗址陶片数量统计表

纹饰＼陶质＼陶色	泥 质						夹 砂			
	橙黄	灰	红	红底黑彩	橙黄底黑彩	橙黄黑紫彩	橙黄	灰	红	红褐
素面					6	1	2			
戳印纹							1			
合计					6	1	3			

表159　石沟墓地遗址器形数量统计表

器形＼陶质＼陶色	泥 质				夹 砂				总 计
	红	橙黄	灰	黑	红	橙黄	灰	黑	
单耳罐						1			1
陶盘	1								1

量的彩陶；可辨器形有单耳罐、盘等（表158、159）。

标本石沟墓地：1，单耳罐，夹砂橙黄陶。侈口，圆唇，束颈，颈以下残，唇沿饰一周凹槽，沿外侧有一残耳根部，颈部素面。残宽6.2、残高4.9厘米（图一三〇，1）。

标本石沟墓地：2，彩陶片，泥质橙黄陶。器表光滑有宽带状黑彩。残长5.7、残宽3.4厘米（图一三〇，2）。

标本石沟墓地：3，彩陶片，泥质橙黄陶。器表光滑有弧形红彩，黑彩呈锯齿状。残长4、残宽3.3厘米（图一三〇，3）。

标本石沟墓地：4，彩陶片，泥质橙黄陶。器表光滑有宽带状黑彩。残长3.7、残宽3厘米（图一三〇，4）。

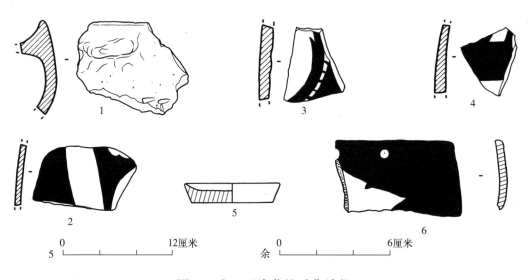

图一三〇　石沟墓地采集遗物
1.单耳罐　2～4.彩陶片　5.陶盘　6.陶刀

标本石沟墓地：5，陶盘，泥质橙黄陶。敞口，圆唇，斜直腹，平底，素面。口径10.4、底径9、高2厘米（图一三〇，5；彩版五三，3）。

标本石沟墓地：6，陶刀，泥质橙黄陶。系陶器腹片磨制，呈长方形，单面磨刃，背部钻有一孔，器身有黑彩绘。残长14、残高8厘米（图一三〇，6）。

79. 石洼梁遗址

遗址位于海原县海城镇安湾村南侧山梁上，山梁当地人称为石洼梁（彩版五四，1）。地理坐标为北纬36°30'47.48"，东经105°35'39.49"，海拔高度为2128米。石洼梁地势南高北低，山梁北侧坡地上发现数量较多盗坑，盗坑周边散落陶片和人骨。遗址区水冲沟暴露的断面上发现有红烧土堆积、灰坑等遗迹现象，灰坑内包含陶片、炭屑和红烧土，从盗坑的分布看，遗址遭盗扰破坏严重，遗址南北长约500、东西宽约200米，面积约为1万平方米。遗址文化属性为菜园文化。

遗址地表采集陶片有泥质和夹砂两类，夹砂陶稍多；陶色以橙黄陶为主，还有一定量的红陶、灰陶；除素面外纹饰主要以篮纹为主，有绳纹和附加堆纹，还有一定量的彩陶；可辨器形有高领罐、单耳罐、圆腹罐、花边罐、大口罐、彩陶罐、双鋬罐、彩陶瓶、盆、钵、豆等（表160、161）。

标本石洼梁：1，高领罐，夹砂橙黄陶。喇叭口，圆唇，高领，束颈，颈部以下残，素面。口径19.6、残高7.4厘米（图一三一，1）。

标本石洼梁：2，高领罐，泥质灰陶。喇叭口，圆唇，束颈，颈部以下残，素面。口径21.6、残高4.8厘米（图一三一，2）。

标本石洼梁：3，单耳罐，夹砂橙黄陶。连口桥形耳，侈口，尖唇，高领，束颈，颈部以下残，耳面饰竖向宽篮纹，颈部饰斜向篮纹。口径12、残高5.8厘米（图一三一，3）。

标本石洼梁：4，圆腹罐，泥质橙黄陶。侈口，方唇，束颈，颈部以下残，素面，颈部饰一周戳印纹。口径18.4、残高5.2厘米（图一三一，4）。

标本石洼梁：5，高领罐，泥质橙黄陶。喇叭口，尖唇，高领，束颈，颈部以下残，素面。

表 160　石洼梁遗址陶片数量统计表

纹饰 \ 陶色 (陶质)	泥 质						夹 砂			
	橙黄	灰	红	橙黄底黑彩	橙黄底黑红彩	橙黄底红彩	橙黄	灰	红	红褐
素面	27	6	6	9	5	2	24	8	8	
绳纹		1					3		1	
篮纹	5	4	2				29	5	1	
附加堆纹+篮纹							2	2		
附加堆纹+绳纹	2						1			
合计	34	11	8	9	5	2	59	15	10	

表161　石洼梁遗址器形数量统计表

器形 ＼陶质 陶色	泥　质				夹　砂				总　计
	红	橙黄	灰	黑	红	橙黄	灰	黑	
高领罐	1	4	4		1	9	1		20
圆腹罐	3	11	1		1	4	4		24
单耳罐	3				1	4			8
花边罐						1	4		5
大口罐			1				1		2
罐底		1							1
陶盆	1	4	2			3	1		11
器纽		1							1
陶钵					1	1			2
彩陶罐		1				1			2
陶垫			1						1
彩陶瓶		1							1
双錾罐						1			1
陶豆			1						1
陶瓶							1		1
罐腹底		1				1			2
彩陶罐腹底		1							1

口径18.5、残高5.1厘米（图一三一，5）。

标本石洼梁：6，高领罐，夹砂橙黄陶。喇叭口，圆唇，高领，束颈，颈部以下残，素面。口径19.2、残高6.1厘米（图一三一，6）。

标本石洼梁：7，高领罐，泥质红陶。喇叭口，圆唇，束颈，颈部以下残，素面。口径10.2、残高4.1厘米（图一三一，7）。

标本石洼梁：8，陶盆，泥质红陶。敞口，圆唇，鼓腹，底残，腹部饰斜向篮纹，器身有泥条贴筑的痕迹。残宽8.4、残高6.4厘米（图一三二，8）。

标本石洼梁：9，单耳罐，夹砂橙黄陶。连口桥形拱耳，侈口，方唇，束颈，颈部以下残，唇面有一道凹槽，颈部饰斜向篮纹。口径13.6、残高4.3厘米（图一三一，9）。

标本石洼梁：10，圆腹罐，泥质红陶。侈口，圆唇，束颈，颈部以下残，颈部饰横向篮纹。口径16.4、残高5.3厘米（图一三一，10）。

标本石洼梁：11，大口罐，夹砂灰陶。直口，方唇，深直腹，底残，器表凹凸不平，饰横向篮纹。残长6.2、残宽6厘米（图一三一，11）。

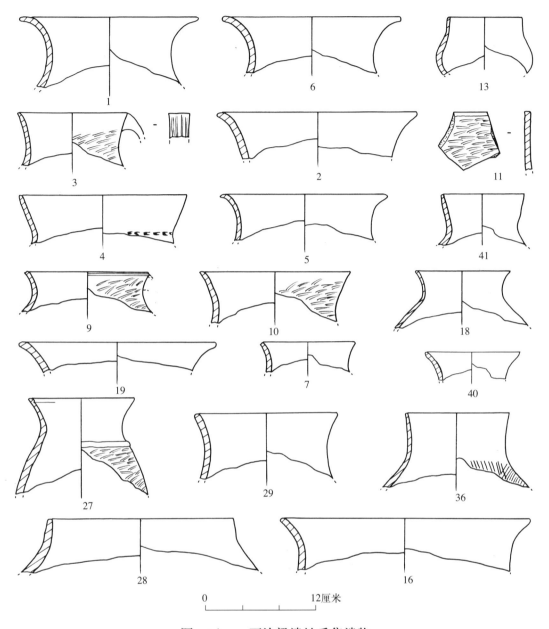

0　　　　　　　　　12厘米

图一三一　石洼梁遗址采集遗物

1、2、5~7、16、19.高领罐　3、9.单耳罐　4、10、13、18、28、29、36、40、41.圆腹罐　11.大口罐　27.花边罐

标本石洼梁：12，圆腹罐，泥质橙黄陶。侈口，圆唇，沿以下残，素面。残长5.9、残宽3.6厘米（图一三二，12）。

标本石洼梁：13，圆腹罐，泥质灰陶。直口，圆唇，鼓腹，底残，素面。口径8、残高6.2厘米（图一三一，13）。

标本石洼梁：14，高领罐，泥质灰陶。喇叭口，微卷沿，尖唇，束颈，颈部以下残，颈部饰横向篮纹。残宽8.4、残高4.2厘米（图一三二，14）。

标本石洼梁：15，高领罐，泥质灰陶。喇叭口，卷沿，尖唇，束颈，颈部以下残，素面。残长5.1、残宽8.1厘米（图一三二，15）。

标本石洼梁：16，高领罐，泥质橙黄陶。喇叭口，方唇，高领，束颈，颈部以下残，素

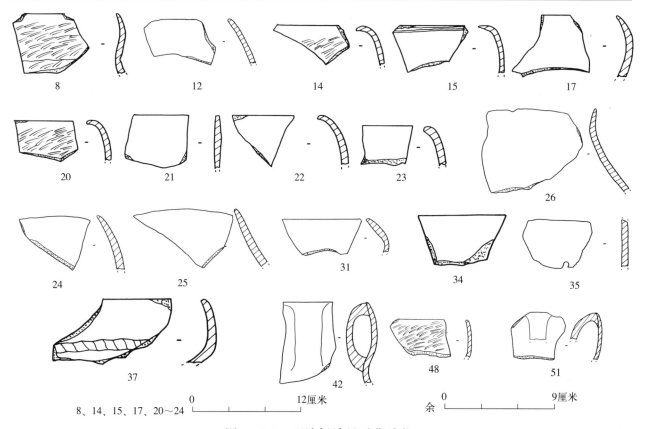

8、14、15、17、20～24

0 _____ 12厘米

余　　0 _____ 9厘米

图一三二　石洼梁遗址采集遗物

8、25.陶盆　12、17、23、24、31、34、48.圆腹罐　14、15、20、22.高领罐　21.大口罐　26.陶钵　35.陶刀　37.花边罐　42、51.单耳罐

面。口径27.2、残宽5.6厘米（图一三一，16）。

　　标本石洼梁：17，圆腹罐，泥质橙黄陶。侈口，尖唇，束颈，颈部以下残，素面。残长6.6、残宽8.4厘米（图一三二，17）。

　　标本石洼梁：18，圆腹罐，泥质橙黄陶。侈口，圆唇，束颈，溜肩，腹残，素面。口径10.4、残高5.8厘米（图一三一，18；彩版五四，2）。

　　标本石洼梁：19，高领罐，夹砂橙黄陶。喇叭口，圆唇，束颈，颈部以下残，素面。口径21.2、残高3.2厘米（图一三一，19）。

　　标本石洼梁：20，高领罐，泥质橙黄陶。喇叭口，圆唇，高领，束颈，颈部以下残，颈部饰横向篮纹。残长4.2、残宽6.4厘米（图一三二，20）。

　　标本石洼梁：21，大口罐，泥质灰陶。直口，方唇，深直腹，底残，素面。残长5.6、残宽6.8厘米（图一三二，21）。

　　标本石洼梁：22，高领罐，夹砂灰陶。喇叭口，方唇，束颈，颈部以下残，素面。残长5.2、残宽6.6厘米（图一三二，22）。

　　标本石洼梁：23，圆腹罐，泥质橙黄陶。侈口，圆唇，束颈，颈部以下残，素面。残长4.2、残宽5.2厘米（图一三二，23）。

　　标本石洼梁：24，圆腹罐，泥质橙黄陶。侈口，尖唇，颈部残，素面。残长5.8、残宽4.3厘米（图一三二，24）。

标本石洼梁：25，陶盆，泥质橙黄陶。敞口，圆唇，弧腹，底残，素面。残长4.6、残宽8.3厘米（图一三二，25）。

标本石洼梁：26，陶钵，夹砂红陶。口微侈，尖唇，斜弧腹，底残，素面。残长6.7、残宽8.2厘米（图一三二，26）。

标本石洼梁：27，花边罐，夹砂灰陶。侈口，尖唇，矮领，束颈，弧腹，底残，颈部素面，颈、腹之间饰一周附加泥条，腹部饰斜向篮纹。口径11.6、残高10.2厘米（图一三一，27；彩版五四，3）。

标本石洼梁：28，圆腹罐，泥质橙黄陶。敛口，圆唇，腹部残，素面。口径20.2、残高6厘米（图一三一，28）。

标本石洼梁：29，圆腹罐，泥质橙黄陶。侈口，圆唇，束颈，颈部以下残，素面。口径15.6、残高6.8厘米（图一三一，29）。

标本石洼梁：30，陶盆，夹砂灰陶。敞口，方唇，斜弧腹，底残，素面。唇内有一道折棱。口径33.6、残高7.6厘米（图一三八，30）。

标本石洼梁：31，圆腹罐，泥质红陶。侈口，方唇，束颈，颈部以下残，素面。残宽6.5、残高2.7厘米（图一三二，31）。

标本石洼梁：32，陶盆，泥质橙黄陶。敞口，圆唇，斜弧腹，底残，素面。口径18.2、残高3.4厘米（图一三三，32）。

标本石洼梁：33，陶盆，泥质灰陶。敞口，圆唇，弧腹，底残，素面且有刮抹痕迹。口径20、残高3.6厘米（图一三七，33）。

标本石洼梁：34，圆腹罐，泥质橙黄陶。侈口，尖唇，颈部残，素面。残长4、残宽7.2厘米（图一三二，34）。

标本石洼梁：35，陶刀，泥质红陶。系用陶器残片制作而成，单面磨刃，边缘有一钻孔。残长3.5、残宽5.1厘米（图一三二，35）。

标本石洼梁：36，圆腹罐，泥质橙黄陶。侈口，方唇，高领微束颈，溜肩，腹部残，颈部素面，肩部饰交错刻划纹。口径11.3、残高8.1厘米（图一三一，36）。

标本石洼梁：37，花边罐，夹砂灰陶。侈口，方唇，束颈，颈部以下残，颈部饰一周附加泥条呈波状。残宽9.8、残高5.2厘米（图一三二，37）。

标本石洼梁：38，圆腹罐，泥质红陶。侈口，圆唇，束颈，颈部以下残，素面。口径4.6、残高1.4厘米（图一三三，38）。

标本石洼梁：39，陶盆，泥质橙黄陶。敞口，尖唇，斜弧腹，底残，素面，内壁有刮抹痕迹。口径18.4、残高3.4厘米（图一三七，39）。

标本石洼梁：40，圆腹罐，夹砂灰陶。侈口，方唇，束颈，颈部以下残，素面。口径10.2、残高3.2厘米（图一三一，40）。

标本石洼梁：41，圆腹罐，夹砂灰陶。侈口，方唇，高领，束颈，颈部以下残，素面。口径9.2、残高5.4厘米（图一三一，41）。

标本石洼梁：42，单耳罐，泥质红陶。连口桥形拱耳，侈口，尖唇，高领，束颈，鼓腹，底残，素面。残宽4.1、残高5.8厘米（图一三二，42）。

标本石洼梁：43，花边罐，夹砂灰陶。侈口，圆唇，束颈，颈部以下残，颈部饰一周附加泥条。口径12、残高3.9厘米（图一三三，43）。

标本石洼梁：44，罐腹底，泥质橙黄陶。上腹残，下腹斜直，平底，素面。底径6、残高4.1厘米（图一三三，44）。

标本石洼梁：45，彩陶罐腹底，泥质橙黄陶。上腹残，下腹斜弧，平底，下腹残存一条带状黑彩。底径5、残高3.2厘米（图一三三，45）。

标本石洼梁：46，彩陶片，泥质橙黄陶。素面，器表饰交错条带状黑彩。残长10、残宽10.6厘米（图一三三，46；彩版五四，5）。

标本石洼梁：47，陶刀，泥质红陶。系用陶器残片制作而成，单面磨刃，器表有一钻孔。残长4.8、残宽4厘米（图一三三，47）。

标本石洼梁：48，圆腹罐，夹砂灰陶。侈口，方唇，高领，束颈，颈部以下残，颈部饰斜向篮纹。残宽5.1、残高3厘米（图一三二，48）。

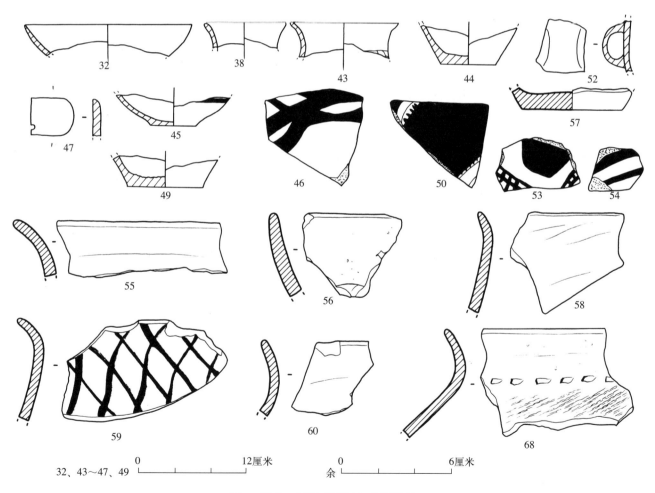

图一三三 石洼梁遗址采集遗物

32、56.陶盆 38、58、60、68.圆腹罐 43.花边罐 44、49.罐腹底 45.彩陶罐腹底 46、50、53、54.彩陶片 47.陶刀 52.罐耳 55.高领罐 57.罐底 59.彩陶罐

标本石洼梁：49，罐腹底，夹砂橙黄陶。上腹残，下腹斜弧，平底，素面，底部内壁为刻槽。底径8.4、残高3.2厘米（图一三三，49）。

标本石洼梁：50，彩陶片，泥质橙黄陶。素面，器表饰黑、红彩结合图案，红彩呈条带形，黑彩为宽条带状和齿状结合。残长4.4、残宽5.4厘米（图一三三，50；彩版五五，1）。

标本石洼梁：51，单耳罐，泥质红陶。连口桥形拱耳，尖唇，高领，束颈，颈部以下残，素面。残宽4.5、残高3.6厘米（图一三二，51）。

标本石洼梁：52，罐耳，夹砂红陶。环形耳，弧腹，口与底均残，素面。残长2.8、残宽2.7厘米（图一三三，52）。

标本石洼梁：53，彩陶片，泥质橙黄陶。素面，器表饰网格状与圆形黑彩。残长4.9、残宽2.8厘米（图一三三，53）。

标本石洼梁：54，彩陶片，泥质灰陶。素面，器表饰条带状黑彩。残长2.3、残宽3.1厘米（图一三三，54）。

标本石洼梁：55，高领罐，夹砂灰陶。喇叭口，圆唇，束颈，颈部残，素面。残宽9.4、残高3厘米（图一三三，55）。

标本石洼梁：56，陶盆，夹砂橙黄陶。敞口，方唇，弧腹，底残，素面。残宽5.4、残高4.5厘米（图一三三，56）。

标本石洼梁：57，罐底，泥质橙黄陶。腹部残，平底，素面。底径5.4、残高1.2厘米（图一三三，57）。

标本石洼梁：58，圆腹罐，泥质橙黄陶。侈口，圆唇，微束颈，圆腹，底残，素面且有刮抹痕迹。残宽6.2、残高5.4厘米（图一三三，58）。

标本石洼梁：59，彩陶罐，夹砂橙黄陶。侈口，圆唇，束颈，圆腹，底残，素面，器表饰网格红彩。残宽9.1、残高5.4厘米（图一三三，59）。

标本石洼梁：60，圆腹罐，夹砂灰陶。侈口，圆唇，束颈，颈部以下残，素面。残宽3.3、残高4厘米（图一三三，60）。

标本石洼梁：61，彩陶罐，泥质橙黄陶。侈口，圆唇，束颈，颈部以下残，素面，器身内外均饰黑彩绘。残宽3.2、残高3.4厘米（图一三四，61）。

标本石洼梁：62，高领罐，夹砂橙黄陶。喇叭口，方唇，高领，束颈，颈部以下残，素面且有刮抹痕迹。残宽5.6、残高4.9厘米（图一三四，62）。

标本石洼梁：63，高领罐，夹砂橙黄陶。喇叭口，圆唇，高领，束颈，颈部以下残，素面。残宽8.9、残高7.8厘米（图一三四，63）。

标本石洼梁：64，高领罐，夹砂橙黄陶。喇叭口，圆唇，束颈，颈部以下残，沿下饰横向宽篮纹。残宽5.4、残高4厘米（图一三五，64）。

标本石洼梁：65，彩陶片，泥质橙黄陶。素面磨光，器表饰宽弧形条带状黑彩与窄弧形条带状红彩，黑彩呈锯齿状。残长9.6、残宽4.8厘米（图一三四，65；彩版五五，3）。

标本石洼梁：66，高领罐，夹砂红陶。喇叭口，圆唇，高领，束颈，颈部以下残，沿下刮抹痕迹明显，颈部饰横向篮纹。残宽10.7、残高6.1厘米（图一三四，66）。

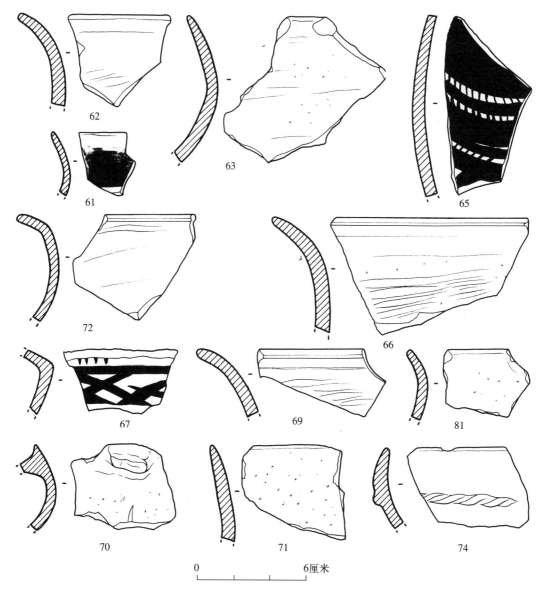

图一三四　石洼梁遗址采集遗物

61.彩陶罐　62、63、72、66.高领罐　65.彩陶片　67.彩陶瓶　69、71.陶盆　70.单耳罐　74.陶钵　81.圆腹罐

　　标本石洼梁：67，彩陶瓶，泥质橙黄陶。侈口，折沿，唇残，长束颈，腹部残，素面，沿下饰锯齿状黑彩，颈部饰一周条带状红彩及网格状黑彩。残宽6.3、残高3.5厘米（图一三四，67；彩版五四，4）。

　　标本石洼梁：68，圆腹罐，夹砂红陶。侈口，圆唇，矮领，束颈，溜肩，腹部残，颈部素面，颈肩之间饰一周戳印纹，肩部饰斜向绳纹。残宽8.4、残高5.8厘米（图一三三，68）。

　　标本石洼梁：69，陶盆，泥质橙黄陶。敞口，圆唇，斜直腹，底残，器表饰斜向篮纹，内壁素面磨光。残宽7、残高3.6厘米（图一三四，69）。

　　标本石洼梁：70，单耳罐，夹砂橙黄陶。沿下一残耳，侈口，尖唇，束颈，颈部以下残，素面。残宽5.8、残高4.6厘米（图一三四，70）。

　　标本石洼梁：71，陶盆，夹砂橙黄陶。敞口，圆唇，斜直腹，底残，素面。残宽5.7、残高

5.1厘米（图一三四，71）。

标本石洼梁：72，高领罐，泥质橙黄陶。侈口，折沿，圆唇，高领，束颈，颈部以下残，素面。残宽6.9、残高5.7厘米（图一三四，72）。

标本石洼梁：73，花边罐，夹砂灰陶。侈口，方唇，高领，束颈，颈部以下残，下颈部饰附加泥条呈波状，器表素面且粗糙。残宽7.6、残高7.6厘米（图一三五，73）。

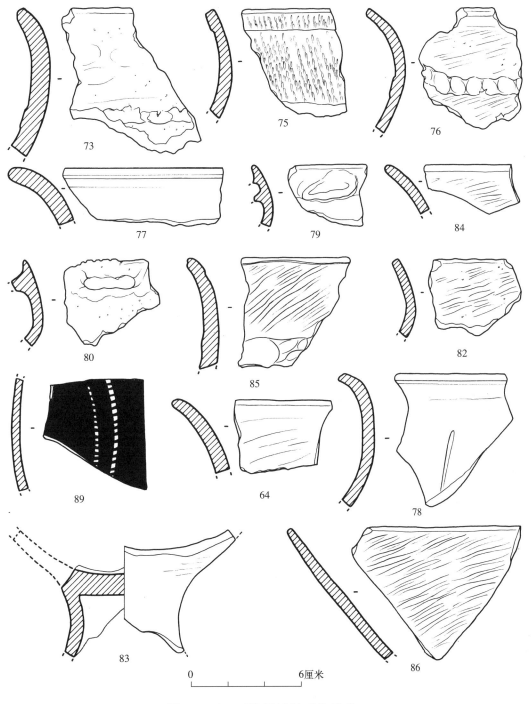

图一三五 石洼梁遗址采集遗物

64、77、78.高领罐 73、76.花边罐 75、82.圆腹罐 79.单耳罐 80.双鋬罐 83.陶豆 84、86.陶盆 85.陶瓶 89.彩陶片

标本石洼梁：74，陶钵，泥质橙黄陶。敛口，圆唇，弧腹，底残，腹部饰一周附加泥条呈斜凸棱状。残宽6.6、残高4.3厘米（图一三四，74）。

标本石洼梁：75，圆腹罐，夹砂橙黄陶。侈口，方唇，高领，束颈，颈部以下残，口沿外侧有一折棱，器表通体饰斜向绳纹。残宽5.6、残高5.8厘米（图一三五，75）。

标本石洼梁：76，花边罐，夹砂橙黄陶。侈口，方唇，高领，束颈，溜肩，腹部残，颈、肩部饰斜向绳纹，颈肩之间饰一周附加泥条呈波状。残宽5.6、残高6.6厘米（图一三五，76）。

标本石洼梁：77，高领罐，夹砂橙黄陶。喇叭口，圆唇，颈部残，素面且沿下有刮抹痕迹。残宽8.6、残高3.1厘米（图一三五，77）。

标本石洼梁：78，高领罐，夹砂橙黄陶。喇叭口，圆唇，高领，束颈，颈部以下残，素面，颈部有一道凹槽。残宽6.6、残高7.2厘米（图一三五，78）。

标本石洼梁：79，单耳罐，夹砂橙黄陶。口沿外侧有一残耳，侈口，方唇，束颈，颈部以下残，素面。残宽4.4、残高3.3厘米（图一三五，79）。

标本石洼梁：80，双錾罐，夹砂橙黄陶。口沿外侧有一耳錾，侈口，锯齿唇，束颈，颈部以下残，素面。残宽5.2、残高4.5厘米（图一三五，80）。

标本石洼梁：81，圆腹罐，夹砂橙黄陶。侈口，方唇，矮领，束颈，颈部以下残，素面。残宽4.7、残高3.7厘米（图一三四，81）。

标本石洼梁：82，圆腹罐，夹砂橙黄陶。侈口，方唇，矮领，束颈，颈部以下残，颈部饰斜向绳纹。残宽5.1、残高4.2厘米（图一三五，82）。

标本石洼梁：83，陶豆，泥质灰陶。上下均已残，豆盘仅留根部，微弧，平底，素面。残宽12、残高6.7厘米（图一三五，83）。

标本石洼梁：84，陶盆，夹砂橙黄陶。敞口，圆唇，斜弧腹，底残，腹部饰斜向篮纹。残宽5.3、残高2.6厘米（图一三五，84）。

标本石洼梁：85，陶瓶，夹砂灰陶。侈口，圆唇，高领，束颈，颈部以下残，口沿内外侧均有凹槽，颈部饰斜向篮纹，篮纹之上饰一周附加泥条呈波状。残宽6.2、残高5.9厘米（图一三五，85）。

标本石洼梁：86，陶盆，泥质灰陶。敞口，方唇，斜直腹，底残，腹部饰斜向篮纹。残宽9.3、残高7.1厘米（图一三五，86）。

标本石洼梁：87，彩陶片，泥质橙黄陶。素面磨光，器表饰弧形条带状黑彩。残长5.4、残宽3.6厘米（图一三六，87）。

标本石洼梁：88，彩陶片，泥质橙黄陶。钻有一孔，素面，器表饰条带状黑彩。残长4.8、残宽3.2厘米（图一三六，88）。

标本石洼梁：89，彩陶片，泥质橙黄陶。素面磨光，器表两侧饰宽条带锯齿状黑彩，中间饰条带状红彩。残长6、残宽5.6厘米（图一三五，89）。

标本石洼梁：90，单耳罐，泥质红陶。连口桥形耳，侈口，尖唇，高领，束颈，折腹，小平底，耳部上侧饰三道戳印纹，器表整体素面磨光。口径6.6、高10、底径5.6厘米（图一三六，90；彩版五五，4）。

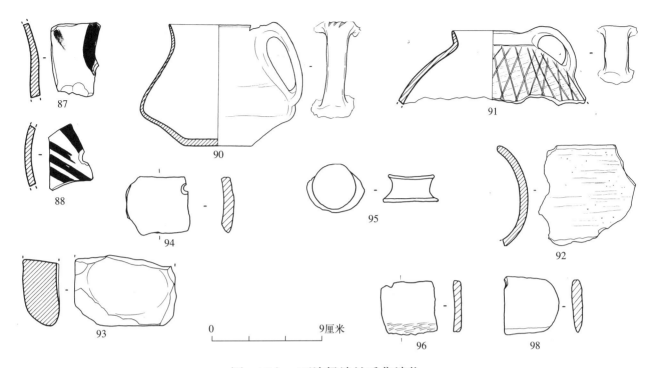

图一三六 石洼梁遗址采集遗物

87、88.彩陶片 92.高领罐 93.磨石 90、91.单耳罐 94、96、98.陶刀 95.陶垫

标本石洼梁：91，单耳罐，夹砂红陶。连口桥形耳，侈口，尖唇，圆腹，底残，腹部饰交错刻划纹。口径6.3、残高5.7厘米（图一三六，91；彩版五五，5）。

标本石洼梁：92，高领罐，夹砂橙黄陶。喇叭口，圆唇，高领，束颈，颈部以下残，颈部饰横向绳纹。残宽8.1、残高8.2厘米（图一三六，92）。

标本石洼梁：93，磨石，近长方形，磨制面光滑，微凹，磨痕明显。残长8、残宽5、厚2.8厘米（图一三六，93）。

标本石洼梁：94，陶刀，泥质橙黄陶。系陶器残片磨制，一半残，单面刃，平背部，近背部钻有一孔。残长4.6、残宽4.2厘米（图一三六，94）。

标本石洼梁：95，陶垫，泥质灰陶。上小于底，均圆形，中间呈压腰状。直径3.3～4.1、高2厘米（图一三六，95）。

标本石洼梁：96，陶刀，泥质橙黄陶。系陶器残片磨制，一半残。残长4.1、残宽3.9厘米（图一三六，96）。

标本石洼梁：97，陶纺轮，泥质橙黄陶。残存一半，呈椭圆形，中间钻有一孔，中心厚，边缘薄，素面。残径6.3、厚1.4厘米（图一三七，97）。

标本石洼梁：98，陶刀，泥质橙黄陶。系陶器残片磨制，一半残。双面刃，侧边圆弧。残长4、残宽4.1厘米（图一三六，98）。

标本石洼梁：99，器纽，泥质橙黄陶。圆形平顶，素面。直径4、厚1.2厘米（图一三七，99）。

标本石洼梁：100，骨刀，系动物肋骨磨制，近长方形，双面刃，尖端圆钝。残长15、残宽

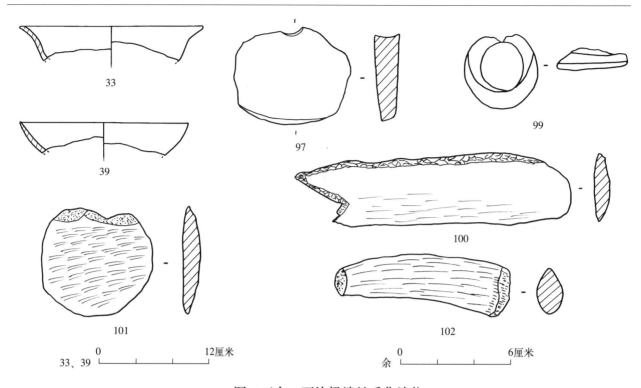

图一三七　石洼梁遗址采集遗物

33、39.陶盆　97.陶纺轮　99.器纽　100.骨刀　101.陶刀　102.鹿角

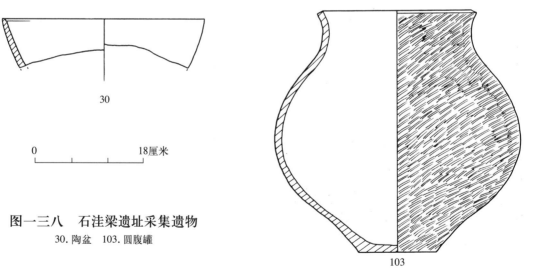

图一三八　石洼梁遗址采集遗物

30.陶盆　103.圆腹罐

3.9、厚0.8厘米（图一三七，100）。

　　标本石洼梁：101，陶刀，系陶器残片磨制，近圆形，边缘一周有磨刃，表面饰横向篮纹。直径5.7、厚1厘米（图一三七，101）。

　　标本石洼梁：102，鹿角，尖端有打磨痕迹，尾端残。残长9.5、直径1.5～2.9厘米（图一三七，102）。

　　标本石洼梁：103，圆腹罐，夹砂橙黄陶。侈口，方唇，高领，束颈，圆腹，平底，器表通体饰斜向篮纹。口径26、底径12.8、高38.4厘米（图一三八，103；彩版五五，2）。

80. 西洼梁遗址

遗址位于海原县史店乡油坊院村东侧低缓的山梁上，山梁当地人称为西洼梁。地理坐标为北纬36°28'37.50"，东经105°41'8.78"，海拔高度为2002米。西洼梁地势西高东低，位于山梁西侧梯田坡地上发现盗坑，盗坑周边散落有陶片和人骨。因没有暴露的断面，在遗址区未发现有地层堆积和遗迹现象。遗址南北长约100、东西宽约100米，面积约为1万平方米。遗址文化属性为菜园文化。

遗址地表采集陶片有泥质和夹砂两类，夹砂陶稍多；陶色有橙黄陶、红陶、灰陶；除素面外纹饰有绳纹、刻划纹、篮纹，还有一定量的彩陶；可辨器形有彩陶盆、彩陶罐等（表162、163）。

标本西洼梁：1，彩陶盆，泥质红陶。敞口，折沿，尖唇，斜直腹，底残，素面磨光，沿上饰窄条黑彩，沿下饰一周条状形黑彩，腹部饰斜向细条状黑彩，内壁饰两周宽条状黑彩呈锯齿状。残宽8.2、残高5厘米（图一三九，1；彩版五六，1）。

标本西洼梁：2，彩陶罐，泥质橙黄陶。仅存颈部，素面磨光，器表饰宽窄条状弧形黑彩。残长4.4、残宽6.2厘米（图一三九，2；彩版五六，2）。

表 162　西洼梁遗址陶片数量统计表

纹饰＼陶色＼陶质	泥　质						夹　砂			
	橙黄	灰	红	红底黑彩	橙黄底黑彩	橙黄底红彩	橙黄	灰	红	红褐
素面	2	1		1		1	4		1	
绳纹		1					3	2		
篮纹								1		
篮纹+刻划纹							1			
合计	2	2		1		1	8	3	1	

表 163　西洼梁遗址器形数量统计表

器形＼陶色＼陶质	泥　质				夹　砂				总　计
	红	橙黄	灰	黑	红	橙黄	灰	黑	
彩陶罐		1							1
彩陶盆	1								1

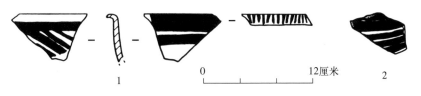

图一三九　西洼梁遗址采集遗物

1. 彩陶盆　2. 彩陶罐

81. 黑角湾北山西遗址

遗址位于海原县红羊乡上甘岔村东侧山梁上，山梁当地人称为黑角湾梁。地理坐标为北纬36°13'52.56"，东经105°40'52.52"，海拔高度为2013米。黑角湾梁地势南高北低，山梁北侧坡地地表发现盗坑，盗坑周边散落陶片和人骨，遗址区水冲沟暴露的断面上发现有红烧土堆积、灰坑等遗迹现象，灰坑内包含陶片、炭屑和红烧土，从盗坑的分布看，遗址遭盗扰破坏严重，遗址南北长约100、东西宽约200米，面积约为2万平方米。遗址文化属性为菜园文化。

遗址地表采集陶片有泥质和夹砂两类，夹砂陶稍多；陶色以橙黄陶占绝大多数，还有少量灰陶、红陶；除素面外纹饰有附加堆纹、绳纹、刻划纹、篮纹、戳印纹；可辨器形有单耳罐、圆腹罐、高领罐、花边罐、盆、刻槽盆等（表164、165）。

标本黑角湾北山西：1，单耳罐，夹砂橙黄陶。桥形拱耳，侈口，圆唇，束颈，圆腹，底残，耳面饰竖向凹槽，颈部饰横向绳纹，颈腹之间饰一周附加泥条呈波状，腹部饰竖向刻划纹。残宽8.6、残高7厘米（图一四〇，1）。

标本黑角湾北山西：2，单耳罐，夹砂橙黄陶。桥形拱耳，侈口，尖唇，束颈，圆腹，底

表 164　黑角湾北山西遗址陶片数量统计表

纹饰 \ 陶色	泥　质						夹　砂			
	橙黄	灰	红	红底黑彩	橙黄底黑彩	橙黄底红彩	橙黄	灰	红	红褐
素面	6		1							1
绳纹							6		2	
篮纹	1									
戳印纹	1									
附加堆纹+绳纹	1						3		2	
绳纹+刻划纹	2						5		2	
合计	11		1				15		7	

表 165　黑角湾北山西遗址器形数量统计表

器形 \ 陶色	泥　质				夹　砂				总　计
	红	橙黄	灰	黑	红	橙黄	灰	黑	
高领罐		2			1				3
圆腹罐		1				1			2
单耳罐		1				3			4
花边罐						2			2
陶盆		2							2
刻槽盆						1			1

残，耳面饰竖向绳纹，颈部饰斜向绳纹，颈腹之间饰一周附加泥条呈波状，腹部饰横向绳纹，耳下端饰竖向刻划纹。残宽6.2、残高9.6厘米（图一四〇，2）。

标本黑角湾北山西：3，陶盆，泥质橙黄陶。敞口，微卷沿，尖唇，鼓腹，底残，腹部饰一周附加泥条呈波状。残宽7.2、残高7.8厘米（图一四〇，3；彩版五六，3）。

标本黑角湾北山西：4，陶盆，泥质橙黄陶。敞口，微卷沿，尖唇，弧腹，底残，腹部饰一周附加泥条呈波状，下腹饰横向绳纹。残宽12.8、残高9.6厘米（图一四〇，4；彩版五六，4）。

标本黑角湾北山西：5，高领罐，泥质橙黄陶。喇叭口，圆唇，高领，束颈，颈部以下残，素面。残宽9.6、残高7.2厘米（图一四〇，5）。

标本黑角湾北山西：6，高领罐，泥质橙黄陶。喇叭口，圆唇，高领，束颈，颈部以下残，颈部有两个钻孔，素面。残宽10、残高5.1厘米（图一四〇，6；彩版五六，5）。

标本黑角湾北山西：7，花边罐，夹砂橙黄陶。侈口，圆唇，高领，束颈，溜肩，腹部残，颈、腹均饰斜向绳纹，颈腹之间饰一周附加泥条呈波状。残宽8.8、残高7厘米（图一四〇，7；彩版五六，6）。

标本黑角湾北山西：8，单耳罐，夹砂橙黄陶。桥形单耳，侈口，尖唇，束颈，圆腹，底

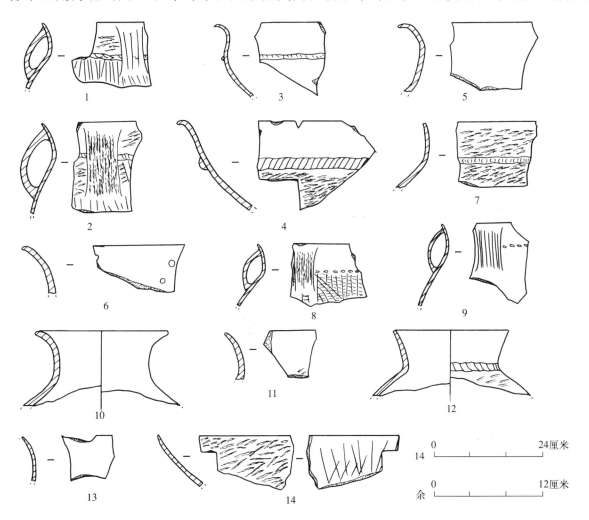

图一四〇　黑角湾北山西遗址采集遗物

1、2、8、9.单耳罐　3、4.陶盆　5、6、10.高领罐　7、12.花边罐　11、13.圆腹罐　14.刻槽盆

残，耳面饰竖向绳纹，颈部素面，颈腹之间饰一周戳印纹，腹部饰横向绳纹，绳纹之上饰交错刻划纹。残宽8.4、残高6.6厘米（图一四〇，8；彩版五七，1）。

标本黑角湾北山西：9，单耳罐，泥质橙黄陶。桥形拱耳，侈口，尖唇，矮领，束颈，圆腹，底残，耳面饰竖向宽篮纹，颈腹之间饰一周戳印纹，腹部素面。残宽6、残高8.6厘米（图一四〇，9）。

标本黑角湾北山西：10，高领罐，夹砂红陶。喇叭口，圆唇，高领，束颈，颈部以下残，素面，颈部有斜向刮抹痕迹。口径14.6、残高8厘米（图一四〇，10；彩版五七，2）。

标本黑角湾北山西：11，圆腹罐，夹砂橙黄陶。侈口，圆唇，高领，束颈，颈部以下残，素面。残宽5.6、残高5厘米（图一四〇，11）。

标本黑角湾北山西：12，花边罐，夹砂橙黄陶。侈口，方唇，高领，束颈，溜肩，腹残，颈肩之间饰一周附加泥条呈波状，肩部饰横向篮纹。口径12.6、残高7厘米（图一四〇，12）。

标本黑角湾北山西：13，圆腹罐，泥质橙黄陶。侈口，尖唇，高领，束颈，颈部以下残，素面磨光。残宽5.6、残高4.8厘米（图一四〇，13）。

标本黑角湾北山西：14，刻槽盆，夹砂橙黄陶。敞口，方唇，弧腹，底残，腹部饰斜向粗绳纹，内壁为竖向交错刻槽纹。残宽20.8、残高11.4厘米（图一四〇，14；彩版五七，3）。

82. 老虎嘴遗址

遗址位于海原县树台乡韩庄村西南侧山梁上，山梁当地人称为老虎嘴梁。地理坐标为北纬36°29'47.00"，东经105°27'28.26"，海拔高度为1976米。老虎嘴梁地势南高北低，山梁顶和北侧梯田散落较多陶片，梯田断面发现有红烧土堆积、灰坑等遗迹现象。灰坑内包含陶片、红烧土和炭屑。遗址南北长约300、东西宽约150米，面积约为4.5万平方米。遗址文化属性为菜园文化。

遗址地表采集陶片有泥质和夹砂两类，泥质陶稍多；陶色有橙黄陶、红陶、灰陶；除素面外纹饰有篮纹、绳纹，还有一定量的彩陶；可辨器形有花边罐、单耳罐、彩陶罐、圆腹罐、盆等（表166、167）。

标本老虎嘴：1，单耳罐，泥质橙黄陶。桥形拱耳，侈口，圆唇，高领，束颈，圆腹，底残，器表素面磨光，颈腹之间饰一周凹槽。口径11.2、残高7.8厘米（图一四一，1）。

标本老虎嘴：2，花边罐，夹砂灰陶。侈口，圆唇，束颈，颈部以下残，沿下饰一周附加泥条呈波状，下颈部饰斜向篮纹。残宽4.2、残高4厘米（图一四一，2）。

标本老虎嘴：3，花边罐，夹砂红陶。侈口，圆唇，束颈，颈部以下残，下颈部饰一周附加泥条呈波状。残宽3.4、残高4厘米（图一四一，3）。

标本老虎嘴：4，圆腹罐，夹砂红陶。侈口，圆唇，束颈，圆腹，底残，素面。残宽4.4、残高5.4厘米（图一四一，4）。

标本老虎嘴：5，小罐，泥质灰陶。侈口，尖唇，高领微束颈，颈部以下残，器表素面磨光。残宽3.9、残高4厘米（图一四一，5）。

标本老虎嘴：6，彩陶盆，泥质灰陶。敞口，圆唇，弧腹，底残，器表饰细网格纹黑彩。残宽4、残高4.8厘米（图一四一，6）。

表 166　老虎嘴遗址陶片数量统计表

纹饰＼陶色（陶质）	泥质						夹砂			
	橙黄	灰	红	灰底黑彩	橙黄底黑红彩	橙黄底红彩	橙黄	灰	红	黑
素面	7	1		2	7			2	1	1
绳纹								1		
篮纹	1							2		
合计	8	1		2	7			5	1	1

表 167　老虎嘴遗址器形数量统计表

器形＼陶色（陶质）	泥质				夹砂				总计
	红	橙黄	灰	黑	红	橙黄	灰	黑	
圆腹罐					1				1
单耳罐		1							1
花边罐					1		1		2
陶盆			1						1
彩陶罐		1							1
陶罐			1						1
罐腹底		1						1	2
罐底		1							1

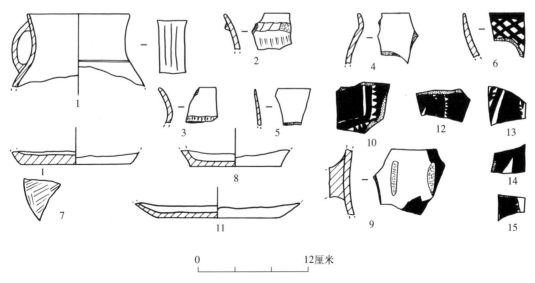

0　　　　　　　　12厘米

图一四一　老虎嘴遗址采集遗物

1. 单耳罐　2、3. 花边罐　4. 圆腹罐　5. 小罐　6. 彩陶盆　7. 罐底　8、11. 罐腹底　9. 彩陶罐　10、12~15. 彩陶片标本老虎嘴：7，罐底，泥质橙黄陶。腹部残，平底，底部饰宽篮纹。底径12、残高1.4厘米（图一四一，7）。

标本老虎嘴：8，罐腹底，夹砂黑陶。上腹残，下腹斜弧，平底，素面。底径10、残高1.8厘米（图一四一，8）。

标本老虎嘴：9，彩陶罐，腹片，泥质橙黄陶。弧腹，腹部有耳残存根部，器表素面磨光饰黑彩。残长7、残宽8厘米（图一四一，9）。

标本老虎嘴：10，彩陶片，泥质橙黄陶。素面磨光，器表饰条带红彩与锯齿状黑彩。残长5.4、残宽6厘米（图一四一，10）。

标本老虎嘴：11，罐腹底，泥质橙黄陶。上腹残，下腹斜直，平底，素面。底径12.8、残高1.7厘米（图一四一，11）。

标本老虎嘴：12，彩陶片，泥质橙黄陶。素面磨光，饰红彩与黑彩，红彩呈弧形条带状，黑彩呈宽条带锯齿状。残长6、残宽3.6厘米（图一四一，12）。

标本老虎嘴：13，彩陶片，泥质橙黄陶。素面磨光，饰红彩与黑彩，红彩呈条带状，黑彩呈宽条带锯齿状。残长4.2、残宽4.2厘米（图一四一，13；彩版五七，4）。

标本老虎嘴：14，彩陶片，泥质灰陶。素面磨光，饰条带状黑彩。残长3、残宽3.8厘米（图一四一，14；彩版五七，5）。

标本老虎嘴：15，彩陶片，泥质橙黄陶。素面磨光，饰红彩与黑彩，红彩呈条带状，黑彩呈宽条带锯齿状。残长2.8、残宽3厘米（图一四一，15）。

83. 包堡胖家台子遗址

遗址位于海原县李俊乡海子村北侧山梁上。山梁当地人称之为胖家台子，地理坐标为北纬36°10'17.85"，东经105°50'10.96"，海拔高度为1950米。胖家台子地势稍平缓，其东侧坡地上发现有盗坑，盗坑周边散落陶片和人骨，因没有暴露的断面，在遗址区未发现有地层堆积和遗迹现象。遗址南北长约130、东西宽约100米，面积约为1.3万平方米。遗址文化属性为菜园文化。

遗址地表采集陶片有泥质和夹砂两类；陶色有橙黄陶、灰陶、红陶，除素面外纹饰有篮纹、附加堆纹和戳印纹；可辨器形有高领罐等（表168、169）。

表 168　包堡胖家台子遗址陶片数量统计表

纹饰 ＼ 陶质/陶色	泥 质						夹 砂			
	橙黄	灰	红	红底黑彩	橙黄底黑彩	橙黄底红彩	橙黄	灰	红	红褐
素面	1	1				1	1		2	
篮纹	3	1	3				1	2		
戳印纹							1			
附加堆纹+篮纹								1		
合计	4	2	3			1	3	3	2	

表169　包堡胖家台子遗址器形数量统计表

陶质　　　陶色　器形	泥　质				夹　砂				总　计
	红	橙黄	灰	黑	红	橙黄	灰	黑	
高领罐		1							1
罐腹底						1			1
彩陶片						1			1

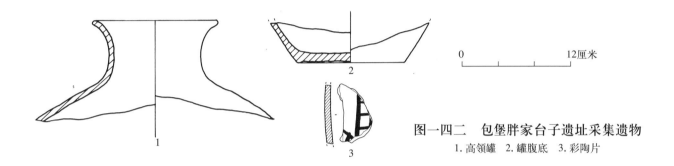

图一四二　包堡胖家台子遗址采集遗物

1. 高领罐　2. 罐腹底　3. 彩陶片

标本包堡胖家台子：1，高领罐，泥质橙黄陶。喇叭口，圆唇，高领，束颈，溜肩，腹部残，素面磨光。口径13.6、残高10.6厘米（图一四二，1）。

标本包堡胖家台子：2，罐腹底，夹砂橙黄陶。上腹残，下腹斜直，平底微凹，素面。底径11.6、残高4.2厘米（图一四二，2）。

标本包堡胖家台子：3，彩陶片，夹砂橙黄陶。素面磨光，器表饰方格纹红彩。残长6.2、残宽3.6厘米（图一四二，3）。

84. 王台小学遗址

遗址位于海原县杨明乡李㠪村北侧山梁上（彩版五八，1）。地理坐标为北纬36° 12'17.27"，东经105° 45'45.06"，海拔高度为1985米。山梁南高北低，北侧坡地地表种植沙棘树，较多盗坑分布在沙棘树中，盗坑内及周边发现有陶片和人骨，从盗坑的分布来看，遗址遭盗扰破坏严重，遗址面积较小，南北长约100、东西宽约100米，面积约为1万平方米。遗址文化属性为菜园文化。

遗址地表采集陶片有泥质和夹砂两类，夹砂陶占绝大多数；陶色以橙黄陶为主，还有一定数量红陶、灰陶；除素面外纹饰有绳纹、篮纹、附加堆纹、刻划纹、麻点纹和戳印纹等；可辨器形有花边罐、圆腹罐、高领罐、单耳罐等（表170、171）。

标本王台小学：1，腹片，夹砂橙黄陶。弧腹，器表饰篮纹。残宽12、残高19.2厘米（图一四三，1）。

标本王台小学：2，腹片，夹砂橙黄陶。弧腹，器表饰斜向篮纹。残宽13.3、残高13.6厘米（图一四三，2）。

标本王台小学：3，圆腹罐，夹砂橙黄陶。侈口，圆唇，束颈，上腹圆弧，下腹残，通体饰斜向篮纹，颈部饰一周戳印纹。口径13.2、残高10.4厘米（图一四三，3）。

表 170　王台小学遗址陶片数量统计表

陶质 纹饰 陶色	泥 质						夹 砂			
	橙黄	灰	红	红底黑彩	橙黄底黑彩	橙黄底红彩	橙黄	灰	红	红褐
素面	13	2	3				82	2		
绳纹	1						35	2		
篮纹	10						56		1	
刻划纹							1			
附加堆纹	1						10			
戳印纹			2				4			
附加堆纹+篮纹							5		1	
绳纹+刻划纹							5		10	
合计	25	2	5				198	4	12	

表 171　王台小学遗址器形数量统计表

陶质 器形 陶色	泥 质				夹 砂				总 计
	红	橙黄	灰	黑	红	橙黄	灰	红褐	
高领罐		3				2			5
圆腹罐						8			8
单耳罐					1	4			2
花边罐						1			1
罐腹底						8			8
陶罐						1			1

标本王台小学：4，圆腹罐，夹砂橙黄陶。侈口，圆唇，束颈，溜肩，底残，通体饰斜向绳纹。残宽11.3、残高9厘米（图一四四，4）。

标本王台小学：5，腹片，夹砂橙黄陶。束颈，弧腹，器表饰斜向绳纹。残宽6.5、残高7.1厘米（图一四四，5）。

标本王台小学：6，腹片，夹砂橙黄陶。弧腹，器表饰斜向绳纹。残宽7.7、残高6.6厘米（图一四四，6）。

标本王台小学：7，高领罐，泥质橙黄陶。喇叭口，圆唇，束颈，素面。残宽11、残高10厘米（图一四四，7）。

标本王台小学：8，罐残片，夹砂橙黄陶。口残，束颈，颈以下残，素面。残宽14.5、残高6.6厘米（图一四四，8）。

标本王台小学：9，罐残片，泥质橙黄陶。现残存颈部，束颈，素面。残宽11.6、残高5厘米

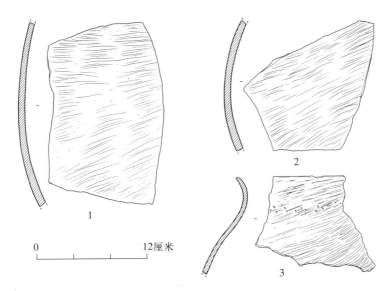

图一四三　王台小学遗址采集遗物
1、2.腹片　3.圆腹罐

（图一四四，9）。

标本王台小学：10，高领罐，夹砂橙黄陶。喇叭口，圆唇，束颈，颈以下残，器表素面。残宽8.9、残高4厘米（图一四四，10）。

标本王台小学：11，腹片，夹砂橙黄陶。束颈，弧腹，器表饰横向细绳纹。残宽13、残高8.5厘米（图一四五，11）。

标本王台小学：12，腹片，夹砂橙黄陶。束颈，溜肩，弧腹，下腹残，器表饰较模糊的麻点纹。残宽6.9、残高13.4厘米（图一四五，12）。

标本王台小学：13，腹片，夹砂橙黄陶。器表饰较模糊的斜向篮纹。残宽6.4、残高7.7厘米（图一四五，13）。

标本王台小学：14，腹底残片，夹砂橙黄陶。斜直腹，平底，腹部饰斜向篮纹，底部素面。底径8.5、残高2厘米（图一四五，14）。

标本王台小学：15，单耳罐，夹砂橙黄陶。口残，束颈，鼓腹，上腹部饰一桥形单耳，耳残，器身通体饰较模糊的横向绳纹，绳纹之上有竖向刻划纹。残宽11.6、残高8.5厘米（图一四五，15）。

标本王台小学：16，圆腹罐，夹砂橙黄陶。侈口，圆唇，束颈，溜肩，肩以下残，通体饰模糊横向绳纹，颈肩部饰竖向刻划纹。残宽8.6、残高6.7厘米（图一四五，16）。

标本王台小学：17，腹片，夹砂橙黄陶。弧腹，器表饰模糊不清的麻点纹。残宽5.2、残高6.1厘米（图一四五，17）。

标本王台小学：18，罐腹片，夹砂橙黄陶。口残，束颈，上鼓腹，下腹残，器表饰竖向及斜向刻划纹。残宽12、残高11.6厘米（图一四六，18）。

标本王台小学：19，腹片，夹砂橙黄陶。器表内外有烟炱痕迹，鼓腹，通体饰斜向绳纹并有刮抹痕迹，下腹饰竖向刻划纹，近底部有横向刮抹痕迹。残宽8.9、残高11.2厘米（图一四六，19）。

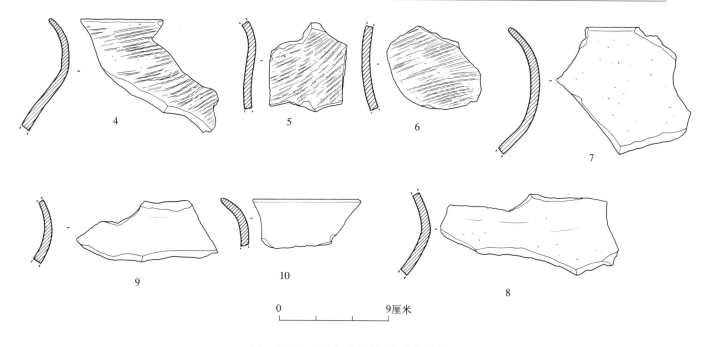

图一四四　王台小学遗址采集遗物

4.圆腹罐　5、6.腹片　7、10.高领罐　8、9.罐残片

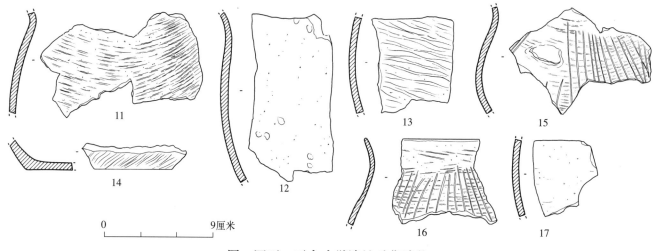

图一四五　王台小学遗址采集遗物

11～13、17.腹片　14.腹底残片　15.单耳罐　16.圆腹罐

　　标本王台小学：20，腹片，夹砂橙黄陶。鼓腹，器表饰斜向篮纹，局部有交错刻划纹。残宽9、残高9.5厘米（图一四六，20）。

　　标本王台小学：21，圆腹罐，夹砂橙黄陶。侈口，圆唇，束颈，溜肩，肩以下残，器表饰斜向绳纹，颈部饰戳印纹并有刮抹痕迹。残宽7.5、残高5.4厘米（图一四六，21）。

　　标本王台小学：22，腹片，泥质橙黄陶。口残，束颈，溜肩，肩以下残，器表素面，颈部饰一周戳印纹。残宽5.8、残高7.5厘米（图一四六，22）。

　　标本王台小学：23，腹片，夹砂红陶。弧直腹，器表饰斜向篮纹。残宽7.2、残高6.0厘米（图一四六，23）。

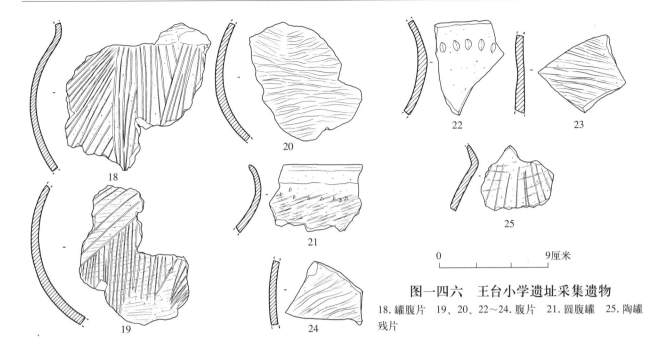

图一四六　王台小学遗址采集遗物
18.罐腹片　19、20、22～24.腹片　21.圆腹罐　25.陶罐残片

标本王台小学：24，腹片，泥质橙黄陶。弧腹，器表饰斜向篮纹。残宽6.3、残高5厘米（图一四六，24）。

标本王台小学：25，陶罐残片，泥质橙黄陶。口残，束颈，上腹圆弧，下腹残，器表饰模糊的斜向绳纹，绳纹之上饰竖向刻划纹，器表有烟炱痕迹。残宽6、残高5.1厘米（图一四六，25）。

标本王台小学：26，腹片，夹砂橙黄陶。弧直腹，器表有烟炱痕迹饰斜向篮纹。残宽6.4、残高6.4厘米（图一四七，26）。

标本王台小学：27，腹片，夹砂橙黄陶。弧腹，器表有烟炱痕迹饰斜向篮纹。残宽5.6、残高6.6厘米（图一四七，27）。

标本王台小学：28，腹片，夹砂橙黄陶。弧腹，器表有烟炱痕迹饰较模糊绳纹。残宽6.4、残高4.9厘米（图一四七，28）。

标本王台小学：29，高领罐，夹砂橙黄陶。喇叭口，圆唇，束颈，颈以下残，颈部饰较模糊的斜向绳纹。残宽5.9、残高2.6厘米（图一四七，29）。

标本王台小学：30，单耳罐残片，夹砂橙黄陶。侈口，尖唇，束颈，唇沿外侧贴塑一桥形单耳，耳残，器表素面。残宽4.8、残高3厘米（图一四七，30）。

标本王台小学：31，腹底残片，夹砂橙黄陶。斜直腹，底残，器表有烟炱痕迹饰斜向绳纹。残宽8、残高4.9厘米（图一四七，31）。

标本王台小学：32，圆腹罐，夹砂橙黄陶。侈口，圆唇，束颈，颈以下残，颈部饰一周戳印纹，器表有烟炱痕迹。残宽6.0、残高3.7厘米（图一四七，32）。

标本王台小学：33，腹片，夹砂橙黄陶。鼓腹，器表有烟炱痕迹饰较模糊的绳纹，绳纹之上饰竖向刻划纹。残宽4.4、残高4.3厘米（图一四七，33）。

标本王台小学：34，圆腹罐，夹砂橙黄陶。侈口，圆唇，束颈，颈以下残，颈部饰斜向绳

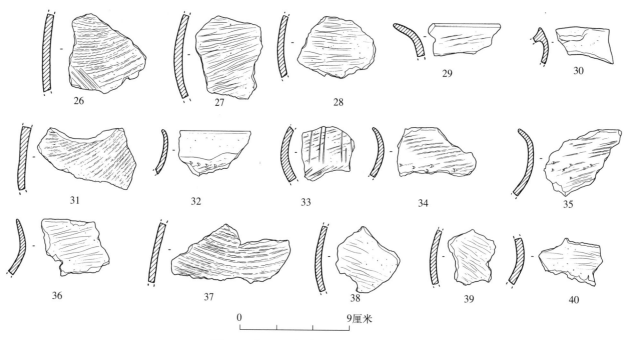

0 _____ 9厘米

图一四七 王台小学遗址采集遗物

26~28、33、37~39.腹片 29.高领罐 30.单耳罐残片 31.腹底残片 32、34、35.圆腹罐 36.圆腹罐残片 40.颈腹残片

纹，颈肩部饰有一周戳印纹。残宽6.4、残高4厘米（图一四七，34）。

标本王台小学：35，圆腹罐，夹砂橙黄陶。侈口，圆唇，束颈，肩残，器表饰斜向绳纹并有刮抹痕迹，颈肩部饰一周戳印纹。残宽6.1、残高5.4厘米（图一四七，35）。

标本王台小学：36，圆腹罐残片，夹砂橙黄陶。侈口，圆唇，束颈，颈以下残，器表饰有斜向绳纹。残宽5.7、残高4.6厘米（图一四七，36）。

标本王台小学：37，腹片，夹砂橙黄陶。器表饰横向篮纹。残宽10、残高4.7厘米（图一四七，37）。

标本王台小学：38，腹片，夹砂橙黄陶。弧腹，器表有烟炱痕迹饰较模糊的篮纹。残宽5.2、残高5.3厘米（图一四七，38）。

标本王台小学：39，腹片，夹砂橙黄陶。弧腹，器表有烟炱痕迹饰模糊的篮纹。残宽3.9、残高4.5厘米（图一四七，39）。

标本王台小学：40，颈腹残片，夹砂橙黄陶。束颈，颈部饰模糊不清的绳纹，器表有烟炱痕迹。残宽5.2、残高3.9厘米（图一四七，40）。

标本王台小学：41，陶罐残片，夹砂橙黄陶。侈口，尖唇，束颈，颈以下残，颈部饰横向篮纹，器表有烟炱痕迹。残宽4.3、残高4.5厘米（图一四八，41）。

标本王台小学：42，颈腹残片，夹砂橙黄陶。束颈，颈腹相接处压印指纹，弧腹，下腹残，器表有烟炱痕迹饰模糊绳纹，绳纹之上饰竖向刻划纹。残宽4.8、残高5.1厘米（图一四八，42）。

标本王台小学：43，腹底残片，夹砂橙黄陶。斜直腹，平底，器表饰斜向绳纹。残宽4.4、残高1.5厘米（图一四八，43）。

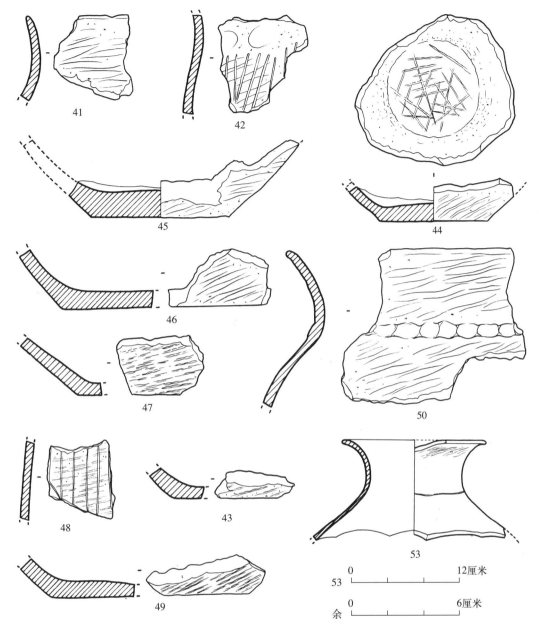

图一四八　王台小学遗址采集遗物

41.陶罐残片　42.颈腹残片　43~47、49.腹底残片　48.腹片　50.花边罐　53.高领罐

标本王台小学：44，腹底残片，夹砂橙黄陶。下腹斜直，平底，器表饰斜向篮纹，底部饰交错刻划纹。底径6、残高2.4厘米（图一四八，44）。

标本王台小学：45，腹底残片，夹砂橙黄陶。下腹斜直，平底，器表及底部有烟炱痕迹饰较模糊的斜向绳纹。底径7.4、残高4.1厘米（图一四八，45）。

标本王台小学：46，腹底残片，夹砂橙黄陶。斜直腹平底，器表饰斜向绳纹，底部饰交错绳纹。底径5.5、残高3厘米（图一四八，46）。

标本王台小学：47，腹底残片，夹砂橙黄陶。斜直腹，平底，器表饰斜向绳纹。残宽4.7、残高3.1厘米（图一四八，47）。

标本王台小学：48，腹片，夹砂红陶。器表饰较模糊的斜向绳纹，绳纹之上饰竖向刻划纹。残宽3.6、残高4.2厘米（图一四八，48）。

标本王台小学：49，腹底残片，夹砂橙黄陶。斜直腹，平底，器表饰斜向绳纹，底部饰模糊绳纹。残宽6.5、残高2.1厘米（图一四八，49）。

标本王台小学：50，花边罐，夹砂橙黄陶。侈口，圆唇，束颈，上腹圆弧，下腹残，通体饰斜向篮纹，颈腹部饰有一周附加泥条压印波纹。残宽10.2、残高8.2厘米（图一四八，50）。

标本王台小学：51，单耳罐，夹砂红陶。连口桥形耳，侈口，方唇，鼓腹，平底，颈部饰一周戳印纹，腹部饰横向绳纹，绳纹之上饰竖向刻划纹。口径10、底径8、高17.6厘米（图一四九，51；彩版五八，2）。

标本王台小学：52，单耳罐，夹砂橙黄陶。桥形拱耳，侈口，尖唇，矮领，束颈，圆腹，底残，颈部素面，腹部饰横向绳纹。口径7.2、残高13.1厘米（图一四九，52；彩版五八，3）。

标本王台小学：53，高领罐，泥质橙黄陶。喇叭口，圆唇，高领，束颈，溜肩，腹部残，沿下饰斜向篮纹，颈部饰一周刻划纹。口径16、残高10.6厘米（图一四八，53）。

标本王台小学：54，单耳罐，夹砂橙黄陶。桥形拱耳，侈口，圆唇，圆腹，底残，耳面饰竖向刻槽，腹部饰横向绳纹，上腹部饰四周戳印纹。口径9、残高10.3厘米（图一四九，54）。

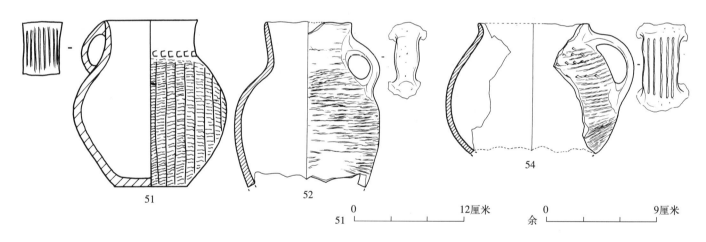

图一四九　王台小学遗址采集遗物

51、52、54. 单耳罐

85. 武家庄泉沟脑第1地点遗址

遗址位于海原县武家庄村西南侧山梁上。地理坐标为北纬36°10'3.72"，东经105°43'31.75"，海拔高度为2021米。山梁开垦为梯田地势南高北低，梯田发现数量较多盗坑，盗坑周边散落陶片和人骨，梯田断面发现有红烧土堆积、灰坑等遗迹现象。灰坑内包含陶片、红烧土和炭屑。从盗坑的分布来看，遗址遭盗扰破坏严重，遗址南北长约100、东西宽约150米，面积约为1.5万平方米。遗址文化属性为菜园文化。

遗址地表采集陶片有泥质和夹砂两类，夹砂陶居多；陶色以橙黄陶陶为主，有一定量的红陶、灰陶；除素面外纹饰主要以篮纹和绳纹为主，还有刻划纹、麻点纹、附加堆纹和戳印纹，还有少量彩陶；可辨器形有大口圆腹罐、圆腹罐、花边罐、高领罐、器盖、盆、斝等（表172、173）。

表 172　武家庄泉沟脑第 1 地点遗址陶片数量统计表

陶质 陶色 纹饰	泥　质						夹　砂			
	橙黄	灰	红	红底 黑彩	橙黄底 黑彩	橙黄底 红彩	橙黄	灰	红	红褐
素面	10	5	6		1		5	2	2	
绳纹	1						13	3		
篮纹	7						17	6		
刻划纹								1		
麻点纹							5			
附加堆纹 +篮纹							2		2	
合计	18	5	6		1		42	12	4	

表 173　武家庄泉沟脑第 1 地点遗址器形数量统计表

陶质 陶色 器形	泥　质				夹　砂				总　计
	红	橙黄	灰	黑	红	橙黄	灰	黑	
高领罐	2	3	1			2	1		9
大口圆腹罐						1			1
圆腹罐		1				1	1		3
单耳罐		2							2
花边罐						2			2
大口花边罐						1			1
陶盆		1	2			2			5
器盖		1							1
陶斝							1		1
罐腹底						6			6

标本武家庄泉沟脑第 1 地点：1，陶盆，泥质橙黄陶。敞口，尖唇，沿内侧有一道折棱，斜腹微弧，平底，素面。口径 32、底径 14、高 10.4 厘米（图一五〇，1；彩版五九，1）。

标本武家庄泉沟脑第 1 地点：2，高领罐，夹砂灰陶。喇叭口，尖唇，高领，束颈，圆腹，平底，下颈部饰两周戳印纹，器表素面。口径 13.6、底径 7.2、高 18 厘米（图一五〇，2；彩版五九，2）。

标本武家庄泉沟脑第 1 地点：3，器盖，泥质灰陶。敞口，尖唇，近伞状，圆柱状柄尖顶，盖面斜弧，素面。口径 11.8、高 6 厘米（图一五〇，3；彩版五九，5）。

标本武家庄泉沟脑第 1 地点：4，大口花边罐，夹砂橙黄陶。侈口，方唇，高领，束颈，圆腹，底残，唇面饰绳纹，颈部饰附加堆纹泥条，颈部饰竖向绳纹，腹部饰斜向绳纹。残宽14、残高11.6厘米（图一五〇，4）。

标本武家庄泉沟脑第1地点：5，花边罐，夹砂橙黄陶。侈口，方唇，高领，束颈，颈部以下

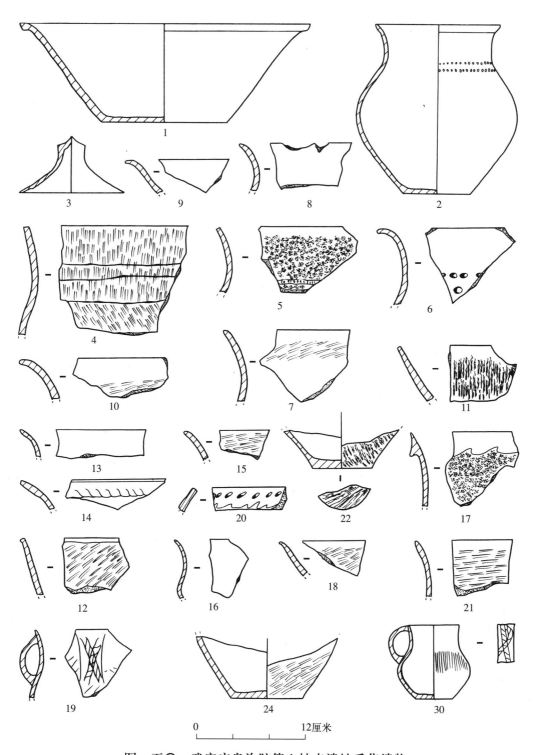

图一五〇　武家庄泉沟脑第1地点遗址采集遗物

1、9、11、12、18.陶盆　2、6～8、10、13～15.高领罐　3.器盖　4.大口花边罐　5、17.花边罐　16、21.圆腹罐　19、30.单耳罐　20.陶斝　22、24.罐腹底

残，颈部饰麻点纹，下颈部饰一周附加泥条呈波状。残宽10.4、残高7厘米（图一五〇，5）。

标本武家庄泉沟脑第1地点：6，高领罐，泥质橙黄陶。喇叭口，圈沿，圆唇，高领，束颈，颈部以下残，素面磨光，下颈部饰两周戳印纹。残宽9.4、残高8.2厘米（图一五〇，6）。

标本武家庄泉沟脑第1地点：7，高领罐，泥质橙黄陶。喇叭口，圆唇，高领，束颈，颈部以下残，沿下饰斜向篮纹。残宽9.7、残高7.8厘米（图一五〇，7）。

标本武家庄泉沟脑第1地点：8，高领罐，泥质橙黄陶。喇叭口，圆唇，高领，束颈，颈部以下残，素面。残宽9、残高5厘米（图一五〇，8）。

标本武家庄泉沟脑第1地点：9，陶盆，泥质灰陶。敞口，圆唇，斜直腹，下腹残。内壁素面磨光且有刮抹痕迹。残宽8、残高3.6厘米（图一五〇，9）。

标本武家庄泉沟脑第1地点：10，高领罐，夹砂灰陶。喇叭口，圆唇，束颈，颈部残，沿下饰横向篮纹。残宽10.2、残高4.3厘米（图一五〇，10）。

标本武家庄泉沟脑第1地点：11，陶盆，夹砂灰陶。敞口，方唇，斜弧腹，底残，腹部饰竖向绳纹。残宽7.2、残高6厘米（图一五〇，11）。

标本武家庄泉沟脑第1地点：12，陶盆，夹砂橙黄陶。敞口，方唇，斜弧腹，底残，腹部饰斜向篮纹。残宽7.2、残高6厘米（图一五〇，12）。

标本武家庄泉沟脑第1地点：13，高领罐，夹砂橙黄陶。喇叭口，尖唇，束颈，颈部残，素面。残宽10、残高3厘米（图一五〇，13）。

标本武家庄泉沟脑第1地点：14，高领罐，泥质红陶。喇叭口，方唇，束颈，颈部残，唇面呈凹槽状，沿下饰一周附加泥条呈波状，素面。残宽10.4、残高3.2厘米（图一五〇，14）。

标本武家庄泉沟脑第1地点：15，高领罐，夹砂橙黄陶。喇叭口，圆唇，束颈，颈部残，器表饰横向篮纹。残宽5.6、残高3.2厘米（图一五〇，15）。

标本武家庄泉沟脑第1地点：16，圆腹罐，泥质橙黄陶。侈口，尖唇，高领，束颈，鼓腹，下腹残，器表素面。残宽4.2、残高6.3厘米（图一五〇，16）。

标本武家庄泉沟脑第1地点：17，花边罐，夹砂橙黄陶。侈口，尖唇，微束颈，腹部残，口沿外侧饰一周附加泥条，斜向按压呈波状，颈部饰麻点纹。残宽6.2、残高8厘米（图一五〇，17）。

标本武家庄泉沟脑第1地点：18，陶盆，夹砂橙黄陶。敞口，尖唇，斜弧腹，底残，器表饰横向篮纹。残宽7、残高3.7厘米（图一五〇，18）。

标本武家庄泉沟脑第1地点：19，单耳罐，泥质橙黄陶。桥形拱耳，侈口，尖唇，高领，束颈，圆腹，底残，耳面饰两条交错附加泥条呈波状，颈部素面。腹部饰斜向刻划纹。残宽7.4、残高7.2厘米（图一五〇，19）。

标本武家庄泉沟脑第1地点：20，𦈢，夹砂灰陶。敛口，方唇，腹残，口沿外侧饰一周附加泥条，泥条上有两排斜向戳印纹。残宽8.2、残高2.6厘米（图一五〇，20）。

标本武家庄泉沟脑第1地点：21，圆腹罐，夹砂灰陶。侈口，圆唇，高领，束颈，颈部以下残，颈部饰横向篮纹。残宽6.6、残高6厘米（图一五〇，21）。

标本武家庄泉沟脑第1地点：22，罐腹底，夹砂橙黄陶。上腹残，下腹斜弧，平底，腹部及

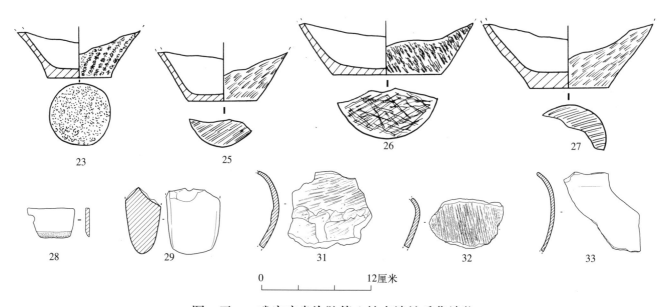

图一五一　武家庄泉沟脑第 1 地点遗址采集遗物
23、25～27. 罐腹底　28. 石刀　29. 石斧　31. 圆腹罐　32. 大口圆腹罐　33. 高领罐

底部饰斜向绳纹。底径6.6、残高4厘米（图一五〇，22）。

　　标本武家庄泉沟脑第1地点：23，罐腹底，夹砂橙黄陶。上腹残，下腹斜弧，平底，腹部及底部饰麻点纹。底径7、残高5厘米（图一五一，23）。

　　标本武家庄泉沟脑第1地点：24，罐腹底，夹砂橙黄陶。上腹残，下腹斜弧，平底，腹部饰斜向篮纹。底径7.8、残高6.6厘米（图一五〇，24）。

　　标本武家庄泉沟脑第1地点：25，罐腹底，夹砂橙黄陶。上腹残，下腹斜直，平底，腹部饰斜向篮纹，底部饰篮纹。底径7.8、残高5.2厘米（图一五一，25）。

　　标本武家庄泉沟脑第1地点：26，罐腹底，夹砂橙黄陶。上腹残，下腹斜直，平底，腹部饰斜向绳纹，底部饰交错绳纹。底径12、残高5.6厘米（图一五一，26）。

　　标本武家庄泉沟脑第1地点：27，罐腹底，夹砂橙黄陶。上腹残，下腹斜弧，平底，腹部及底部饰斜向篮纹。底径8.6、残高6.9厘米（图一五一，27）。

　　标本武家庄泉沟脑第1地点：28，石刀，磨制，单面刃，器身中部有一对钻圆孔，一端残缺，一端圆弧。残长5.2、残宽3.2、厚0.45厘米（图一五一，28）。

　　标本武家庄泉沟脑第1地点：29，石斧，磨制，柄部残断，双面磨制刃部较钝。残长7、厚3.6厘米（图一五一，29；彩版五九，3）。

　　标本武家庄泉沟脑第1地点：30，单耳罐，泥质橙黄陶。连口耳，侈口，圆唇，高领，束颈，鼓腹，平底，耳面饰交错附加泥条呈波状，器表饰竖向刻划纹。口径5.6、底径4、高8厘米（图一五〇，30）。

　　标本武家庄泉沟脑第1地点：31，圆腹罐，夹砂橙黄陶。侈口，尖唇，束颈，腹部残，器表饰横向篮纹，颈部饰横向与竖向附加泥条呈波状。残宽9.2、残高8.2厘米（图一五一，31）。

　　标本武家庄泉沟脑第1地点：32，大口圆腹罐，夹砂橙黄陶。侈口，圆唇，微束颈，腹部残，器表饰竖向绳纹。残宽8.1、残高5.3厘米（图一五一，32）。

标本武家庄泉沟脑第1地点：33，高领罐，泥质红陶。喇叭口，圆唇，高领，束颈，腹部残，素面。残宽8.4、残高8.5厘米（图一五一，33）。

86. 武家庄泉沟脑第2地点遗址

遗址位于海原县武家庄村西南侧山梁上（彩版六〇，1）。地理坐标为北纬36° 10'5.41"，东经105° 45'38.03"，海拔高度为2012米。山梁开垦为梯田地势南高北低，梯田发现数量较多盗坑，盗坑周边散落陶片和人骨，因没有暴露的断面，在遗址区未发现有地层堆积和遗迹现象。从盗坑的分布来看，遗址遭盗扰破坏严重，遗址南北长约70、东西宽约150米，面积约为1.05万平方米。遗址文化属性为菜园文化。

遗址地表采集陶片有泥质和夹砂两类，夹砂陶占绝大多数；陶色以橙黄陶为主，还有一定数量红陶、灰陶；除素面外纹饰以篮纹为主，还有附加堆纹、绳纹和戳印纹；可辨器形有花边罐、圆腹罐、高领罐等（表174、175）。

标本武家庄泉沟脑第2地点：1，圆腹罐，夹砂橙黄陶。侈口，尖唇，束颈，圆腹，平底，口沿下饰斜向篮纹，颈部饰一周戳印纹，下腹饰斜向篮纹。口径30、底径13.6、高44厘米（图

表174　武家庄泉沟脑第2地点遗址陶片数量统计表

陶质 纹饰 \ 陶色	泥 质						夹 砂			
	橙黄	灰	红	红底黑彩	橙黄底黑彩	橙黄底红彩	橙黄	灰	红	红褐
素面	9	2	17				29			
绳纹							8			
篮纹	4		13				65	1		
附加堆纹	1									
戳印纹							1			
附加堆纹+篮纹							4			
合计	14	2	30				106	1		

表175　武家庄泉沟脑第2地点遗址器形数量统计表

陶质 器形 \ 陶色	泥 质				夹 砂				总 计
	红	橙黄	灰	黑	红	橙黄	灰	黑	
高领罐		2				3			5
圆腹罐						2	1		3
花边罐						1			1
罐腹底		3				1			4

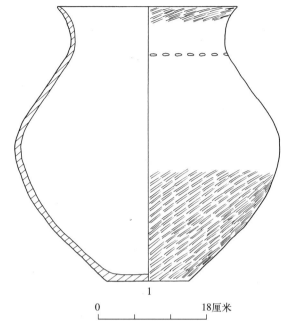

图一五二   武家庄泉沟脑第 2 地点遗址采集遗物
1. 圆腹罐

一五二，1）。

标本武家庄泉沟脑第2地点：2，高领罐，夹砂橙黄陶。喇叭口，圆唇，高领，束颈，圆腹，底残，沿下饰横向篮纹，颈部素面，腹部饰斜向篮纹。口径22、残高35.2厘米（图一五三，2；彩版五九，4）。

标本武家庄泉沟脑第2地点：3，高领罐，夹砂橙黄陶。喇叭口，圆唇，高领，束颈，颈部以下残，素面，唇沿外侧有横向刮抹痕迹。口径21、残高10厘米（图一五三，3）。

标本武家庄泉沟脑第2地点：4，罐腹底，夹砂橙黄陶。上腹残，下腹斜直，平底，下腹饰斜向篮纹，底部饰交错篮纹。底径10.8、残高10.6厘米（图一五四，4）。

标本武家庄泉沟脑第2地点：5，花边罐，夹砂橙黄陶。侈口，方唇，高领，束颈，颈部以下残，沿下有一道折棱，器表饰斜向篮纹，下颈部饰一周附加泥条呈波状。残宽7.2、残高7.6厘米（图一五四，5）。

标本武家庄泉沟脑第2地点：6，高领罐，泥质橙黄陶。喇叭口，尖唇，高领，束颈，颈部以下残，素面且有刮抹痕迹。口径17、残高7厘米（图一五四，6）。

标本武家庄泉沟脑第2地点：7，高领罐，泥质橙黄陶。喇叭口，尖唇，高领，束颈，颈部残，素面且有刮抹痕迹。残宽15、残高10厘米（图一五四，7）。

标本武家庄泉沟脑第2地点：8，圆腹罐，夹砂灰陶。侈口，圆唇，微束颈，颈部以下残，颈部饰斜向篮纹。残宽5.8、残高4.6厘米（图一五四，8）。

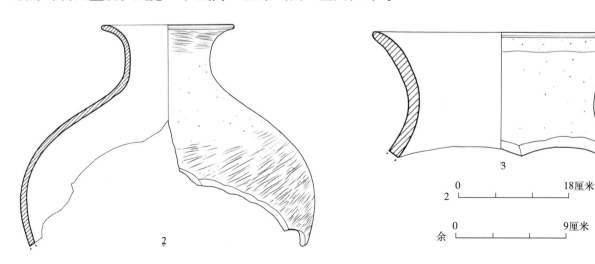

图一五三   武家庄泉沟脑第 2 地点遗址采集遗物
2、3. 高领罐

标本武家庄泉沟脑第2地点：9，圆腹罐，夹砂橙黄陶。侈口，方唇，高领，束颈，颈部以下残，颈部饰横向篮纹。残长5.1、残宽7.1厘米（图一五四，9）。

标本武家庄泉沟脑第2地点：10，高领罐，夹砂橙黄陶。喇叭口，方唇，束颈，颈部残，素面。残宽7.4、残高3.6厘米（图一五四，10）。

标本武家庄泉沟脑第2地点：11，罐腹底，泥质橙黄陶。上腹残，下腹斜直，平底，下腹饰斜向篮纹。底径11.6、残高11.8厘米（图一五五，11）。

标本武家庄泉沟脑第2地点：12，罐腹底，泥质橙黄陶。上腹残，下腹斜直，平底微凹。腹部饰斜向篮纹。底径10.4、残高7厘米（图一五五，12）。

标本武家庄泉沟脑第2地点：13，罐腹底，泥质橙黄陶。上腹残，下腹斜直，平底，腹部饰篮纹。底径10.4、残高9.6厘米（图一五五，13）。

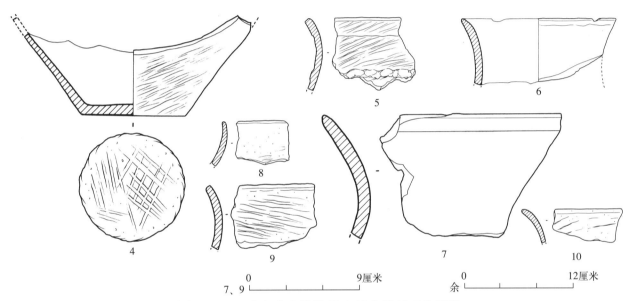

图一五四 武家庄泉沟脑第2地点遗址采集遗物
4.罐腹底 5.花边罐 6、7、10.高领罐 8、9.圆腹罐

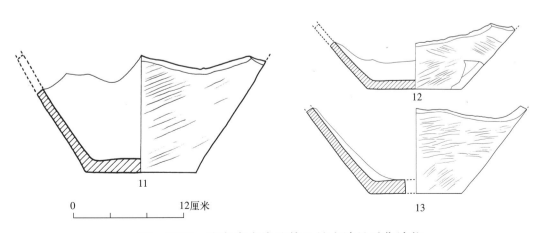

图一五五 武家庄泉沟脑第2地点遗址采集遗物
11～13.罐腹底

87. 武家庄泉沟脑第3地点遗址

遗址位于海原县武家庄村南侧山梁上。地理坐标为北纬36°10'8.50"，东经105°45'51.74"，海拔高度为2010米。山梁开垦为梯田地势南高北低，梯田发现数量较多盗坑，盗坑周边散落陶片和人骨，梯田断面发现有红烧土堆积、灰坑等遗迹现象。灰坑内包含陶片、红烧土和炭屑。从盗坑的分布来看，遗址遭盗扰破坏严重，遗址南北长约100、东西宽约100米，面积约为1万平方米。遗址文化属性为菜园文化。

遗址地表采集陶片有泥质和夹砂两类，夹砂陶居多；陶色以橙黄陶为主，有一定量的红陶、灰陶，除素面外纹饰主要以篮纹为主，还有绳纹、麻点纹、戳印纹和附加堆纹，还有少量彩陶；可辨器形有大口圆腹罐、圆腹罐、花边罐、大口罐、高领罐、盆、瓶等（表176、177）。

标本武家庄泉沟脑第3地点：1，花边罐，夹砂橙黄陶。侈口，圆唇，高领，束颈，颈以下残，颈部饰斜向篮纹，下颈部饰一周附加泥条呈波状。残宽5.2、残高6厘米（图一五六，1；彩版六〇，2）。

标本武家庄泉沟脑第3地点：2，陶盆，夹砂橙黄陶。敞口，方唇，斜弧腹，底残，唇沿外侧有一道折棱并有刮抹痕迹，器表饰斜向篮纹。残宽16.2、残高6厘米（图一五六，2）。

标本武家庄泉沟脑第3地点：3，高领罐，夹砂橙黄陶。喇叭口，圆唇，高领，束颈，溜肩，腹部残，颈肩饰一周戳印纹。残宽18、残高13.2厘米（图一五六，3）。

标本武家庄泉沟脑第3地点：4，高领罐，夹砂橙黄陶。喇叭口，圆唇，高领，束颈，颈部以下残，素面。口径18.6、残高6.6厘米（图一五六，4）。

标本武家庄泉沟脑第3地点：5，罐腹底，夹砂橙黄陶。上腹残，下腹斜直，平底，下腹饰斜向篮纹。残宽23.8、残高18.8厘米（图一五七，5）。

标本武家庄泉沟脑第3地点：6，高领罐，夹砂红陶。喇叭口，圆唇，高领，束颈，颈部以下残，素面磨光。口径19.3、残高7.5厘米（图一五七，6）。

标本武家庄泉沟脑第3地点：7，高领罐，泥质橙黄陶。喇叭口，圆唇，高领，束颈，颈部以下残，素面磨光，器表刮抹痕迹明显。口径20、残高4.8厘米（图一五七，7）。

标本武家庄泉沟脑第3地点：8，高领罐，夹砂橙黄陶。喇叭口，圆唇，高领，束颈，溜肩，腹部残，沿下饰横向篮纹，颈部饰一周戳印纹，肩部饰一周附加泥条被按压呈波状。口径8.3、残高8.7厘米（图一五七，8）。

标本武家庄泉沟脑第3地点：9，高领罐，夹砂橙黄陶。喇叭口，圆唇，束颈，颈部以下残，素面。残宽10.1、残高6.1厘米（图一五八，9）。

标本武家庄泉沟脑第3地点：10，陶盆，夹砂橙黄陶。敞口，圆唇，斜直腹，底残，腹部饰斜向篮纹。残宽10.4、残高2.4厘米（图一五八，10）。

标本武家庄泉沟脑3地点：11，圆腹罐，夹砂灰陶。侈口，方唇，束颈，颈部以下残。残宽8.5、残高6.1厘米（图一五八，11）。

标本武家庄泉沟脑第3地点：12，高领罐，泥质橙黄陶。喇叭口，尖唇，高领，束颈，颈部以下残，沿下饰横向篮纹。残宽11.1、残高4.7厘米（图一五八，12）。

标本武家庄泉沟脑第3地点：13，陶盆，夹砂橙黄陶。敞口，圆唇，斜直腹，底残，腹部饰

表 176　武家庄泉沟脑第 3 地点遗址陶片数量统计表

纹饰＼陶质／陶色	泥　质						夹　砂			
	橙黄	灰	红	红底黑彩	橙黄底黑彩	橙黄底红彩	橙黄	灰	红	红褐
素面	38	9	7				46		3	
绳纹	2						15	1		
篮纹	31	2	3				65			
麻点纹							22			
附加堆纹							5			
戳印纹							4			
附加堆纹+篮纹						1	12			
附加堆纹+绳纹						2	4			
合计	71	11	10			3	173	1	3	

表 177　武家庄泉沟脑第 3 地点遗址器形数量统计表

器形＼陶质／陶色	泥　质				夹　砂				总　计
	红	橙黄	灰	黑	红	橙黄	灰	黑	
高领罐		2			2	6			10
大口圆腹罐						1			1
圆腹罐						1	1		2
花边罐						2			2
大口罐		1							1
陶盆	1				1	3			5
陶瓶		1							1
罐腹底						5	2		7

斜向绳纹。残宽7.1、残高4.5厘米（图一五八，13）。

标本武家庄泉沟脑3地点：14，高领罐，夹砂橙黄陶。喇叭口，圆唇，高领，束颈，颈部以下残，颈部饰附加泥条并有刮抹痕迹。颈部有耳脱落痕迹。残宽14.9、残高9厘米（图一五八，14）。

标本武家庄泉沟脑3地点：15，陶盆，夹砂红陶。敞口，尖唇，弧腹，底残，沿外侧有鋬耳脱落痕迹。残宽9.2、残高6.6厘米（图一五八，15）。

标本武家庄泉沟脑3地点：16，陶盆，泥质红陶。敞口，圆唇，弧腹，底残，素面。残宽9.5、残高2.3厘米（图一五九，16）。

标本武家庄泉沟脑3地点：17，陶瓶，泥质橙黄陶。喇叭口，方唇，高领，束颈，颈部以下

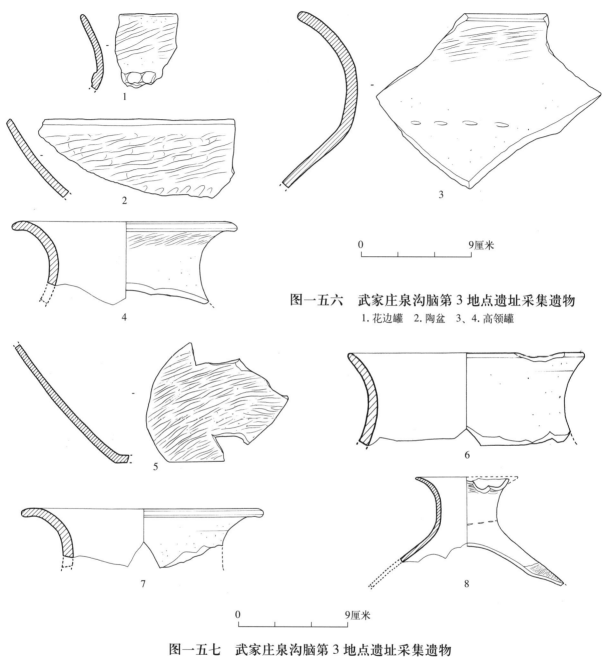

图一五六　武家庄泉沟脑第 3 地点遗址采集遗物
1. 花边罐　2. 陶盆　3、4. 高领罐

图一五七　武家庄泉沟脑第 3 地点遗址采集遗物
5. 罐腹底　6～8. 高领罐

残，器表素面磨光，下颈部饰一周附加泥条呈波状。口径10、残高7厘米（图一五九，17）。

标本武家庄泉沟脑第3地点：18，大口罐，泥质橙黄陶。敞口，卷沿，方唇，唇部以下残，器表饰斜向绳纹。残宽9、残高4厘米（图一五九，18）。

标本武家庄泉沟脑第3地点：19，花边罐，夹砂橙黄陶。侈口，圆唇，高领，束颈，颈部以下残，沿外饰一周波状花边，颈部素面。残宽8.2、残高4.7厘米（图一五九，19）。

标本武家庄泉沟脑第3地点：20，圆腹罐，夹砂橙黄陶。侈口，方唇，微束颈，颈部以下残，唇沿外有一折棱，通体饰斜向篮纹。残宽8.6、残高5.4厘米（图一五九，20）。

标本武家庄泉沟脑第3地点：21，大口圆腹罐，夹砂橙黄陶。侈口，圆唇，微束颈，颈部以

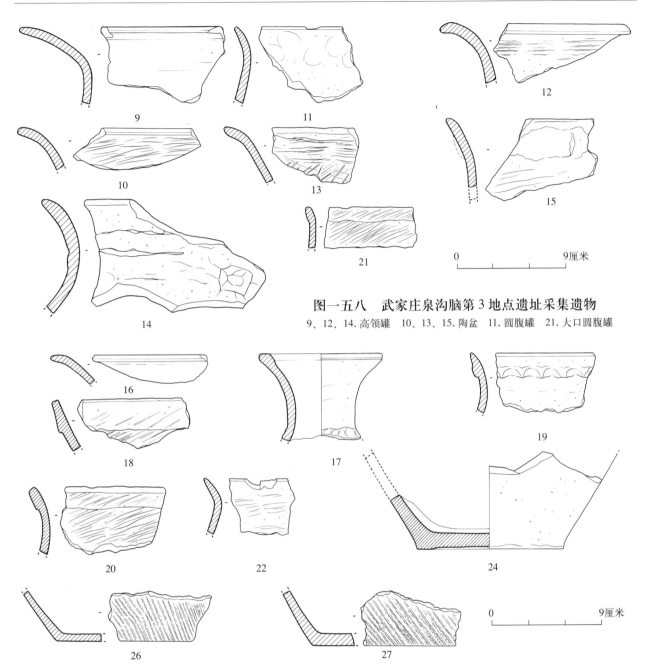

图一五八　武家庄泉沟脑第 3 地点遗址采集遗物
9、12、14. 高领罐　10、13、15. 陶盆　11. 圆腹罐　21. 大口圆腹罐

图一五九　武家庄泉沟脑第 3 地点遗址采集遗物
16. 陶盆　17. 陶瓶　18. 大口罐　19. 花边罐　20、22. 圆腹罐　24、26、27. 罐腹底

下残，沿外饰一周附加泥条。通体饰斜向篮纹。残宽7.6、残高3.3厘米（图一五八，21）。

标本武家庄泉沟脑第3地点：22，圆腹罐，夹砂红陶。侈口，尖唇，高领，束颈，颈部以下残，素面。残宽5.4、残高4.7厘米（图一五九，22）。

标本武家庄泉沟脑第3地点：23，罐腹底，夹砂橙黄陶。上腹残，下腹斜直，假圈足。下腹及底部饰斜向篮纹。底径11.4、残高7.2厘米（图一六〇，23）。

标本武家庄泉沟脑第3地点：24，罐腹底，夹砂橙黄陶。上腹残，斜腹斜直，假圈足，素面。底径12、残高7.7厘米（图一五九，24）。

标本武家庄泉沟脑第3地点：25，罐腹底，夹砂橙黄陶。上腹残，下腹斜直，平底，下腹饰斜向篮纹，底部饰涡旋状篮纹。底径11.5、残高5.9厘米（图一六〇，25）。

标本武家庄泉沟脑第3地点：26，罐腹底，夹砂灰陶。上腹残，下腹斜直，平底，腹部饰斜向绳纹。残宽8.3、残高4.3厘米（图一五九，26）。

标本武家庄泉沟脑第3地点：27，罐腹底，夹砂灰陶。上腹残，下腹斜直，平底，下腹饰斜向绳纹，底部饰交错绳纹。残宽8.4、残高4厘米（图一五九，27）。

标本武家庄泉沟脑第3地点：28，罐腹底，夹砂橙黄陶。上腹残，下腹斜弧，平底，下腹饰斜向篮纹，底部饰交错篮纹。底径14.1、残高6.2厘米（图一六一，28）。

标本武家庄泉沟脑第3地点：29，高领罐，泥质橙黄陶。喇叭口，圆唇，高领，束颈，溜肩，圆腹，平底，沿下饰横向绳纹，颈、肩素面，下腹饰斜向篮纹。口径25.6、底径14.6、高50厘米（图一六二，29；彩版六〇，3）。

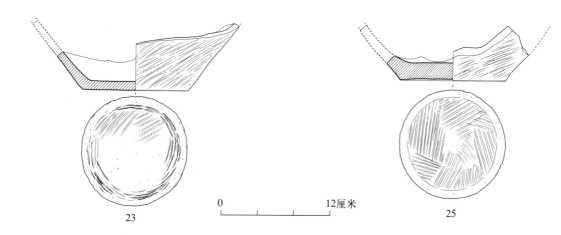

图一六〇　武家庄泉沟脑第 3 地点遗址采集遗物
23、25.罐腹底

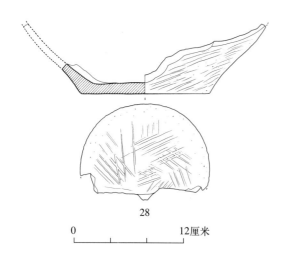

图一六一　武家庄泉沟脑第 3 地点遗址采集遗物
28.罐腹底

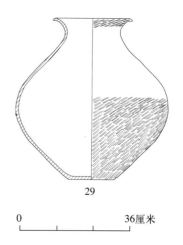

图一六二　武家庄泉沟脑第 3 地点遗址采集遗物
29.高领罐

88. 张儿山东塌山梁遗址

遗址位于海原县李俊乡安家庄东侧山梁上，山梁当地人称为张儿山东塌山梁。地理坐标为北纬36°14'29.66"，东经105°49'29.81"，海拔高度为1874米。张儿山东塌山梁地势南高北低，山梁北侧较为平缓的坡地上发现有大量盗坑，盗坑周边散落陶片和人骨，因没有暴露的断面，在遗址区未发现有地层堆积和遗迹现象。遗址区南侧紧邻S311省道。从盗坑分布看，遗址遭盗扰破坏严重，遗址南北长约100、东西宽约150米，面积约为1.5万平方米。遗址文化属性为菜园文化。

遗址地表采集陶片有泥质和夹砂两类，夹砂陶占绝大多数；陶色以橙黄陶为主，还有一定

表178　张儿山东塌山梁遗址陶片数量统计表

纹饰 \ 陶质·陶色	泥质						夹砂			
	橙黄	灰	红	红底黑彩	橙黄底黑彩	橙黄底红彩	橙黄	灰	红	红褐
素面	4		5				106	215	6	
绳纹							18	11	1	
篮纹	2						428	9	19	
刻划纹							3		1	1
附加堆纹							9	2	2	
戳印纹			1				4			
附加堆纹+篮纹							172	1	1	
附加堆纹+绳纹							8			1
合计	6		6				748	238	30	2

表179　张儿山东塌山梁遗址器形数量统计表

器形 \ 陶质·陶色	泥质				夹砂				总计
	红	橙黄	灰	黑	红	橙黄	灰	红褐	
高领罐		2			1	18	1		21
大口圆腹罐					1	2			3
圆腹罐	1				5	21	5		32
单耳罐	1				1	5			7
花边罐			1		3	9	1		14
大口罐						1			1
陶盆		1				3			4
罐腹底					4	21	4		29
陶盆底	2								2

量的红陶、灰陶；除素面外纹饰以篮纹为主、还有绳纹、附加堆纹、戳印纹、刻划纹等；可辨器形有大口圆腹罐、花边罐、高领罐、圆腹罐、单耳罐、大口罐、盆等（表178、179）。

标本张儿山东塌山梁：1，罐腹底，夹砂橙黄陶。上腹残，下腹斜直，平底，下腹饰竖向宽篮纹。底径14.4、残高10.4厘米（图一六三，1）。

标本张儿山东塌山梁：2，高领罐，夹砂橙黄陶。喇叭口，圆唇，高领，束颈，颈部以下残，素面。口径17.6、残高6厘米（图一六三，2）。

标本张儿山东塌山梁：3，圆腹罐，夹砂红陶。侈口，方唇，束颈，圆腹，底残，唇面有一道凹槽，素面。残宽7.6、残高9厘米（图一六三，3）。

标本张儿山东塌山梁：4，罐底，夹砂橙黄陶。腹部残，平底，底部饰绳纹。底径8.4、残高1.2厘米（图一六三，4）。

标本张儿山东塌山梁：5，圆腹罐，夹砂橙黄陶。侈口，方唇，束颈，颈部以下残，颈部饰斜向篮纹。口径24、残高6厘米（图一六三，5）。

标本张儿山东塌山梁：6，花边罐，夹砂橙黄陶。侈口，方唇，高领，束颈，颈部以下残，颈部饰斜向篮纹，篮纹下饰一周附加泥条呈波状。口径25.2、残高12厘米（图一六三，6）。

标本张儿山东塌山梁：7，花边罐，泥质灰陶。侈口，尖唇，束颈，颈部以下残，颈部饰一周附加泥条，泥条饰戳印纹。口径16、残高8厘米（图一六三，7；彩版六一，1）。

标本张儿山东塌山梁：8，高领罐，夹砂橙黄陶。喇叭口，尖唇，高领，束颈，溜肩，腹部残，素面。口径17.6、残高13.6厘米（图一六三，8）。

标本张儿山东塌山梁：9，高领罐，夹砂红陶。喇叭口，圆唇，高领，束颈，溜肩，腹部残，沿下饰斜向篮纹。口径18.8、残高13.6厘米（图一六三，9）。

标本张儿山东塌山梁：10，花边罐，夹砂红褐陶。微侈口，方唇，微束颈，圆腹，底残，器表饰斜向绳纹，颈部饰一周附加泥条呈波状。口径11.2、残高9.4厘米（图一六三，10）。

标本张儿山东塌山梁：11，罐腹底，夹砂橙黄陶。上腹圆，下腹斜直，平底，腹部饰斜向篮纹，底部饰篮纹。底径12、残高22厘米（图一六四，11）。

标本张儿山东塌山梁：12，罐腹底，夹砂橙黄陶。上腹残，下腹斜直，平底，下腹部饰斜向篮纹。底径10.6、残高17厘米（图一六四，12）。

标本张儿山东塌山梁：13，罐腹底，夹砂橙黄陶。上腹残，下腹斜直，平底微凹，下腹饰斜向篮纹。底径10、残高5.6厘米（图一六三，13）。

标本张儿山东塌山梁：14，圆腹罐，夹砂橙黄陶。侈口，方唇，束颈，颈部以下残，素面。残宽6、残高5.6厘米（图一六三，14）。

标本张儿山东塌山梁：15，花边罐，夹砂橙黄陶。侈口，方唇，束颈，颈部以下残，颈部饰一周附加泥条呈波状。残宽6.8、残高5.6厘米（图一六三，15）。

标本张儿山东塌山梁：16，圆腹罐，夹砂灰陶。侈口，方唇，微束颈，颈部以下残，颈部饰斜向绳纹。残宽6、残高5.2厘米（图一六三，16）。

标本张儿山东塌山梁：17，罐腹底，夹砂橙黄陶。上腹残，下腹斜直，平底，下腹饰斜向篮纹。底径9.2、残高2.5厘米（图一六四，17）。

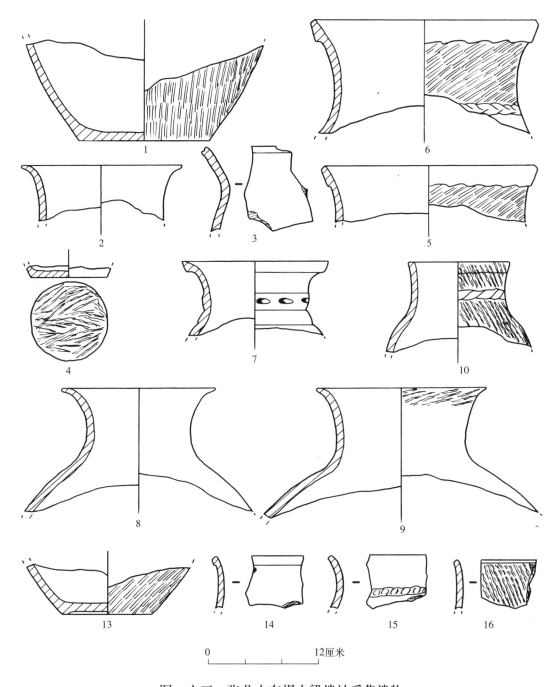

图一六三　张儿山东塌山梁遗址采集遗物

1、13. 罐腹底　2、8、9. 高领罐　3、5、14、16. 圆腹罐　4. 罐底　6、7、10、15. 花边罐

标本张儿山东塌山梁：18，圆腹罐，夹砂橙黄陶。侈口，尖唇，束颈，颈部以下残，素面。残宽6.4、残高3.6厘米（图一六四，18）。

标本张儿山东塌山梁：19，罐腹底，泥质红陶。上腹残，下腹斜弧，平底微凹，素面。底径4、残高1.4厘米（图一六四，19）。

标本张儿山东塌山梁：20，圆腹罐，夹砂橙黄陶。侈口，圆唇，束颈，颈部以下残，颈部饰横向绳纹。残宽3.6、残高4.8厘米（图一六四，20）。

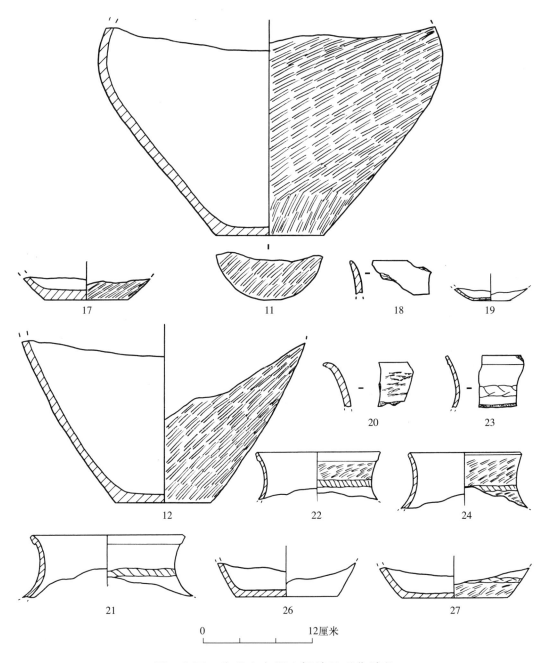

图一六四　张儿山东塌山梁遗址采集遗物
11、12、17、19、26、27.罐腹底　18、20.圆腹罐　21~24.花边罐

　　标本张儿山东塌山梁：21，花边罐，夹砂红陶。侈口，方唇，矮领，束颈，颈部以下残，颈部饰附加泥条呈波状。口径16.4、残高6.6厘米（图一六四，21）。

　　标本张儿山东塌山梁：22，花边罐，夹砂灰陶。侈口，方唇，矮领，束颈，颈部以下残，颈部饰斜向篮纹，篮纹下饰一周附加泥条呈波状。口径13.6、残高5厘米（图一六四，22）。

　　标本张儿山东塌山梁：23，花边罐，夹砂红陶。侈口，方唇，矮领，束颈，颈部以下残，颈部饰附加泥条呈波状。残宽4.6、残高5.6厘米（图一六四，23）。

　　标本张儿山东塌山梁：24，花边罐，夹砂橙黄陶。侈口，方唇，矮领，束颈，颈部以下残，颈部饰斜向篮纹，篮纹下饰一周附加泥条呈波状。口径12、残高6厘米（图一六四，24）。

　　标本张儿山东塌山梁：25，高领罐，夹砂橙黄陶。喇叭口，圆唇，束颈，颈部以下残，沿下饰斜向篮纹。残宽8.6、残高3厘米（图一六五，25）。

　　标本张儿山东塌山梁：26，罐腹底，夹砂橙黄陶。上腹残，下腹斜直，平底，素面。底径11.2、残高3.6厘米（图一六四，26）。

　　标本张儿山东塌山梁：27，罐腹底，夹砂橙黄陶。上腹残，下腹斜直，平底，下腹饰一周附加泥条呈波状，泥条下饰斜向篮纹。底径11.6、残高3.2厘米（图一六四，27）。

图一六五　张儿山东塌山梁遗址采集遗物

25、30、38、39、44、47、48.高领罐　28、29、34、36、40、43、45.圆腹罐　31、32、33、37.罐腹底　35.陶盆　46.单耳罐

标本张儿山东塌山梁：28，圆腹罐，夹砂灰陶。侈口，方唇，束颈，颈部以下残，颈部饰斜向篮纹。残宽4.6、残高4厘米（图一六五，28）。

标本张儿山东塌山梁：29，圆腹罐，泥质红陶。侈口，圆唇，高领，束颈，圆腹，底残，素面。口径8.8、残高7.6厘米（图一六五，29）。

标本张儿山东塌山梁：30，高领罐，夹砂橙黄陶。侈口，圆唇，束颈，颈部以下残，素面。口径18、残高2.8厘米（图一六五，30）。

标本张儿山东塌山梁：31，罐腹底，夹砂橙黄陶。上腹残，下腹斜弧，平底，素面。底径9.6、残高2.6厘米（图一六五，31）。

标本张儿山东塌山梁：32，罐腹底，夹砂灰陶。上腹残，下腹微弧，平底，下腹饰斜向篮纹。底径8.2、残高4.2厘米（图一六五，32）。

标本张儿山东塌山梁：33，罐腹底，夹砂灰陶。上腹残，下腹微弧，平底，下腹饰斜向篮纹。底径8.2、残高3厘米（图一六五，33）。

标本张儿山东塌山梁：34，圆腹罐，夹砂橙黄陶。侈口，圆唇，束颈，颈部以下残，颈部饰斜向篮纹。口径14、残高2.6厘米（图一六五，34）。

标本张儿山东塌山梁：35，陶盆，夹砂橙黄陶。敞口，圆唇，斜直腹，底残，素面。残宽7.4、残高3.2厘米（图一六五，35）。

标本张儿山东塌山梁：36，圆腹罐，夹砂红陶。侈口，方唇，微束颈，溜肩，腹部残，器表饰斜向篮纹。口径16.4、残高9.6厘米（图一六五，36）。

标本张儿山东塌山梁：37，罐腹底，夹砂橙黄陶。上腹残，下腹斜直，平底，下腹饰竖向篮纹，底部饰篮纹。底径12.4、残高2厘米（图一六五，37）。

标本张儿山东塌山梁：38，高领罐，夹砂橙黄陶。喇叭口，圆唇，高领，束颈，颈部以下残，素面。口径16、残高6.6厘米（图一六五，38）。

标本张儿山东塌山梁：39，高领罐，夹砂橙黄陶。喇叭口，圆唇，高领，束颈，颈部以下残，颈部饰数道横向刻划。口径24、残高8厘米（图一六五，39）。

标本张儿山东塌山梁：40，圆腹罐，夹砂灰陶。侈口，圆唇，束颈，颈部以下残，素面。残宽13.2、残高8厘米（图一六五，40）。

标本张儿山东塌山梁：41，圆腹罐，夹砂灰陶。侈口，圆唇，束颈，圆腹，底残，素面。陶器烧制变形严重。残宽30.4、残高33.6厘米（图一六九，41）。

标本张儿山东塌山梁：42，圆腹罐，夹砂橙黄陶。侈口，圆唇，束颈，溜肩，腹部残，素面。残宽18、残高14厘米（图一六九，42）。

标本张儿山东塌山梁：43，圆腹罐，夹砂灰陶。侈口，圆唇，束颈，颈部以下残，素面。口径10.8、高4.4厘米（图一六五，43）。

标本张儿山东塌山梁：44，高领罐，夹砂橙黄陶。喇叭口，圆唇，高领，束颈，颈部以下残，素面。口径15.6、残高10.1厘米（图一六五，44）。

标本张儿山东塌山梁：45，圆腹罐，夹砂红陶。颈部残，上腹鼓，下腹斜直，平底，腹部饰斜向绳纹，底部饰交错绳纹。底径5.4、残高6.6厘米（图一六五，45）。

标本张儿山东塌山梁：46，单耳罐，夹砂橙黄陶。桥形拱耳，侈口，尖唇，束颈，圆腹，底残，素面。口径10.8、残高10厘米（图一六五，46）。

标本张儿山东塌山梁：47，高领罐，泥质橙黄陶。喇叭口，方唇，高领，束颈，颈部以下残，素面。口径16、残高7厘米（图一六五，47）。

标本张儿山东塌山梁：48，高领罐，夹砂橙黄陶。喇叭口，方唇，高领，束颈，颈部以下残，素面。口径15.6、残高7.2厘米（图一六五，48）。

标本张儿山东塌山梁：49，罐腹底，夹砂红陶。上腹残，下腹斜直，平底，下腹饰斜向篮纹，底部饰交错篮纹。底径8.8、残高5厘米（图一六六，49）。

标本张儿山东塌山梁：50，单耳罐，夹砂红陶。桥形单耳，侈口，圆唇，束颈，颈部以下残，颈部饰横向篮纹，腹部饰斜向篮纹。口径16、残高8.4厘米（图一六六，50）。

标本张儿山东塌山梁：51，高领罐，夹砂橙黄陶。侈口，圆唇，高领，束颈，颈部以下残，素面。口径16、残高8厘米（图一六六，51）。

标本张儿山东塌山梁：52，圆腹罐，夹砂红陶。侈口，圆唇，束颈，颈部以下残，颈部饰竖向刻划纹。残宽6.2、残高4.4厘米（图一六六，52）。

标本张儿山东塌山梁：53，高领罐，夹砂橙黄陶。喇叭口，圆唇，高领，束颈，颈部以下残，素面。口径15.2、残高7厘米（图一六六，53）。

标本张儿山东塌山梁：54，圆腹罐，夹砂橙黄陶。侈口，尖唇，束颈，颈部以下残，素面。残宽4.8、残高5厘米（图一六六，54）。

标本张儿山东塌山梁：55，高领罐，夹砂橙黄陶，喇叭口，圆唇，束颈，颈部以下残，颈部饰斜向绳纹。口径20.8、残高4厘米（图一六六，55）。

标本张儿山东塌山梁：56，圆腹罐，夹砂橙黄陶。侈口，方唇，束颈，颈部以下残，素面。口径21.4、残高4.6厘米（图一六六，56）。

标本张儿山东塌山梁：57，高领罐，夹砂橙黄陶。喇叭口，圆唇，高领，束颈，颈部以下残，颈部饰一周戳印纹。口径16、残高9厘米（图一六六，57）。

标本张儿山东塌山梁：58，圆腹罐，夹砂橙黄陶。侈口，方唇，束颈，颈部以下残，颈部饰斜向篮纹。残宽6.4、残高6厘米（图一六六，58）。

标本张儿山东塌山梁：59，花边罐，夹砂橙黄陶。侈口，方唇，束颈，圆腹，底残，口沿外侧饰一周附加泥条呈波状，颈腹饰斜向篮纹。口径13.6、残高13厘米（图一六六，59）。

标本张儿山东塌山梁：60，罐腹底，夹砂红褐陶。上腹残，下腹斜直，平底，下腹饰斜向篮纹，底部饰绳纹。底径9.2、残高7厘米（图一六六，60）。

标本张儿山东塌山梁：61，罐腹底，夹砂橙黄陶。上腹残，下腹斜直，平底，下腹饰交错篮纹。底径12、残高9.4厘米（图一六九，61）。

标本张儿山东塌山梁：62，圆腹罐，夹砂橙黄陶。侈口，圆唇，束颈，颈部以下残，素面。口径9.6、残高5厘米（图一六六，62）。

标本张儿山东塌山梁：63，圆腹罐，夹砂橙黄陶。侈口，圆唇，束颈，颈部以下残，唇面呈凹状，颈部素面。口径22、残高5厘米（图一六六，63）。

图一六六　张儿山东塌山梁遗址采集遗物

49、60.罐腹底　50、66.单耳罐　51、53、55、57、64.高领罐　52、54、56、58、62、63.圆腹罐　59、67、68、70.花边罐　65.大口罐　71.大口圆腹罐

标本张儿山东塌山梁：64，高领罐，夹砂橙黄陶。喇叭口，圆唇，高领，束颈，颈部以下残，颈部饰数道横向刻划纹。口径16.8、残高7.6厘米（图一六六，64）。

标本张儿山东塌山梁：65，大口罐，夹砂橙黄陶。侈口，方唇，腹部残，器表饰斜向篮纹。残宽5.6、残高4.6厘米（图一六六，65）。

标本张儿山东塌山梁：66，单耳罐，夹砂橙黄陶。桥形拱耳，侈口，圆唇，束颈，圆腹，底残，耳面饰交错附加泥条，颈部饰竖向刻划纹。残宽6.8、残高6.6厘米（图一六六，66）。

标本张儿山东塌山梁：67，花边罐，夹砂橙黄陶。侈口，方唇，束颈，颈部以下残，颈部饰一周附加泥条呈波状，泥条下饰斜向篮纹。残宽7.6、残高6.4厘米（图一六六，67）。

标本张儿山东塌山梁：68，花边罐，夹砂橙黄陶。侈口，方唇，束颈，颈部以下残，颈部饰一周附加泥条呈波状。残宽4.8、残高54厘米（图一六六，68）。

标本张儿山东塌山梁：69，单耳罐，夹砂橙黄陶。桥形拱耳，侈口，方唇，束颈，圆腹，底残，耳面饰交错附加泥条，颈腹饰素面。残宽9.2、残高9.8厘米（图一六七，69）。

标本张儿山东塌山梁：70，花边罐，夹砂橙黄陶。侈口，圆唇，束颈，溜肩，腹残，颈部饰一周附加泥条呈波状。口径13.2、残高7.8厘米（图一六六，70）。

标本张儿山东塌山梁：71，大口圆腹罐，夹砂橙黄陶。侈口，方唇，束颈，颈部以下残，颈部饰斜向篮纹。口径20.6、残高6厘米（图一六六，71）。

标本张儿山东塌山梁：72，单耳罐，泥质红陶。连口桥形耳，侈口，尖唇，束颈，鼓腹，底残，耳面上端饰戳印纹，颈腹之间有一道凹槽。口径10、残高9.4厘米（图一六七，72）。

标本张儿山东塌山梁：73，罐腹底，夹砂灰陶。上腹残，下腹微弧，平底，下腹饰斜向篮纹。底径12、残高4.6厘米（图一六七，73）。

标本张儿山东塌山梁：74，高领罐，夹砂橙黄陶。喇叭口，圆唇，高领，束颈，颈部以下残，颈部饰三道凹槽。口径18、残高6厘米（图一六七，74）。

标本张儿山东塌山梁：75，高领罐，夹砂灰陶。喇叭口，圆唇，高领，束颈，溜肩，腹部残，素面。口径17.2、残高9厘米（图一六七，75）。

标本张儿山东塌山梁：76，大口圆腹罐，夹砂橙黄陶。侈口，方唇，高领，束颈，颈部以下残，颈部饰斜向篮纹。残宽7.6、残高4厘米（图一六七，76）。

标本张儿山东塌山梁：77，罐腹底，夹砂橙黄陶。上腹残，下腹斜直，平底，下腹饰斜向篮纹，底部饰篮纹。底径8.4、残高7厘米（图一六七，77）。

标本张儿山东塌山梁：78，圆腹罐，夹砂橙黄陶。侈口，方唇，束颈，溜肩，腹部残，唇面呈凹槽状，器表素面。残宽5.2、残高7.2厘米（图一六七，78）。

标本张儿山东塌山梁：79，单耳罐，夹砂橙黄陶。桥形拱耳，侈口，尖唇，束颈，弧腹，底残，耳面饰竖向附加泥条呈波状，颈部饰竖向刻划纹。残宽5.4、残高5.6厘米（图一六七，79）。

标本张儿山东塌山梁：80，罐腹底，夹砂橙黄陶。上腹残，下腹斜直，平底，下腹饰斜向篮纹。底径9.2、残高5.4厘米（图一六七，80）。

标本张儿山东塌山梁：81，罐腹底，夹砂橙黄陶。上腹残，下腹斜直，平底微凹，下腹饰竖向篮纹。底径11、残高5.6厘米（图一六七，81）。

标本张儿山东塌山梁：82，高领罐，夹砂橙黄陶，喇叭口，圆唇，高领，束颈，溜肩，腹部残，素面。口径17、残高21厘米（图一七○，82）。

标本张儿山东塌山梁：83，罐腹底，夹砂红褐陶。上腹鼓，下腹斜弧，平底，腹部饰竖向刻划。底径3.4、残高2.9厘米（图一六七，83）。

标本张儿山东塌山梁：84，盆底，泥质红陶。上腹残，下腹斜直，平底，素面。底径4.8、残高1.8厘米（图一六七，84）。

　　标本张儿山东塌山梁：85，盆底，泥质红陶。上腹残，下腹斜直，平底，素面。底径7.6、残高2厘米（图一六七，85）。

　　标本张儿山东塌山梁：86，罐腹底，夹砂橙黄陶。上腹残，下腹斜直，平底微凹，下腹饰斜向绳纹。底径9.8、残高4厘米（图一六七，86）。

　　标本张儿山东塌山梁：87，罐腹底，夹砂橙黄陶。上腹残，下腹斜直，平底微凹，下腹饰

0　　　　　　　　　　12厘米

图一六七　张儿山东塌山梁遗址采集遗物

69、72、79.单耳罐　78、92.圆腹罐　73、77、80、81、83、86~88、90.罐腹底　74、75.高领罐　76.大口圆腹罐　84、85.盆底

斜向篮纹。底径11.8、残高7厘米（图一六七，87）。

标本张儿山东塌山梁：88，罐腹底，夹砂橙黄陶。上腹残，下腹斜直，平底，下腹饰斜向篮纹，底部饰交错篮纹。底径10.4、残高4.5厘米（图一六七，88）。

标本张儿山东塌山梁：89，罐腹底，夹砂橙黄陶。上腹残，下腹斜弧，平底，下腹饰斜向篮纹。底径8、残高10厘米（图一六八，89）。

标本张儿山东塌山梁：90，罐腹底，夹砂橙黄陶。上腹残，下腹斜直，平底，下腹饰斜向篮纹，底部饰交错篮纹。底径12.4、残高11厘米（图一六七，90）。

标本张儿山东塌山梁：91，单耳罐，夹砂橙黄陶。桥形拱耳，侈口，圆唇，束颈，圆腹，底残，耳面饰竖向篮纹，腹部饰交错刻划纹。口径9.6、残高6.6厘米（图一六八，91）。

标本张儿山东塌山梁：92，圆腹罐，夹砂橙黄陶。侈口，方唇，束颈，颈部以下残，颈部饰斜向篮纹。口径12、残高4.8厘米（图一六七，92）。

标本张儿山东塌山梁：93，圆腹罐，夹砂橙黄陶。侈口，方唇，束颈，颈部以下残，颈部饰斜向篮纹。口径12、残高6厘米（图一六八，93）。

标本张儿山东塌山梁：94，圆腹罐，夹砂橙黄陶。侈口，圆唇，束颈，颈部以下残，颈部饰斜向篮纹，篮纹之上饰一周附加泥条呈波状。口径18、残高8.6厘米（图一六八，94）。

标本张儿山东塌山梁：95，花边罐，夹砂橙黄陶。侈口，圆唇，高领，束颈，颈部以下残，颈部饰一周附加泥条呈波状。残宽5.6、残高8厘米（图一六八，95）。

标本张儿山东塌山梁：96，高领罐，夹砂橙黄陶。喇叭口，圆唇，束颈，颈部以下残，素面。残宽7、残高4.4厘米（图一六八，96）。

标本张儿山东塌山梁：97，罐腹底，夹砂灰陶。腹部残，平底，底部饰斜向篮纹。底径11.6、残高1.6厘米（图一六八，97）。

标本张儿山东塌山梁：98，圆腹罐，夹砂橙黄陶。侈口，圆唇，束颈，圆腹，底残，腹部饰斜向绳纹。残宽10.4、残高9厘米（图一六八，98）。

标本张儿山东塌山梁：99，大口圆腹罐，夹砂红陶。侈口，方唇，束颈，颈部以下残，素面。残宽4.1、残高4.6厘米（图一六八，99）。

标本张儿山东塌山梁：100，高领罐，夹砂橙黄陶。侈口，方唇，高领，束颈，颈部以下残，颈部饰斜向篮纹。口径22.8、残高7.6厘米（图一六八，100）。

标本张儿山东塌山梁：101，圆腹罐，夹砂红陶。侈口，方唇，束颈，颈部以下残，颈部饰斜向篮纹，篮纹下饰一周附加泥条呈波状。残宽11.6、残高7厘米（图一六八，101）。

标本张儿山东塌山梁：102，陶盆，夹砂橙黄陶。敞口，方唇，斜直腹，底残，腹部饰横向篮纹。残宽10、残高4厘米（图一六八，102）。

标本张儿山东塌山梁：103，陶盆，夹砂橙黄陶。侈口，方唇，斜弧腹，底残，素面。残宽5.4、残高4.4厘米（图一六八，103）。

标本张儿山东塌山梁：104，圆腹罐，夹砂橙黄陶。侈口，圆唇，束颈，颈部以下残，颈部饰斜向篮纹。残宽10.4、残高6厘米（图一六八，104）。

标本张儿山东塌山梁：105，花边罐，夹砂橙黄陶。侈口，方唇，束颈，溜肩，腹部残，颈

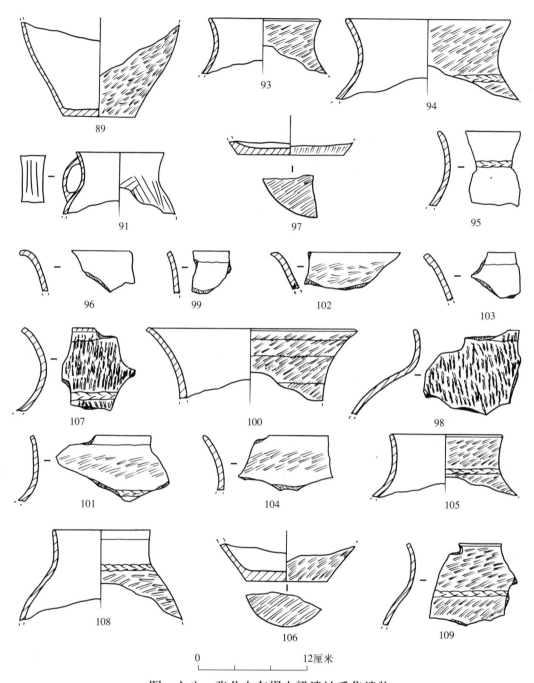

图一六八　张儿山东塌山梁遗址采集遗物

89、97、106.罐腹底　91.单耳罐　93、94、98、101、104.圆腹罐　95、105、107～109.花边罐　96、100.高领罐　99.大口圆腹罐　102、103.陶盆

肩饰斜向篮纹，下颈饰一周附加泥条呈波状。口径12、残高6.8厘米（图一六八，105）。

标本张儿山东塌山梁：106，罐腹底，夹砂橙黄陶。上腹残，下腹斜直，平底，下腹饰斜向篮纹，底部饰篮纹。底径9、残高3.8厘米（图一六八，106）。

标本张儿山东塌山梁：107，花边罐，夹砂橙黄陶。侈口，方唇，高领，束颈，颈部以下残，唇部呈锯齿状，颈部竖向绳纹，下颈部饰一周附加泥条呈波状。残宽8.2、残高5厘米（图一六八，107）。

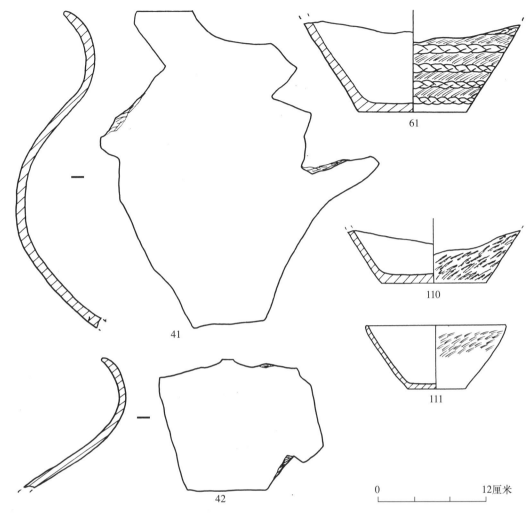

图一六九　张儿山东塌山梁遗址采集遗物

41、42.圆腹罐　61、110.罐腹底　111.陶盆

标本张儿山东塌山梁：108，花边罐，夹砂橙黄陶。侈口，圆唇，束颈，圆腹，底残，颈部素面，颈腹之间饰一周附加泥条呈波状，腹部饰横向篮纹。口径10.8、残高3.6厘米（图一六八，108）。

标本张儿山东塌山梁：109，花边罐，夹砂橙黄陶。侈口，方唇，束颈，圆腹，底残，器表饰斜向篮纹，颈腹之间饰一周附加泥条呈波状。残宽8.1、残高8.8厘米（图一六八，109）。

标本张儿山东塌山梁：110，罐腹底，夹砂橙黄陶。上腹残，下腹斜直，平底，下腹饰斜向篮纹，底部饰绳纹。底径11.6、残高5.8厘米（图一六九，110）。

标本张儿山东塌山梁：111，陶盆，泥质橙黄陶。敞口，圆唇，斜直腹，平底，腹部饰斜向篮纹。口径15.6、底径6.6、高6.8厘米（图一六九，111）。

标本张儿山东塌山梁：112，高领罐，泥质橙黄陶。喇叭口，卷沿，方唇，高领，束颈，鼓腹，平底，颈部弦纹，上腹饰横向篮纹，下腹饰斜向篮纹。口径19.4、底径12.8、高49厘米（图一七〇，112；彩版六一，2）。

标本张儿山东塌山梁：113，圆腹罐，夹砂橙黄陶。侈口，圆唇，高领，束颈，圆腹，平

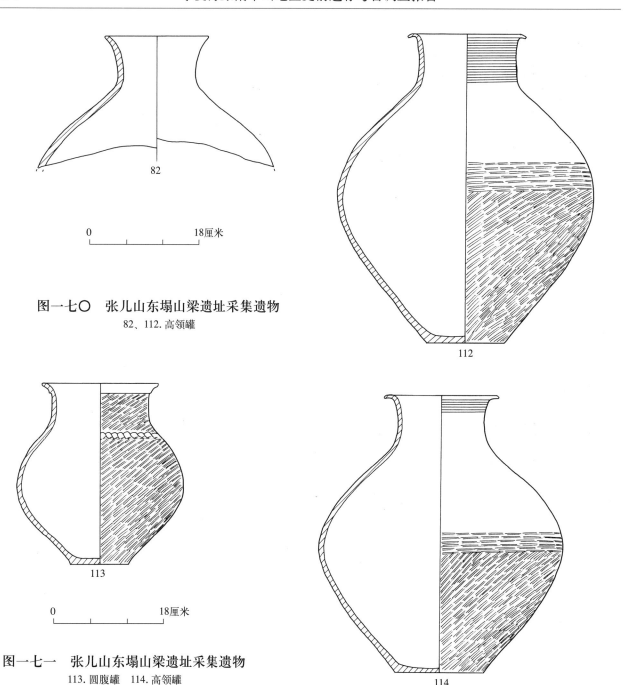

图一七〇　张儿山东塌山梁遗址采集遗物
82、112.高领罐

图一七一　张儿山东塌山梁遗址采集遗物
113.圆腹罐　114.高领罐

底，沿下饰一道凸棱，颈腹饰斜向篮纹，颈、腹之间饰一周附加泥条呈波状。口径19.2、底径9.6、高29厘米（图一七一，113；彩版六一，3）。

标本张儿山东塌山梁：114，高领罐，泥质橙黄陶。喇叭口，卷沿，方唇，高领，束颈，鼓腹，平底，颈部弦纹，上腹饰横向篮纹，下腹饰斜向篮纹。口径19、底径14.5、高44.5厘米（图一七一，114；彩版六一，4）。

89. 李家峁西北梁遗址

遗址位于海原县杨明乡李家峁村东南侧山梁上，山梁当地人称为李家峁梁。地理坐标为北纬36°12'58.75"，东经105°46'20.24"，海拔高度为2032米。李家屲梁地势北高南低，山梁顶部平缓的坡地地表发现大量盗坑，盗坑周围散落陶片及人骨。因没有暴露的断面，在遗址区未发现有地层堆积和遗迹现象。从盗坑的分布来看，遗址遭盗扰破坏严重，遗址面积较大，南北长约170、东西宽约430米，面积约为7.31万平方米。遗址文化属性为菜园文化。

遗址地表采集陶片有泥质和夹砂两类，夹砂陶占绝大多数；陶色以橙黄陶为主，还有一定量的红陶、灰陶；除素面外纹饰有篮纹和绳纹为主，还有刻划纹、附加堆纹和戳印纹等；可辨器形有大口圆腹罐、圆腹罐、双耳罐、高领罐、花边罐、刻槽盆、豆、盆等（表180、181）。

标本李家屲西北梁：1，双耳罐，泥质红陶。连口桥形拱耳，侈口，尖唇，束颈，圆腹，平底，颈部及上腹素面，下腹饰横向篮纹。口径15.6、底径10、高22.4厘米（图一七二，1；彩版六二，1）。

标本李家屲西北梁：2，花边罐，夹砂灰陶。侈口，方唇，微束颈，圆腹，平底，器表饰斜向篮纹，颈部在篮纹之上饰一周附加泥条呈波状。口径22、底径10、高26厘米（图一七二，2；彩版六二，2）。

标本李家屲西北梁：3，高领罐，夹砂橙黄陶。喇叭口，圆唇，高领，束颈，圆腹，平底，器表素面，沿下饰斜向篮纹，颈部饰一周戳印纹，下腹饰斜向篮纹。口径27、底径12.3、高40.2厘米（图一七二，3；彩版六二，3）。

标本李家屲西北梁：4，单耳罐，夹砂橙黄陶。桥形拱耳，直口，方唇，高领，圆腹，平底，耳面饰弧形附加泥条，腹部饰交错刻划纹。口径9.6、底径8.8、高16.6厘米（图一七三，

表180　李家屲西北梁遗址陶片数量统计表

纹饰 \ 陶色	泥 质						夹 砂			
	橙黄	灰	红	红底黑彩	橙黄底黑彩	橙黄底红彩	橙黄	灰	红	红褐
素面	30		41				250	19	9	
绳纹	3						161	32	10	
篮纹	12	1	1				460	7	34	
刻划纹			1				15			
附加堆纹							2		1	
戳印纹	5		3				10	1		
席纹							1			
附加堆纹+篮纹							29	3		
附加堆纹+绳纹							28	3		
绳纹+刻划纹							35	2		
合计	60	1	46				991	67	54	

表181　李家阢西北梁遗址器形数量统计表

器形 \ 陶色 \ 陶质	泥　质				夹　砂				总　计
	红	橙黄	灰	黑	红	橙黄	灰	黑	
高领罐		7			3	6	2		18
大口圆腹罐						1			1
圆腹罐						10	1		11
单耳罐	2	2				3	1		8
双耳罐	1								1
花边罐						5	4		9
陶盆		1							1
刻槽盆						1			1
陶豆			1						1

4；彩版六二，4）。

　　标本李家阢西北梁：5，豆盘，泥质灰陶。敞口，方唇，斜直腹，豆盘残，器表饰斜向篮纹。口径22.4、底径6.5、高8厘米（图一七三，5；彩版六三，1）。

　　标本李家阢西北梁：6，单耳罐，夹砂灰陶。连口桥形耳，侈口，尖唇，高领，束颈，圆腹，平底，耳面饰交错绳纹，腹部饰斜向绳纹，绳纹之上饰竖向刻划纹。口径8、底径6.2、高13厘米（图一七三，6；彩版六三，2）。

　　标本李家阢西北梁：7，单耳罐，泥质红陶。连口桥形耳，侈口，圆唇，高领微束颈，折腹，平底，素面磨光，腹部饰一周戳印纹。口径5.8、底径4.2、高7厘米（图一七三，7；彩版六三，3）。

　　标本李家阢西北梁：8，陶盆，泥质橙黄陶。敞口，圆唇，弧腹，平底，素面。口径16.4、底径6、高8厘米（图一七三，8；彩版六三，4）。

　　标本李家阢西北梁：9，花边罐，夹砂橙黄陶。侈口，方唇，高领，束颈，圆腹，平底，颈、腹部饰斜向篮纹，颈腹之间饰一周附加泥条呈波状。口径9、底径6.8、高14.8厘米（图一七三，9；彩版六四，1）。

　　标本李家阢西北梁：10，圆腹罐，夹砂灰陶。微侈口，圆唇，微束颈，圆腹，平底，下腹部饰斜向篮纹。口径8.6、底径8.4、高19厘米（图一七三，10；彩版六四，2）。

　　标本李家阢西北梁：11，单耳罐，泥质橙黄陶。连口桥形耳，侈口，尖唇，高领，束颈，鼓腹，平底，器表素面，下颈部饰一周戳印纹。口径9.2、底径6、高14厘米（图一七三，11）。

　　标本李家阢西北梁：12，高领罐，夹砂橙黄陶。喇叭口，圆唇，高领，束颈，圆腹，底残，颈部、腹部素面，下腹饰横向篮纹。口径16、残高35厘米（图一七四，12）。

　　标本李家阢西北梁：13，高领罐，夹砂灰陶。口残，高领，束颈，圆腹，底残，颈部饰斜向绳纹，下腹饰横向篮纹。残宽30.6、残高28.5厘米（图一七四，13）。

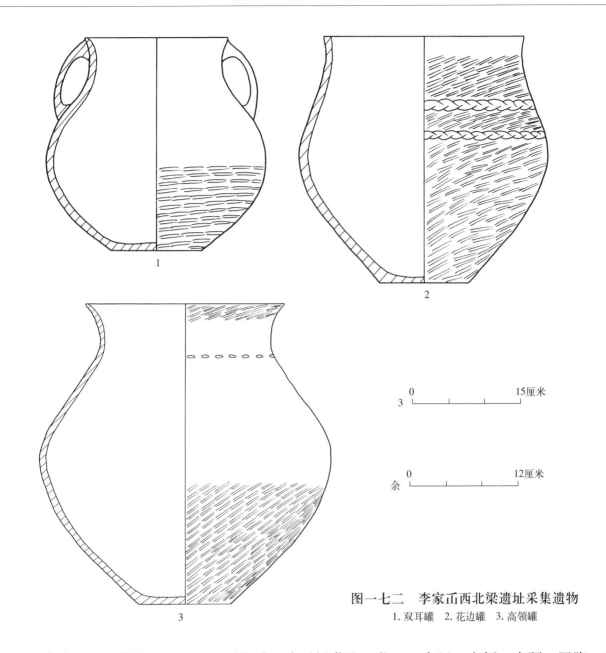

图一七二　李家㟆西北梁遗址采集遗物
1. 双耳罐　2. 花边罐　3. 高领罐

0 —————————— 15厘米
3

0 —————————— 12厘米
余

　　标本李家㟆西北梁:14,大口圆腹罐,夹砂橙黄陶。侈口,方唇,高领,束颈,圆腹,底残,器表通体饰斜向绳纹,器表有烟炱。口径22、残高36厘米(图一七五,14)。

　　标本李家㟆西北梁:15,高领罐,夹砂灰陶。喇叭口,圆唇,高领,束颈,颈部以下残,素面。残宽6.3、残高6.6厘米(图一七五,15)。

　　标本李家㟆西北梁:16,单耳罐,泥质红陶。连口桥形耳,侈口,圆唇,束颈,鼓腹,底残,素面,耳上端口沿处饰戳印纹,颈部饰一周戳印纹。残宽7、残高5.7厘米(图一七五,16)。

　　标本李家㟆西北梁:17,圆腹罐,夹砂橙黄陶。侈口,圆唇,束颈,圆腹,底残,器表饰斜向粗绳纹。残宽14、残高15厘米(图一七五,17)。

　　标本李家㟆西北梁:18,圆腹罐,夹砂橙黄陶。侈口,方唇,束颈,圆腹,底残,器表饰斜向粗绳纹。残宽7、残高10.4厘米(图一七五,18)。

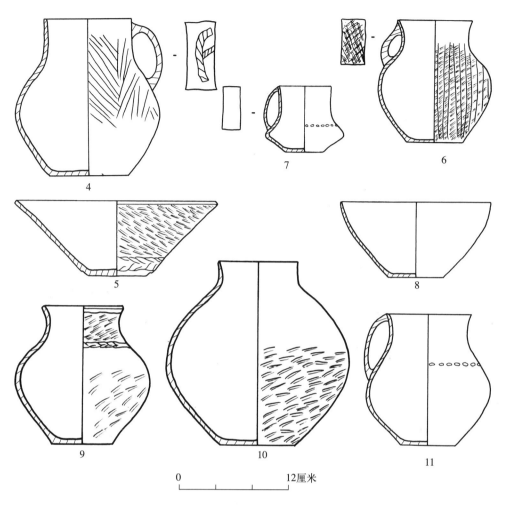

0   12厘米

图一七三　李家峁西北梁遗址采集遗物

4、6、7、11.单耳罐　5.豆盘　8.陶盆　9.花边罐　10.圆腹罐

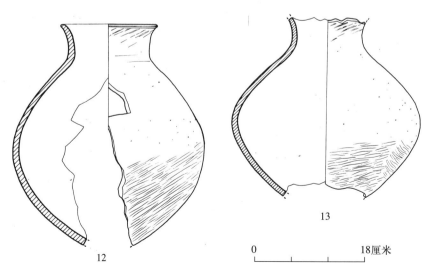

0   18厘米

图一七四　李家峁西北梁遗址采集遗物

12、13.高领罐

标本李家峁西北梁：19，圆腹罐，夹砂橙黄陶。侈口，方唇，高领，束颈，溜肩，腹部残，器表饰斜向粗绳纹。残宽9.5、残高9.5厘米（图一七六，19）。

标本李家峁西北梁：20，圆腹罐，夹砂橙黄陶。侈口，尖唇，矮领，束颈，圆腹，底残，器表饰斜向绳纹。残宽11、残高8厘米（图一七六，20）。

标本李家峁西北梁：21，圆腹罐，夹砂橙黄陶。侈口，圆唇，束颈，溜肩，腹部残，器表饰横向篮纹且有烟炱。残宽7.4、残高9厘米（图一七六，21）。

标本李家峁西北梁：22，单耳罐，泥质橙黄陶。连口桥形耳，侈口，圆唇，高领，束颈，鼓腹，底残，素面磨光。残宽8.5、残高10厘米（图一七六，22）。

标本李家峁西北梁：23，高领罐，泥质橙黄陶。喇叭口，圆唇，高领，束颈，颈部以下残，沿下饰横向篮纹，颈部素面磨光。口径16、残高8厘米（图一七六，23）。

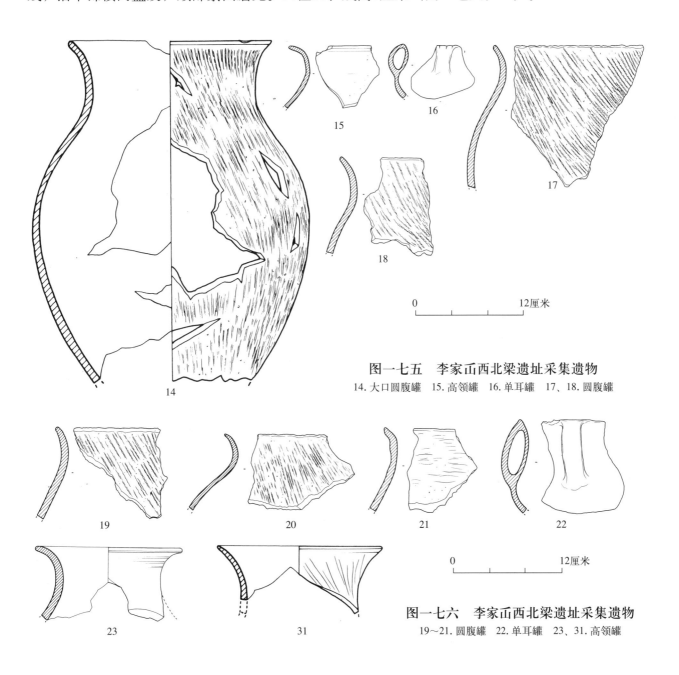

0　　　　　　　12厘米

图一七五　李家峁西北梁遗址采集遗物
14. 大口圆腹罐　15. 高领罐　16. 单耳罐　17、18. 圆腹罐

0　　　　　　　12厘米

图一七六　李家峁西北梁遗址采集遗物
19~21. 圆腹罐　22. 单耳罐　23、31. 高领罐

标本李家峁西北梁：24，高领罐，泥质橙黄陶。喇叭口，圆唇，高领，束颈，颈部以下残，素面磨光。口径14、残高7.7厘米（图一七七，24）。

标本李家峁西北梁：25，高领罐，夹砂红陶。喇叭口，圆唇，束颈，颈部以下残，颈部饰横向篮纹。残长13.1、残高4.5厘米（图一七七，25）。

标本李家峁西北梁：26，盆，夹砂橙黄陶。侈口，圆唇，微束颈，圆腹，底残，素面。残宽14.4、残高4.3厘米（图一七七，26）。

标本李家峁西北梁：27，高领罐，夹砂橙黄陶。喇叭口，圆唇，高领，束颈，颈部以下残，沿下饰横向篮纹。残宽11.5、残高5.3厘米（图一七七，27）。

标本李家峁西北梁：28，花边罐，夹砂橙黄陶。侈口，卷沿，尖唇，高领，束颈，溜肩，腹部残，器表饰斜向篮纹，下颈部饰一周附加泥条呈波状。口径10.4、残高8.8厘米（图一七七，28）。

标本李家峁西北梁：29，高领罐，夹砂橙黄陶。喇叭口，尖唇，高领，束颈，圆腹，底残，颈部素面，上腹部饰斜向粗绳纹。口径14.6、残高14厘米（图一七七，29）。

标本李家峁西北梁：30，花边罐，夹砂灰陶。侈口，锯齿状方唇，矮领，束颈，圆腹，底残，器表饰斜向粗绳纹，口沿外侧与颈部各饰一周附加泥条呈波状。口径11.8、残高9.4厘米（图一七八，30；彩版六四，3）。

标本李家峁西北梁：31，高领罐，泥质橙黄陶。喇叭口，圆唇，高领，束颈，颈部以下残，颈部饰斜向线纹。口径18、残高7厘米（图一七六，31）。

标本李家峁西北梁：32，花边罐，夹砂橙黄陶。侈口，尖唇，高领，束颈，圆腹，底残，器表饰斜向粗绳纹，颈腹之间饰一周附加泥条呈波状。口径12.8、残高10.4厘米（图一七八，32）。

标本李家峁西北梁：33，圆腹罐，夹砂橙黄陶。侈口，圆唇，矮领，束颈，溜肩，腹部残，器表饰斜向篮纹。口径10.8、残高7.4厘米（图一七八，33）。

标本李家峁西北梁：34，花边罐，夹砂橙黄陶。侈口，卷沿，尖唇，溜肩，腹部残，器表饰斜向篮纹，颈腹之间饰一周附加泥条呈波状。口径10.4、残高8.2厘米（图一七八，34）。

标本李家峁西北梁：35，圆腹罐，夹砂橙黄陶。直口，尖唇，圆腹，底残，口沿泥条盘筑痕迹明显，器表饰斜向绳纹且有烟炱。口径18、残高11.4厘米（图一七八，35）。

标本李家峁西北梁：36，高领罐，泥质橙黄陶。喇叭口，圆唇，高领，束颈，颈部以下残，沿下饰斜向篮纹，颈部素面磨光。口径24、残高12.6厘米（图一七八，36）。

标本李家峁西北梁：37，高领罐，泥质橙黄陶。喇叭口，圆唇，高领，束颈，颈部以下残，沿下饰斜向篮纹，颈部素面磨光。口径20、残高9厘米（图一七八，37）。

标本李家峁西北梁：38，高领罐，泥质橙黄陶。喇叭口，尖唇，高领，束颈，颈部以下残，沿下饰斜向篮纹，颈部素面。口径26、残高11.4厘米（图一七九，38）。

标本李家峁西北梁：39，高领罐，夹砂红陶。喇叭口，圆唇，高领，束颈，颈部以下残，下颈部饰一周戳印纹。口径22、残高8.6厘米（图一七九，39；彩版六四，4）。

标本李家峁西北梁：40，圆腹罐，夹砂橙黄陶。侈口，圆唇，高领，圆腹，底残，颈部饰横向篮纹，腹部素面有烟炱。口径15.2、残高14厘米（图一七九，40）。

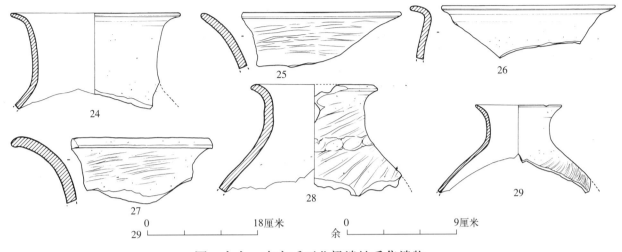

图一七七　李家屲西北梁遗址采集遗物

24、25、27、29.高领罐　26.盆　28.花边罐

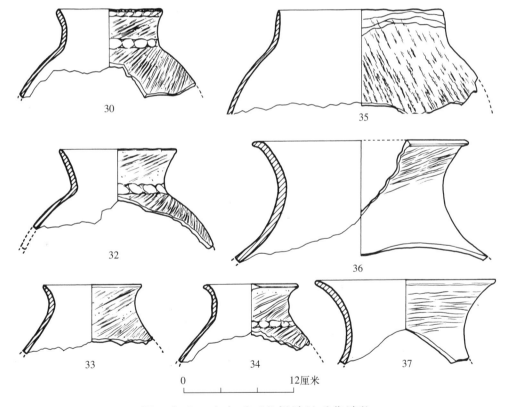

图一七八　李家屲西北梁遗址采集遗物

30、32、34.花边罐　33、35.圆腹罐　36、37.高领罐

标本李家屲西北梁：41，高领罐，泥质橙黄陶。喇叭口，方唇，高领，束颈，溜肩，腹部残，素面。口径19.4、残高17.6厘米（图一七九，41）。

标本李家屲西北梁：42，单耳罐，夹砂橙黄陶。桥形拱耳，侈口，尖唇，束颈，圆腹，底残，耳面饰竖向篮纹，颈部饰横向篮纹，腹部饰斜向绳纹，绳纹之上饰竖向刻划纹，器表有烟

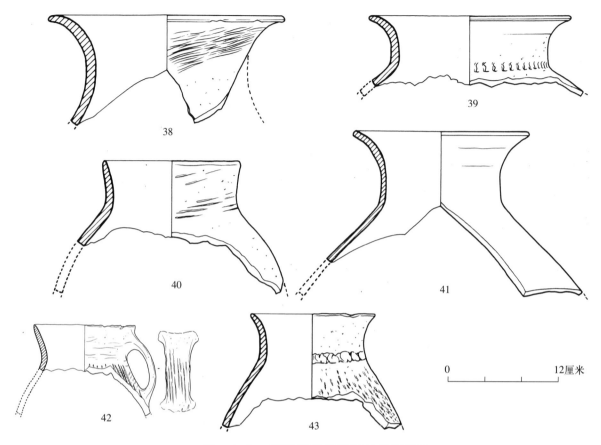

图一七九　李家而西北梁遗址采集遗物
38、39、41. 高领罐　40. 圆腹罐　42. 单耳罐　43. 花边罐

岚。口径11、残高9.6厘米（图一七九，42）。

标本李家而西北梁：43，花边罐，夹砂橙黄陶。侈口，圆唇，高领，束颈，圆腹，颈部素面，腹部饰斜向绳纹，颈腹间饰一周附加泥条呈波状。口径13.6、残高12.2厘米（图一七九，43）。

标本李家而西北梁：44，花边罐，夹砂灰陶。侈口，圆唇，矮领，束颈，圆腹，颈腹之间饰一周附加泥条呈波状，腹部饰横向篮纹。口径11.6、残高12.2厘米（图一八〇，44）。

标本李家而西北梁：45，单耳罐，夹砂橙黄陶。侈口，圆唇，矮领，束颈，圆腹，底残，耳面饰竖向绳纹，颈、腹饰横向绳纹，腹部绳纹之上饰竖、斜向刻划纹。口径10、残高12厘米（图一八〇，45）。

标本李家而西北梁：46，花边罐，夹砂灰陶。侈口，方唇，矮领，微束颈，圆腹，底残，器表饰横向篮纹，颈腹间饰一周附加泥条呈波状。口径10、残高8.8厘米（图一八〇，46；彩版六四，5）。

标本李家而西北梁：47，高领罐，夹砂橙黄陶。喇叭口，圆唇，高领，束颈，溜肩，腹部残，颈部有刮抹痕迹，素面。口径15.6、残高10.4厘米（图一八〇，47；彩版六四，6）。

标本李家而西北梁：48，圆腹罐，夹砂橙黄陶。侈口，圆唇，矮领，束颈，圆腹，底残，素面，上腹部饰一周戳印纹。口径14、残高14.4厘米（图一八〇，48）。

标本李家而西北梁：49，高领罐，夹砂红陶。喇叭口，圆唇，高领，束颈，溜肩，腹残，

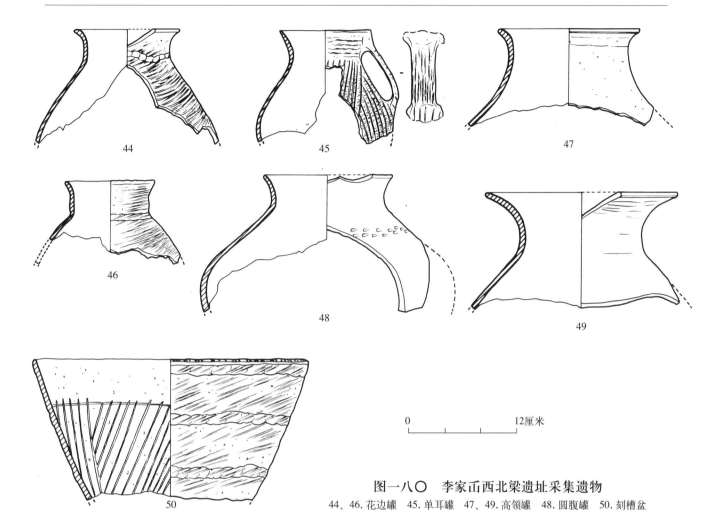

图一八〇　李家圪西北梁遗址采集遗物
44、46.花边罐　45.单耳罐　47、49.高领罐　48.圆腹罐　50.刻槽盆

沿下饰横向篮纹，颈部素面。口径21.2、残高12.4厘米（图一八〇，49）。

　　标本李家圪西北梁：50，刻槽盆，夹砂橙黄陶。敞口，圆唇，斜直腹，底残，唇面饰斜向刻划纹，腹部饰三周附加泥条，器表通体饰斜向绳纹。口径30、残高14.8厘米（图一八〇，50）。

　　标本李家圪西北梁：51，高领罐，夹砂橙黄陶。喇叭口，圆唇，高领，束颈，圆腹，底残，器表素面，颈部饰一周双排戳印纹。残宽44.8、残高32.4厘米（图一八一，51）。

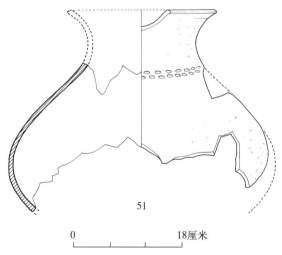

图一八一　李家圪西北梁遗址采集遗物
51.高领罐

第四章　结语

第一节　旧石器时代遗存

宁夏海原县南华山位于黄土高原西北边缘地带，属六盘山脉西侧支脉，是清水河、葫芦河的发源地。此次调查也发现，南华山第四纪堆积以黄土堆积最厚，分布面积最广，其间清水河支流园河等沿岸发育有大量河流相堆积，黄土堆积与河流相堆积相互叠压是南华山地区剖面可见的最普遍的地层堆积现象。作为中国北方第四纪堆积最为主要的两种堆积相，黄土与河流相堆积一直以来都是旧石器遗址发现的最为主要的区域，目前对这两种堆积的研究已经十分成熟，各地区已经形成多个标准旧石器地层剖面。如秦岭地区[1]、嵩山东麓地区[2]等都已建立起晚更新世以来旧石器地层标准剖面，但是中国西北地区特别是位于黄土高原西北边缘区的宁夏南部以及甘肃东部地区有着良好的堆积环境并发现大量的旧石器遗址，对建立区域性标准地层剖面具有重要作用，可以为区域性旧石器考古学文化的建立以及探讨与周边地区交流互动等问题提供基础性支撑。

此次南华山旧石器调查共计发现27处带有良好剖面的地点，其中最重要的发现为第12地点（油坊院遗址）和第27地点（刘湾遗址）。特别是油坊院遗址，不仅发现有典型的旧石器地层、石制品、动物骨骼等，还在剖面发现有明显的火塘遗迹。除此之外，仅从剖面灰烬堆积分布来看，该遗址分布面积大，保存情况良好，应该为一处旧石器晚期人群居址，很有希望发现旧石器时代完整遗迹现象。目前来看，一方面受困于发现尚少，另一方面研究关注度不够，国内学术界对旧石器时代居住遗址的研究尚不深入，特别是对旧石器时代遗址空间结构特征、空间利用方式以及人群流动性等问题，目前国内探讨不多。此次调查发现的油坊院遗址，从堆积情况和保存情况等方面来看，可以以此问题为核心进行深入研究，对该遗址空间结构、利用方式以及人群流动性等方面进行较为全面的分析，进一步推动中国旧石器研究走向深入。

一直以来，旧石器时代晚期都是中国旧石器研究的重点，其中涉及的石叶—细石叶技术特征，人群流动性模式、行为现代化等问题都是国内外学术界关注的重点。海原县油坊院遗址为距今2.2万年左右的旧石器时代遗址，正处于末次冰期冰盛期阶段，相较于温暖的MIS3阶段，寒冷的LGM阶段的旧石器遗址在中国北方地区发现尚少。这一阶段石器技术、人群适应性行为的

---

[1]　鹿化煜、张红艳等：《东秦岭南洛河上游黄土地层年代的初步研究及其在旧石器考古中的意义》，《第四纪研究》2007年第4期，第559~567页。

[2]　王幼平、顾万发等：《从现代人出现到农业起源——郑州地区旧石器时代考古新进展》，《中原文物》2018年第6期，第4~7页。

研究一直以来都是学界研究的重点，对于探讨中国北方旧石器晚期文化、人群交流以及行为演化，有着重要的作用。目前来看，华北地区LGM阶段旧石器遗址发现更多研究相对更为成熟，已基本可以看出，该阶段早期大约距今2.9万～2.4万年之间，可能受到北方人群南下的影响，华北北部最早开始出现石叶—细石叶技术，逐渐形成"华北系"细石叶技术并开始向四周扩散[1]，至距今1.8万年左右，以涌别技术为核心的"北方系"细石叶技术向南扩散，目前最南可达泥河湾地区，形成与"华北系"细石叶技术对峙的现象[2]。但是，LGM阶段的西北地区，特别是宁南甘东地区，虽有所发现，但系统的发掘与研究工作尚少。此次，海原县油坊院遗址的发现，是西北地区LGM阶段具有重要价值的遗址，对其进一步发掘与研究无疑对推动中国北方旧石器晚期研究有着重要的作用。虽有所发现，但系统的发掘与研究工作尚少。此次，海原县油坊院遗址的发现，是西北地区LGM阶段具有重要价值的遗址，对其进一步发掘与研究无疑对推动中国北方旧石器晚期研究有着重要的作用。

自桑志华1920年于甘肃庆阳地区发现旧石器以来，甘肃东部庆阳地区就发现有大量的旧石器遗址。目前，已发现旧石器遗址多达10余处，如寺沟口、姜家湾[3]、巨家塬[4]、楼房子[5]、大岭上[6]、刘家岔[7]等。这些遗址普遍位于六盘山周边河流流域内，包括泾河、清水河和葫芦河，这些河流皆发源于宁夏南部六盘山，经过甘肃东部至陕北。从地层与石器特征来看，宁南甘东地区旧石器遗址涵盖了从旧石器早期到晚期的不同阶段，原料上普遍以石英为主要原料，间或有燧石、硅质灰岩等原料[8]。自2002年以来，在甘肃葫芦河、清水河和水洛河一带又进行了多次调查，发现有诸多旧石器地点[9]，经过系统发掘的如杨上[10]、徐家城[11]、苏苗塬头[12]、石峡口遗址[13]等。目前，六盘山地区的清水河、葫芦河和泾河流域内发现的旧石器遗址的发掘与研究工作主要集中于甘肃东部，宁夏南部地区工作尚少，仅为考古调查，系统发掘尚未有进行。但从考古调查发现的地层、年代数据与石制品特征上可以看出，宁南甘东地区地貌环境类似，石制

[1]　李昱龙：《华北地区石叶技术源流——河南登封西施遗址及相关问题研究》，北京大学2018年博士学位论文。

[2]　王幼平：《华北旧石器晚期环境变化与人类迁徙扩散》，《人类学学报》2018年第37卷第3期，第341～351页。

[3]　谢骏义、张鲁章：《甘肃庆阳地区的旧石器》，《古脊椎动物与古人类》1977年第15卷第3期，第211、222页。

[4]　丁梦麟、高福清：《甘肃庆阳更新世晚期哺乳动物化石》，《古脊椎动物与古人类》1965年第1期，第89～108页。

[5]　薛祥熙：《甘肃环县楼房子晚更新世哺乳动物化石及古文化遗物》，见王永炎：《黄土与第四纪地质》，陕西人民出版社，1982年。

[6]　刘玉林：《甘肃泾川大岭上发现的旧石器》，《史前研究》1987年第1期，第37～42页。

[7]　甘肃省博物馆：《甘肃环县刘家岔旧石器时代遗址》，《考古学报》1982年第1期，第35～48页。

[8]　张宏彦：《泾水上游旧石器时代遗存的年代与分期研究》，《西北大学学报（哲学社会科学版）》2005年第35卷第1期，第87～94页。

[9]　Barton LW, Morgan CT, Bettinger RL et al. *The Archaeology of Archaic and Early Modern Humans in Northwest China-A Report on the 2007 Paleolithic Survey Project in Eastern Longxi Basin, Gansu, 2008.*（Unpublished）. Bettinger RL, Barton LW, Elston RG. *Report on 2002 Archaeological Fieldwork in Gansu and Ningxia Provinces, PRC, 2005*（Unpublished）. 李锋、陈福友等：《甘肃省水洛河、清水河流域2009年旧石器考古调查》，《人类学学报》2011年第30卷第2期，第137～148页。

[10]　甘肃省文物考古研究所、中国科学院古脊椎动物与古人类研究所等：《甘肃张家川县杨上旧石器时代遗址的发掘》，《考古》2019年第5期，第66～77页。

[11]　李锋、陈福友等：《甘肃省徐家城旧石器遗址发掘简报》，《人类学学报》2012年第31卷第3期，第209～227页。

[12]　张东菊、陈发虎等：《甘肃苏苗塬头地点石制品特征与古环境分析》，《人类学学报》2011年第30卷第3期，第289～298页。

[13]　甘肃省文物考古研究所、中国科学院古脊椎动物与古人类研究所等：《甘肃张家川发现旧石器晚期遗址和用火遗迹——石峡口遗址的考古收获》，《中国文物报》2014年10月10日。

品特征上同为一个石器工业系统。

宁夏南部与甘肃东部地区相邻，共同位于黄土高原西北边缘地区，其中六盘山脉横贯该地区。吉笃学、陈发虎等对宁夏彭阳地区调查旧石器地点测年结果显示，这些地点大多处于末次冰期冰盛期（LGM）阶段，年代为距今2.4万～1.8万年左右（校正后）[1]，与此次海原县南华山旧石器第12地点同属一个阶段。彭阳地区2004年调查在PY-03地点马兰黄土层底部石制品旁边的一个碳-14年代数据显示为距今18350±70 BP cal左右，河漫滩相堆积下部泥炭层一个碳-14年代数据显示为距今24840±780 BP cal左右，这个地层与年代数据与此次调查的海原南华山油坊院遗址十分类似，油坊院遗址灰烬堆积即位于马兰黄土下部一套河漫滩相堆积中，从灰烬堆积中采集炭样的年代为22000 BP cal左右。

据研究者称，在宁夏海原、同心县一带发现还有番水遗址、唐儿坡遗址、关桥遗址等，且与彭阳发现的石英质石制品十分类似，年代数据为距今2.4万年左右，但尚未见有具体资料发表[2]。目前来看，末次盛冰期阶段宁夏南部与甘肃东部旧石器晚期遗址发现数量较多，且石器面貌上以石英质的小石片石器工业为主，地层上集中于马兰黄土及其下部的一套河漫滩相堆积。但值得注意的是，在此次海原南华山和2003年彭阳地区的调查中，在马兰黄土堆积中还发现有石叶—细石叶工业现象，虽然发现不多，但可与甘肃东部张家川石峡口遗址进行较好的对比，地层与年代上都显示距今1.8万左右。从石器技术角度来看，这一地区细石叶技术更接近于"华北系"[3]细石叶工业传统。

由此可见，宁南甘东地区存在一批重要的旧石器遗址，人群活动在六盘山麓以及周边地区较为频繁。从目前已报道的遗址材料来看，可以对宁南甘东地区距今4.5万年以来的旧石器文化形成一个初步的认识。

宁南甘东地区位于黄土高原西北部，从MIS3阶段至LGM阶段都有相关旧石器遗址的发现，从地层和年代来看，可以粗略分为三段。

距今1.8万年以来的晚期马兰黄土堆积（L1L1）中发现有石叶—细石叶技术遗存，以甘肃张家川石峡口遗址[4]、宁夏海原县南华山第5地点、第10地点和彭阳县PY3地点[5]为代表。从石器技术特征来看，属于"华北系"细石叶技术传统。王幼平先生认为以张家川石峡口遗址为代表的细石叶技术，体现了"船型石核"技术向西传播的现象[6]。

距今2.4万～1.8万年（LGM阶段），晚期马兰黄土（L1L1）下伏古土壤层（L1S1）上部，河漫滩相堆积。该地层在宁南甘东地区第四纪地层中常有报道。以甘肃徐家城4A层[7]，甘肃苏

[1]　吉笃学、陈发虎等：《末次盛冰期环境恶化对中国北方旧石器文化的影响》，《人类学学报》2005年第24卷第4期，第270～282页。

[2]　Bettinger RL, Barton LW, Elston RG. *Report on 2002 Archaeological Fieldwork in Gansu and Ningxia Provinces, PRC, 2005* (Unpublished).

[3]　〔日〕加藤真二：《试论华北细石器工业的出现》，《华夏考古》2015年第2期，第56、67页。

[4]　任进成、周静等：《甘肃石峡口旧石器遗址第1地点发掘报告》，《人类学学报》2017年第36卷第1期，第1～16页。

[5]　Bettinger RL, Barton LW, Elston RG. *Report on 2002 Archaeological Fieldwork in Gansu and Ningxia Provinces, PRC, 2005* (Unpublished).

[6]　王幼平：《华北细石叶技术的出现与发展》，《人类学学报》2018年第37卷第4期，第565～576页。

[7]　李锋、陈福友等：《甘肃徐家城旧石器遗址的年代》，《人类学学报》2013年第32卷第4期，第432～440页。

苗塬头[1]，宁夏彭阳县岭儿村、刘河地点[2]，宁夏海原南华山第12地点（油坊院遗址）为代表。石器工业上，以小石片石器工业传统为代表，石器原料上以石英为主。距今4.5万～3.5万年左右（MIS3阶段），以甘肃庄浪徐家城遗址4B-5层[3]、大地湾6号探方[4]等为代表，晚期马兰黄土（L1L1）下伏古土壤层（L1S1）下部，体现了MIS3阶段暖期的旧石器工业，以小石片石器工业为代表。

整体来看，宁南甘东地区距今4.5万年以来的黄土—古土壤地层序列已比较清晰，旧石器遗址发现与年代数据也不断丰富，对整体性探讨该地区旧石器晚期文化与人群交流等问题提供了较为详细的材料。但目前发掘与研究工作仍仅限甘肃东部地区的个别遗址，对该地区旧石器晚期文化发展、人群间关系以及与周边地区文化交流等问题尚未有整体性探讨。此次，海原县南华山地区发现的诸多旧石器地点，在地层、年代与时期特征上体现了宁南甘东地区典型的旧石器晚期文化发展脉络，对其进一步发掘和研究无疑对推动该地区旧石器晚期文化及相关问题研究有着重要作用。

第二节　新石器时代遗存

（一）遗址的分布状况

由于受时间、经费、人力等各方面因素的影响，本次调查主要围绕南华山山麓周围进行了覆盖式的调查，对海原境内较大的河流流域没有进行全面的调查，对南华山南侧的月亮山周围进行了部分选择性的调查。但通过南华山地区的系统调查及周邻地区的选择性调查，使我们对六盘山西北侧的南华山及周邻地区新石器时代遗存分布状况有了宏观性的认识。

根据以往的调查资料来看，新石器遗址主要分布于河流及其支流两岸的阶地或坡地上。海原县境内没有形成或发育有较大的河流，大部分小的河流主要发源于南华山周围，根据当地的文物普查资料和以往的考古资料来看，这些河流分布的新石器遗址很少，只有零星分布，当然这些河流没有做过系统的考古调查。发源于固原市原州区境内的清水河在海原县东部流过，海原境内的清水河两侧的新石器遗址也只有零星发现。通过本次调查，海原境内的新石器时代遗址主要围绕南华山山麓周围的黄土坡地或山前台地分布，在南华山南侧余脉月亮山周围也有集中的分布。

南华山目前是海原县最大的水源涵养地，号称海原县的"母亲山"，分布于南华山山体内的大部分沟壑内都有泉水或溪水涌出，调查发现的新石器遗址主要分布于这些有水的沟壑两侧

[1] 张东菊、陈发虎等：《甘肃苏苗塬头地点石制品特征与古环境分析》，《人类学学报》2011年第30卷第3期，第289～298页。

[2] 高星、王惠民等：《水洞沟第12地点古人类用火研究》，《人类学学报》2009年第28卷第4期，第329～336页。

[3] Barton LW, Morgan CT, Bettinger RL et al. *The Archaeology of Archaic and Early Modern Humans in Northwest China-A Report on the 2007 Paleolithic Survey Project in Eastern Longxi Basin, Gansu, 2008* (Unpublished).

[4] 张东菊、陈发虎等：《甘肃大地湾遗址距今6万年以来的考古记录与旱作农业起源》，《科学通报》2010年第55卷第10期，第887～894页。

坡地上或台地上。这些遗址所处位置相对较高，有的几乎位于南华山的半山腰中，平均海拔在2200米左右，遗址分布的密度也较大。因受地形条件的影响这些遗址面积大小不等，地势相对开阔、平缓的区域遗址面积相对较大，地势较为陡峭、狭窄的区域遗址面积相对较小。月亮山位于南华山的南侧，与南华山南侧相连，是渭水支流葫芦河的发源地，主要分布于西吉和海原两个县区。海原县境内发源于月亮山的小型河流较多，这些河流常年有水，水源充足，新石器时代遗址主要分布在这些小河流两侧的坡地或山梁上，平均海拔在1900米左右。

　　总的来看，本次调查发现的新石器时代遗址面积大致在0.5万至16万平方米之间，超大型的聚落址目前还没有发现。从遗址分布来看，绝大多数遗址分布于有水源的地方，因此水源是当时人类选择居住地的首要考虑的因素。南华山周围水源主要是以泉水和溪流为主，水源地相对较高，所以造成遗址的位置相对较高。由于泉水和溪水的水量不大，所以南华山周围没有形成较大的河流，即使有一些小的河流因受水量小的影响几乎常年干枯，所以造成这些河流两侧分布的遗址较少。泉水和溪水水量虽小，但对当时生活在水源附近的人类来说完全足够。从遗址分布的地形来看，大多数遗址所处位置地形陡峭，基本上分布于沟壑两侧坡地上，有些遗址所处地坡度较大，反而山前地势较缓的坡地或台地遗址相对较少，由此推测当时人类居住方式主要以窑洞为主。从遗址的分布地形条件来看，当时人类放弃好的地势条件而选择地形条件较差的位置定居就是为了接近水源地，这更加说明水源对当时人类选择居住地具有决定性的作用。南华山周围遗址分布密度较大，说明当时人口规模较大，其周围自然环境良好，各类资源丰富，非常适宜当时人类生产生活，人类在这里长期定居生活。

（二）调查发现的新石器时代遗存文化面貌

　　南华山地区已发掘的遗址和墓地有马樱子梁遗址、林子梁遗址、石沟遗址、切刀把墓地、瓦罐嘴墓地、寨子梁墓地、二岭子湾墓地[1]和曹洼遗址[2]，这些遗址及墓地的发掘使我们对海原南华山地区的新石器时代文化面貌有了初步的了解和认识。通过这些发掘资料可知，南华山地区目前存在着两种新石器时代考古学文化遗存，一种是马家窑文化，另一种是菜园文化。马樱子梁遗址出土遗存发掘者认为马家窑文化石岭下类型，曹洼遗址出土遗存发掘者认为属于马家窑文化马家窑类型。而林子梁遗址、石沟遗址、切刀把墓地、瓦罐嘴墓地、寨子梁墓地、二岭子湾墓地出土遗存发掘者认为属于一种新的文化遗存，并命名为菜园文化。本次调查的遗址文化内涵比较单纯，基本上全部属于菜园文化遗存，属于马家窑文化遗存很少。马家窑文化是分布于甘青地区的一支彩陶发达的新石器时代考古学文化，宁夏地区属于马家窑文化分布的西部边缘区，由于本次调查没有发现马家窑文化遗存，所以在这里不再讨论其性质，主要讨论一下菜园文化的性质。

　　菜园文化是以宁夏海原菜园村遗址群的发掘而命名的，除了《宁夏菜园——新石器时代遗址、墓葬发掘报告》和发表的发掘简报外，关于菜园文化的专门研究很少。近年来有研究者根

---

　　[1]　宁夏文物考古研究所、中国历史博物馆考古部：《宁夏菜园——新石器时代遗址、墓葬发掘报告》，科学出版社，2003年。
　　[2]　北京大学考古实习队：《宁夏海原曹洼遗址发掘简报》，《考古》1990年第3期。

据以往发掘的材料对菜园相关遗存进行了分析和研究，认为菜园文化遗存属于常山下层文化范畴，其中林子梁遗址出土遗存包含两种年代不同、性质各异的考古学文化遗存，早段被认为属于常山下层文化，晚段属于一种新的文化遗存，并命名"页河子类型"[1]。通过菜园遗址群发掘出土的遗存和本次调查发现看，我们认为菜园文化自身特征明显，与其他的考古学文化遗存存在着明显的区别，而且有一定的分布地域，应该是一支独立的考古学文化遗存，不赞同将菜园文化归属到常山下层文化中。

任何一种新石器时代考古学文化都有自身特征明显的器物群，菜园文化也不例外。菜园文化陶器自身特征明显，基本的组合主要有圆腹罐、花边罐、单耳罐、双耳罐、刻槽盆、敞口盆、折腹盆、高领罐等，各类器形都有一定的自身特征。菜园文化陶器的纹饰主要以篮纹为主，刻划纹、附加堆纹也比较常见，也有少量的绳纹，彩陶也占一定的比例。陶质以夹砂陶为主，陶色以橙黄陶为主。各类器形特征如下。

圆腹罐可分小口圆腹罐和大口圆腹罐两类。小口圆腹罐所占比例较多，基本上全是夹砂陶，小口微侈，圆胖腹，平底，除素面外器表多饰斜向篮纹，也有饰交错刻划纹。大口圆腹罐体型较肥大，大侈口，圆胖腹，平底，除素面外器表多饰斜向篮纹。花边罐器形及纹饰基本上与小口圆腹罐一致，不同的是在领部或口沿部装饰一周附加泥条作为花边装饰，所以我们称之为花边罐，这类罐有一定的地域特征。单耳罐所占比例也较多，有夹砂和泥质两类，器形有大有小。夹砂单耳罐多为圆胖腹，制作工艺较为粗糙，口部与领部饰有弧形单耳，除素面外，纹饰主要有斜向篮纹、刻划纹及附加堆纹等；泥质单耳罐器表较光滑规整，陶胎也相对较薄，一般为高领扁鼓腹，以素面为主，多在肩部饰一周戳印纹。双耳罐较少，有泥质和夹砂两种，泥质双耳罐均为素面，陶胎较薄，器表磨光，扁鼓腹，高领。夹砂双耳罐多为圆胖腹，口部饰有一对称双耳，器表纹饰多为斜向篮纹和交错或斜向的刻划纹。刻槽盆也有一定的特色，大敞口，斜直腹，平底，有的口部带流，内壁刻有竖向或纵横交错的刻槽，器表除素面外多饰有斜向篮纹或多周附加泥条。高领罐有夹砂和泥质两类，高领喇叭口，扁圆胖腹，腹部多饰斜向篮纹，有的领部饰有戳印纹，有的腹部饰对称的双耳，有的还在颈部饰单耳。盆多以夹砂为主，敞口，有圆腹、折腹及斜直腹几类，腹部多饰斜向篮纹，圆腹盆腹部往往加一周附加堆纹。另外，菜园文化还有一些较为特殊的器形，如半罐型匜、敛口罐等。菜园文化的彩陶也有一定的特征，一般在单、双耳罐上饰彩，主要有红彩、黑彩、紫彩几类，彩绘图案以网格纹、条带纹、锯齿纹、方格纹、垂弧纹等组成，红彩一般单独绘在器物上，黑彩和紫彩往往结合使用在器物上。

从陶器造型风格来看，菜园文化的陶器整体较肥硕，大多数罐类的腹部比较扁圆，底部较小，整体显得矮胖。从纹饰来看，菜园文化主要流行篮纹、刻划纹和附加堆纹，绳纹较少。篮纹在泥质和夹砂陶器上均有使用，刻划纹和附加堆纹只在夹砂陶器上使用。从制作工艺上来看，菜园文化陶器均为手制，制作工艺水平相对较粗糙，部分夹砂陶因烧制火候原因胎质比较疏松。因此，从陶器特征来看，菜园文化陶器自身特征明显。

---

[1]　陈小三：《试析宁夏海原县林子梁遗址的两类遗存》，《考古》2016年第1期。陈小三：《河西走廊及其邻近地区早期青铜时代遗存研究——以齐家、四坝文化为中心》，吉林大学2012年博士论文。

　　菜园文化明显区别于其他考古学文化遗存，首先我们看一下其与常山下层文化的区别。常山下层文化是由镇远常山遗址的发掘而命名的[1]。发掘者认为常山下层文化与齐家文化和客省庄二期文化是三种性质不同的遗存，年代上早于齐家文化和客省庄二期文化，并认为常山下层文化有其独特的器物群，主要有深腹罐、单、双耳罐、盆、瓮等，陶色以橙黄陶为主，红褐陶次之，砖红陶少见，纹饰以绳纹为主，篮纹次之，还有附加堆纹等。目前关于常山下层文化的考古资料相对较少，除了镇远常山遗址发掘外再没有发掘过典型的常山下层文化遗址，也没有相关的考古调查资料公布，这使我们对常山下层文化的性质及分布范围等不能进行全面深入的了解。两种考古学文化中有相同或相近的陶器不能直接判定二者属于同一种考古学文化，在常山下层文化中存在有与菜园文化相近的陶器，如常山下层的高领瓮、夹砂罐等器形与菜园文化同类器在纹饰和造型上基本一致。但二者的大多数陶器是有区别的，如常山下层的深腹罐、单、双耳罐、盆等器形来看与菜园文化同类器区别较大。而且菜园文化陶器器类丰富多样，各类器形特征明显，纹饰以篮纹为主，彩陶也有一定的特征；而常山下层文化陶器器类不多，纹饰以绳纹为主，篮纹次之，发现的彩陶数量极少，陶器特征与菜园文化陶器区别明显。常山下层文化发掘者认为具有较多的仰韶遗风，而菜园文化陶器不具备这种特征，具有一定的地域特色。因此，我们认为常山下层文化与菜园文化不能因为有少量的相同或相近的陶器而将二者等同，二者应该是两种性质不同的考古学文化遗存。常山下层文化在年代上应该早于菜园文化，菜园文化某些因素可能受到了常山下层文化的影响。

　　从地域上看，菜园文化有一定的分布范围，除了南华山地区外，在固原清水河中上游地区[2]、彭阳红河流域[3]均发现有菜园文化遗址，从渝河流域考古调查[4]情况来看，六盘山西麓地区分布的菜园文化遗存较少。通过本次调查和以往考古资料情况来看，菜园文化主要分布于宁夏南部六盘山北麓和东麓地区，具体分布于海原南华山、月亮山、固原清水河中上游及六盘山东麓的彭阳红河流域和茹河流域一带，海原县南华山地区应该是菜园文化的分布核心区。

　　因此，菜园文化遗存具有一定的分布地域，有一定的自身特征，且明显区别于其他考古学文化遗存，因此将这类遗存命名为菜园文化应该是合适的。

　　另外，有研究者认为林子梁遗址包含有年代有别、性质不同两种考古学文化遗存，将早期遗存归为常山下层文化，晚期遗存与隆德页河子龙山晚期遗存内涵相同，并命名为页河子类型[5]。我们赞同将林子梁出土遗存分为两种性质不同的考古学文化遗存，但不赞同将林子梁遗址早期遗存归入常山下层文化，应该属于菜园文化；晚期遗存确实与菜园文化区别较大，与我们近年来发掘的沙塘北塬遗址文化面貌接近[6]。

　　[1]　胡谦盈：《陇东镇远常山遗址发掘简报》，《考古》1981年第3期。

　　[2]　宁夏考古研究所：《宁夏固原店河齐家文化遗址墓葬清理简报》，《考古》1987年第8期。宁夏考古研究所：《宁夏固原县红圈子新石器时代墓地调查简报》，《考古》1993年第2期。

　　[3]　彭阳红河流域区域系统考古调查工作2017年开始启动，目前调查工作还在持续中，资料暂未公布，但调查中发现有菜园文化的遗址。

　　[4]　宁夏文物考古研究所、隆德县文物管理所：《宁夏隆德县渝河流域新石器时代遗存考古调查简报》，《考古与文物》2021年第6期。

　　[5]　陈小三：《试析宁夏海原县林子梁遗址的两类遗存》，《考古》2016年第1期。

　　[6]　宁夏文物考古研究所：《宁夏隆德沙塘北塬遗址2016年发掘简报》，《考古》2020年第4期。

关于菜园文化的年代问题，我们在本次调查的菜园文化遗址中挑选了几处具有代表性的遗址进行了碳-14测年（表182），测定年代大致为距今4400～4000年左右（表6）。从常山下层文化测年数据来看[1]，菜园文化绝对年代晚于常山下层文化。因此，从绝对年代来看，二者有早晚之分，但常山下层文化与菜园文化有一定的相同因素，我们认为菜园文化可能由常山下层文化发展而来。

表182　南华山调查菜园文化遗址测年表

样本编号	实验室编号	采集遗址	性质	采集位置	常规放射性碳年龄（距今）	校正年代数据（距今）	校正曲线
HYSWL	Beta−623954	石洼梁	人骨	遗址地层	3810±30 BP	(95.4%)4295～4090 cal BP；(68.2%)4242～4150 cal BP	IntCal 20
HYHCG	Beta−623955	黑刺沟	木炭	遗址地层	3780±30 BP	(95.4%)4246 4081 cal BP；(68.2%)4231～4092 cal BP	IntCal 20
HYQGN	Beta−623956	泉沟脑	木炭	遗址地层	3790±30 BP	(95.4%)4290～4010 cal BP；(68.2%)4234～4095 cal BP	IntCal 20
HYLJW	Beta−623957	李家洼	人骨	遗址地层	3840±30 BP	(95.4%)4405～4150 cal BP；(68.2%)4345～4155 cal BP	IntCal 20
HYWTX	Beta−623958	王台小学	人骨	遗址地层	3860±30 BP	(95.4%)4409～4155 cal BP；(68.2%)4401～4185 cal BP	IntCal 20
HYDMZW	Beta−623959	对面子山	人骨	遗址地层	3760±30 BP	(95.4%)4236～3990 cal BP；(68.2%)4224～4017 cal BP	IntCal 20

（三）关于"沙塘北塬类型"遗存性质的判定

"沙塘北塬类型"遗存以宁夏隆德县沙塘北塬遗址的发掘而命名的，这类遗存广泛分布于宁夏南部及邻近地区，过去将这类遗存直接归入齐家文化内。但通过对沙塘北塬遗址的系统发掘，我们认为以沙塘北塬遗址为代表的一类遗存与齐家文化有一定的区别，不能将二者完全等同，应该是两种性质不同的考古学文化遗存[2]。沙塘北塬类型遗存与菜园文化关系紧密，对沙塘北塬类型遗存性质的判定有助于我们认识菜园文化的发展去向及齐家文化的来源等问题。

沙塘北塬遗址出土最多的遗物是陶器标本，其特征也较明显。器形主要有圆腹罐、花边罐、双耳罐、单耳罐、高领喇叭口罐、双錾敛口罐、大口深腹罐、罕、盆、豆、尊等。陶器分夹砂和泥质两类，陶色以橙黄最多，其次为红陶，有少量的褐陶，灰陶和黑陶只有零星的发现；除素面陶外，纹饰有麻点纹、绳纹、篮纹、刻划纹、附加堆纹、戳印纹、压印纹等。另外还有少量的彩陶，为红衣黑彩，由条带勾画出不同的彩绘图案。

圆腹罐绝大多数为夹砂陶，有少量泥质，侈口，圆腹，整体器形较圆润，大多器表都有

[1]　胡谦盈：《陇东镇远常山遗址发掘简报》，《考古》1981年第3期。
[2]　宁夏文物考古研究所：《宁夏隆德沙塘北塬遗址2016年发掘简报》，《考古》2020年第4期。

烟熏的痕迹，应该为炊器。夹砂圆腹罐口部较小，器表纹饰装饰手法有三种：一是领部素面而腹部饰有麻点纹或绳纹；二是领部饰有篮纹而腹部饰麻点纹或绳纹，即篮纹分别与麻点纹或绳纹相组合使用；三是肩部粘有小圆泥饼，腹部饰麻点纹或绳纹。泥质圆腹罐口部相对较大，深腹，器表除素面外只饰篮纹。花边罐出土数量也较多，均为夹砂陶，多是口沿外侧贴有一周附加泥条，泥条用手指捏压呈凸棱的花边状，附加泥条上留有清晰的指纹痕迹，有的除口沿外还在领部加一周附加花边，花边罐的器形和器表纹饰基本上与圆腹罐一致。高领喇叭口罐均为泥质红陶，器形较为高大，高束领，喇叭口，圆肩为主，折肩少见，斜直腹，除了素面外，大多腹部饰有篮纹，篮纹装饰手法有竖向、横向、斜向、横竖相间及斜竖相间。大口罐为大直口或大口微敛，厚方唇，深腹为鼓，口沿外侧贴有一周很薄的泥条，器表一般通体饰细绳纹或麻点纹。单耳罐多为夹砂陶，也有少量的泥质，颈部附有一小单耳，腹部有圆腹、扁腹及斜直腹等，纹饰除了素面外有麻点纹、绳纹、交错刻划纹等。双耳罐有夹砂和泥质陶两类，在颈部附有一对称桥型双耳。夹砂双耳罐制作粗糙，器形较大，陶胎较厚，多为圆腹，器表烟炱痕迹明显。除素面外饰有绳纹或麻点纹；泥质双耳制作较为精细，器形较小，陶胎很薄，器表磨光，多为扁鼓腹，以素面为主。刻槽盆口部多带流，均为夹砂陶，敞口，斜直腹，器表饰有绳纹或麻点纹，器内壁饰有交错、斜向及竖向等刻槽。斝分带耳和不带耳两类，均为夹砂。带耳斝为敛口多重唇，器形较瘦高，腹底较平，腹部饰有绳纹。无耳斝，侈口，腹部较圆润，素面，腹底为圜底。盆出土数量相对较多，绝大多数为泥质红陶，斜直腹，除素面外器表多饰篮纹。豆出土数量较少，豆盘较浅，豆柄较粗。双錾敛口罐主要为夹砂陶，敛口，圆腹，口部应该有配套的器盖。尊出土数量较少，泥质红陶为主，大敞口或侈口，高领微束，鼓腹，素面为主，个别腹部饰有篮纹。

从纹饰来看，除素面陶外，麻点纹最多，其次是篮纹，再次是绳纹，篮纹与麻点纹组合多于篮纹与绳纹组合，刻划纹占的比例很小，附加堆纹、戳印纹、压印纹等纹饰所占的比例更少。从纹饰来看，北塬遗址陶器盛行麻点纹、篮纹、绳纹三种纹饰。

综上，沙塘北塬遗址出土陶器具有以下几个特征：一是花边罐大量出现；二是盛行麻点纹；三是篮纹分别与麻点纹和绳纹相组合使用在同一器物上；四是以平底器为主，空三足只发现斝，不见鬲；五是器形整体较圆润、丰满、折腹、折肩及带大耳的器形较少。

陶器是判定一种考古学文化遗存性质的主要标尺之一，每一种考古学文化遗存都有自身特征明显的器物群，在判定一种文化遗存性质时不能因与某种考古学文化有几件相似的陶器就将二者直接等同起来。过去将沙塘北塬遗址为代表的一类遗存往往直接归属于齐家文化，这种认识是片面的。从陶器器类上看沙塘北塬遗址与齐家文化的部分陶器有一定的相似性，如二者都有双耳罐、单耳罐、高领喇叭口罐、盆等，但从陶器的整体造型风格、纹饰及代表性特征等方面二者的区别还是比较大的。齐家文化陶器的器形整体风格较为瘦高，折肩或折腹较多，流行高领，带耳器流行大耳；相反，沙塘北塬遗址陶器整体风格较为矮胖，流行圆肩、圆腹，双耳罐耳部较小。沙塘北塬遗址出土的花边罐具有一定的特色，且占有很大比例，而齐家文化的花边罐数量很少。还有齐家文化的空三足器以鬲为主，而沙塘北塬遗址三足器以斝为主，目前未发现鬲。沙塘北塬遗址出土的大口深腹罐在齐家文化中不见。齐家文化高领喇叭口罐主要以折肩为主,沙塘北塬遗址以圆肩为主。从纹饰来看,沙塘北塬遗址陶器麻点纹占的比例最多,其次为篮纹,再次为绳纹,而齐家文化陶器主要以绳纹为主;篮纹分别与麻点纹和绳纹相组合使用在同一器物上现象在沙塘北塬出陶器中较为常见,而齐家文化中较少见。从陶器的主体特征来看,齐家文化陶器与沙塘北塬遗址陶器有明显的区别,二者应是性质各异、年代有别的考古学文化遗存。

因此,沙塘北塬遗址出土遗存自身特征明显,与邻近地区的菜园文化和齐家文化都有明显区别,因此为了将这类遗存区分开,我们将沙塘北塬遗址出土遗存命名为"沙塘北塬类型"。沙塘北塬类型遗存主要分布于宁夏南部及邻近地区,其时代处于龙山时代晚期阶段,大致与客省庄二期文化的年代相当。甘肃天水师赵七期[1]、宁夏固原柳沟遗址[2]、海原林子梁晚段遗存[3]的性质与沙塘北塬遗址相同,可以统称为沙塘北塬类型。宁夏隆德页河子遗址[4]龙山晚期遗存发掘者认为属于齐家文化,也有研究者将其命名为页河子类型。从陶器上看的,页河子遗址龙山晚期遗存文化内涵并不单纯,主要包含有沙塘北塬类型和齐家文化两种考古学文化因素,因此不能把页河子遗址龙山晚期遗存直接单独命名或者直接归入齐家文化。

关于沙塘北塬遗址出土遗存的绝对年代,经北京大学科技考古中心对出土的部分植物遗存进行碳-14测年,年代大致为2200B.C~1900B.C。从年代上看,沙塘北塬遗址出土遗存晚于菜园文化,而早于齐家文化,大致与关中地区龙山晚期阶段的客省庄二期文化年代接近。因此,宁夏南部一带的龙山时期文化年代序列为:菜园文化—沙塘北塬类型—齐家文化。

综上,沙塘北塬遗址出土遗存性质的认定对我们认识宁夏南部及甘肃东部地区的龙山晚期遗存有很重要的意义。

(四)相关问题探讨

虽然菜园文化和沙塘北塬类型是两种年代和性质不同的考古学文化遗存,但菜园文化的因素在沙塘北塬类型的很多陶器都能找到影子。菜园文化的小口圆腹罐所占比例较多,以夹砂陶为主,侈口,扁圆腹,平底,这与沙塘北塬类型的圆腹罐的器形非常接近;菜园文化花边罐领部或肩部多饰有附加泥条装饰,与沙塘北塬类型的花边罐较为相似,应该是沙塘北塬类型花边罐的前身;菜园文化的单耳罐以夹砂为主,多为扁圆腹或圆腹,沙塘北塬类型的单耳罐与菜园文化非常相似;菜园文化的双耳罐多为泥质,器表多磨光,多为素面,与沙塘北塬类型的泥质双耳罐比较接近;菜园文化的高领罐与沙塘北塬类型的高领喇叭口罐也有一定的相似性;菜园文化的刻槽盆与北塬类型的刻槽盆基本相同;菜园文化的折腹盆多为侈口,束颈,折腹,北塬类型的尊应该是从菜园文化的折腹盆发展而来。弇口罐为菜园文化中较为特殊的器形,为敛口,肩部或腹部饰有对称的双錾或圆纽,口部应该配套与器盖,沙塘北塬类型的双錾敛口罐与

[1] 中国社会科学院考古研究所:《师赵村与西山坪》,中国大百科全书出版社,1999年。

[2] 宁夏文物考古研究所:《宁夏固原柳沟遗址发掘简报》,《文博》2015年第6期。

[3] 宁夏文物考古研究所、中国历史博物馆考古部:《宁夏菜园——新石器时代遗址、墓葬发掘报告》,科学出版社,2003年。

[4] 北京大学考古实习队、固原博物馆:《宁夏隆德县页河子新石器时代遗址发掘简报》,《考古》1990年第4期,第289页。

之接近。从陶器上看，沙塘北塬类型的主要陶器的器形都在菜园文化中找到踪影，可见二者的关系非常密切。从年代上看，菜园文化早于沙塘北塬类型，菜园文化年代的下限大致与沙塘北塬类型的年代上限相衔接。因此，我们认为沙塘北塬类型是从菜园文化中发展而来。

虽然沙塘北塬类型继承了菜园文化的一些特征，但并不是完全照搬，在发展中融入了自身的一些特征。沙塘北塬类型的大口深腹罐、平底盆、斝、尊、豆等器形在菜园文化中较为少见，陶器以红陶为主，流行麻点纹、绳纹，篮纹在泥质陶上普遍使用，夹砂陶器上只在领部使用篮纹，并与麻点纹或绳纹组合使用。菜园文化主要陶器不管是夹砂还是泥质都以篮纹为主，刻划纹和附加堆纹也比沙塘北塬类型发达。另外菜园文化的彩陶也十分流行，纹饰图案较为丰富，沙塘北塬类型彩陶数量极少，只有零星的发现。陶器整体造型上，菜园文化多扁圆腹或扁鼓腹，器形矮胖，北塬类型陶器多圆腹，器形较圆润。

关于齐家文化的来源等问题学界存在着不同的认识，沙塘北塬遗址出土遗存性质的认定为我们研究齐家文化的来源问题提供了新的线索。过去往往将沙塘北塬类型直接归属于齐家文化范畴，这足以说明沙塘北塬类型与齐家文化存在较大的关系。齐家文化主要分布于河湟地区，陶器整体较瘦高，流行高领、折肩，带耳器流行大耳，三足器主要以鬲为主，纹饰以绳纹为主。沙塘北塬类型主要分布于宁夏南部及邻近地区，其陶器整体较丰满，流行矮领、圆腹，折肩器物较少，带耳器耳部较小，三足器只有斝，纹饰以麻点纹、篮纹及绳纹为主。虽然二者陶器造型及装饰风格上有着较大的区别，但齐家文化陶器中也有沙塘北塬类型的影子。齐家文化以红陶为主，这与沙塘北塬类型一致，齐家文化陶器纹饰有绳纹、篮纹、麻点纹等，基本上沙塘北塬类型一致，只是各自所占的比例不一致。从器形的发展演变来看，齐家文化双大耳罐是与沙塘北塬类型的双耳罐较为相似，齐家文化的高领折肩罐与沙塘北塬类型的高领喇叭口罐接近，还有齐家文化的侈口罐、刻槽盆、花边罐及单耳罐等都与沙塘北塬类型同类器有一定的相似性。沙塘北塬类型在年代上早于齐家文化的，因此，我们认为齐家文化是从沙塘北塬类型中发展而来。

综上，沙塘北塬类型是介于菜园文化和齐家文化之间的一种过渡性考古学文化遗存，它来源于菜园文化，最后发展成为齐家文化。因此，我们认为齐家文化的源头是分布在宁夏南部一带的菜园文化，菜园文化经过沙塘北塬类型的过度，最后向西发展成为齐家文化。

（五）宁夏南部地区新石器时代考古学文化序列

近年来我们在宁夏南部地区开展了一些针对新石器时代的考古调查及发掘工作，调查的区域有隆德渝河流域、彭阳红河流域、南华山地区等，发掘的遗址有隆德沙塘北塬遗址和周家嘴头遗址。通过以上考古调查、发掘及以往的考古资料，我们基本上建立了宁夏南部地区新石器时代考古学文化的时空框架。

（1）仰韶文化

宁夏南部地区也是仰韶文化分布的一个区域。1986年发掘的隆德页河子遗址发现了仰韶晚期遗存，当时是宁夏南部发现最早的新石器时代文化遗存，其文化面貌与大地湾四期遗存接近[1]。近年来我们在渝河流域开展了系统的考古调查工作，也发现了5处仰韶文化遗址点[2]。2017～2021年发掘的隆德周家嘴头遗址发现了仰韶早、中、晚三期遗存，其文化面貌与大地湾二、三、四期遗存面貌接近[3]。以上发现的几处仰韶文化遗存位于陇山（六盘山）西侧的隆德县渝河流域，渝河为葫芦河中游的一条支流，属于渭水水系。宁夏南部地区的仰韶文化分布虽然没有中原和关中地区那么丰富，但是我们研究仰韶文化中心与边缘地区关系不可或缺的材料。

（2）马家窑文化

宁夏南部地区考古发现的马家窑文化遗存有海原曹洼遗址[4]和菜园马樱子梁遗址[5]。曹洼遗址出土遗存被认为属于马家窑文化马家窑类型，马樱子梁遗址出土遗存发掘者认为属于马家窑文化石零下类型。但从出土遗存来看，我们认为二者区别不大，应该属于马家窑文化马家窑类型。通过考古调查及发掘，目前在宁夏南部地区还没有发现半山和马厂类型遗存。总体来看，宁夏南部地区马家窑文化遗存分布较少，应该是马家窑文化向西分布的边缘地带。

（3）菜园文化

菜园文化是分布于宁夏南部地区一支独立的考古学文化遗存，其文化内涵独特，地域特征明显，其年代晚于马家窑文化的马家窑类型，大体与半山、马厂类型的年代相当。主要核心分布区位于海原南华山地区和固原清水河上游一带。目前在宁夏南部地区几乎没有发现半山、马厂类型的遗存，这极有可能是半山、马厂类型的遗存向西发展过程中被菜园文化的强势发展而替代。

（4）沙塘北塬类型

沙塘北塬类型主要分布于陇山（六盘山）山麓周围地区，主要包括宁夏南部、甘肃东部地区，这类遗存过去往往被认为属于齐家文化。随着对隆德沙塘北塬遗址的系统发掘，我们对这类遗存的文化面貌有了新的认识，这类遗存与齐家文化既有区别又有联系，年代上比齐家文化稍早，应该将这类遗存单独命名。沙塘北塬类型应该是菜园文化向齐家文化发展的一个过度类型[6]。

（5）齐家文化

从现有考古资料来看，典型的齐家文化遗存在宁夏南部地区发现相对较少，过去往往将沙塘北塬类型遗存认为是齐家文化，随着沙塘北塬类型的命名，我们基本上纠正了这种认识。隆德页河子遗址所谓的龙山晚期遗存内涵不单纯，应包含有沙塘类型和齐家文化两种遗存，应将二者区分开。

[1]　北京大学考古实习队、固原博物馆：《宁夏隆德县页河子新石器时代遗址发掘简报》，《考古》1990年第4期。北京大学考古实习队、固原博物馆：《隆德页河子新石器时代遗址发掘报告》，《考古学研究（三）》，科学出版社，1997年。

[2]　宁夏文物考古研究所、隆德县文物管理所：《宁夏隆德渝河流域新石器时代遗存考古调查简报》，《考古与文物》2021年第6期。

[3]　周家嘴头遗址从2017～2021年进行了连续的发掘，发掘资料正在整理中，还未全面公开发表。

[4]　北京大学考古实习队：《宁夏海原曹洼遗址发掘简报》，《考古》1990年第3期。

[5]　宁夏文物考古研究所、中国历史博物馆考古部：《宁夏菜园——新石器时代遗址、墓葬发掘报告》，科学出版社，2003年。

[6]　宁夏文物考古研究所：《宁夏隆德沙塘北塬遗址2016年发掘简报》，《考古》2020年第4期。

综上，通过一系列的考古工作，我们初步建立了宁夏南部地区新石器时代文化发展序列：仰韶文化—马家窑文化—菜园文化—沙塘北塬类型——齐家文化。

附表一　南华山周边旧石器地点概况统计表

旧石器地点	坐　标	海拔（米）	堆积相	土质土色	旧石器层距地表深度（米）
第1地点	N36° 31′ 28.50″，E105° 33′ 47.70″	2096	河漫滩相堆积	黄色黏质粉砂	3.5
第2地点	N36° 31′ 9.02″，E105° 34′ 3.23″	2128	河漫滩相堆积	黄色黏质粉砂	2
第3地点	N36° 31′ 2.50″，E105° 34′ 14.89″	2113	河漫滩相堆积	黄色黏质粉砂	3
第4地点	N36° 31′ 24.11″，E105° 34′ 1.91″	2106		灰褐色土状堆积	1.5
第5地点	N36° 30′ 53.19″，E105° 35′ 10.82″	2139	河漫滩相堆积	黄色黏质粉砂	3
第6地点	N36° 31′ 1.88″，E105° 35′ 4.33″	2123		灰褐色土状堆积	1.5
第7地点	N36° 30′ 59.15″，E105° 35′ 20.40″	2117	河漫滩相堆积	黄色黏质粉砂	2
第8地点	N36° 30′ 21.59″，E105° 36′ 18.10″	2120		灰褐色土状堆积	2
第9地点	N36° 30′ 9.98″，E105° 36′ 21.73″	2200	河漫滩相堆积	黄色黏质粉砂	2.5
第10地点	N36° 30′ 9.98″，E105° 36′ 21.73″	2101	黄土堆积	黄色粉砂	3.5
第11地点	N36° 28′ 31.48″，E105° 39′ 37.78″	2202	河漫滩相堆积	黄色黏质粉砂	3
第12地点	N36° 28′ 15.58″，E105° 40′ 9.30″	2178	河漫滩相堆积	黄色黏质粉砂	5.3
第13地点	N36° 29′ 20.17″，E105° 39′ 53.23″	2206		灰褐色土状堆积	1
第14地点	N36° 29′ 40.05″，E105° 40′ 17.34″	2201	黄土堆积	黄色粉砂	3.5
第15地点	N36° 29′ 43.52″，E105° 40′ 21.04″	2107	黄土堆积	黄色粉砂	3
第16地点	N36° 32′ 33.87″，E105° 32′ 22.11″	1968	黄土堆积	黄色粉砂	1.8
第17地点	N36° 32′ 39.83″，E105° 32′ 24.58″	1922		灰褐色土状堆积	1.5
第18地点（动物化石点）	N36° 32′ 52.74″，E105° 32′ 27.05″	1920		灰褐色土状堆积	1.6
第19地点	N36° 32′ 40.33″，E105° 30′ 48.79″	1857	河漫滩相堆积	黄色黏质粉砂（含大量水锈）	3
第20地点	N36° 29′ 26.14″，E105° 31′ 15.37″	2136	黄土堆积	黄色粉砂	2.5

旧石器地点	坐　标	海拔（米）	堆积相	土质土色	旧石器层距地表深度（米）
第21地点	N36° 29′ 26.14″，E105° 31′ 15.37″	2135	黄土堆积	黄色粉砂	2.5
第22地点	N36° 29′ 54.95″，E105° 29′ 26.60″	1989	河漫滩相堆积	黄色黏质粉砂	3.5
第23地点	N36° 29′ 55.08″，E105° 29′ 19.80″	1962	黄土堆积	黄色粉砂	2.5
第24地点	N36° 30′ 21.54″，E105° 27′ 50.95″	1947	河漫滩相堆积	黄色黏质粉砂	5
第25地点	N36° 31′ 7.84″，E105° 28′ 7.89″	2052	河漫滩相堆积	黄色黏质粉砂	4.5
第26地点	N36° 32′ 9.30″，E105° 26′ 35.42″	1801	黄土堆积	黄色粉砂	3
第27地点	N36° 33′ 13.09″，E105° 26′ 44.38″	1857	河漫滩相堆积	黄色黏质粉砂（夹杂大量水锈斑点）	6

附表二　南华山地区新石器时代遗址统计表

遗址编号	遗址名称	行政归属	文化属性	面积（平方米）
1	死马沟梁遗址	宁夏海原县树台乡王家坡村	菜园文化	1.5万
2	疙瘩梁遗址	宁夏海原县海城镇刺儿沟村	菜园文化	1万
3	铧尖嘴梁遗址	宁夏海原县树台乡龚湾村	菜园文化	1万
4	油房院堡子梁遗址	宁夏海原县史店乡油坊院村	菜园文化	4万
5	套圈屲遗址	宁夏海原县史店乡方家庄村	菜园文化	1万
6	白杨树崾岘遗址	宁夏海原县树台乡王家坡村	菜园文化	1.4万
7	麻坊梁（堡子梁）遗址	宁夏海原县史店乡芦子沟村	菜园文化	1万
8	印子梁遗址	宁夏海原县树台乡条子沟村	菜园文化	2万
9	晒肚子屲遗址	宁夏海原县海城镇镇野狐坡村	菜园文化	10.5万
10	崖背梁遗址	宁夏海原县树台乡龚湾村	菜园文化	2万
11	罐罐梁遗址	宁夏海原县树台乡阳屲村	菜园文化	4万
12	任湾遗址	宁夏海原县西安镇任湾村	菜园文化汉代	6万
13	青羊山梁遗址	宁夏海原县西安镇袁家窝窝村	菜园文化	3万
14	金家沟东侧遗址	宁夏海原县贾塘乡金家沟村	菜园文化	0.5万
15	张口梁遗址	宁夏海原县海城镇野狐坡村	菜园文化	8万
16	黑刺沟梁遗址	宁夏海原县刺儿沟村	菜园文化	12万
17	金佛沟堡子梁遗址	宁夏海原县李俊乡金佛沟村	菜园文化	0.5万
18	老鼠沟岗遗址	宁夏海原县李俊乡双沟村	菜园文化	1万
19	西山梁遗址	宁夏海原县李俊乡蒿内村	菜园文化	2万
20	山塘梁（张湾水库东侧）遗址	宁夏海原县树台乡	菜园文化	6万
21	堡子村上塘梁遗址	宁夏海原县海城镇堡子梁村	菜园文化	1万
22	马沟梁遗址	宁夏海原县西安镇野狐坡村	菜园文化	16万
23	林子屲遗址	宁夏海原县海城镇野狐坡村	菜园文化	8万
24	喜鹊湾梁遗址	宁夏海原县史店乡芦子沟村	菜园文化	0.5万
25	老堡子西梁遗址	宁夏海原县贾塘乡老堡子村	菜园文化	2万
26	杏沟中嘴梁遗址	宁夏海原县树台乡王家坡村	菜园文化	3万
27	包庄梁遗址	宁夏海原县史店乡方家庄村	菜园文化	2万
28	堡子村东大梁遗址	宁夏海原县海城镇堡子梁村	菜园文化	0.5万
29	三留屲上梁遗址	宁夏海原县史店乡三留屲村	菜园文化	14万

遗址编号	遗址名称	行政归属	文化属性	面积（平方米）
30	堡子凹梁遗址	宁夏海原县海城镇野狐坡村	菜园文化	6万
31	林场西山坡遗址	宁夏海原县李俊乡上拐凹村	菜园文化	0.5万
32	吊堡子遗址	宁夏海原县李俊乡猫儿沟村	菜园文化	0.5万
33	对面子凹遗址	宁夏海原县海城镇小山村	菜园文化	2万
34	苜蓿梁遗址	宁夏海原县史店乡油坊院村	菜园文化	0.5万
35	油坊院杏树凹瓦罐嘴梁遗址	宁夏海原县史店乡油坊院村	菜园文化	1万
36	乱堆子遗址	宁夏海原县曹洼乡乱堆子村	菜园文化	2万
37	新圈台梁遗址	宁夏海原县海城镇野狐坡村	菜园文化	3万
38	水岔梁遗址	宁夏海原县西安镇鸠子滩村	菜园文化	2万
39	淌鼻子梁遗址	宁夏海原县西安镇袁家窝窝村	菜园文化	0.5万
40	墩墩梁遗址	宁夏海原县海城镇耙子凹村	菜园文化	2万
41	二道沟梁遗址	宁夏海原县曹洼乡乱堆子村	菜园文化	2万
42	亚堡子梁遗址	宁夏海原县海城镇新庄子凹村	菜园文化	12万
43	白杨树梁遗址	宁夏海原县树台乡王家坡村村	菜园文化	2万
44	板板洼遗址	宁夏海原县海城镇小山村	菜园文化汉代	2万
45	张沟村遗址	宁夏海原县西安镇张沟村	菜园文化	1.5万
46	山头梁一号点遗址	宁夏海原县树台乡龚湾村	菜园文化	4万
47	陡沟东大梁遗址	宁夏海原县海城镇陡沟村	菜园文化	9万
48	党家河坟园梁遗址	宁夏海原县海城镇野狐坡村	菜园文化	2万
49	蚰蜒梁（西塘村）遗址	宁夏海原县西安镇西塘村	菜园文化	6万
50	党家河西梁遗址	宁夏海原县海城镇党家河口村	菜园文化	0.7万
51	陈家庄北山梁遗址	宁夏海原县李俊乡团结村	菜园文化	1万
52	黑子梁遗址	宁夏海原县史店乡方家庄村	菜园文化	0.5万
53	拐凹北遗址	宁夏海原县李俊乡拐凹村	菜园文化	0.5万
54	薛家沟梁遗址	宁夏海原县史店乡金家沟村	菜园文化	1.5万
55	草疤湾遗址	宁夏海原县树台乡王家坡村	菜园文化	2万
56	二岔梁遗址	宁夏海原县树台乡二岔村	菜园文化	2万
57	猫耳沟中间梁遗址	宁夏海原县西安镇刘湾村	菜园文化	0.5万
58	铁疙瘩梁遗址	宁夏海原县西安镇鸠子滩村	菜园文化	1万
59	韭菜岭（蒿内）遗址	宁夏海原县李俊乡蒿内村	菜园文化	1万

遗址编号	遗址名称	行政归属	文化属性	面积（平方米）
60	山门遗址	宁夏海原县海城镇山门村	菜园文化	10万
61	雨须梁遗址	宁夏海原县史店乡芦子沟村	菜园文化	0.5万
62	头道梁遗址	宁夏海原县史店乡杨家套子村	菜园文化	2.25万
63	野狐坡韭菜岭遗址	宁夏海原县海城镇野狐坡村	菜园文化	10万
64	山头梁二号点遗址	宁夏海原县树台乡龚湾村	菜园文化	5.9万
65	转头梁遗址	宁夏海原县树台乡王家坡村	菜园文化	2万
66	大湾梁遗址	宁夏海原县树台乡销（索）黄川村	菜园文化	6万
67	黑角湾北山坡遗址	宁夏海原县红羊乡东侧	菜园文化	2万
68	中嘴岗梁遗址	宁夏海原县树台乡龚湾村	菜园文化	0.8万
69	白土崩子遗址	宁夏海原县海城镇安桥堡村	菜园文化	15万
70	保家庄东侧遗址	宁夏海原县史店乡保家庄村	菜园文化	1万
71	曹洼遗址	宁夏海原县曹洼乡洼里村	菜园文化	4万
72	洞子梁遗址	宁夏海原县海城镇徐家沟村	菜园文化	1万
73	陡沟梁遗址	宁夏海原县海城镇陡沟村	菜园文化	6万
74	墩子梁遗址	宁夏海原县海城镇山门村	菜园文化	8万
75	老坟湾凸梁遗址	宁夏海原县海城镇山门村	菜园文化	6万
76	梁家庄西山凸遗址	宁夏海原县李俊乡梁家庄村	菜园文化	0.8万
77	梁家庄崖背梁遗址	宁夏海原县李俊乡梁家庄村	菜园文化	1万
78	石沟墓地	宁夏海原县海城镇野狐坡村	菜园文化	2万
79	石洼梁遗址	宁夏海原县海城镇安湾村	菜园文化	10万
80	西洼梁遗址	宁夏海原县史店乡油坊院村	菜园文化	1万
81	黑角湾北山西遗址	宁夏海原县红羊乡东侧	菜园文化	2万
82	老虎嘴遗址	宁夏海原县树台乡韩庄村	菜园文化	4.5万
83	包堡胖家台子遗址	宁夏海原县李俊乡海子村	菜园文化	1.3万
84	王台小学遗址	宁夏海原县杨明乡李凸村	菜园文化	1万
85	武家庄泉沟脑第1地点遗址	宁夏海原县武家庄村	菜园文化	1.5万
86	武家庄泉沟脑第2地点遗址	宁夏海原县武家庄村	菜园文化	1万
87	武家庄泉沟脑第3地点遗址	宁夏海原县李俊乡上拐凸村	菜园文化	1万
88	张儿山东塌山梁遗址	宁夏海原县李俊乡上南湾村	菜园文化	1.5万
89	李家凸西北梁遗址	宁夏海原县杨明乡李家凸村	菜园文化	7.3万

后 记

　　海原南华山地区史前遗存考古调查是"宁夏六盘山西麓地区史前遗存考古调查"的一部分，项目负责人为杨剑。按照调查计划，2020年主要对六盘山西北侧余脉——南华山地区开展考古调查工作。2020年年初，因受新冠疫情影响，南华山地区考古调查工作于4月份才启动，下半年因有发掘任务至7月份结束。

　　考古调查是一项非常辛苦的工作，全程靠调查队员徒步完成。南华山周围山大沟深，地形条件复杂，交通工具很难到达调查区域，考古队员每天步行至调查区域，调查工作结束后又步行返至停车地，每人平均每天最少走15千米路程。6～7月份，当地天气干旱少雨，气温较高，每天野外调查还要面对酷热的天气。面对时间紧、任务重、自然条件差等情况，考古调查队员不畏辛苦和艰险，克服重重困难，按时高质量地完成了调查任务，这其中的苦与乐只有每个考古队员才能切身体会到。

　　为了防止资料的积压，我们一边调查一边及时整理资料，即当天调查的所有资料必须当天完成，包括各类文字记录资料、标本绘图、统计等工作，这才使得本报告及时出版。本报告是宁夏回族自治区文物考古研究所成立以来第一本史前考古调查报告，对于宁夏史前考古有一定的意义。南华山地区史前遗存考古调查是一项集体工作，考古调查领队是杨剑，主要工作人员有霍耀、李昱龙等。本报告的具体撰写分工如下：

　　第一章：第一节马建东；第二、三、四节杨剑。

　　第二章：李昱龙。

　　第三章：杨剑、霍耀。

　　第四章：第一节李昱龙；第二节杨剑。

　　表格、附表：杨剑、霍耀。

　　照片：器物照片边云鹏；遗址照片杨剑、霍耀。

　　最后由杨剑统一核查、校对、修改，完成全书的统稿、定稿。

　　感谢宁夏回族自治区文物考古研究所原所长罗丰先生对"宁夏六盘山西麓地区史前遗存考古调查"项目实施的大力支持。感谢宁夏回族自治区文物考古研究所朱存世所长、高云峰书记、张红英副所长、马强副所长对本次考古调查工作的大力支持。感谢海原县文物管理所马建东所长对本次调查的全力支持。感谢中央民族大学黄义军教授翻译了英文提要。

　　感谢朱存世所长对本报告编写工作给予的宝贵意见。感谢所有关心和支持南华山考古调查工作的其他同事和专家，感谢为报告出版默默付出的所有朋友！

　　因限于编者的水平，本报告难免存在疏漏，望读者不吝赐教！

1. 海原南华山旧石器第 12 地点航拍图

2. 海原南华山地区史前遗存考古调查队工作照

彩版一　海原南华山史前遗存考古调查

1. 考古调查工作照

2. 考古调查工作照

彩版二　海原南华山史前遗存考古调查

1. 南华山旧石器第 12 地点剖面远景

火塘遗迹　石制品　动物骨骼　动物骨骼

2. 南华山旧石器第 12 地点地层堆积

彩版三　南华山旧石器第 12 地点

火塘遗迹　　　　石制品

1. 南华山旧石器第 12 地点火塘遗迹

动物骨骼　　　　　动物骨骼

2. 南华山旧石器 第 12 地点剖面动物骨骼

3. 南华山旧石器第 12 地点附近窑洞内部灰烬堆积与动物骨骼

彩版四　南华山旧石器第 12 地点

1. 南华山旧石器第 27 地点剖面远景

灰烬堆积

石制品

2. 南华山旧石器第 27 地点灰烬堆积与石制品

彩版五　南华山旧石器第 27 地点

1. 南华山旧石器第 14 地点剖面

2. 南华山旧石器第 14 地点石制品

彩版六　南华山旧石器第 14 地点

1. 南华山旧石器第 15 地点剖面

石制品

石制品

2. 南华山旧石器第 15 地点石制品

彩版七　南华山旧石器第 15 地点

石片石核 石叶石核 石片石核

石片石核 石片石核 石片石核

3cm

石片石核 石叶石核 细石核

1. 南华山旧石器地点采集石核类产品

1
石英石片

2
石英石片

3
石英石片

4
石英石片

5
石英石片

3cm

6
石英石片

7
小石叶

8
小石叶

9
小石叶

10
燧石石片

2. 南华山旧石器地点采集石片类产品

边刮器 边刮器 边刮器

两面尖状器 端刮器 端刮器

3cm

3. 南华山旧石器地点采集石器类产品

彩版八 南华山旧石器地点采集石器

1. 死马沟梁遗址

2. 双耳罐死马沟梁：1

3. 陶罐腹底死马沟梁：15

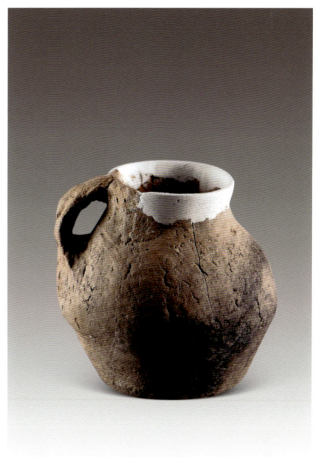

4. 单耳罐死马沟梁：23

彩版九　死马沟梁遗址及采集遗物

1. 圆腹罐疙瘩梁：3

2. 大口圆腹罐疙瘩梁：8

3. 彩陶片疙瘩梁：13

4. 彩陶片疙瘩梁：16

5. 彩陶盆疙瘩梁：19

6. 彩陶瓶疙瘩梁：20

彩版一〇　疙瘩梁遗址采集遗物

1. 彩陶片疙瘩梁: 21

2. 彩陶罐疙瘩梁: 22

3. 彩陶片疙瘩梁: 26

4. 彩陶片疙瘩梁: 27

5. 彩陶片疙瘩梁: 28

6. 彩陶片疙瘩梁: 47

彩版一一　疙瘩梁遗址采集遗物

1. 铧尖嘴梁遗址

2. 圆腹罐铧尖嘴梁：1

3. 彩陶片油房院堡子梁：10

4. 彩陶罐白杨树崾岘：1

5. 陶罐腹底白杨树崾岘：2

彩版一二　铧尖嘴梁遗址与采集遗物

1. 晒肚子峁遗址

2. 高领罐晒肚子峁：9

3. 陶钵晒肚子峁：11

4. 彩陶罐晒肚子峁：26

彩版一三　晒肚子峁遗址及采集遗物

1. 罐罐梁遗址

2. 彩陶盆任湾: 2

3. 彩陶片任湾: 9

4. 彩陶片任湾: 10

5. 彩陶片任湾: 15

彩版一四　罐罐梁遗址与任湾遗址采集遗物

1. 张口梁遗址

2. 单耳罐张口梁：1

3. 花边罐张口梁：2

4. 单耳罐张口梁：4

5. 单耳罐张口梁：7

彩版一五　张口梁遗址及采集遗物

1. 彩陶罐张口梁: 56

2. 彩陶瓶张口梁: 62

3. 彩陶片张口梁: 68

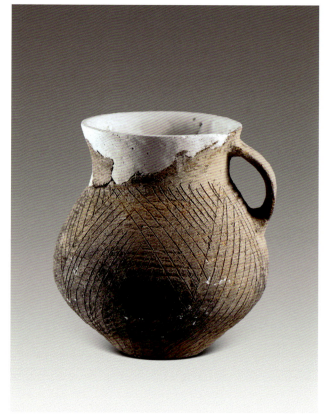

4. 单耳罐张口梁: 104

彩版一六　张口梁遗址采集遗物

1. 黑刺沟梁遗址

2. 高领罐黑刺沟梁：94

3. 圆腹罐黑刺沟梁：18

彩版一七　黑刺沟梁遗址及采集遗物

1.陶豆黑刺沟梁：76

2.陶豆盘黑刺沟梁：88

3.彩陶片黑刺沟梁：96

5.彩陶片黑刺沟梁：99

4.彩陶片黑刺沟梁：98

彩版一八　黑刺沟梁遗址采集遗物

1. 彩陶片黑刺沟梁: 100

2. 彩陶片黑刺沟梁: 101

3. 彩陶片黑刺沟梁: 102

4. 彩陶片黑刺沟梁: 121

5. 花边罐黑刺沟梁: 107

彩版一九　黑刺沟梁遗址采集遗物

1.山塘梁遗址

2. 马沟梁遗址

彩版二〇　山塘梁遗址与马沟梁遗址

1.圆腹罐马沟梁：1

2.彩陶盆马沟梁：11

3.彩陶片马沟梁：12

4.喜鹊湾梁遗址

彩版二一　马沟梁遗址采集遗物与喜鹊湾梁遗址

1. 杏沟中嘴梁遗址

2. 彩陶片杏沟中嘴梁：12

3. 双錾子母彩陶罐三留帀上梁：54

4. 三留帀上梁遗址

彩版二二　杏沟中嘴梁遗址与三留帀上梁及采集遗物

1. 高领罐堡子壵梁：1

2. 高领罐堡子壵梁：5

3. 单耳罐堡子壵梁：10

4. 刻槽盆堡子壵梁：40

彩版二三　堡子壵梁采集遗物

1. 单耳罐林场西山坡：31

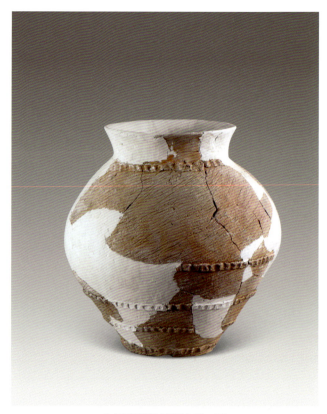

2. 圆腹罐林场西山坡：32

3. 刻槽盆林场西山坡：33

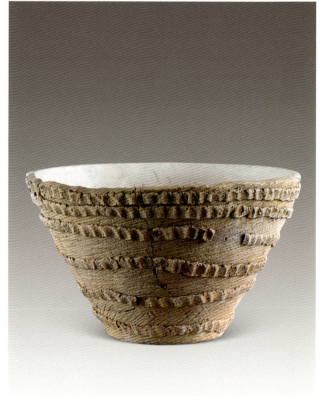

4. 刻槽盆林场西山坡：33

彩版二四　林场西山坡遗址采集遗物

1. 单耳罐吊堡子：21   2. 单耳罐吊堡子：28

3. 陶钵吊堡子：40

彩版二五　吊堡子遗址采集遗物

1. 对面子峁遗址

2. 苜蓿梁遗址

彩版二六　对面子峁遗址与苜蓿梁遗址

1. 油坊院杏树峁瓦罐嘴梁遗址

2. 乱堆子遗址

彩版二七　　油坊院杏树峁瓦罐嘴梁遗址与乱堆子遗址

1. 新圈台梁遗址

2. 墩墩梁遗址

彩版二八　新圈台梁遗址与墩墩梁遗址

1. 二道沟梁遗址

2. 亚堡子梁遗址

彩版二九　二道沟梁遗址与亚堡子梁遗址

1.圆腹罐板板洼：1

2.彩陶片板板洼：10

3.彩陶片板板洼：11

4.彩陶片板板洼：17

5.彩陶片板板洼：19

彩版三〇　板板洼遗址采集遗物

1.山头梁一号点遗址

2.圆腹罐陡沟东大梁：7

3.花边罐陡沟东大梁：80

4.彩陶片陡沟东大梁：85

5.彩陶片陡沟东大梁：63

彩版三一　山头梁一号点遗址与陡沟东大梁遗址采集遗物

1. 彩陶片陡沟东大梁: 64

2. 彩陶罐陡沟东大梁: 65

3. 彩陶罐陡沟东大梁: 66

4. 彩陶片陡沟东大梁: 67

5. 彩陶片陡沟东大梁: 68

6. 彩陶片陡沟东大梁: 69

彩版三二　陡沟东大梁遗址采集遗物

1. 彩陶片陡沟东大梁: 70

2. 彩陶片陡沟东大梁: 71

3. 彩陶片陡沟东大梁: 72

4. 彩陶片陡沟东大梁: 73

5. 彩陶片陡沟东大梁: 74

6. 彩陶片陡沟东大梁: 75

彩版三三　陡沟东大梁遗址采集遗物

1. 彩陶片陡沟东大梁: 76

2. 彩陶片陡沟东大梁: 77

3. 彩陶片陡沟东大梁: 78

4. 彩陶片陡沟东大梁: 79

5. 彩陶罐耳陡沟东大梁: 81

6. 彩陶片陡沟东大梁: 82

彩版三四　陡沟东大梁遗址采集遗物

1. 彩陶片陡沟东大梁：83

2. 彩陶片陡沟东大梁：84

3. 彩陶片陡沟东大梁：86

4. 彩陶片陡沟东大梁：87

5. 彩陶盆陡沟东大梁：88

6. 彩陶片陡沟东大梁：89

彩版三五　陡沟东大梁遗址采集遗物

1. 彩陶片陡沟东大梁: 90

2. 彩陶片陡沟东大梁: 91

3. 彩陶片陡沟东大梁: 92

4. 彩陶片陡沟东大梁: 93

5. 彩陶片陡沟东大梁: 94

6. 彩陶片陡沟东大梁: 95

彩版三六　陡沟东大梁遗址采集遗物

1. 彩陶片陡沟东大梁：96

2. 彩陶片陡沟东大梁：97

3. 彩陶片陡沟东大梁：98

4. 彩陶片陡沟东大梁：99

5. 彩陶片陡沟东大梁：100

6. 彩陶片陡沟东大梁：101

彩版三七　陡沟东大梁遗址采集遗物

1. 彩陶片陡沟东大梁：102

2. 彩陶片陡沟东大梁：103

3. 彩陶罐陡沟东大梁：104

4. 彩陶片陡沟东大梁：105

5. 彩陶片陡沟东大梁：106

6. 彩陶片陡沟东大梁：107

彩版三八　陡沟东大梁遗址采集遗物

1. 彩陶片陡沟东大梁：109

2. 彩陶片陡沟东大梁：110

3. 彩陶片陡沟东大梁：111

4. 彩陶片陡沟东大梁：112

5. 彩陶片陡沟东大梁：113

6. 彩陶片陡沟东大梁：115

彩版三九　陡沟东大梁遗址采集遗物

1. 彩陶罐陡沟东大梁：116

2. 花边罐党家河坟园梁：1

3. 彩陶片党家河坟园梁：7

4. 陶罐党家河坟园梁：8

彩版四〇　陡沟东大梁遗址与党家河坟园梁遗址采集遗物

1. 圆腹罐拐乢北：6

2. 圆腹罐拐乢北：4

3. 花边罐拐乢北：1

4. 圆腹罐拐乢北：12

彩版四一　拐乢北遗址采集遗物

1. 高领罐拐丣北：29　　　　　　　　　　　2. 单耳罐拐丣北：63

3. 单耳罐拐丣北：64

彩版四二　拐丣北遗址采集遗物

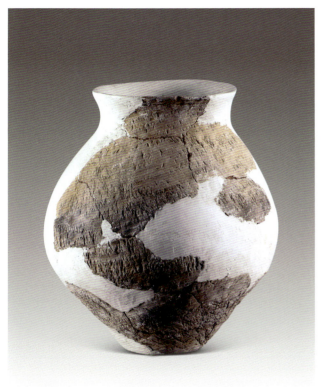

1. 圆腹罐拐峁北：65

2. 圆腹罐拐峁北：66

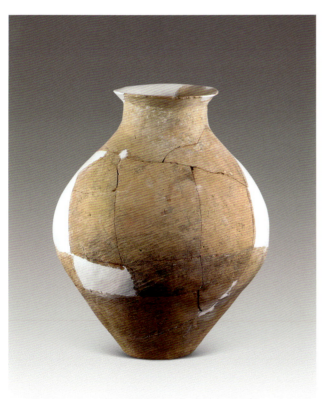

3. 圆腹罐拐峁北：67

4. 大口圆腹罐拐峁北：70

彩版四三　拐峁北遗址采集遗物

1. 草疤湾遗址

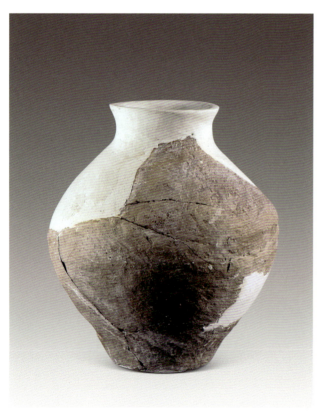

2. 圆腹罐铁疙瘩梁：55

3. 陶盆韭菜岭（蒿内）遗址：12

彩版四四　草疤湾遗址与铁疙瘩梁遗址采集遗物

1. 山门遗址

2. 雨须梁遗址

彩版四五　山门遗址与雨须梁遗址

1. 单耳罐雨须梁: 1

2. 彩陶罐雨须梁: 9

3. 彩陶片雨须梁: 14

4. 彩陶片雨须梁: 15

彩版四六　雨须梁遗址采集遗物

1. 彩陶片雨须梁: 16

2. 彩陶片雨须梁: 17

3. 彩陶片雨须梁: 18

4. 彩陶片雨须梁: 19

彩版四七　雨须梁遗址采集遗物

1. 头道梁遗址

2. 转头梁遗址

彩版四八　头道梁遗址与转头梁遗址

1. 大湾梁遗址

2. 单耳罐黑角湾北山坡：4

3. 单耳罐黑角湾北山坡：5

4. 大口圆腹罐黑角湾北山坡：12

5. 单耳罐黑角湾北山坡：13

彩版四九　大湾梁遗址与黑角湾北山坡遗址采集遗物

1. 白土崩子遗址

2. 彩陶瓶白土崩子：23

3. 彩陶片白土崩子：32

4. 彩陶片白土崩子：34

彩版五〇　白土崩子遗址及采集遗物

彩版五一　曹洼遗址与墩子梁遗址

1. 曹洼遗址

2. 墩子梁遗址

彩版五一　曹洼遗址与墩子梁遗址

1. 大口罐陡沟梁：1

2. 大口罐陡沟梁：2

3. 大口罐陡沟梁：3

4. 彩陶瓶陡沟梁：11

5. 彩陶片陡沟梁：13

彩版五二　陡沟梁遗址采集遗物

1. 老坟湾卬梁遗址

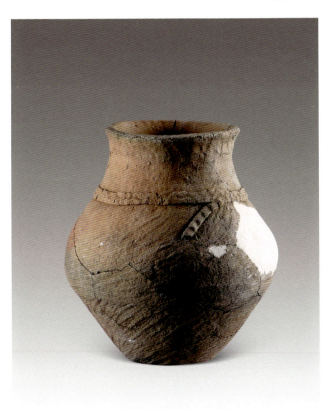

2. 大口圆腹罐老坟湾卬梁：1

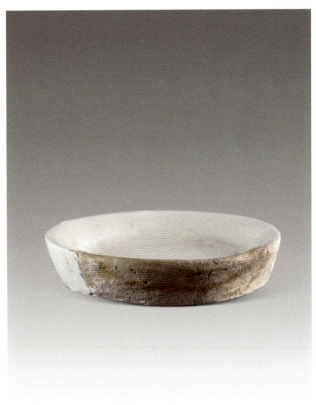

3. 陶盘石沟墓地：5

彩版五三　老坟湾卬梁遗址与石沟墓地采集遗物

1. 石洼梁遗址

2. 圆腹罐石洼梁：18

3. 花边罐石洼梁：27

4. 彩陶瓶石洼梁：67

5. 彩陶片石洼梁：46

彩版五四　石洼梁遗址及采集遗物

1. 彩陶片石洼梁：50

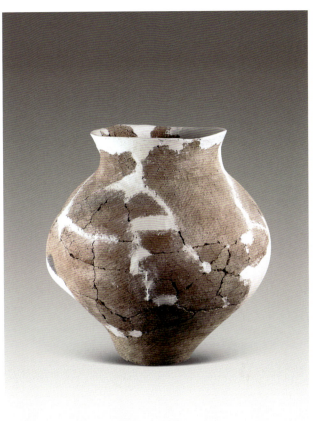

2. 圆腹罐石洼梁：103

3. 彩陶片石洼梁：65

5. 单耳罐石洼梁：91

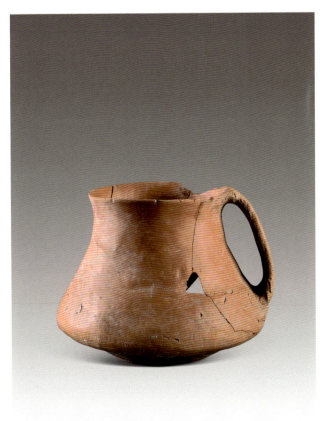

4. 单耳罐石洼梁：90

彩版五五　石洼梁遗址采集遗物

1. 彩陶盆西洼梁：1

2. 彩陶罐西洼梁：2

3. 陶盆黑角湾北山西：3

4. 陶盆黑角湾北山西：4

5. 高领罐黑角湾北山西：6

6. 花边罐黑角湾北山西：7

彩版五六　西洼梁遗址与黑角湾北山西遗址采集遗物

1. 单耳罐黑角湾北山西：8

2. 高领罐黑角湾北山西：10

3. 刻槽盆黑角湾北山西：14

4. 彩陶片老虎嘴：13

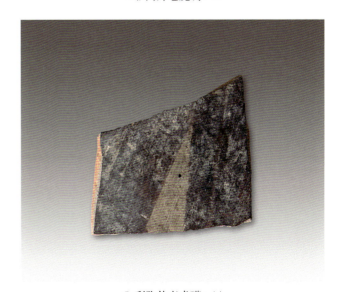

5. 彩陶片老虎嘴：14

彩版五七　黑角湾北山西遗址与老虎嘴遗址采集遗物

1. 王台小学遗址

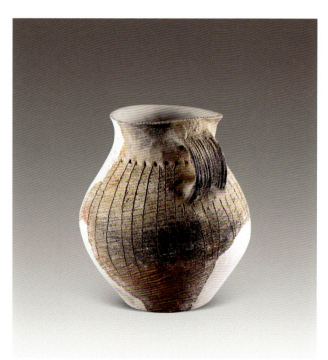

2. 单耳罐王台小学：51

3. 单耳罐王台小学：52

彩版五八　王台小学遗址及采集遗物

1.陶盆武家庄泉沟脑第 1 地点：1

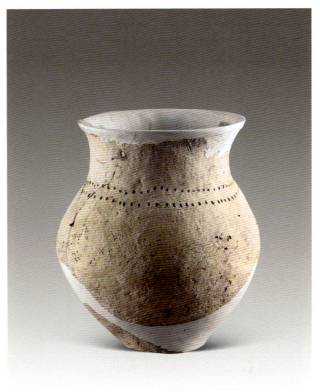

2.高领罐武家庄泉沟脑第 1 地点：2

3.石斧武家庄泉沟脑第 1 地点：29

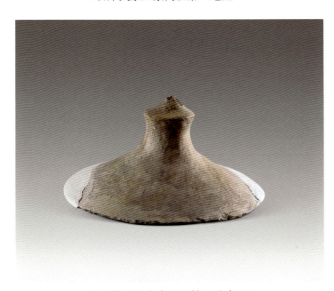

5.器盖武家庄泉沟脑第 1 地点：3

4.高领罐武家庄泉沟脑第 2 地点：2

彩版五九　武家庄泉沟脑第 1、2 地点遗址采集遗物

1. 武家庄泉沟脑第 2 地点遗址

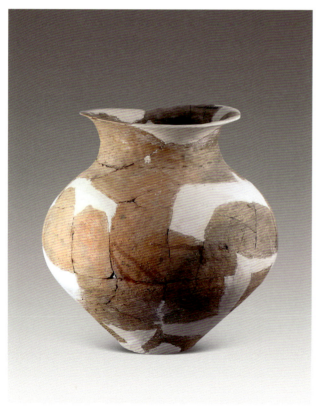

2. 花边罐武家庄泉沟脑第 3 地点：1

3. 高领罐武家庄泉沟脑第 3 地点：29

彩版六〇　武家庄泉沟脑第 2 地点遗址与第 3 地点遗址采集遗物

1. 花边罐张儿山东塌山梁：7

2. 高领罐张儿山东塌山梁：112

3. 圆腹罐张儿山东塌山梁：113

4. 高领罐张儿山东塌山梁：114

彩版六一　张儿山东塌山梁采集遗物

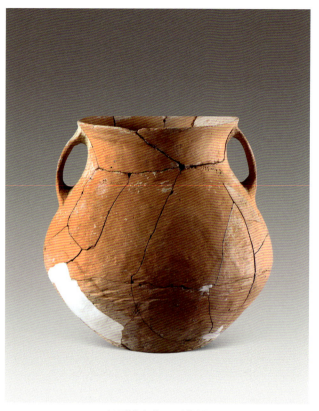

1. 双耳罐李家峁西北梁：1

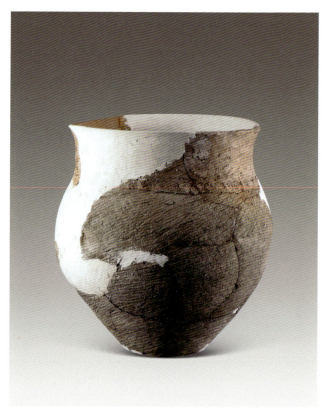

2. 花边罐李家峁西北梁：2

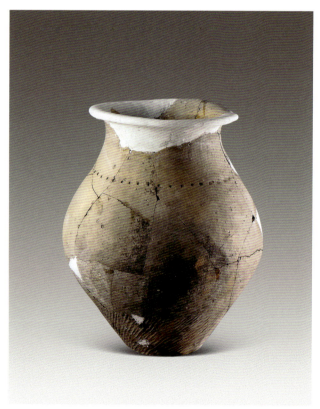

3. 高领罐李家峁西北梁：3

4. 单耳罐李家峁西北梁：4

彩版六二　李家峁西北梁遗址采集遗物

1. 陶豆盘李家疤西北梁：5

2. 单耳罐李家疤西北梁：6

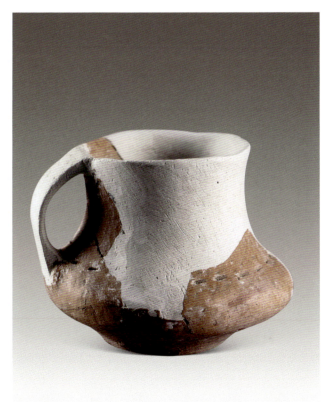

3. 单耳罐李家疤西北梁：7

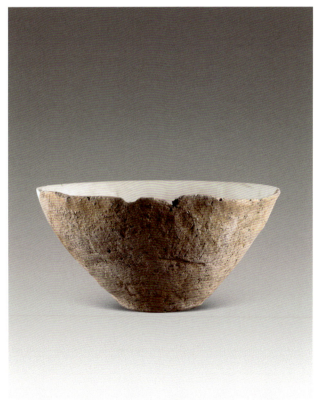

4. 陶盆李家疤西北梁：8

彩版六三　李家疤西北梁遗址采集遗物

1. 花边罐李家圪西北梁：9

2. 圆腹罐李家圪西北梁：10

3. 花边罐李家圪西北梁：30

4. 高领罐李家圪西北梁：39

5. 花边罐李家圪西北梁：46

6. 高领罐李家圪西北梁：47

彩版六四　李家圪西北梁遗址采集遗物